직업상담사 2급 합격을 위한 현명한 선택!

시대에듀 직업상담사

2025 직업상담사 절/대/합/격
연속 최다 합격자! 대한민국 직업상담사 합격 필수 코스

핵심 완벽 분석
김대환 교수

정답을 찾는 노하우
장진욱 교수

이해력을 높이며 과목별 정답을 찾는 **노하우**와
출제 포인트를 짚어주는 강의!
왜 **최고**인지 지금 확인하세요!

www.sdedu.co.kr

시대에듀 국가전문자격 네이버카페(https://cafe.naver.com/sdwssd)에서
시험과 관련된 모든 정보를 아낌없이 제공합니다. 지금 접속하세요! **정보획득**

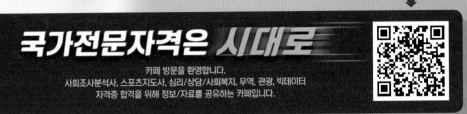

추록 및 피드백

02 혜택

도서가 출간된 후 바뀌는 정책, 시험에서
중요하게 다뤄질 내용 등 항상 최신의 정
보로 학습할 수 있도록 지속적인 피드백을
약속드립니다. 합격하는 그날까지!

최신 기출문제 제공

01 혜택

독자님들의 합격을 위해 도서가 출간된
후에 치러진 시험의 기출문제를 항시 제
공합니다. 지금 접속해 최신의 기출문제를
확인하세요!

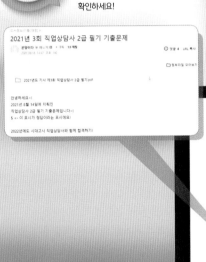

03 혜택

직업상담사의 모든 Q&A

학습하다가 모르는 게 있나요? 묻고 싶어 답답한 내용이 있나요? 언제나 카페에 접속해 글을 남겨주세요.
25년 연속 직업상담사 1등 시대에듀 직업상담연구소가 속 시원하게 답변해드립니다!

머리말

직업상담사는 지난 2000년 첫 시험 시행 이래로 최근까지 비교적 높은 응시율을 기록하며 서비스 분야 국가기술자격의 대표 종목으로 자리매김하였습니다. 갈수록 심화되는 취업난에 구직자는 적합한 일자리를 찾지 못하고, 중년의 직장인은 조기 퇴직 압박으로 직업전환을 고심합니다. 기업은 급변하는 노동시장에서 인재를 구하는 데에 어려움을 겪고 있습니다. 이와 같은 상황에서 상담을 통해 구직자의 직업탐색을 돕고, 구인난을 겪는 기업에 우수한 인력을 제공하는 직업상담사의 필요성이 나날이 커지고 있습니다.

시대에듀는 탁월한 전문성을 바탕으로 직업상담 자격시험 대비를 위한 최고의 수험서를 제공함으로써 수많은 독자의 사랑을 받아왔습니다. 지금 이 순간에도 독자 여러분께 개정된 교재를 통해 항상 최신의 정보를 제공하기 위해 심혈을 기울이고 있습니다. 합격을 위한 필수 수험서, 『2025 시대에듀 직업상담사 2급 2차 실기 직업상담실무 이론서』가 새롭게 여러분을 찾아갑니다.

첫째 **신·구 출제기준의 핵심을 균형 있게 담았습니다.**

시험 시행처인 한국산업인력공단은 그동안 여러 차례의 출제기준 변경을 거쳤지만, 기존의 기출문제를 다시 출제하거나 응용 출제하는 방식을 고수하고 있습니다. 2025년부터 적용되는 출제기준이 NCS 활용 중심으로 바뀌었지만, 세부항목은 대부분 기존의 내용을 토대로 합니다. 본서는 기존의 중요 내용과 변경된 출제기준의 핵심을 적절히 조합하여 구성하였습니다.

둘째 **기본기를 탄탄히 다질 수 있도록 핵심이론을 수록했습니다.**

시험 대비의 첫걸음은 기본기 다지기입니다. 수험생 여러분의 탄탄한 기본기를 위해 챕터별 핵심이론을 수록하였습니다. 이론별 '대표 문제'와 '쌤의 해결 포인트', '쌤의 만점답안', '합격 암기법' 등 이론 학습을 돕는 여러 요소가 보다 쉽고 재미있게 학습할 수 있도록 돕습니다.

셋째 **시험에 가장 많이 출제된 문제만을 선별했습니다.**

시대에듀만의 전문 데이터와 노하우를 바탕으로 시험에 가장 많이 출제된 문제를 선별하여 구성하였습니다. 기출복원문제를 세밀하게 분석하여 데이터를 축적하였고, 이를 바탕으로 반드시 학습해야 할 문제들만 모아 정확하고 효율적인 학습이 가능합니다.

시대에듀는 본서가 여러분의 합격에 결정적인 역할을 할 수 있도록 최선을 다하였습니다. 직업상담사를 꿈꾸는 여러분의 도전이 합격으로 이어지기를 진심으로 기원합니다.

편저자 올림

자격시험안내(2급)

🔲 **응시자격 :** 제한 없음

🔲 **실시기관 및 원서접수 :** 한국산업인력공단(www.q-net.or.kr)

🔲 **시험일정(2025년 기준)**

구 분	필기시험접수	필기시험	합격(예정)자 발표	실기시험접수	실기시험	최종 합격자 발표
제1회	1.13~1.16	2.7~3.4	3.12	3.24~3.27	4.19~5.9	• 1차 6.5 • 2차 6.13
제2회	4.14~4.17	5.10~5.30	6.11	6.23~6.26	7.19~8.6	• 1차 9.5 • 2차 9.12
제3회	7.21~7.24	8.9~9.1	9.10	9.22~9.25	11.1~11.21	• 1차 12.5 • 2차 12.24

※ 정확한 시험일정은 시행처인 한국산업인력공단의 확정공고를 필히 확인하시기 바랍니다.

🔲 **시험방법 및 과목**

구 분	1차	2차
시험형식	객관식 4지 택일형	필답형(서술형)+사례형
출제범위	• 직업심리　　　　• 노동시장 • 직업상담 및 취업지원　• 고용노동관계법규(Ⅰ) • 직업정보	• 직업심리　　　　• 직업정보 • 직업상담 및 취업지원　• 노동시장 ※ 4과목 출제(고용노동관계법규(Ⅰ) 제외)
문항 수	• 총 5과목 100문제 • 1~5과목 각각 20문제씩 출제	• 약 18문제 내외 • 1~2과목에서 약 70% 출제
필기도구	CBT시험으로 필기도구는 필요 없어요.	검정색 필기구만 사용가능 • 답안 정정 시 수정테이프는 사용가능해요! • 지워지는 볼펜류는 사용할 수 없어요!
시험시간	150분(2차 시험은 시간이 부족해서 답안을 작성하지 못하는 경우는 거의 없어요!)	
참 고	4과목 노동시장에서 계산문제가 등장하기도 하는데요, 시험장에 계산기를 지참해 가시면 수월하게 문제를 풀 수 있어요. 다만 부정행위 방지를 위해 계산기는 리셋된 상태거나, 메모리 칩이 없는 상태여야 합니다.	

🔲 **합격점수**

❶ 1차 시험(필기)

　한 과목당 100점 만점(한 문제당 5점)으로 매 과목 40점 이상, 전 과목 평균 60점 이상을 맞아야 합격입니다.

❷ 2차 시험(실무)

　• 100점 만점으로 하여 60점 이상을 획득해야 합격입니다.

　• 2차 시험은 서술형으로 작성하는 것이기 때문에 부분점수를 얻을 수도 있어 모르는 문제라고 포기하는 것보다는 아는 범위에서 적는 것이 중요합니다.

이 책의 구성과 특징

총 23개년의 기출복원문제 수록

합격으로 가는 가장 빠른 길은 기출문제의 반복 학습입니다. 2002년부터 2024년까지, 총 23개년의 기출복원문제를 수록하였습니다.

학습의 효율을 높이는 구성

중요한 이론이나 개념은 글자의 색을 강조하여 표시하였고, 기출복원문제와 답안을 한눈에 확인할 수 있도록 구성하였습니다. 보다 편리하고 능률적으로 학습하세요.

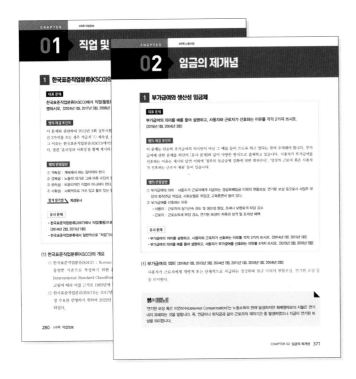

쉬운 이해를 돕는 체계적인 설명

'쌤의 해결 포인트', '쌤의 만점답안', '쌤의 비법노트' 등이 친절하고 꼼꼼한 과외 선생님께 과외를 받는 것처럼 체계적인 설명을 제공합니다.

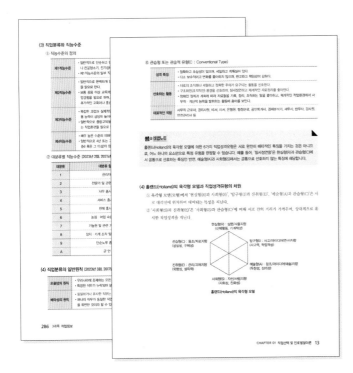

핵심을 짚는 시각자료

이론을 일목요연하게 정리한 표와 빠른 이해를 돕는 그림을 다수 수록하였습니다. 복잡한 이론이나 처음 보는 용어가 나와도 걱정하지 마세요.

직업상담사 FAQ

Q 직업상담사 자격시험은 많이 어려운가요? 시험이 1, 2차로 나눠진다고 들었는데, 최종합격까지 보통 어느 정도의 기간이 소요되는지 알고 싶습니다.

통상적으로 1차 필기시험은 2~3개월, 2차 실기시험은 6개월 정도의 준비 기간이 필요합니다. 그러나 얼마나 열심히 공부하느냐에 따라, 오프라인 · 온라인 강의 수강 여부에 따라 그 기간은 개인별로 차이를 보이기도 합니다.

Q 직업상담사 2급! 어떻게 준비해야 하는지 알려주세요.

합격 수기에 따르면 『직업상담사 2급 한권으로 끝내기』로 기초를 다진 후 『직업상담사 2급 2차 실기 직업상담실무 기출문제해설』과 『직업상담사 2급 2차 실기 직업상담실무 이론서』로 2차 실무를 준비하시는 것이 일반적입니다. 동영상 강의와 연계하여 학습하시면 더 빠르고 효율적인 학습이 가능합니다.

Q 작년에 교재를 구매했는데, 시간이 흘러 한 해가 지났습니다. 올해 다시 공부를 시작하려고 하는데 책을 새로 구매해야 하나요?

도서의 개정 정도는 수험생마다 느끼는 정도가 달라 일괄적으로 말씀드리기 어렵습니다. 개정된 도서의 특징을 살펴보신 후, 최종 선택은 어디까지나 독자님의 판단에 따라야 할 것으로 보입니다.

Q 필기시험에 합격하고 실기시험을 준비하고 있는데요. 실기시험은 필답형으로 진행된다고 하는데, 답안에 무엇을 얼마나 써야 하나요? 틀린 답만 아니라면 최대한 많이 쓰는 것이 좋은가요?

먼저 출제자가 수험생에게 어떤 답을 듣고 싶어 할지를 파악하고, 문제에서 요구하는 답만 간략히 적으시면 됩니다. 실기시험의 취지는 수험생의 실무능력 파악인데 마구 풀어서 쓴 형식의 답안으로는 그 능력을 측정할 수 없겠지요. 문항에 따라 다르겠지만, 질문 하나당 5줄 안으로 최대한의 핵심만 적는 연습을 해 두시기 바랍니다. 또한, 한 항에 정답과 오답을 함께 기재할 경우 오답으로 처리된다는 점을 유의하세요.

Q 실기시험을 처음 치르게 되었어요. 필답형이라던데, 필기구는 어떤 것을 사용해야 하나요? 답안을 작성하다가 틀리면 어떻게 하죠?

검정색 필기구만 사용 가능합니다. 답안을 연필로 적으신 후 볼펜으로 옮겨 쓰셔도 되지만, 답안지에 연필 자국이 남아 있으면 부정행위로 간주될 수 있으므로 주의해야 합니다. 답안 수정이 필요한 경우 수정테이프를 사용하실 수 있으며, 볼펜은 두 줄을 긋고 다시 기재할 수 있습니다.

필답형 시험지 답안 작성법

다음 사항은 시행처인 한국산업인력공단에 게시된 수험자 유의사항을 바탕으로 작성되었습니다. 시험 전 최신 공고사항을 반드시 확인하시기 바랍니다.

❶ 문제지를 받는 즉시 응시 종목의 문제가 맞는지 확인해야 합니다.

❷ 답안지 내 인적사항 및 답안 작성(계산식 포함) 시 검정색 필기구만을 사용해야 합니다.

❸ 답안 정정 시에는 두 줄을 긋고 다시 기재할 수 있으며, 수정테이프를 사용하셔도 됩니다.

❹ 계산문제는 반드시 계산과정과 답란에 정확히 기재해야 하며, 계산과정이 틀리거나 없는 경우 0점 처리됩니다.

❺ 연습이 필요한 경우 연습란을 이용해야 하며, 연습란은 채점 대상이 아닙니다.

❻ 계산문제는 최종결과 값(답)에서 소수 셋째 자리에서 반올림하여 둘째 자리까지 구하여야 하나, 개별 문제에서 소수 처리에 대한 별도의 요구사항이 있을 경우 그에 따라야 합니다.

❼ 답에 단위가 없으면 오답으로 처리됩니다. 단, 문제의 요구사항에 단위가 주어졌을 경우에는 생략되어도 무방합니다.

❽ 문제에서 요구한 가지 수 이상을 답란에 표기한 경우 답란 기재 순으로 요구한 가지 수만 채점합니다.

직업상담실무 공략 비법

1 필답형이라는 시험형식에 주눅 들지 마세요

필답형 시험이라고 해서 어떤 이론에 대한 전반적인 논의를 요구하거나 필기시험에서 접해 보지 못했던 분야를 서술하라는 문제가 출제되는 것이 아닙니다. 필기시험을 대비하며 쌓았던 지식을 바탕으로 본서와 함께 실기시험을 준비한다면, 수월하게 합격하실 수 있습니다.

2 체계적으로 학습하세요

과목별로 학습에 할애할 시간을 미리 분배하여 계획을 세워보세요. 짧은 시간 안에 빠른 속도로 학습하는 것보다 미리 세운 계획을 바탕으로 여유 있게 학습하는 것이 훨씬 효과적입니다. 단순한 지식 암기뿐만 아니라 답안을 직접 작성하는 훈련이 필요한 시험인 만큼 체계적인 계획은 합격의 밑거름이 됩니다.

3 필기시험 대비 시 활용했던 도서를 참고하세요

실기시험을 분석해 보면 필기시험에 출제되었던 객관식 문항을 필답형으로 변형하여 출제한 문항이 다수 있습니다. 따라서 실기시험 도서뿐만 아니라 앞서 여러 차례 보았던 필기시험 도서를 함께 참고하는 것이 심도 있고 탄탄한 학습을 하는 데에 도움이 됩니다.

4 출제자의 의도를 파악하세요

시험문제는 기존에 출제되었던 문제와 그렇지 않은 문제로 나누어집니다. 처음 보는 문제가 출제되었다고 해도 걱정하지 마세요. 출제자가 해당 문제를 통해 어떤 것을 묻고 싶은지, 구체적으로 어떤 실무능력을 파악하고자 하는지 이해한다면, 보다 수월하게 정답에 가까워질 수 있습니다.

5 기출문제는 합격의 열쇠

기출문제가 합격의 열쇠라는 원칙은 필기시험과 마찬가지로 실기시험에도 동일하게 적용됩니다. 기출문제를 반복적으로 학습하다 보면 연도별 기출문제를 관통하는 특정 키워드나 출제 맥락을 파악할 수 있고, 이를 바탕으로 앞으로 출제될 문제를 예상해 대비한다면 합격은 여러분의 것입니다.

중요하지 않은 문제는 없다

실기시험은 필기시험과 다르게 문항 수가 적고 배점이 크기 때문에 한두 개의 문제만 지나쳐도 불합격에 가까워집니다. 따라서 최대한 모든 문제에 답안을 작성할 수 있도록 빈틈없이 대비하는 것이 중요합니다. 본서의 '기출복원문제'와 '적중예상문제'가 무심코 놓치는 부분 없이 학습할 수 있도록 안내합니다.

공부는 머리가 아닌 손이 하도록

필기구를 활용해 답안을 직접 작성해야 하는 시험 특성상 이론을 눈으로 열 번 정독하는 것보다 한 번이라도 문제를 작성하는 훈련을 해보는 것이 중요합니다. 답안을 손으로 자주 써보며 손이 답안의 흐름이나 답안에 필수로 포함되어야 하는 키워드 등을 익힐 수 있도록 하세요.

검증되지 않은 답안들에 유의하세요

직업상담사 자격시험이 높은 응시율을 기록하면서 기출문제와 그 답안의 수요 또한 높아지고 있습니다. 이에 인터넷에는 출처가 불분명하고 검증을 거치지 않은 답안이 여럿 떠돌곤 하는데요. 수험생 여러분께서는 이러한 비공식적인 자료들이 정확한 학습을 방해하지 않도록 유의하시기 바랍니다.

나만의 요약본 만들기

실기시험은 필기시험보다 학습해야 하는 양이 적지만, 답안 작성 시 정확도가 높아야 합니다. 정확도 높은 답안 작성을 위해 취약한 부분이나 중점적으로 살펴볼 부분을 파악하는 것은 중요합니다. 나만의 전략적인 학습을 위해 요약본을 만들어 반복적인 복습에 활용하세요.

이 책의 목차

1과목 〉 직업심리

CHAPTER 01 직업선택 및 진로발달이론

1. **특성-요인 이론** : 윌리암슨(Williamson)의 인간 본성에 대한 기본가정, 특성-요인 직업상담의 3가지 기본원리, 파슨스(Parsons)의 상담자가 해야 할 일 3가지, 윌리암슨(Williamson)의 특성-요인 직업상담의 과정 · 검사의 해석단계 상담기법 3가지

2. **홀랜드(Holland)의 인성이론** : 육각형 모델에 대한 해석 차원(일관성 · 변별성 · 정체성), 6가지 직업성격유형, 직업선호도검사(VPI)의 SAE 흥미유형

3. **데이비스와 롭퀴스트(Dawis & Lofquist)의 직업적응이론** : 4가지 성격유형 요소, 직업적응방식의 유형 3가지, 직업가치 6가지, 직업적응이론에 근거한 주요 검사도구

4. **로(Roe)의 욕구이론** : 로(Roe)의 욕구이론에 영향을 미친 성격이론과 직업분류체계, 2차원 직업분류체계에서 6가지 수직 차원 · 8가지 직업군

5. **긴즈버그(Ginzberg) · 수퍼(Super) · 고트프레드슨(Gottfredson)의 발달이론** : 긴즈버그(Ginzberg)의 진로발달 단계(환상기 · 잠정기 · 현실기), 수퍼(Super)의 직업발달 5단계(성장기 · 탐색기 · 확립기 · 유지기 · 쇠퇴기), 고트프레드슨(Gottfredson)의 직업포부의 발달 4단계, 제한과 타협(한계와 절충)의 의미

6. **크롬볼츠(Krumboltz)의 사회학습이론 및 사회인지적 진로이론(SCCT ; Social Cognitive Career Theory)** : 크롬볼츠(Krumboltz)의 진로선택에 영향을 주는 요인, 반두라(Bandura)의 진로발달의 개인적 결정요인, 사회인지적 진로이론(SCCT)의 3가지 영역모델

CHAPTER 02 직업상담 진단

1. **직업심리검사의 이해** : 심리검사의 목적, 심리검사의 선정 기준, 실시 방식에 따른 심리검사의 분류(속도검사와 역량검사, 개인검사와 집단검사, 지필검사와 수행검사), 사용 목적에 따른 심리검사의 분류(규준참조검사, 준거참조검사), 측정 내용에 따른 심리검사의 분류(성능검사, 성향검사), 검사 장면에 따른 심리검사의 분류(축소상황검사, 모의장면검사, 경쟁장면검사), 직업상담에 사용되는 주요 질적 측정 도구

2. **규준과 점수해석** : 실험실 연구의 장단점, 척도의 주요 유형(명목척도, 서열척도, 등간척도, 비율척도), 평균(Mean), 중앙값(Median), 최빈값(Mode), 분산 정도 판단 기준(범위, 분산, 표준편차, 사분편차), 표준오차와 측정의 표준오차, 표준화를 위해 수집한 자료가 정상분포에서 벗어나는 것에 관한 해결 방법(완곡화, 절미법, 면적환산법), 규준 제작 시 사용되는 확률 표집 방법(단순무선표집, 층화표집, 집락표집, 계통표집), 발달규준(정신연령, 학년, 서열), 집단 내 규준의 종류(백분위 점수, 표준점수, 표준등급)

3. **신뢰도** : 검사-재검사 신뢰도, 동형 검사 신뢰도, 반분신뢰도, 문항내적합치도, 채점자 간 신뢰도, 심리검사의 신뢰도에 영향을 주는 요인 · 신뢰도를 높이는 방법

CHAPTER 03 직업과 스트레스

CHAPTER 04 직업상담 초기면담

01 직업선택 및 진로발달이론

1 특성-요인 이론

대표 문제

윌리암슨(Williamson)의 특성-요인 이론에서 검사의 해석단계에서 이용할 수 있는 상담기법 3가지를 쓰고 각각에 대해 설명하시오. [2024년 2회, 2017년 1회, 2008년 3회, 2003년 3회]

쌤의 해결 포인트

특성-요인 이론에서는 '직업상담의 3가지 기본원리', '파슨스(Parsons)의 상담자가 해야 할 일 3가지', '윌리암슨(Williamson)의 인간본성에 대한 기본 가정' 등 이론 전반에 대해 문제가 골고루 출제되고 있습니다. 따라서 특성-요인 이론 전반에 대한 꼼꼼한 학습과 이해가 필요합니다.

쌤의 만점답안

① 직접충고 : 검사결과를 토대로 상담자가 내담자에게 자신의 견해를 솔직하게 표명하는 것이다.
② 설득 : 상담자가 내담자에게 합리적이고 논리적인 방법으로 검사자료를 제시하는 것이다.
③ 설명 : 상담자가 검사자료 및 비검사자료들을 해석하여 내담자의 진로선택을 돕는 것이다.

합격 암기법 직설설

유사 문제

윌리암슨(Williamson)의 특성-요인 이론에서 검사의 해석단계에서 이용할 수 있는 상담기법 3가지를 쓰고 설명하시오.
[2015년 3회, 2012년 3회, 2010년 4회]

(1) 의의 및 특징

① 특성-요인 이론은 파슨스(Parsons)의 직업지도모델에 기초하여 형성되었다. 파슨스는 각 개인이 객관적으로 측정될 수 있는 독특한 능력을 지니고 있으며, 이를 직업에서 요구하는 요인과 합리적인 추론을 통하여 매칭시키면 가장 좋은 선택이 된다고 주장하였다.
② 특성-요인 이론은 모든 사람에게는 자신에게 옳은 하나의 직업이 존재한다는 가정에서 출발한다. 즉, 개인은 자신의 성격에 맞는 직업을 찾아야 만족하게 된다는 것이다.
③ 심리검사 이론과 개인차 심리학에 그 기초를 두고 있으며, 진단 과정을 매우 중시한다.
④ 개인적 흥미나 능력 등을 심리검사나 객관적 수단을 통해 밝혀내고자 한다.

⑤ 특성-요인 이론에 따른 직업상담 방법들은 합리적이고 인지적인 특성을 가지며, 정신역동적 직업상담이나 내담자 중심 직업상담에서와 같은 가설적 구성개념을 가정하지 않는다.

⑥ 윌리암슨(Williamson), 헐(Hull) 등을 비롯한 미네소타 대학의 연구자들이 파슨스의 이론을 확장하였다.

쌤의 **비법노트**

특성-요인 이론은 고도로 개별적이고 과학적인 방법을 통해 개인과 직업을 연결하는 것이 핵심입니다.

(2) 특성-요인 직업상담의 3가지 기본원리 [2018년 1회]

① 개개인의 독특한 심리적 특성으로 인해 각자에게 맞는 특정의 직업유형이 있다.

② 서로 다른 직업에 종사하는 사람들은 서로 다른 심리적 특성을 가지고 있다.

③ 직업적응은 개인 특성과 직업요건 사이의 조화의 정도에 따라 달라진다.

(3) 파슨스(Parsons)의 상담자가 해야 할 일 3가지 [2011년 3회, 2004년 1회]

① 제1단계 – 자신(개인)에 대한 이해(내담자 특성의 객관적인 분석)

내담자 특성의 객관적인 분석을 의미하는 것으로서, 파슨스(Parsons)는 특히 진로선택과 관련하여 자기 자신에 대한 올바른 이해를 강조하였다. 여기서 올바른 이해란 자신에 대한 정확하고 객관적인 이해를 의미한다.

② 제2단계 – 직업세계에 대한 이해(직업세계에 대한 체계적인 분석)

직업세계에 대한 체계적인 분석을 의미하는 것으로서, 이는 현대 사회의 다양화 · 복잡화로 인해 직업세계 또한 급속도로 분업화 · 전문화된 것에서 연유된다.

③ 제3단계 – 자신과 직업의 합리적 연결(과학적 조언을 통한 매칭)

최종적으로 진로선택을 결정하는 단계에 직면하여 과학적 · 합리적인 의사결정을 통해 최선의 선택에 이르도록 돕는 것이다.

(4) 윌리암슨(Williamson)의 인간본성에 대한 기본 가정 [2017년 2회, 2013년 2회, 2010년 2회]

① 인간은 선과 악의 잠재력을 모두 지니고 있는 존재이다.

② 인간은 선을 실현하는 과정에서 타인의 도움을 필요로 하는 존재이다.

③ 인간의 선한 생활을 결정하는 것은 바로 자기 자신이다.

④ 선의 본질은 자아의 완전한 실현이다.

⑤ 우주와 인간의 관계, 즉 세계관은 개인적인 것으로, 인간은 누구나 그 자신만의 독특한 세계관을 가진다.

(5) 윌리암슨(Williamson)의 상담기술 5가지

① 촉진적 관계 형성

상담자는 신뢰감을 줄 수 있는 분위기를 조성하며, 내담자의 문제해결을 촉진할 수 있는 관계를 형성한다.

② 자기이해의 신장

상담자는 내담자가 자신의 장점이나 특징들에 대해 개방된 평가를 하도록 돕는다. 또한, 자신의 장점이나 특징들이 문제해결에 어떻게 관련되는지 통찰력을 가질 수 있도록 격려한다.

③ 행동계획의 권고와 설계

상담자는 내담자가 이해하는 관점에서 상담 또는 조언을 한다. 또한 내담자가 표현한 학문적 · 직업적 선택 또는 감정, 습관, 행동, 태도와 일치하거나 반대되는 증거를 언어로 정리해 주며, 실제적인 행동을 계획하고 설계할 수 있도록 돕는다.

④ 계획의 수행

상담자는 내담자가 진로선택을 하는 데 있어서 직접적인 도움이 되는 여러 가지 제안을 함으로써 내담자가 계획을 실행에 옮겨 직업을 선택할 수 있도록 돕는다.

⑤ 위임 또는 의뢰

상담자는 내담자의 문제가 합리적으로 해결될 수 있도록 필요한 경우 다른 상담자를 만나보도록 권유한다.

(6) 윌리암슨(Williamson)의 검사의 해석단계 상담기법 3가지
[2024년 2회, 2017년 1회, 2015년 3회, 2012년 3회, 2010년 4회, 2008년 3회, 2003년 3회]

① 직접충고(Direct Advising)

㉠ 검사결과를 토대로 상담자가 내담자에게 자신의 견해를 솔직하게 표명하는 것이다.

㉡ 윌리암슨(Williamson)은 내담자가 상담자에게 솔직한 견해를 요구할 때, 내담자가 실패와 좌절에 이를 수 있는 행동이나 선택을 하려고 할 때 이 방법을 사용하도록 권장하였다.

② 설득(Persuasion)

㉠ 상담자가 내담자에게 합리적이고 논리적인 방법으로 검사자료를 제시하는 것이다.

㉡ 상담자는 내담자에게 검사결과가 암시하는 바를 이해시킴으로써 내담자가 자신의 문제를 해결할 수 있도록 설득할 수 있다.

③ 설명(Explanation)

㉠ 상담자가 검사자료 및 비검사자료들을 해석하여 내담자의 진로선택을 돕는 것이다.

㉡ 상담자는 내담자에게 선택 가능한 대안들과 그 대안들의 예상되는 결과들에 대해 이해할 수 있도록 돕는다.

(7) 윌리암슨(Williamson)의 특성-요인 직업상담의 과정 [2019년 2회]

제1단계 – 분석	• 내담자에 관한 자료수집, 표준화검사, 적성·흥미·동기 등의 요소들과 관련된 심리검사가 주로 사용된다. • 여러 출처로부터 내담자의 태도와 흥미, 가족 배경, 지식, 교육적 성취, 적성 등에 대한 자료를 주관적 및 객관적 방법으로 수집한다.
제2단계 – 종합	• 내담자의 성격, 장단점, 욕구, 태도 등에 대한 이해를 얻기 위해 정보를 종합한다. • 사례연구기법, 검사 프로파일 등의 자료들을 조합하고 요약함으로써 내담자의 독특성과 개성을 파악한다.
제3단계 – 진단	• 문제의 원인을 탐색하며, 내담자의 문제를 해결할 수 있는 다양한 방법들을 검토한다. • 내담자의 문제와 뚜렷한 특징들을 기술하며, 내담자 개인의 프로파일을 학문적 및 직업적 능력 프로파일과 비교하여 문제의 원인을 찾아낸다.
제4단계 – 예측/예후 (처방)	• 조정 가능성, 문제들의 가능한 여러 결과를 판단하며, 대안적 조치와 중점사항을 예측한다. • 예측/예후는 가능성과 변화의 용이성을 고려하는 것이고, 처방은 가용한 자료와 진단을 근거로 상담자가 내담자의 미래의 적응적 성과를 예언하는 것이다.

제5단계 – 상담(치료)	• 미래 혹은 현재에 바람직한 적응을 위해 무엇을 해야 하는가에 대해 함께 협동하여 상의한다. • 상담단계에서는 다음과 같은 5가지 상담기술을 활용할 수 있다.

촉진적 관계 형성	상담자는 신뢰감을 줄 수 있는 분위기를 조성하며, 내담자의 문제해결을 촉진할 수 있는 관계를 형성한다.
자기이해의 신장	상담자는 내담자가 자신의 장점이나 특징들에 대해 개방된 평가를 하도록 돕는다. 또한 자신의 장점이나 특징들이 문제해결에 어떻게 관련되는지 통찰력을 가질 수 있도록 격려한다.
행동계획의 권고와 설계	상담자는 내담자가 이해하는 관점에서 상담 또는 조언을 한다. 또한 내담자가 표현한 학문적·직업적 선택 또는 감정, 습관, 행동, 태도와 일치하거나 반대되는 증거를 언어로 정리해 주며, 실제적인 행동을 계획하고 설계할 수 있도록 돕는다.
계획의 수행	상담자는 내담자가 진로선택을 하는 데 있어서 직접적인 도움이 되는 여러 가지 제안을 함으로써 내담자가 계획을 실행에 옮겨 직업을 선택할 수 있도록 돕는다.
위임 또는 의뢰	상담자는 내담자의 문제가 합리적으로 해결될 수 있도록 필요한 경우 다른 상담자를 만나보도록 권유한다.

제6단계 – 추수지도 (사후지도)	• 새로운 문제가 야기되었을 때 위의 단계를 반복하며, 바람직한 행동계획을 실행하도록 계속해서 돕는다. • 상담의 결과로서 새로운 문제가 발생하였는지, 수립된 행동 경로가 올바른 것이었는지 등에 대해 내담자 입장에서 판단하는 과정이 반드시 포함되어야 한다.

기출복원문제로 핵심 복습

01 윌리암슨(Williamson)의 특성-요인이론 중 인간 본성에 대한 기본가정을 3가지만 쓰시오.
[2017년 2회, 2010년 2회]

쌤의 만점답안

① 인간은 선과 악의 잠재력을 모두 지니고 있는 존재이다.
② 인간은 선을 실현하는 과정에서 타인의 도움을 필요로 하는 존재이다.
③ 인간의 선한 생활을 결정하는 것은 바로 자기 자신이다.

합격 암기법 선악, 선실, 선생

02 파슨스(Parsons)의 특성-요인 상담에서 상담자가 해야 할 일 3가지를 쓰시오. [2011년 3회, 2004년 1회]

쌤의 만점답안

① 자신(개인)에 대한 이해 : 내담자 특성의 객관적인 분석
② 직업세계에 대한 이해 : 직업세계에 대한 체계적인 분석
③ 자신과 직업의 합리적 연결 : 과학적 조언을 통한 매칭

03 특성-요인 직업상담의 3가지 기본원리를 쓰시오. [2018년 1회]

쌤의 만점답안

① 개개인의 독특한 심리적 특성으로 인해 각자에게 맞는 특정의 직업유형이 있다.
② 서로 다른 직업에 종사하는 사람들은 서로 다른 심리적 특성을 가지고 있다.
③ 직업적응은 개인 특성과 직업요건 사이의 조화의 정도에 따라 달라진다.

04 다음 보기는 특성–요인 직업상담의 과정이다. 빈칸에 들어갈 내용을 순서대로 쓰고, 각각에 대해 설명하시오. [2019년 2회]

- 제1단계 : 분 석
- 제2단계 : (ㄱ)
- 제3단계 : (ㄴ)
- 제4단계 : (ㄷ)
- 제5단계 : 상 담
- 제6단계 : 추수지도

쌤의 만점답안

① 분석(제1단계) : 주관적 및 객관적 방법으로 내담자에 대한 자료들을 수집한다.
② 종합(제2단계) : 자료들을 조합·요약하여 내담자의 독특성과 개성을 파악한다.
③ 진단(제3단계) : 문제의 원인을 탐색한다.
④ 예측(제4단계) : 문제의 가능한 결과를 판단하고 대안적 조치를 찾는다.
⑤ 상담(제5단계) : 내담자의 바람직한 적응을 위해 협동하여 상의한다.
⑥ 추수지도(제6단계) : 바람직한 행동계획을 실행하도록 계속해서 돕는다.

합격 암기법 ➤ 분종진예상추

대표 문제

홀랜드(Holland)의 육각형 모델에 대한 해석 차원 중 일관성, 변별성, 정체성에 대해 설명하시오.
[2021년 3회, 2016년 2회]

쌤의 해결 포인트

홀랜드(Holland)의 육각형 모델에 대한 해석 차원은 일관성, 변별성(차별성), 정체성, 일치성, 계측성(타산성) 등 5가지로 구분됩니다. 직업상담사 2차 실무시험에서는 그중 막연히 3가지를 쓰도록 요구하거나 아예 '일관성, 변별성, 정체성'을 구체적으로 제시하여 답안을 작성하도록 하고 있습니다. 따라서 위의 5가지 중 특히 '일관성, 변별성, 정체성'을 반드시 기억해 두시기 바랍니다.

쌤의 만점답안

① 일관성 : 개인의 흥미 하위유형 간의 내적 일관성을 말하는 것으로서, 개인의 흥미유형이 얼마나 서로 유사한가를 의미한다. 어떤 유형의 쌍들은 다른 유형의 쌍들보다 더 많은 공통점을 가지고 있다.
② 변별성 : 특정 흥미유형의 점수가 다른 흥미유형의 점수보다 높은 경우 변별성이 높지만, 이들의 점수가 대부분 비슷한 경우 변별성이 낮다. 어떤 사람은 특정 유형과 매우 유사한 반면, 다른 유형과 차별적인 모습을 보인다.
③ 정체성 : 개인의 성격은 그의 목표, 흥미, 재능에 의해 명확해지며, 환경유형은 조직의 투명성, 안정성, 목표ㆍ일ㆍ보상의 통합에 의해 확고해진다.

합격 암기법 ➤ 일변정

유사 문제

• 홀랜드 육각형 모델과 관련된 해석 차원 중에서 일관성, 변별성, 정체성에 대해 설명하시오. [2010년 2회]
• 홀랜드(Holland) 이론의 개인과 개인 간의 관계, 개인과 환경 간의 관계, 환경과 환경 간의 관계를 설명하는 개념 3가지를 쓰고 각각에 대해 설명하시오. [2016년 3회, 2013년 3회]

(1) 의의 및 특징

① 홀랜드(Holland)는 사람들의 인성(성격)과 환경을 현실형, 탐구형, 예술형, 사회형, 진취형, 관습형으로 구분하고, 육각형 모델을 통해 효과적인 직업결정 방법을 제시하였다.
② 홀랜드의 인성이론은 "직업적 흥미는 일반적으로 성격이라고 불리는 것의 일부분이기 때문에 개인의 직업적 흥미에 대한 설명은 개인의 성격에 대한 설명이다."라는 가정에 기초한다. 이는 개인의 직업선택을 타고난 유전적 소질(→ 성격)과 문화적 요인(→ 환경) 간 상호작용의 산물로 보는 견해이기도 하다.
③ 개인의 특성과 직업세계의 특징 간 최적의 조화를 이루는 것을 강조하며, 개인이 자신의 성격을 표현할 수 있는 적합한 환경을 추구한다고 주장한다.
④ 개인-환경 적합성(Person-Environment Fit) 모형을 통해 개인의 행동이 그들의 성격에 부합하는 직업환경 특성들 간의 상호작용에 의해 결정된다고 본다.

홀랜드(Holland)의 인성이론은 '성격이론', '흥미이론', '개인-환경 적합성 모형', '육각형 모델' 등 다양한 명칭으로 불립니다.

(2) 홀랜드(Holland) 인성이론의 4가지 기본 가정

① 사람들의 성격은 6가지 유형 중의 하나로 분류될 수 있다.

② 직업환경은 6가지 유형의 하나로 분류될 수 있다.

③ 사람들은 자신의 능력을 발휘하고 태도와 가치를 표현할 수 있는 환경을 찾는다.

④ 개인의 행동은 성격과 환경의 상호작용에 의해 결정된다.

(3) 6가지 직업성격유형

[2023년 1회, 2023년 2회, 2023년 3회, 2022년 1회, 2021년 1회, 2020년 1회, 2020년 3회, 2020년 4회, 2019년 2회, 2018년 2회, 2016년 1회, 2014년 3회, 2009년 1회, 2008년 1회, 2007년 1회, 2004년 1회]

① 현실형 또는 현실적(실재적) 유형(R ; Realistic Type)

성격 특징	• 솔직하고 성실하며, 검소하고 지구력이 있다. • 말이 적고 고집이 세며, 직선적이고 단순하다.
선호하는 활동	• 현장에서 수행하는 활동을 선호하며, 구체적 · 실질적인 것을 지향한다. • 분명하고, 질서정연하고, 체계적인 것을 좋아하며, 연장이나 기계의 조작을 주로 하는 활동 내지 신체적인 기술들에 흥미를 보인다. • 사회적 기술이 부족하고 사교적이지 못하여 대인관계가 요구되는 상황에서 어려움을 느낀다.
대표적인 직업	기술직 · 토목직, 자동차 엔지니어, 농부, 정비사, 전기 · 기계 기사, 비행기 조종사, 트럭 운전사, 조사연구원, 농부, 목수, 운동선수 등

② 탐구형 또는 탐구적 유형(I ; Investigative Type)

성격 특징	• 논리적 · 분석적 · 합리적이며, 추상적 · 과학적이고 호기심이 많다. • 조직적이며 정확한 반면, 내성적이고 수줍음을 잘 탄다.
선호하는 활동	• 과학적 · 탐구적인 성향이 강하며, 정보수집 및 자료해석을 즐긴다. • 관찰적 · 상징적 · 체계적이고 과제 지향적이며, 물리적 · 생물학적 · 문화적 현상의 창조적인 탐구를 수반하는 활동에 흥미를 보인다. • 사회적이고 반복적인 활동들에는 관심이 부족한 편이며, 흔히 리더십 기술이 부족하다.
대표적인 직업	화학자, 생물학자, 물리학자, 과학자, 인류학자, 지질학자, 의료기술자, 의사, 심리학자, 분자공학자 등

③ 예술형 또는 예술적 유형(A ; Artistic Type)

성격 특징	• 표현이 풍부하고 창의적 · 독창적이며, 개성이 강하고 비순응적이다. • 상상력이 풍부하고 감수성이 강하며, 자유분방하고 개방적이다.
선호하는 활동	• 심미적 · 창조적인 성향이 강하며, 자유롭고 상징적인 활동을 선호한다. • 예술적 창조와 표현, 변화와 다양성을 좋아하고 틀에 박힌 것을 싫어하며, 모호한 활동들에 흥미를 보인다. • 체계적이고 구조화된 활동, 협동이 요구되는 활동에는 흥미가 없다.
대표적인 직업	문학가, 작곡가, 미술가, 예술가, 음악가, 무대감독, 작가, 배우, 소설가, 무용가, 디자이너 등

④ 사회형 또는 사회적 유형(S ; Social Type)

성격 특징	• 사람들과 어울리기 좋아하고 대인관계에 뛰어나며, 친절하고 이해심이 많다. • 남을 잘 돕고 봉사심이 많으며, 감정적이고 이상주의적이다.
선호하는 활동	• 사람들과 함께 어울리며 집단 속에서 일하는 것을 선호한다. • 타인의 문제를 듣고, 이해하고, 도와주고, 치료해 주고, 봉사하는 활동들에 흥미를 보인다. • 다른 사람과 함께 일하거나 다른 사람을 돕는 것을 즐기지만, 도구와 기계를 포함하는 질서정연하고 조직적인 활동에는 흥미가 없다.
대표적인 직업	사회복지사, 교사, 상담사, 사회사업가, 교육자, 종교지도자, 바텐더, 임상치료사, 간호사, 언어재활사 등

쌤의 비법노트

심리학자는 탐구형(I), 직업상담사는 사회형(S)의 직업성격유형과 더 밀접하게 연결됩니다.

⑤ 진취형 또는 진취적(설득적) 유형(E ; Enterprising Type)

성격 특징	• 지배적이고 통솔력 · 지도력이 있으며, 말을 잘하고 설득력이 있다. • 경쟁적이고 야심적이며, 외향적이고 열성적이다.
선호하는 활동	• 진취적 · 경쟁적인 성향이 강하며, 적극적인 활동을 선호한다. • 조직의 목적과 경제적인 이익을 얻기 위해 타인을 선도, 계획, 통제, 관리하는 일과 그 결과로 얻어지는 위신, 인정, 권위에 흥미를 보인다. • 관찰적 · 상징적 · 체계적 활동에는 흥미가 없으며, 과학적 능력이 부족하다.
대표적인 직업	기업실무자, 영업사원, 보험설계사, 정치가, 사업가, 기업경영인, 판사, 상품구매인, 판매원, 관리자, 연출가 등

⑥ 관습형 또는 관습적 유형(C ; Conventional Type)

성격 특징	• 정확하고 조심성이 있으며, 세밀하고 계획성이 있다. • 다소 보수적이고 변화를 좋아하지 않으며, 완고하고 책임감이 강하다.
선호하는 활동	• 자료의 조직화나 세밀하고 정확한 주의가 요구되는 활동을 선호한다. • 구조화된(조직적인) 환경을 선호하며, 질서정연하고 체계적인 자료정리를 좋아한다. • 정해진 원칙과 계획에 따라 자료들을 기록, 정리, 조직하는 일을 좋아하고, 체계적인 작업환경에서 사무적·계산적 능력을 발휘하는 활동에 흥미를 보인다.
대표적인 직업	사무직 근로자, 경리사원, 비서, 사서, 은행원, 행정관료, 공인회계사, 경제분석가, 세무사, 법무사, 감사원, 안전관리사 등

쌤의 비법노트

홀랜드(Holland)의 육각형 모델에 의한 6가지 직업성격유형은 서로 완전히 배타적인 특징을 가지는 것은 아니므로, 어느 하나의 요소만으로 특정 유형을 한정할 수 없습니다. 예를 들어, '질서정연함'은 현실형(R)과 관습형(C)에서 공통으로 선호하는 특징인 반면, 예술형(A)과 사회형(S)에서는 공통으로 선호하지 않는 특징에 해당합니다.

(4) 홀랜드(Holland)의 육각형 모델과 직업성격유형의 차원

① 육각형 모델(모형)에서 '현실형(R)과 사회형(S)', '탐구형(I)과 진취형(E)', '예술형(A)과 관습형(C)'은 서로 대각선에 위치하여 대비되는 특성을 지닌다.

② '사회형(S)과 진취형(E)'은 '사회형(S)과 관습형(C)'에 비해 서로 간의 거리가 가까우며, 상대적으로 유사한 직업성격을 지닌다.

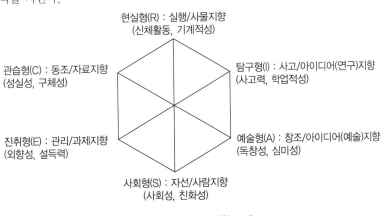

홀랜드(Holland)의 육각형 모델

(5) 홀랜드(Holland)의 육각형 모델과 해석 차원

[2021년 3회, 2017년 3회, 2016년 2회, 2016년 3회, 2013년 3회, 2010년 2회]

개인과 개인 간의 관계, 개인과 환경 간의 관계, 환경과 환경 간의 관계를 설명하는 개념이다.

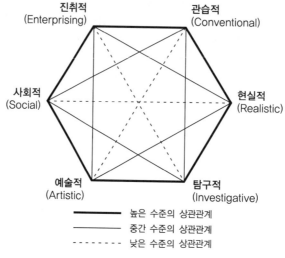

육각형 모델의 유형별 상관관계

일관성 (Consistency)	• 개인의 흥미 하위유형 간의 내적 일관성을 말하는 것으로서, 개인의 흥미유형이 얼마나 서로 유사한가를 의미한다. • 어떤 유형의 쌍들은 다른 유형의 쌍들보다 더 많은 공통점을 가지고 있다. 예 예술적-사회적(AS) 유형은 탐구적-진취적(IE) 유형보다 공통점을 더 많이 가지고 있다. 또한, 탐구적이고 관습적인 활동에 흥미를 가진 현실적인 사람(RIC)은 진취적이고 사회적인 활동에 선호를 나타내는 현실적인 사람(RES)보다 더 일관성이 있다.
변별성 또는 차별성 (Differentiation)	• 개인의 흥미유형 혹은 작업환경은 특정 흥미유형 혹은 작업환경과 매우 유사한 반면, 다른 흥미유형 혹은 작업환경과 차별적이다. • 어떤 사람은 특정 유형과 매우 유사한 반면, 다른 유형과 차별적인 모습을 보인다.
정체성 (Identity)	개인의 성격은 그의 목표, 흥미, 재능에 의해 명확해지며, 환경유형은 조직의 투명성, 안정성, 목표 · 일 · 보상의 통합에 의해 확고해진다.
일치성 (Congruence)	• 개인의 흥미유형과 개인이 몸담고 있거나 소속되고자 하는 환경의 유형이 서로 부합하는 정도를 말한다. • 어떤 사람은 자기 자신의 인성유형(흥미유형)과 동일하거나 유사한 환경에서 일하고 생활한다.
계측성 또는 타산성 (Calculus)	육각형 모델에서의 유형들 간의 거리는 그 이론적인 관계에 반비례한다.

(6) 홀랜드(Holland)의 모델에 근거한 주요 검사도구

① 직업선호도검사(VPI ; Vocation Preference Inventory)

② 자기방향탐색검사 또는 자가흥미탐색검사(SDS ; Self Directed Search)

③ 직업탐색검사(VEIK ; Vocational Exploration and Insight Kit)

④ 자기직업상황검사 또는 개인직업상황검사(MVS ; My Vocational Situation)

⑤ 경력의사결정검사(CDM ; Career Decision Making System)

(7) 평 가

① 성격만이 편파적으로 강조되어 여러 가지 다른 중요한 개인적 · 환경적 요인이 무시되었다.

② 진로상담에 적용할 수 있는 구체적인 절차를 제공해 주지 못하고 있다.

③ 홀랜드(Holland) 모형을 측정하는 검사도구가 성적 편파(Gender Bias) 문제를 해결하지 못한다.

④ 성격요인을 중요시하고 있으면서도 정작 그 발달과정에 대한 설명이 결여되어 있다.

⑤ 개인이 자신의 환경 및 자기 자신을 변화시킬 수 있는 가능성이 있음에도 불구하고 이를 고려하지 않고 있다.

01 홀랜드(Holland)의 인성이론에서 제안된 6가지 직업성격유형을 쓰고, 각각에 대해 설명하시오.

[2023년 2회, 2009년 1회, 2008년 1회, 2007년 1회, 2004년 1회]

쌤의 만점답안

① 현실형 : 현장에서 수행하는 활동을 선호하며, 구체적 · 실질적인 것을 지향한다.

　　예 기술직 · 토목직, 자동차 엔지니어, 농부 등

② 탐구형 : 과학적 · 탐구적인 성향이 강하며, 정보수집 및 자료해석을 즐긴다.

　　예 화학자, 생물학자, 물리학자 등

③ 예술형 : 심미적 · 창조적인 성향이 강하며, 자유롭고 상징인 활동을 선호한다.

　　예 문학가, 작곡가, 미술가 등

④ 사회형 : 사람들과 함께 어울리며 집단 속에서 일하는 것을 선호한다.

　　예 사회복지사, 교사, 상담사 등

⑤ 진취형 : 진취적 · 경쟁적인 성향이 강하며, 적극적인 활동을 선호한다.

　　예 기업실무자, 영업사원, 보험설계사 등

⑥ 관습형 : 자료의 조직화나 세밀하고 정확한 주의가 요구되는 활동을 선호한다.

　　예 사무직 근로자, 경리사원, 비서 등

합격 암기법 ＼ 현탐예사진관

유사 문제

• 홀랜드(Holland)의 인성이론에서 제안된 6가지 성격유형을 쓰시오. [2023년 3회, 2020년 1회, 2019년 2회]

• 홀랜드(Holland)의 모형을 기초로 개발된 직업흥미검사의 6가지 흥미유형을 쓰시오.

　[2023년 1회, 2022년 1회, 2020년 3회]

• 홀랜드(Holland)의 흥미이론에서 개인의 흥미유형 6가지를 쓰시오. [2021년 1회]

• 홀랜드(Holland)의 인성이론에서 제안된 6가지 성격유형을 쓰고, 각각에 대해 설명하시오.

　[2020년 4회, 2018년 2회]

• 홀랜드(Holland)의 모형을 기초로 개발된 직업흥미검사의 6가지 흥미유형을 쓰시오. [2016년 1회]

• 홀랜드(Holland)의 인성이론에서 제안된 6가지 성격유형을 쓰고 설명하시오. [2014년 3회]

02 대학생 A는 직업선호도검사(VPI) 결과 SAE의 흥미유형을 가진 것으로 나타났다. 홀랜드(Holland)의 흥미이론에 따른 SAE 유형을 해석하시오. [2017년 3회]

쌤의 만점답안

① 사회형(S)은 사람들과 함께 어울리면서 집단 속에서 일하는 것을 선호하며, 예술형(A)은 자기표현의 욕구와 함께 자유롭고 상징적인 활동을 선호한다. 또한 진취형(E)은 진취적 · 경쟁적인 성향이 강하며, 적극적인 활동을 선호한다.

② 'SAE' 유형은 자신의 주장을 지지해 줄 수 있는 사람들과 집단을 형성하며, 자신의 신념을 밀고 나아가 사람들을 설득하려고 한다. 특히 상담치료사, 사회사업가 등의 직업이 이상적이다.

대표 문제

직업적응이론(TWA ; Theory of Work Adjustment)에서 개인이 환경과 상호작용하는 특성을 나타내는 성격양식 차원의 4가지 성격유형 요소들을 쓰고, 각각에 대해 설명하시오. [2022년 3회, 2010년 3회]

쌤의 해결 포인트

직업적응이론에서는 개인과 환경이 상호작용한다는 점을 강조합니다. 즉, 환경은 개인에 대해 '그 일을 수행할 수 있는 능력'을 필요조건으로 요구하는 한편, 개인은 환경에 대해 '개인의 욕구를 충족시켜 줄 수 있는 환경'을 필요조건으로 요구한다는 것입니다. 예를 들어, 작업환경(직업환경)으로서 '트럭운전'은 트럭을 운전할 수 있고, 짐을 실을 수 있으며, 일정을 지킬 수 있는 사람을 요구하는 한편, 개인으로서 '트럭 운전사'는 고용안정, 자율성, 만족스러운 임금 등을 요구한다는 것입니다. 이와 같이 직업적응이론은 개인과 환경이 서로가 원하는 것을 충족시켜 줄 때 조화롭다고 보며, 개인은 환경이 원하는 기술을 가지고 있고, 환경은 개인의 욕구를 충족시켜 줄 강화인을 가지고 있을 때 조화로운 상태에 이를 수 있다고 주장합니다.

쌤의 만점답안

① 민첩성 : 정확성보다는 속도를 중시한다.
② 역량 : 작업자의 평균 활동수준을 의미한다.
③ 리듬 : 활동에 대한 다양성을 의미한다.
④ 지구력 : 다양한 활동수준의 기간을 의미한다.

합격 암기법 민역리지

유사 문제

• 직업적응이론에서 직업성격 차원의 4가지 성격유형 요소들을 쓰고, 각각에 대해 설명하시오. [2020년 2회]
• 직업적응이론에서 직업성격 차원의 4가지 성격유형 요소들 중 3가지를 쓰고 각각에 대해 설명하시오.
[2016년 2회, 2015년 2회]

(1) 의의 및 특징

① 직업적응이론(TWA ; Theory of Work Adjustment)은 미네소타 대학의 데이비스와 롭퀴스트(Dawis & Lofquist)가 1950년대 후반부터 지속적으로 수행해 온 직업적응 프로젝트의 연구 성과를 토대로 정립된 이론이다.
② 직업적응은 개인이 직업 환경과 조화를 이루어 만족하고 유지하도록 노력하는 역동적인 과정으로서, 직업적응이론은 개인의 욕구와 능력을 환경에서의 요구사항과 연관 지어 직무만족이나 직무유지 등의 진로행동에 대해 설명한다.
③ 미네소타 직업분류체계 Ⅲ(MOCS Ⅲ)와 관련하여 발전한 직업발달이론으로, MOCS Ⅲ는 직업을 능력 범주와 강화물 범주의 2차원 매트릭스로 분류한다.

④ 개인과 환경 간 상호작용을 통한 욕구충족(요구충족)을 강조하는 이론으로, 최근에는 '개인-환경 조화 상담(Person-Environment Correspondence Counseling)'으로도 불리고 있다.

⑤ 직업적응 관련 주요 개념으로서 만족과 충족

　㉠ 만족(Satisfaction) : 조화의 내적 지표로, 직업환경이 개인의 욕구를 얼마나 채워주고 있는지에 대한 개인의 평가를 뜻한다.

　㉡ 충족(Satisfactoriness) : 조화의 외적 지표로, 직업에서 요구하는 과제와 이를 수행할 수 있는 개인의 능력과 관련된 개념이다.

쌤의 비법노트

홀랜드(Holland) 인성이론의 '개인-환경 적합성 모형'과 데이비스와 롭퀴스트(Dawis & Lofquist) 직업적응이론의 '개인-환경 조화 상담'을 혼동하지 않도록 합시다.

(2) 직업적응 유형

① 성격양식 차원(직업성격적 측면) [2022년 3회, 2020년 2회, 2016년 2회, 2015년 2회, 2010년 3회]

민첩성	반응속도 및 과제 완성도와 연관되며, 정확성보다는 속도를 중시한다.
역량 또는 속도	에너지 소비량과 연관되며, 작업자(근로자)의 평균 활동수준을 의미한다.
리 듬	활동에 대한 다양성을 의미한다.
지구력 또는 지속성	환경과의 상호작용 시간과 연관되며, 다양한 활동수준의 기간을 의미한다.

② 적응방식 차원(적응방식적 측면) [2023년 2회, 2019년 1회]

융통성 또는 유연성	개인이 작업환경과 개인적 환경 간의 부조화를 참아내는 정도를 의미한다(→ 환경 변화로 인한 불일치에 대한 내성).
끈기 또는 인내	환경이 자신에게 맞지 않아도 개인이 얼마나 오랫동안 견뎌낼 수 있는지의 정도를 의미한다(→ 적응행동의 시작부터 종료까지의 지속기간).
적극성 또는 능동성	개인이 작업환경을 개인적 방식과 좀 더 조화롭게 만들어 가려고 노력하는 정도를 의미한다(→ 상대를 변화시켜 적응하려는 양상).
반응성 또는 수동성	개인이 작업성격의 변화로 인해 작업환경에 반응하는 정도를 의미한다(→ 자신을 변화시켜 적응하려는 양상).

(3) 직업적응이론에 근거한 주요 검사도구 [2019년 2회, 2016년 1회, 2010년 3회]

① 미네소타 중요성질문지 또는 미네소타 욕구중요도 검사(MIQ ; Minnesota Importance Questionnaire)

개인이 일의 환경(직업환경)에 대하여 지니는 20가지의 욕구와 6가지의 가치관을 측정하는 도구로서, 주 대상은 16세 이상의 남녀이며, 초등학교 고학년 수준 이상의 독해력이 필요하다.

② 미네소타 직무기술질문지(JDQ 또는 MJDQ ; Minnesota Job Description Questionnaire)

일의 환경이 MIQ에서 정의한 20개의 욕구를 만족시켜 주는 정도를 측정하는 도구로서, 하위척도는 MIQ와 동일하다.

③ 미네소타 만족질문지(MSQ ; Minnesota Satisfaction Questionnaire)

직무만족의 원인이 되는 일의 강화요인을 측정하는 도구로 능력의 사용, 성취, 승진, 활동, 다양성, 작업조건, 회사의 명성, 인간자원의 관리체계 등의 척도로 구성되어 있다.

(4) 미네소타 중요성질문지(MIQ)에 대한 연구를 통해 발견한 6가지 가치차원(직업가치)

[2024년 1회, 2022년 3회, 2013년 1회]

① 성취(Achievement)

② 이타심 또는 이타주의(Altruism)

③ 자율성 또는 자발성(Autonomy)

④ 안락함 또는 편안함(Comfort)

⑤ 안정성 또는 안전성(Safety)

⑥ 지위(Status)

기출복원문제로 핵심 복습

01 롭퀴스트와 데이비스(Lofquist & Dawis)의 직업적응이론에서 직업적응방식의 유형 3가지를 쓰고, 각각에 대해 설명하시오. [2023년 2회]

쌤의 만점답안

① 융통성 : 개인이 작업환경과 개인적 환경 간의 부조화를 참아내는 정도
② 끈기 : 환경이 자신에게 맞지 않아도 개인이 얼마나 오랫동안 견뎌낼 수 있는지의 정도
③ 적극성 : 개인이 작업환경을 개인적 방식과 좀 더 조화롭게 만들어 가려고 노력하는 정도
④ 반응성 : 개인이 작업성격의 변화로 인해 작업환경에 반응하는 정도

합격 암기법 ＼ 융끈적반

유사 문제

롭퀴스트와 데이비스(Lofquist & Dawis)의 직업적응이론에서 직업적응방식 차원의 3가지 요소를 쓰고, 각각에 대해 설명하시오. [2019년 1회]

02 직업적응이론(TWA)에서 중요하게 다루는 직업가치를 6가지 쓰시오. [2024년 1회, 2013년 1회]

쌤의 만점답안

① 성 취
② 이타심 또는 이타주의
③ 자율성 또는 자발성
④ 안락함 또는 편안함
⑤ 안정성 또는 안전성
⑥ 지 위

합격 암기법 ＼ 성이자안안지

유사 문제

직업적응이론(TWA)에서 중요하게 다루는 직업가치 5가지를 쓰시오. [2022년 3회]

03 데이비스와 롭퀴스트(Dawis & Lofquist)의 직업적응이론에 기초하여 개발된 직업적응과 관련된 검사도구 3가지를 쓰시오. [2019년 2회, 2010년 3회]

쌤의 만점답안

① 미네소타 중요성질문지(MIQ)
② 미네소타 직무기술질문지(JDQ)
③ 미네소타 만족질문지(MSQ)

합격 암기법 (미네소타) 중직만

유사 문제

데이비스와 롭퀴스트(Dawis & Lofquist)의 직업적응이론에 기초하여 개발한 직업적응과 관련된 검사도구 3가지를 쓰시오. [2016년 1회]

4 로(Roe)의 욕구이론

대표 문제

로(Roe)의 2차원 직업분류체계에서 6가지 수직 차원을 쓰시오. [2019년 1회, 2014년 3회]

쌤의 해결 포인트

로(Roe)의 2차원 직업분류체계에서 책임, 능력, 기술의 정도에 의한 6가지 수직 차원의 단계별 명칭은 교재에 따라 약간씩 다르게 제시되기도 하지만, 사실상 동일한 것입니다. 몇 가지 예를 들어보겠습니다.

- 전문 · 관리(상급), 전문 · 관리(보통), 준전문 · 관리, 숙련, 준숙련, 비숙련
- 전문관리-상급, 전문관리-중급, 준전문관리, 숙련, 준숙련, 비숙련
- 전문적이고 관리적인 단계 1, 전문적이고 관리적인 단계 2, 준전문적인 소규모의 사업단계, 숙련직 단계, 반숙련직 단계, 비숙련직 단계

참고로 문제의 해설은 '김봉환 外, 『학교진로상담』, 학지사 刊'에 제시된 명칭을 사용하였습니다.

쌤의 만점답안

① 고급 전문관리
② 중급 전문관리
③ 준전문관리
④ 숙 련
⑤ 반숙련
⑥ 비숙련

합격 암기법 ╲ 고중준숙반비

유사 문제

로(Roe)는 활동에 초점을 맞추는 수평차원과 책임, 능력, 기술 등 기능수준에 초점을 맞추는 수직차원으로 직업을 분류하였다. 로(Roe)의 2차원 직업분류체계에서 수직차원 6단계를 쓰시오. [2024년 2회]

(1) 의의 및 특징 [2011년 2회]

① 개인의 진로발달 과정에서 사회나 환경의 영향을 상대적으로 많이 고려하는 이론으로, 사실상 진로발달이론이라기보다는 진로선택이론에 해당한다.
② 로(Roe)는 성격이론과 직업분류 영역을 통합하는 데 관심을 두었다.
③ 직업선택에서 개인의 욕구와 함께 초기 아동기의 경험을 중시하였다.
④ 직업과 기본욕구 만족의 관련성이 매슬로우(Maslow)의 욕구위계이론을 바탕으로 할 때 가장 효율적이라고 보았다.

⑤ 여러 가지 다른 직업에 종사하고 있는 사람들이 각기 다른 욕구를 가지고 있으며, 이러한 욕구의 차이는 어린 시절(12세 이전의 유아기 내지 아동기)의 부모-자녀 관계, 즉 양육방식에 기인한다고 주장하였다.

(2) 로(Roe)의 욕구이론에 따른 5가지 가설(명제)

① 첫째, 개인이 가지고 있는 여러 가지 잠재적 특성의 발달에는 한계가 있다. 다만, 그 한계의 정도는 개인에 따라 차이가 있다.
② 둘째, 개인의 유전적 특성의 발달정도 및 발달통로는 개인의 유일하고 특수한 경험에 의해 영향을 받는다. 또한, 가정의 사회경제적 배경 및 일반사회의 문화배경에 의해서도 영향을 받는다.
③ 셋째, 개인의 흥미나 태도는 유전의 제약을 비교적 덜 받으므로 주로 개인의 경험에 따라 발달유형이 결정된다.
④ 넷째, 심리적 에너지는 흥미를 결정하는 중요한 요소이다.
⑤ 다섯째, 개인의 욕구와 만족 그리고 그 강도는 성취동기의 유발 정도에 따라 결정된다.

쌤의 비법노트

로(Roe)는 직업발달이론을 이해하려면 먼저 매슬로우(Maslow)의 욕구위계이론을 머리에 두어야 한다고 주장하였습니다. 특히 초기 가정환경이 이후의 직업선택에 중요한 영향을 미친다고 보고, 유아기(내지 아동기)의 경험과 직업선택에 관한 5가지의 가설을 수립하였습니다.

(3) 직업분류체계의 구조

① 로(Roe)는 미네소타 직업평가척도(MORS ; Minnesota Occupational Rating Scales)에서 힌트를 얻어 일의 세계를 8가지 장(Field)과 6가지 수준(Level)으로 구성된 2차원의 체계로 조직화했다.
② 로의 직업분류체계는 8가지 장, 즉 '직업군'과 6가지 수준, 즉 '직업수준'을 의미하는 원뿔구조로 나타낼 수 있다.
③ 원주상의 순서대로 8가지 장은 서비스, 사업상 접촉(비즈니스), 조직, 기술, 옥외, 과학, 예술과 연예, 일반문화로 이루어진다.
④ 6가지 수준은 근로자의 직업과 관련된 정교화, 책임, 보수, 훈련의 정도를 묘사한다.
　㉠ '수준 1'은 가장 높은 수준으로서 전문직 혹은 관리직을 의미한다.
　㉡ '수준 6'은 가장 낮은 수준으로서 비숙련(비숙련직)을 나타낸다.

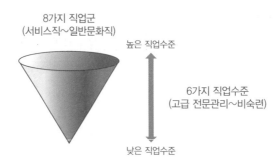

로의 직업분류체계

(4) 8가지 직업군 [2011년 2회]

① 서비스직(Service)

사회사업, 가이던스 등 기본적으로 다른 사람의 욕구와 복지에 관심을 가지고 봉사하는 직업이 해당한다.

② 비즈니스직(Business Contact)

주로 일대일 만남으로 상대방을 설득하여 공산품, 투자상품, 부동산 등을 판매하는 직업이 해당한다.

③ 단체직(Organization)

사업, 제조업, 행정에 종사하는 관리직 화이트칼라 등 기업의 조직과 효율적인 기능에 관련된 직업이 해당한다.

④ 기술직(Technology)

상품과 재화의 생산·유지·운송과 관련된 직업을 포함하며, 공학, 기계, 정보통신, 무역 등의 직업이 해당한다.

⑤ 옥외활동직(Outdoor)

농산물, 수산자원, 지하자원, 임산물, 기타의 천연자원을 개발, 보존, 수확하는 것과 축산업에 관련된 직업이 해당한다.

⑥ 과학직(Science)

기술직과 달리 과학이론 및 그 이론을 특정한 환경에 적용하는 직업이 해당한다.

⑦ 예능직(Arts and Entertainment)

창조적인 예술과 연예에 관련된 특별한 기술을 사용하는 것과 관련된 직업이 해당한다.

⑧ 일반문화직(General Culture)

개인보다는 인류의 활동에 흥미를 느끼며, 문화유산의 보존 및 전수에 관련된 직업이 해당한다.

(5) 부모-자녀 관계에 따른 직업선택

① 따뜻한 부모-자녀의 관계에서 성장한 사람

어렸을 때부터 어떤 필요나 욕구가 있을 경우 사람들과의 접촉을 통해 이를 충족시키는 방식을 습득하게 됨으로써 이후 인간지향적인 직업(예 서비스직, 비즈니스직, 단체직, 예능직, 일반문화직)을 선택하려는 경향을 보이게 된다.

② 차가운 부모-자녀의 관계에서 성장한 사람

어렸을 때부터 자신의 문제에 대해 부모나 주위 사람의 도움을 청하지 않고 사람과의 접촉이 개입되지 않는 다른 수단을 통해 이를 해결하는 방법을 습득하게 됨으로써 이후 비인간지향적인 직업(예 기술직, 옥외활동직, 과학직)을 선택하려는 경향을 보이게 된다.

쌤의 비법노트

로(Roe)는 개인의 직업군 선택이 부모-자녀의 관계에서 형성된 욕구구조(Need Structure)에서 비롯된다고 보았습니다. 이러한 욕구구조는 유전적 특성과 함께 어렸을 때 경험하는 좌절과 만족을 통해 형성됩니다.

(6) 6가지 직업수준(수직차원) [2024년 2회, 2019년 1회, 2014년 3회]

① 고급 전문관리(전문적·관리적 단계 1)

중요하고 독립적이며 다양한 책임을 진다. 정책을 만들며, 박사나 그에 준하는 정도의 교육수준이 요구된다.

② 중급 전문관리(전문적·관리적 단계 2)

중요성 및 다양성 측면에서 자신과 타인에 대한 중간 수준의 책임을 진다. 정책을 해석하며, 석사학위 이상 또는 박사보다 낮은 교육수준이 요구된다.

③ 준전문관리

타인에 대한 낮은 수준의 책임을 진다. 정책을 적용하거나 자신만을 위한 의사결정을 하며, 고등학교나 기술학교 또는 그에 준하는 정도의 교육수준이 요구된다.

④ 숙련(숙련직)

견습이나 다른 특수한 훈련 및 경험이 요구된다.

⑤ 반숙련(반숙련직)

약간의 훈련 및 경험이 요구되나, 숙련직보다는 낮은 수준이다.

⑥ 비숙련(비숙련직)

특수한 훈련 및 교육을 필요로 하지 않으며, 단순반복적인 활동에 종사하기 위해 필요한 능력 이상이 요구되지 않는다.

01 로(Roe)의 욕구이론은 성격이론과 직업분류라는 두 가지 이질적인 영역을 통합하는 데 이론적 관심이 있었다. 로의 욕구이론에 영향을 미친 성격이론과 직업분류체계를 쓰시오. [2011년 2회]

쌤의 만점답안

(1) 로(Roe)의 욕구이론에 영향을 미친 성격이론 : 매슬로우(Maslow)의 욕구위계이론
(2) 직업분류체계
　　① 8가지 직업군 : 서비스직, 비즈니스직, 단체직, 기술직, 옥외활동직, 과학직, 예능직, 일반문화직
　　② 책임, 능력, 기술의 정도에 의한 6가지 직업수준 : 고급 전문관리, 중급 전문관리, 준전문관리, 숙련, 반숙련, 비숙련

5 긴즈버그(Ginzberg)·수퍼(Super)·고트프레드슨(Gottfredson)의 발달이론

대표 문제

고트프레드슨(Gottfredson)의 직업과 관련된 개인발달의 4단계를 순서대로 쓰시오. [2023년 2회]

쌤의 해결 포인트

이 문제는 "고트프레드슨(Gottfredson)의 직업포부 발달단계"로 제시되기도 합니다. 또한, 경우에 따라 "~ 쓰시오" 혹은 "~ 쓰고 설명하시오"의 형태로 제시되기도 합니다. 만약 문제가 "~ 쓰시오"의 형태로 제시되고 답안 작성 칸이 협소한 경우 단순히 각 단계의 명칭만 작성해도 정답으로 인정받을 수 있겠으나, 그렇지 않은 경우를 대비하여 가급적 간략한 설명까지 기억해 두시기 바랍니다.

몇몇 수험생 분들은 발달단계에 관한 문제가 출제될 때 각 단계별 연령까지 답안으로 제시해야 하는 것인지 묻기도 합니다. 문제상에서 각 단계별 연령을 기술하라는 지시가 없다면 이를 기재하지 않아도 무방합니다. 다만, 발달단계의 개념 자체가 (발달)순서를 염두에 둔 것이므로 순서대로 쓰라는 별도의 지시가 없다고 해도 가급적 순서에 따라 기재하는 것이 바람직합니다.

쌤의 만점답안

① 힘과 크기 지향성(3~5세) : 사고과정이 구체화되며, 어른이 된다는 것의 의미를 알게 된다.
② 성역할 지향성(6~8세) : 자아개념이 성의 발달에 의해서 영향을 받게 된다.
③ 사회적 가치 지향성(9~13세) : 사회계층과 사회질서에 대한 개념이 발달하기 시작하면서 '상황 속 자아'를 인식하기에 이른다.
④ 내적, 고유한 자아 지향성(14세 이후) : 자아성찰과 사회계층의 맥락에서 직업적 포부가 더욱 발달하게 된다.

합격 암기법 (고) 힘성사내

유사 문제

• 고트프레드슨(Gottfredson)의 직업과 관련된 개인발달의 4단계를 쓰고 각 단계에 대해 설명하시오. [2016년 3회]
• 고트프레드슨(Gottfredson)의 직업과 관련된 개인발달의 4단계를 쓰고 설명하시오. [2011년 2회]
• 고트프레드슨(Gottfredson)이 제시한 직업포부 4단계를 연령별로 설명하시오. [2011년 3회]
• 고트프레드슨(Gottfredson)의 직업포부 발달단계 4단계 중 '내적, 고유한 자아 지향성'을 제외한 나머지 3단계를 쓰고 설명하시오. [2015년 3회]

(1) 긴즈버그(Ginzberg)의 진로발달이론

① 의의 및 특징

㉠ 직업선택의 과정은 일생 동안 계속 이루어지는 과정이기 때문에 다양한 시기(단계)에서 도움을 필요로 한다.

㉡ 긴즈버그(Ginzberg)는 처음으로 발달적 관점에서 직업선택이론을 제시하여 직업선택을 하나의 발달과정으로 제시하였다.

㉢ 아동 및 청소년에 대한 면담과 기존 문헌에 대한 연구를 통해 진로선택 과정을 환상기, 선택의 변화기, 현실적 선택 시기로 설명하였다.

② 직업선택의 양상

    ㉠ 직업선택은 일련의 결정들이 계속해서 이루어지는 과정이다.

    ㉡ 직업선택은 가치관, 정서적 요인, 교육의 양과 종류, 환경 영향 등의 상호작용에 의해 결정된다.

    ㉢ 직업선택의 과정은 바람(Wishes)과 가능성(Possibility) 간 타협(Compromise)이다.

    ㉣ 직업선택은 단일 결정이 아닌 장기간에 걸친 일련의 결정이며, 나중에 이루어지는 결정은 그 이전 결정의 영향을 받는다.

쌤의 비법노트

직업선택 과정에 있어서 '타협'의 원리를 적용한 대표적인 학자로 긴즈버그(Ginzberg)와 고트프레드슨(Gottfredson)이 있습니다. 참고로 'Ginzberg'와 'Ginsberg'는 서로 다른 학자이나, 발달적 관점에서 진로선택의 과정을 함께 연구하였습니다.

(2) 긴즈버그(Ginzberg)의 진로발달 단계 [2024년 3회, 2018년 2회, 2014년 1회, 2012년 3회, 2010년 2회]

환상기 (6~11세 또는 11세 이전)	• 환상 속에서 비현실적인 선택을 하는 경향이 있으며, 자신의 욕구를 중시한다. • 놀이 중심의 단계로서, 놀이와 상상을 통해 미래 직업에 대해 생각한다.	
잠정기 (11~17세)	• 자신의 흥미나 취미에 따라 직업선택을 하는 경향이 있다. • 일이 요구하는 조건에 대하여 점차 인식하는 단계로서, 다음의 4가지 하위단계로 구분된다.	
	흥미단계	자신의 흥미나 취미에 따라 직업을 선택하려고 한다.
	능력단계	자신이 흥미를 느끼는 분야에서 성공을 거둘 수 있는 능력을 지니고 있는지 시험해 보기 시작한다.
	가치단계	자신이 좋아하는 직업에 관련된 모든 정보를 알아보려고 하며, 그 직업이 자신의 가치관 및 생애 목표에 부합하는지 평가해 본다.
	전환단계	주관적 요소에서 현실적 외부요인으로 관심이 전환되며, 이러한 현실적인 외부요인이 직업선택의 주요인이 된다.
현실기 (17세 이후~ 성인 초기 또는 청·장년기)	• 자신의 개인적 요구 및 능력을 직업에서 요구하는 조건과 부합함으로써 현명한 선택을 시도한다. • 능력과 흥미의 통합단계로서, 다음의 3가지 하위단계로 구분된다.	
	탐색단계	직업선택의 다양한 가능성을 탐색하며, 직업선택의 기회와 경험을 가지기 위해 노력한다.
	구체화단계	직업목표를 정하기에 이르며, 자신의 결정과 관련된 내적·외적 요인을 두루 고려하여 특정 직업 분야에 몰두하게 된다.
	특수화 (정교화) 단계	자신의 결정에 대해 세밀한 계획을 세우며, 고도로 세분화·전문화된 의사결정을 하게 된다.

(3) 수퍼(Super)의 진로발달이론

① 의의 및 특징

    ㉠ 긴즈버그(Ginzberg)의 진로발달이론을 비판하고 보완하면서 발전된 이론이다.

    ㉡ 진로발달(직업발달)은 '성장기 - 탐색기 - 확립기 - 유지기 - 쇠퇴기'의 순환과 재순환 단계를 거친다.

    ㉢ '전 생애(Life-span)', '생애역할(Life Role)', '자아개념(Self-Concept)'의 세 가지 개념을 통해 개인의 진로발달 및 직업선택을 설명하는데, 특히 인간이 자신의 자아 이미지와 일치하는 직업을 선택한다고 주장한다.

    ㉣ 수퍼(Super)는 진로발달을 "진로에 관한 자아개념의 발달"이라 주장하였다.

    ㉤ 수퍼(Super)의 이론은 일회적인 진로선택 과정이 아닌 전 생애에 걸친 진로발달 과정을 잘 설명하고 있으나, 이론이 매우 광범위하며 자아개념을 지나치게 강조한다는 비판이 있다.

쌤의 비법노트

수퍼(Super)는 긴즈버그(Ginzberg)의 이론이 진로의사결정 과정에서 흥미의 역할을 충분히 고려하지 않았고, 선택과 적응의 개념을 구분하지 못하고 있으며, 진로선택과 관련된 타협의 과정을 설명하지 못한다고 지적한 바 있습니다.

② 수퍼(Super) 진로발달이론의 주요 가정(명제)

    ㉠ 개인은 능력, 흥미, 성격에 있어서 각각 차이점이 있다.

    ㉡ 개인은 각각에 적합한 직업적 능력이 있다.

    ㉢ 각 직업군에는 그 직업에 요구되는 능력, 흥미, 성격특성이 있다.

    ㉣ 직업선택 및 직업적응은 일생을 통해 변화하는 일련의 계속적인 과정이다.

    ㉤ 개인의 진로 유형의 본질은 부모의 사회적 · 경제적 수준, 개인의 지적 능력, 성격특성, 직업계획 등에 의해 결정된다.

    ㉥ 직업발달은 주로 자아개념을 발달시키고 실천해 나가는 과정이다.

    ㉦ 개인과 사회적 요인 간의 타협, 자아개념과 현실 간의 타협은 직업발달 과정에서의 역할수행 과정이다.

(4) 수퍼(Super)의 진로발달단계 [2023년 2회, 2019년 2회, 2017년 1회, 2003년 3회]

① 성장기(Growth Stage, 출생~14세) : 욕구와 환상이 지배적이나 점차 흥미와 능력을 중시하고, 자아개념을 지각한다.

환상기(4~10세)	욕구가 지배적이며, 환상적인 역할수행이 중시된다.
흥미기(11~12세)	진로의 목표와 내용을 결정하는 데 흥미(개인의 취향)가 중요 요인이 된다.
능력기(13~14세)	능력을 더욱 중시하며, 직업의 요구조건 또한 고려한다.

② 탐색기(Exploration Stage, 15~24세) : 미래에 대한 계획을 세우는 시기로, 학교생활 · 여가활동 · 시간제 일을 통해 자아를 검증하고 역할을 수행하며 직업탐색을 시도한다.

잠정기(15~17세)	자신의 욕구, 흥미, 능력, 가치와 취업기회 등을 고려하면서 환상이나 토론, 일의 경험 등을 통해 잠정적으로 진로를 선택해 본다.
전환기(18~21세)	장래 직업세계로 들어갈 때 필요한 교육이나 훈련을 받으며, 직업선택에 있어서 보다 현실적인 요인을 중시하게 된다.
시행기(22~24세)	자기에게 적합하다고 판단되는 직업을 선택하여 종사하기 시작하며, 그 직업이 자신에게 적합한지의 여부를 시험해 보게 된다.

③ 확립기(Establishment Stage, 25~44세) : 자신에게 적합한 분야를 발견해서 종사하고 생활의 터전을 잡으려고 노력한다.

시행기(25~30세)	자신이 선택한 일의 분야가 적합하지 않을 경우, 적합한 일을 발견할 때까지 한두 차례 변화를 시도한다.
안정기(31~44세)	진로 유형이 안정되는 시기로서, 개인은 그의 직업 세계에서 안정과 만족감, 소속감, 지위 등을 갖게 된다.

④ 유지기(Maintenance Stage, 45~64세) : 직업세계에서 자신의 위치가 확고해지고 자신의 자리를 유지하기 위해 노력하며, 안정된 삶을 살아간다.

⑤ 쇠퇴기(Decline Stage, 65세 이후) : 정신적 · 육체적 기능이 쇠퇴함에 따라 직업전선에서 은퇴하게 되며, 다른 새로운 역할과 활동을 찾게 된다.

(5) 수퍼(Super)의 진로(직업) 발달과업 단계

① 탐색기(15~24세)의 과업 수행 단계

결정화	호기심에서 비롯된 자신과 직업에 대한 정보가 축적되면서, 자신이 하고 싶은 일이 무엇인지를 명확히 하게 되는 단계이다.
구체화	자신이 관심을 갖게 된 몇 가지 직업들 중 특정 직업에 대한 선호가 생기고 구체화되는 단계이다.
실 행	자신이 선택한 특정 직업이나 진로를 결정하고 그에 대한 노력을 기울이는 것으로, 일을 시작하기 전에 마지막으로 거치는 단계이다.

② 확립기(25~44세)의 과업 수행 단계

안정화	직업에 안정적으로 적응하고 직장에서 요구하는 것을 어느 정도 수행함으로써 자신의 직업이나 지위를 안정적으로 유지하게 되는 단계이다.
공고화	더 높은 지위로의 승진을 고려하게 되며, 일과 관련된 긍정적인 태도를 형성해 가면서 직업인으로서 자기 위치를 공고히 하게 되는 단계이다.
발 전	직업 속에서 자신의 역할과 정체성을 확장하고, 권위를 가진 직위로 승진하는 것에 관심을 두게 되는 단계로, 사실상 확립기 어느 때나 일어날 수 있다.

쌤의 비법노트

수퍼(Super)는 진로발달단계의 주요 단계들에서 수행되어야 하는 과업들을 제시하였는데, 특히 청소년기부터 장년기에 해당하는 탐색기와 확립기의 과업 수행 단계로서 결정화부터 공고화에 이르는 과업을 직업발달의 주요 과업으로 간주하였습니다.

(6) 고트프레드슨(Gottfredson)의 직업포부 발달이론(제한–타협이론)

① 의의 및 특징

㉠ 직업포부(Occupational Aspiration)는 개인이 특정 시점에서 가장 좋은 것으로 생각하는 직업적 대안으로서의 희망직업을 의미한다.

㉡ 고트프레드슨(Gottfredson)은 사람이 어떻게 특정 직업에 매력을 느끼게 되는가를 기술하면서, 자아개념(자기개념)을 진로선택의 중요한 요인으로 간주하였다.

㉢ 직업선호의 주요 결정요인은 자아개념이 발달하면서 포부에 대한 한계를 설정하는 방향으로 나아간다.

㉣ 고트프레드슨은 자아개념 발달 과정에서 사회적 · 경제적 배경과 지능수준을 강조하였으며, 개인이 직업세계에서 자신의 사회적 공간, 지적 수준, 성 유형에 맞는 직업을 선택한다고 보았다.

쌤의 비법노트

고트프레드슨(Gottfredson)의 직업포부 발달이론은 크게는 진로발달이론의 범주에 속하나, 수퍼(Super)와 같이 전 생애 진로발달을 조망하기보다는 가장 핵심적인 것들이 발달하는 시기, 즉 대략 청소년기까지의 진로발달을 주로 다루고 있습니다.

② 제한과 타협(한계와 절충) [2014년 3회]

ⓐ 고트프레드슨의 직업포부 발달이론은 직업포부의 형성 및 변화의 과정을 설명하기 위해 제한 (Circumscription) 및 타협(Compromise)의 원리를 제시함으로써 '제한-타협이론'으로도 불린다.

ⓑ '제한(또는 한계)'은 자아개념과 일치하지 않는 직업들을 배제하는 과정으로 자아개념의 발달단계에 따라 이루어지는 것이고, '타협(또는 절충)'은 제한을 통해 선택된 선호하는 직업대안들 중 자신이 극복할 수 없는 문제를 가진 직업을 어쩔 수 없이 포기하는 것이다.

ⓒ 고트프레드슨은 개인이 진로장벽에 부딪혔을 때 자신의 포부를 제한하고 의사결정 시 타협을 한다고 제안하였다.

ⓓ 직업선택의 개인적 타협 과정에서 성 유형, 권위(명성), 흥미의 순서로 그 중요도를 매기고 있으며, 직업에 대한 흥미가 가장 먼저 희생되고, 두 번째는 직업의 권위 수준, 마지막으로 성 유형이 희생된다고 보았다.

(7) 고트프레드슨(Gottfredson)의 직업포부 발달단계 [2023년 2회, 2016년 3회, 2015년 3회, 2011년 2회, 2011년 3회]

단계 및 연령	특 징
제1단계 – 3~5세	• 힘과 크기 지향성 • 서열 획득 단계 • 사고과정이 구체화되며, 어른이 된다는 것의 의미를 알게 된다.
제2단계 – 6~8세	• 성역할 지향성 • 성역할을 획득하는 단계 • 자아개념(자기개념)이 성의 발달에 의해서 영향을 받게 된다.
제3단계 – 9~13세	• 사회적 가치 지향성 • 사회적 가치를 인지하는 단계 • 사회계층과 사회질서에 대한 개념이 발달하기 시작하면서 '상황 속 자아(Self-in-Situation)'를 인식하기에 이른다.
제4단계 – 14세 이후	• 내적, 고유한 자아(자기) 지향성 • 내면적 사고를 통해 자기인식 및 자아정체감이 발달하며, 사회인지를 통해 타인의 감정이나 생각, 의도를 이해하는 단계 • 자아성찰과 사회계층의 맥락에서 직업적 포부가 더욱 발달하게 된다.

쌤의 비법노트

고트프레드슨(Gottfredson)의 직업포부 발달단계는 '서열 획득 단계 → 성 역할 획득 단계 → 사회적 가치 획득 단계 → 내적 자아 확립 단계'로 설명하기도 합니다.

기출복원문제로 핵임 복습

01 긴즈버그(Ginzberg)의 진로발달단계 중 현실기의 3가지 하위단계를 쓰고, 각각에 대해 설명하시오.
[2024년 3회, 2018년 2회]

쌤의 만점답안

① 탐색단계 : 직업선택의 다양한 가능성을 탐색하며, 직업선택의 기회와 경험을 가지기 위해 노력한다.
② 구체화 단계 : 직업목표를 구체화하며, 자신의 결정과 관련된 내적 · 외적 요인들을 종합한다.
③ 특수화 단계 : 자신의 결정에 대해 세밀한 계획을 세우며, 고도로 세분화 · 전문화된 의사결정을 하게 된다.

합격 암기법 (긴) 탐구특

유사 문제

• 긴즈버그(Ginzberg)의 진로발달단계 중 현실기의 3가지 하위단계를 쓰고 설명하시오. [2014년 1회]
• 긴즈버그(Ginzberg)의 진로발달단계 중 현실기의 하위단계를 쓰고 설명하시오. [2012년 3회, 2010년 2회]

02 수퍼(Super)의 직업발달 5단계를 순서대로 쓰고 각각에 대해 설명하시오. [2023년 2회, 2020년 4회, 2017년 1회]

쌤의 만점답안

① 성장기(출생~14세) : 욕구와 환상이 지배적이나 사회참여와 현실검증력의 발달로 점차 흥미와 능력을 중시하게 된다.
② 탐색기(15~24세) : 학교생활, 여가활동, 시간제 일을 통해 자아검증, 역할수행, 직업탐색을 시도한다.
③ 확립기(25~44세) : 자신에게 적합한 분야를 발견해서 생활의 터전을 마련하고자 한다.
④ 유지기(45~64세) : 개인은 비교적 안정된 만족스러운 삶을 살아간다.
⑤ 쇠퇴기(65세 이후) : 직업전선에서 은퇴하여 새로운 역할과 활동을 찾게 된다.

합격 암기법 (수) 성탐확유쇠

03 수퍼(Super)의 진로발달단계 중 성장기(Growth Stage)의 하위 3단계를 쓰고, 각각에 대해 설명하시오.
[2019년 2회]

쌤의 만점답안

① 환상기 : 욕구가 지배적이며, 환상적인 역할수행이 중시된다.
② 흥미기 : 진로의 목표와 내용을 결정하는 데 있어서 흥미가 중요 요인이 된다.
③ 능력기 : 능력을 더욱 중시하며, 직업의 요구조건 또한 고려한다.

04 고트프레드슨(Gottfredson)의 직업포부 발달이론에 제시된 제한과 절충의 원리에서 제한(Circumscription)과
절충(Compromise)의 의미에 대해 설명하시오. [2014년 3회]

쌤의 만점답안

① 제한(또는 한계) : 자기개념(자아개념)과 일치하지 않는 직업들을 배제하는 과정이다.
② 절충(또는 타협) : 제한을 통해 선택된 선호하는 직업대안들 중 자신이 극복할 수 없는 문제를 가진 직업을 어쩔 수 없
이 포기하는 것이다.

6 크롬볼츠(Krumboltz)의 사회학습이론 및 사회인지적 진로이론(SCCT ; Social Cognitive Career Theory)

반두라(Bandura)의 사회인지이론에서 진로발달의 개인적 결정요인을 2가지 쓰고, 각각에 대해 설명하시오. [2017년 2회]

쌤의 해결 포인트

사회인지적 진로이론(SCCT ; Social Cognitive Career Theory)은 반두라(Bandura)의 사회인지이론(사회학습이론)을 토대로 렌트, 브라운, 헥케트(Lent, Brown & Hackett) 등에 의해 확장된 이론입니다. 반두라의 사회인지이론은 사회인지적 진로이론(SCCT)에 자기효능감(자아효능감), 결과기대(성과기대), 개인적 목표 등 인지적 측면에서의 개념들을 제공한 것은 물론, 진로와 관련된 개인, 환경, 외형적 행동들을 이론적 틀 안에 포함시키고 이들 간 서로 영향을 주고받는 상보적 인과관계를 설명하는 데 크게 기여하였습니다.

쌤의 만점답안

① 자기효능감(자아효능감) : 목표한 과업을 완성시키기 위해 필요한 행동을 계획하고 수행할 수 있는 자신의 능력에 대한 신념을 말한다.
② 결과기대(성과기대) : 특정 과업을 수행했을 때 자기 자신 및 주변에서 일어날 일에 대한 평가를 말한다.
③ 개인적 목표 : 특정 활동에의 참여 또는 특정 결과를 성취하기 위한 개인의 의도를 말한다.

합격 암기법 ➤ (반) 자결개

(1) 크롬볼츠(Krumboltz)의 사회학습이론

① 의의 및 특징

ⓐ 크롬볼츠(Krumboltz)는 반두라(Bandura)의 학습이론을 적용하여 진로의사결정에서 인지와 행동의 중요성을 강조하면서 진로의사결정 방법에 관한 이론을 발전시켰다.

ⓑ 진로결정과 관련된 학습에 영향을 미치는 요인을 밝히며, 진로선택 과정에서 개인과 환경이 상호작용하는 과정에 초점을 두고 개인이 환경과의 상호작용을 통해 무엇을 학습했는지를 강조한다.

ⓒ 강화이론, 고전적 행동주의이론, 인지적 정보처리이론에 기원을 두고 있으며, 학습 경험을 강조하는 동시에 개인의 타고난 재능의 영향을 강조한다.

ⓓ 학과 전환 등 진로의사결정과 관련된 개인의 특수한 행위들에 대해 관심을 둔다.

쌤의 비법노트

크롬볼츠(Krumboltz)의 이론은 반두라(Bandura)의 사회학습 이론을 진로의사결정 방법에 관한 이론으로 발전시킨 것이므로, '사회학습 진로이론' 혹은 '진로선택 사회학습이론'이라고도 부릅니다.

② 자기관찰 일반화와 세계관 일반화

　　㉠ 사회학습이론은 진로결정 요인들이 상호작용하여 '자기관찰 일반화(Self-Observation Generalizations)'와 '세계관 일반화(World-view Generalizations)'를 형성한다고 주장한다.

　　㉡ 자기관찰 일반화 및 세계관 일반화를 토대로 앞으로의 사건들을 예측하고 현재의 진로결정을 이해할 수 있다고 본다.

쌤의 비법노트

'자기관찰 일반화'는 자기 자신에 대한 관찰 결과 얻어진 것, '세계관 일반화'는 자신의 환경에 대한 관찰 결과 얻어진 것을 말합니다.

---

(2) 크롬볼츠(Krumboltz)의 진로결정에 영향을 미치는 요인 [2010년 2회]

유전적 요인과 특별한 능력	• 개인의 진로기회를 제한하는 타고난 특질을 말한다. • 물려받거나 생득적인 개인의 특성들을 포함한다. 　예 인종, 성별, 신체적 특징, 지능, 예술적 재능 등	
환경조건과 사건	• 환경에서의 특정 사건이 기술개발, 활동, 진로 선호 등에 영향을 미친다. • 보통 개인의 통제를 벗어나는 사회적 · 문화적 · 정치적 · 경제적 사항들이 해당한다. 　예 취업 가능 직종의 내용, 교육 · 훈련 가능 분야, 정책, 법, 기술의 발달 정도 등	
학습경험	개인이 과거에 학습한 경험은 현재 또는 미래의 교육적 · 직업적 의사결정에 영향을 미치는데, 크롬볼츠는 이를 크게 두 가지 유형으로 가정하고 있다.	
	도구적 학습경험	주로 어떤 행동이나 인지적 활동에 대한 정적 · 부적 강화에 의해 이루어지는 것으로, 행동과 결과의 관계를 학습한다.
	연상적 학습경험	이전에 경험한 감정적 중립 사건이나 자극을 정서적으로 비중립적인 사건이나 자극과 연결시킴으로써 이루어진다.
과제접근기술	개인이 환경을 이해하고 그에 대처하며, 미래를 예견하는 능력이나 경향을 말하는 것으로, 목표설정, 가치 명료화, 대안 형성, 직업적 정보 획득 등을 포함하는 기술이다. 　예 문제해결 기술, 일하는 습관, 정보수집 능력, 감성적 반응, 인지적 과정 등	

(3) 사회인지적 진로이론(SCCT ; Social Cognitive Career Theory)

① 의의 및 특징 [2017년 2회]

    ⊙ 반두라(Bandura)의 사회학습이론(사회인지이론)을 토대로 렌트, 브라운, 헥케트(Lent, Brown & Hackett) 등에 의해 확장되었다.

    ⓒ 개인의 사고와 인지는 기억과 신념, 선호, 자기지각에 영향을 미치며, 이는 진로발달 과정의 일부로 볼 수 있다.

    ⓒ 진로발달 및 진로선택이 개인의 타고난 성향 및 환경 간의 상호작용의 결과라는 전통적인 관점에서 벗어나 자기효능감(Self-Efficacy)의 개념을 도입함으로써, 진로발달과 선택에서 진로와 관련된 자신에 대한 평가와 믿음의 인지적 측면을 강조한다.

    ⓒ 인지적 측면의 변인으로서 결과기대(성과기대)와 개인적 목표가 자기효능감과 상호작용하여 개인의 진로 관련 활동의 방향을 결정한다고 주장한다.

    ⓒ 학습경험을 형성하고 진로행동에 단계적으로 영향을 주는 구체적인 매개변인을 찾는 데 목표를 둔다.

    ⓗ 사회인지적 진로이론은 이론의 범위를 확장하여 개인의 진로선택과 수행에 영향을 미치는 성 (Gender)과 문화적 이슈 등에 대해서도 민감하게 다루었다.

② 진로발달의 결정요인

자기효능감 (자아효능감)	목표한 과업을 완성시키기 위해 필요한 행동을 계획하고 수행할 수 있는 자신의 능력에 대한 신념을 말한다.
결과기대 (성과기대)	특정 과업을 수행했을 때 자기 자신 및 주변에서 일어날 일에 대한 평가를 말하는 것으로서, 어떤 과업을 수행했을 때 자신 및 타인에게 일어날 일에 대한 믿음을 의미한다.
개인적 목표	특정 활동에의 참여 또는 특정 결과를 성취하기 위한 개인의 의도를 말하는 것으로서, 개인은 특정한 목표를 세워 그에 필요한 행동을 실행하고 어떤 성취를 추구하게 된다.

(4) 사회인지적 진로이론의 3가지 모형 [2017년 1회]

사회인지적 진로이론은 진로발달 및 진로선택과 관련하여 흥미모형(흥미발달모형), 선택모형, 수행모형 등 세 가지 모형을 제시하였다.

흥미모형	자기효능감과 결과기대가 개인의 흥미발달에 직접적인 영향을 미친다.
선택모형	자기효능감과 결과기대에 앞서 개인적 배경 및 환경적 배경에 의한 학습경험이 개인의 흥미를 제한한다.
수행모형	개인의 수행 수준 및 수행의 지속성은 능력, 자기효능감, 결과기대, 수행목표 등을 통해 나타난다.

기출복원문제로 핵심 복습

01 크롬볼츠(Krumboltz)의 사회학습이론에서 개인의 진로선택에 영향을 미치는 것으로 가정한 요인 4가지를 쓰시오. [2022년 3회, 2010년 4회]

쌤의 만점답안

① 유전적 요인과 특별한 능력 : 인종, 성별, 지능 등 타고난 특질
② 환경적 조건과 사건 : 기술개발, 진로 선호 등에 영향을 미치는 환경 및 사건
③ 학습경험 : 도구적 학습 경험 및 연상적 학습 경험
④ 과제접근기술 : 문제해결 기술, 일하는 습관, 정보수집 능력 등

합격 암기법 (크) 유환학과

유사 문제

• 크롬볼츠(Krumboltz)의 사회학습이론에서 개인의 진로선택에 영향을 미치는 것으로 가정한 요인을 3가지 쓰시오. [2018년 2회, 2014년 1회]
• 크롬볼츠(Krumboltz)의 사회학습이론에서 개인의 진로에 영향을 미치는 것으로 가정한 요인을 3가지 쓰시오. [2012년 3회]
• 진로선택이론 중 사회학습이론에서 크롬볼츠(Krumboltz)가 제시한 진로선택에 영향을 주는 요인을 3가지 쓰시오. [2010년 2회]

02 사회인지적 진로이론(SCCT)의 3가지 영역모델을 쓰고 각각에 대해 설명하시오. [2017년 1회]

쌤의 만점답안

① 흥미모형 : 자기효능감과 결과기대가 개인의 흥미발달에 직접적인 영향을 미친다.
② 선택모형 : 자기효능감과 결과기대에 앞서 개인적 배경 및 환경적 배경에 의한 학습경험이 개인의 흥미를 제한한다.
③ 수행모형 : 개인의 수행 수준 및 수행의 지속성은 능력, 자기효능감, 결과기대, 수행목표 등을 통해 나타난다.

합격 암기법 (사진) 흥선수

유사 문제

사회인지적 진로이론(SCCT)의 3가지 영역모델을 쓰고 설명하시오. [2013년 2회]

02 직업상담 진단

1 직업심리검사의 이해

대표 문제

심리검사의 사용 목적 3가지를 쓰고, 이를 간략히 설명하시오.
[2022년 2회, 2020년 1회, 2007년 1회, 2003년 3회]

쌤의 해결 포인트

심리검사의 목적 내지는 용도에 관한 내용은 교재에 따라 약간씩 다르게 제시되고 있으므로 차이가 있을 수 있습니다. 예를 들어, 〈기술적 진단, 미래 행동의 예측, 개성 및 적성의 발견, 조사 및 연구〉 등으로 제시한 것은 심리학적 측면이 더 강조된 것으로 볼 수 있으며, 〈분류 및 진단, 자기이해의 증진, 예측〉 등으로 제시한 것은 상담학적 측면이 더 강조된 것으로 볼 수 있습니다. 물론 이와 같은 구분이 큰 의미를 가지는 것은 아니므로 함께 기억해 두시기를 바랍니다.

쌤의 만점답안

① 분류 및 진단 : 내담자의 적성 · 흥미 · 동기 등에 관한 자료를 수집하여 문제의 원인을 파악한다.
② 자기이해의 증진 : 내담자로 하여금 자신에 대한 올바른 이해를 통해 현명한 의사결정을 내리도록 돕는다.
③ 예측 : 내담자의 특성을 밝힘으로써 장래 행동이나 성취 등을 예측하고 그에 대한 대안을 마련한다.

(1) 심리검사의 의의

① 지능, 성격, 적성, 흥미 등 인간의 지적 능력이나 심리적 특성을 파악하기 위해 양적 또는 질적으로 측정 및 평가를 수행하는 일련의 절차를 말한다.
② 알아보려는 심리 특성을 대표하는 행동 진술문들을 표집해 놓은 측정 도구로, 객관적인 측정을 위해서 표준화된 절차에 따라 실시된다.
③ 온라인으로 실시하는 심리검사는 검사 결과를 즉시 알 수 있어 편리하므로, 상담 장면에서 유용하게 활용된다.
④ 심리전문가라고 하더라도 각 검사에 대한 훈련을 마친 후에 그 검사를 사용해야 한다.

(2) 심리검사의 목적 [2022년 2회, 2020년 1회, 2007년 1회, 2003년 3회]

① 분류 및 진단 : 내담자의 적성 · 흥미 · 동기 등에 관한 자료를 수집하여 문제의 원인을 파악한다.
② 자기이해의 증진 : 내담자로 하여금 자신에 대한 올바른 이해를 통해 현명한 의사결정을 내리도록 돕는다.
③ 예측 : 내담자의 특성을 밝힘으로써 장래 행동이나 성취 등을 예측하고 그에 대한 대안을 마련한다.

(3) 심리검사의 용도

① 기술적 진단 : 개인의 결함이나 결점을 파악한다.

② 미래 행동의 예측 : 인사 선발 및 배치에 활용한다.

③ 개성 및 적성의 발견 : 진로 적성 및 학업성취도를 객관적으로 제시한다.

④ 조사 및 연구 : 개인은 물론 집단의 특징에 관해 기술하며, 인과관계를 규명한다.

쌤의 비법노트

심리검사의 목적 및 용도는 교재에 따라서 약간씩 다르게 제시되고 있으나, 내용상 별다른 차이는 없습니다. 직업 상담사 시험에서도 '심리검사를 실시하는 목적 내지는 용도와 가장 거리가 먼 것은?'과 같은 형태로 출제되고 있으므로, 두 내용을 함께 기억해 두시기를 바랍니다.

(4) 심리검사의 선정 기준 [2020년 2회]

① 신뢰도 : 측정하고자 하는 속성을 일관성 있게 측정하는가?

② 타당도 : 측정하고자 하는 속성을 정확히 측정하는가?

③ 객관도 : 채점이 신뢰할 만하고 일관성이 있는가?

④ 실용도 : 얼마나 효율적인 측정 도구인가?

(5) 행동 표본과 타당화 과정

① 행동 표본(Behavior Sample)을 측정한다는 것은 경제적인 측면을 고려하여 일정 공간 및 일정 시간상에서의 행동을 수집하는 것을 말한다.

② 타당화(Validation) 과정은 특정한 종류의 한 검사로 측정하려는 행동 표본이 삶의 곳곳에 나타나는 행동을 얼마나 잘 대표하는지에 대한 문제를 해결하려는 과정이다.

쌤의 비법노트

'행동 표본'이 필요한 이유는 측정하려는 심리적 속성과 관련된 개인의 모든 행동을 측정하는 것이 매우 비효율적이기 때문입니다.

(6) 심리적 구성물 또는 심리적 구성개념

① 개인의 심리적 속성(예 생각, 감정, 태도 등)은 추상적이고 비가시적이므로 이를 직접 측정하기 어려우며, 심지어 그런 것들이 정말 존재하는지에 대해 의심할 수도 있다.

② 심리학에서는 적성, 지능, 흥미, 동기, 직무만족 등 추상적 개념들을 측정하게 되는데, 이러한 추상적 개념들을 '구성개념(Constructs)'이라 한다.

③ 심리학자는 특정의 구체적인 행동을 관찰할 수 있는 형태로 정의하고, 이를 토대로 행동을 관찰한 다음 개인의 심리적 구성물 또는 심리적 구성개념(Psychological Constructs)을 추론한다.

(7) 측정(Measurement)

① 어떤 일정한 규칙에 따라 대상이나 사건에 수치를 할당하는 과정이다.

② 지능검사나 성격검사 등의 심리검사는 특정 대상의 지적 능력이나 성격을 수치로 표현해 주는 측정 도구로 볼 수 있다.

(8) 처치 변인과 분류 변인

① 조사설계에서 독립변인은 처치 변인(Treatment Variable)과 분류 변인(Classification Variable)으로 구분할 수 있다. 처치 변인은 연구자가 직접 통제하거나 변경시킬 수 있는 것을 말하는 반면, 분류 변인은 실험 이전부터 존재하고 있기는 하지만 이를 직접 통제할 수 없는 것을 말한다.

② 연령, 지능, 성격특성, 태도 등 피험자의 속성에 관한 개인차 변인들은 분류 변인에 해당하며, 이는 개인차에 대한 진로 사정의 범주가 된다.

③ 분류 변인은 인과성의 추론이 불가능하다. 또한, 통제의 어려움으로 인해 기본적으로 내적 타당도가 낮으며, 특히 이를 독립변인으로 사용하는 경우 외적 타당도가 낮아진다.

쌤의 비법노트

'내적 타당도'는 어떤 연구에서 종속변인에 나타난 변화가 독립변인의 영향 때문이라고 추론할 수 있는 정도를 말하는 반면, '외적 타당도'는 연구의 결과에 의해 기술된 인과관계가 연구 대상 이외의 경우로 확대·일반화될 수 있는 정도를 말합니다.

(9) 표준화(Standardization)

① 검사의 실시와 채점 절차의 동일성을 유지하는 데 필요한 세부 사항을 잘 정리한 것을 말한다. 즉, 검사 재료, 시간제한, 검사 순서, 검사 장소 등 검사 실시의 모든 과정과 응답한 내용을 어떻게 점수화하는가 하는 채점 절차를 세부적으로 명시하는 것을 말한다.

② 표준화는 검사 실시에 영향을 미치는 외적 변인(외적 변수)들을 가능한 한 제거하는 것을 목표로 한다.

③ 심리검사의 표준화를 통해 검사자 변인, 채점자 변인, 실시 상황 변인을 통제할 수는 있어도 수검자(피검자) 변인을 통제하기는 어렵다.

심리검사 결과에 영향을 미치는 효과 [2011년 1회]

- 강화효과 : 검사자가 수검자에게 제공하는 물질적 보상이나 언어적 보상이 검사 결과에 영향을 미칠 수 있다.
- 기대효과 : 검사자가 수검자의 수행이나 검사 결과와 관련하여 어떠한 기대를 표명하는가에 따라 검사 결과에 영향을 미칠 수 있다.
- 코칭효과 : 수검자가 검사자로부터 사전에 설명이나 조언 등의 코칭을 받는가에 따라 검사 결과에 영향을 미칠 수 있다.

(10) 실시 방식에 따른 심리검사의 분류 [2017년 1회]

① 속도검사와 역량검사 – 실시 시간을 기준으로 하는 분류

속도검사	시간제한을 두는 검사이며, 보통 쉬운 문제로 구성하는 것이 일반적이다. 따라서 문제해결력보다는 숙련도를 측정한다. 예 웩슬러 지능검사의 바꿔쓰기 소검사들과 같이 수검자가 답을 몰라서 못 푸는 것이 아닌 시간이 부족해서 다 풀지 못하는 문제들로 구성된다.
역량검사	어려운 문제들로 구성되며, 사실상 시간제한이 없고 숙련도보다는 궁극적인 문제해결력을 측정한다. 예 수학 경시대회의 문제들과 같이 수검자가 시간이 부족해서 못 푸는 것이 아닌 문제의 답을 몰라서 못 푸는 문제들로 구성된다.

② 개인검사와 집단검사 – 수검자의 수에 따른 분류

개인검사	한 명의 수검자와 한 명의 검사자에 의해 일대일 방식으로 이루어지는 검사로서, 수검자 개인에 대한 심층적 분석에 유리한 방법이다. 예 한국판 웩슬러 지능검사(K-WAIS), 일반직업적성검사(GATB), 주제통각검사(TAT), 로샤검사(Rorschach Test) 등
집단검사	한 번에 여러 명의 수검자를 대상으로 하는 검사로서, 시간 및 비용 면에서 효율적이며, 선별검사(Screening Test)로 사용하기에 적합한 방법이다. 예 미네소타 다면적 인성검사(MMPI), 마이어스-브릭스 성격유형검사(MBTI), 캘리포니아 성격검사(CPI) 등

③ 지필검사와 수행검사 – 검사의 도구에 따른 분류

지필검사	종이에 인쇄된 문항에 연필로 응답하는 방식으로, 물리적인 조작이나 신체 행동이 필요하지 않으므로 가장 손쉽게 실시할 수 있다. 예 각종 국가 자격시험의 필기시험, 자기-보고 검사(Self-Report Inventory), 미네소타 다면적 인성검사(MMPI), 마이어스-브릭스 성격유형검사(MBTI) 등
수행검사	수검자가 대상이나 도구를 직접 다루어야 하는 방식으로, 특히 일상생활을 모사한 상황에서 직접 행동을 하는 방식도 있다. 예 운전면허 시험의 주행시험, 웩슬러 지능검사(K-WAIS)의 토막 짜기 소검사, 일반직업적성검사(GATB)의 각종 동작검사 등

(11) 사용 목적에 따른 심리검사의 분류
[2021년 1회, 2021년 3회, 2019년 2회, 2018년 3회, 2016년 2회, 2016년 3회, 2011년 2회, 2005년 1회]

규준참조검사 (Norm-reference Test) – 상대평가	• 개인의 점수를 유사한 다른 사람들의 점수와 비교해서 상대적으로 어떤 수준인지를 알아보는 검사이다. • 비교기준이 되는 점수들을 '규준(Norm)'이라고 하며, 이러한 비교 점수들은 규준집단(Norm Group) 또는 표준화 집단이라고 하는 대표적 표본집단을 통해 얻어낸다. • 각종 심리검사나 선발검사 등은 일반적으로 규준참조검사에 해당한다.
준거참조검사 (Criterion-reference Test) – 절대평가	• 검사점수를 다른 사람들과 비교하는 것이 아니라, 어떤 기준점수와 비교해서 이용하려는 검사이다. • 기준점수는 검사에 따라, 검사를 사용하는 기관이나 조직의 특성에 따라, 검사의 시기나 목적에 따라 달라질 수 있다. 즉, 준거참조검사는 규준참조검사와 달리 규준(Norm)을 갖고 있지 않으며, 특정의 당락 점수(Cut-off Score)만 가지고 있다. • 당락 점수가 정해져 있는 대부분의 국가 자격시험은 준거참조검사에 해당한다.

(12) 측정 내용에 따른 심리검사의 분류 [2020년 4회, 2013년 3회, 2010년 3회, 2009년 2회, 2006년 1회, 2001년 3회]

① 인지적 검사(성능검사) [2024년 3회]

  ㉠ 인지능력을 평가하기 위한 검사로, 일정한 시간 내에 자신의 능력을 최대한 발휘하도록 하는 '극대수행검사(최대수행검사)'에 해당한다.

  ㉡ 개인의 능력 전체가 아닌 일부의 능력을 측정하는 능력검사이다.

  ㉢ 보통 문항에 정답이 있으며, 응답에 시간제한이 있다.

  ㉣ 검사 및 검사 도구 : 지능검사, 적성검사, 성취도검사 등이 해당한다.

지능검사	• 스탠포드-비네 지능검사(Stanford-Binet Intelligence Scale) • 한국판 웩슬러 성인용 지능검사(K-WAIS) • 한국판 웩슬러 아동용 지능검사(K-WISC) 등
적성검사	• 일반적성검사 또는 일반직업적성검사(GATB) • 차이적성검사 또는 적성분류검사(DAT) 등
성취도검사	• 학업성취도검사(교과시험) • 표준학력검사(Standardized Achievement Test) 등
그 외 검사	• 사고능력검사 • 인지능력검사 • 심리언어검사 • 장애진단검사 등

② 정서적 검사(성향검사) [2023년 3회, 2020년 4회, 2012년 2회]

㉠ 비인지적 검사로서, 일상생활에서의 습관적인 행동을 검토하는 '습관적 수행검사'에 해당한다.

㉡ 개인의 인지능력 외에 정서, 흥미, 태도, 가치 등을 측정하며, 응답자의 정직한 응답을 요구한다.

㉢ 문항에 정답이 없으며, 응답에 시간제한도 없다.

㉣ 검사 및 검사 도구 : 성격검사, 흥미검사, 태도검사 등이 해당한다.

성격검사	• 마이어스–브릭스 성격유형검사(MBTI) • 미네소타 다면적 인성검사(MMPI) • 성격 5요인(Big–5) 검사 • 캘리포니아 성격검사(CPI) • 로샤 검사(Rorschach Test) 등
흥미검사	• 직업선호도검사(VPI ; Vocational Preference Inventory) • 직업흥미검사(VII ; Vocational Interest Inventory) • 스트롱 흥미검사(SII ; Strong Interest Inventory) • 쿠더 직업흥미검사(KOIS ; Kuder Occupational Interest Survey) • 자기방향탐색/자가흥미탐색(SDS ; Self–Directed Search) • 진로사정검사(CAI–EV ; Career Assessment Inventory–Enhanced Version) • 잭슨 직업흥미검사(JVIS ; Jackson Vocational Interest Survey) • 오하이오 직업흥미검사(OVIS ; Ohio Vocational Interest Survey) • 고용노동부 직업선호도검사(S형, L형) 등
태도검사	• 직무만족도검사(JSS ; Job Satisfaction Survey) • 구직욕구검사 등
그 외 검사	• 적응검사　　　　　　　　• 동기검사 • 인지양식검사　　　　　　• 가족관계검사 • 작업환경검사　　　　　　• 도덕성검사 • 학습기술검사 등

(13) 검사 장면에 따른 심리검사의 분류 [2021년 3회, 2019년 1회]

① 축소상황검사(In–basket Test) : 실제 장면에서의 구체적인 과제나 직무를 매우 축소한 검사이다.

② 모의장면검사(Simulation Test) : 실제 상황과 거의 유사한 장면을 인위적으로 만들어 놓은 검사이다.

③ 경쟁장면검사(Competition Test) : 작업 장면과 같은 상황에서 경쟁적으로 문제해결을 요구하는 검사이다.

(14) 아이작슨과 브라운(Isaacson & Brown)의 직업(진로)검사 도구 분류

양적 평가	• 직업요구 및 가치관 검사(욕구 및 근로 가치 설문) • 흥미검사 • 성격검사 • 다중 적성검사 • 진단적 검사(진로 결정, 진로 발달, 진로 신념 등) • 다목적 검사 등
질적 평가	• 자기효능감 척도(자기효능감 측정) • 카드분류(직업 카드분류) • 직업 가계도(제노그램) • 역할 놀이(역할극) 등

(15) 직업상담에 사용되는 주요 질적 측정 도구 [2024년 3회, 2022년 2회, 2017년 3회]

자기효능감 척도 (자기효능감 측정)	어떤 과제를 어느 정도 수준으로 수행할 수 있는 능력을 갖추었다고 스스로 판단하는지의 정도를 측정한다.
직업 카드분류	내담자의 가치관, 흥미, 직무 기술, 라이프 스타일 등의 선호 형태를 측정하는 데 유용하다.
직업 가계도(제노그램)	내담자의 가족이나 선조들의 직업 특징에 대한 시각적 표상을 얻기 위해 도표를 만드는 것이다.
역할 놀이(역할극)	내담자의 수행 행동을 나타낼 수 있는 업무 상황을 제시해 준다.

01 심리검사 선정 시 고려해야 할 기준을 4가지 제시하고, 그 의미를 설명하시오. [2020년 2회]

> **쌤의 만점답안**
>
> ① 신뢰도 : 측정하고자 하는 속성을 일관성 있게 측정하는가?
> ② 타당도 : 측정하고자 하는 속성을 정확히 측정하는가?
> ③ 객관도 : 채점이 신뢰할 만하고 일관성이 있는가?
> ④ 실용도 : 얼마나 효율적인 측정 도구인가?
>
> 합격 암기법 ⬎ (기준) 신타객실

02 심리검사의 결과에 영향을 미치는 검사자 변인과 수검자 변인 중 강화효과, 기대효과, 코칭효과를 설명하시오. [2011년 1회]

> **쌤의 만점답안**
>
> ① 강화효과 : 검사자가 수검자에게 제공하는 물질적 보상이나 언어적 보상이 검사 결과에 영향을 미칠 수 있다.
> ② 기대효과 : 검사자가 수검자의 수행이나 검사 결과와 관련하여 어떠한 기대를 표명하는가에 따라 검사 결과에 영향을 미칠 수 있다.
> ③ 코칭효과 : 수검자가 검사자로부터 사전에 설명이나 조언 등의 코칭을 받는가에 따라 검사 결과에 영향을 미칠 수 있다.

03 심리검사는 검사내용에 따라 성능검사와 성향검사로 구분된다. 그중 성능검사의 종류 6가지를 쓰시오. [2024년 3회]

> **쌤의 만점답안**
>
> ① 지능검사
> ② 적성검사
> ③ 사고능력검사
> ④ 인지능력검사
> ⑤ 심리언어검사
> ⑥ 장애진단검사
>
> 합격 암기법 ⬎ (성능) 지적 사인 심장

04 심리검사는 검사 내용에 따라 성능검사와 성향검사로 구분된다. 그중 성향검사의 종류 6가지를 쓰시오.
[2023년 3회]

쌤의 만점답안

① 성격검사
② 흥미검사
③ 태도검사
④ 적응검사
⑤ 동기검사
⑥ 인지양식검사

합격 암기법 (성향) 성흥 태적 동인

유사 문제

성능검사와 성향검사에 해당하는 검사 도구를 각각 3가지씩 쓰시오. [2020년 4회, 2018년 1회, 2012년 1회]

05 심리검사의 실시 방식에 따른 분류 3가지를 쓰시오. [2017년 1회]

쌤의 만점답안

① 속도검사와 역량검사(실시 시간 기준)
② 개인검사와 집단검사(수검자 수 기준)
③ 지필검사와 수행검사(검사 도구 기준)

합격 암기법 속역 개집 지수

06 심리검사는 사용 목적에 따라 규준참조검사와 준거참조검사로 구분할 수 있다. 규준참조검사와 준거참조검사의 의미를 각각 예를 들어 설명하시오.
[2021년 1회, 2021년 3회, 2019년 2회, 2018년 3회, 2016년 3회, 2011년 2회, 2005년 1회]

쌤의 만점답안

① 규준참조검사 : 개인의 점수를 유사한 다른 사람들의 점수와 비교하여 평가하는 상대평가 목적의 검사이다(例 각종 심리검사, 선발검사 등).
② 준거참조검사 : 개인의 점수를 특정 기준점수와 비교하여 평가하는 절대평가 목적의 검사이다(例 각종 국가 자격시험 등).

유사 문제

심리검사는 사용 목적에 따라 규준참조검사와 준거참조검사로 나눌 수 있다. 규준참조검사와 준거참조검사의 의미를 각각 예를 들어 설명하시오. [2010년 1회]

07 심리검사는 사용 목적에 따라 규준참조검사와 준거참조검사로 나눌 수 있다. 규준참조검사와 준거참조검사의 차이점에 관해 설명하시오. [2016년 2회]

> **쌤의 만점답안**

규준참조검사는 상대평가로 검사점수를 다른 사람의 점수와 비교하여 해석하는 반면, 준거참조검사는 절대평가로 특정 기준을 토대로 해석한다.

> **합격 암기법** 규상 준절

08 직업심리검사의 분류에서 극대 수행검사와 습관적 수행검사에 관해 설명하고, 각각의 대표적인 유형 2가지를 쓰시오. [2020년 4회, 2013년 3회, 2010년 3회, 2009년 2회, 2006년 1회, 2001년 3회]

> **쌤의 만점답안**

(1) 극대 수행검사
  ① 의의 : 일정한 시간 내에 자기의 능력을 최대한 발휘하도록 하는 인지적 검사
  ② 대표적 유형 : 지능검사, 적성검사, 성취도검사 등
(2) 습관적 수행검사
  ① 의의 : 일상생활에서의 습관적인 행동을 검토하는 정서적 검사
  ② 대표적 유형 : 성격검사, 흥미검사, 태도검사 등

> **합격 암기법** (극) 지적 (습) 성흥

09 흥미검사는 특정 직업 활동에 대한 호오(好惡)나 선호를 측정하기 위해 만들어진 것이다. 현재 사용할 수 있는 흥미검사의 종류를 5가지만 쓰시오. [2023년 3회, 2020년 4회, 2012년 2회]

> **쌤의 만점답안**

① 직업선호도검사(VPI)
② 직업흥미검사(VII)
③ 스트롱 흥미검사(SII)
④ 쿠더 직업흥미검사(KOIS)
⑤ 자기방향탐색(SDS)

10 심리검사는 검사 장면에 따른 준거와 관련해서 축소상황검사, 모의장면검사, 경쟁장면검사로 분류된다. 각각의 검사 방식에 관해 설명하시오. [2021년 3회, 2019년 1회]

쌤의 만점답안

① 축소상황검사 : 실제 장면에서의 구체적인 과제나 직무를 매우 축소한 검사이다.
② 모의장면검사 : 실제 상황과 거의 유사한 장면을 인위적으로 만들어 놓은 검사이다.
③ 경쟁장면검사 : 작업 장면과 같은 상황에서 경쟁적으로 문제해결을 요구하는 검사이다.

11 직업상담 시 내담자 이해를 위한 질적 측정 도구 3가지를 쓰고, 각각에 관해 설명하시오.
[2024년 3회, 2022년 2회, 2017년 3회]

쌤의 만점답안

① 자기효능감 척도 : 어떤 과제를 어느 정도 수준으로 수행할 수 있는 능력을 갖추었다고 스스로 판단하는지의 정도를 측정한다.
② 직업 카드분류 : 내담자의 가치관, 흥미, 직무 기술, 라이프 스타일 등의 선호 형태를 측정하는 데 유용하다.
③ 직업 가계도(제노그램) : 내담자의 가족이나 선조들의 직업 특징에 대한 시각적 표상을 얻기 위해 도표를 만드는 것이다.

유사 문제

직업상담 시 내담자 이해를 위한 질적 측정 도구 3가지를 쓰고 설명하시오. [2013년 2회]

2 규준과 점수해석

대표 문제

실험실 연구의 장점을 3가지 쓰시오. [2023년 3회]

쌤의 해결 포인트

실험연구는 현장실험 또는 현지실험(Field Experiment)과 실험실 실험(Laboratory Experiment)으로 구분됩니다.

- 현장실험 : 내적 타당도, 외적 타당도 모두 높다.
- 실험실 실험 : 외적 타당도는 낮지만, 높은 내적 타당도를 얻을 수 있기 때문에 변인 간의 인과적 속성을 정확히 알고자 할 때 주로 사용한다.

쌤의 만점답안

① 가외변인의 영향을 엄격히 통제할 수 있다.
② 피험자나 실험 조건의 무선 배치가 가능하다.
③ 독립변인을 자유롭게 조작할 수 있다.

(1) 변인 또는 변수

① 의의 및 특징

  ㉠ 변인 또는 변수(Variable)는 서로 다른 수치를 부여할 수 있는 모든 사건이나 대상의 속성을 의미한다.

  ㉡ 성별, 연령, 교육수준 등과 같이 둘 이상의 값(Value) 혹은 범주(Category)를 가지는 개념이다.

② 변인(변수)의 적용과 통제 : 직업심리학의 연구 방법 중 실험법은 독립변인의 조작, 종속변인의 측정과 가외변인의 통제를 통해 이루어진다.

독립변인(독립변수)	다른 변인의 원인이 되는 변인
종속변인(종속변수)	독립변인의 결과가 되는 변인
가외변인(외생변수)	독립변인이 아니면서도 종속변인에 영향을 미치는 변인

쌤의 비법노트

'남자'는 변인(변수)이 될 수 없습니다. 반면, '성별'은 '남자 혹은 여자'와 같이 둘 이상의 값을 가지므로 변인(변할 수 있는 수)이 될 수 있습니다. 예를 들어, 주민등록번호에서 남자는 '1', 여자는 '2'로 구분하는 경우를 볼 수 있습니다.

(2) 직업심리학의 연구 방법

① 현장연구

⊙ 인위적으로 독립변인을 통제할 수 없는 실제 현장에서 얻어진 정보를 토대로 독립변인과 종속변인의 관계를 사후적으로 파악하는 비(非)실험연구이다.

ⓛ 자연 상태에서 질문지나 면접을 이용하여 응답자의 자기보고 반응을 측정한다.

ⓒ 외적 타당도가 높고, 한 번에 많은 변인에 대한 자료를 동시에 수집할 수 있다.

② 실험연구

⊙ 독립변인을 조작한 후 그에 관한 연구 대상의 반응을 관찰하는 연구이다.

ⓛ 연구 장소에 따라 현장실험(현지실험)과 실험실 실험으로 분류된다.

현장실험 (현지실험)	• 자연 상태에서 독립변인을 조작하여 종속변인에 미치는 영향을 관찰한다. • 실험실이 아닌 자연 상태에서 실시되므로 상대적으로 연구 결과의 일반화 범위가 넓고 외적 타당도가 높다. • 실험실 실험에 비해 복잡한 변인 간의 연구가 가능하다.
실험실 실험	• 인위적으로 만든 실험실에서 독립변인의 조작을 통해 행해지는 실험으로, 연구 방법 중 변인들에 대한 통제가 가장 많이 적용되는 방법이다. • 가외변인의 영향을 엄격히 통제할 수 있고 피험자나 실험 조건의 무선 배치가 가능하다. • 정확한 측정이 가능하며, 내적 타당도가 높다.

ⓒ 실험실 연구(실험)의 장단점 [2023년 3회]

장 점	• 가외변수의 영향을 통제하기 쉽다. • 피험자나 실험 조건의 무선 할당이 가능하다. • 독립변수를 자유롭게 조작할 수 있다. • 변수의 조작적 정의를 정확하게 내리기 쉽다. • 내적 타당도를 저해하는 요인들을 최대한 통제한 설계로, 내적 타당도가 높아서 변인 간의 인과관계 파악이 용이하다.
단 점	• 변수의 조작이 가능할 때만 연구가 가능하다. • 현장 조사 연구에 비해 연구 결과의 일반화가 어려워 실제 상황에 적용하는 데 제한이 있다.

쌤의 비법노트

일부 교재에서는 '현장연구'와 '현장실험'을 동일 범주로 설명하기도 하나, 이는 엄밀한 의미에서 서로 다른 개념입니다. 즉, '현장 실험연구법'은 '현장연구'가 아닌 '현장실험'을 의미합니다.

(3) 척도

① 의의 및 특징

- ㉠ 실증적 연구에서는 변인을 측정하는 것이 필수적인데, 이때 측정(Measurement)은 현상에 대해 체계적으로 수치를 부여하는 과정이다.
- ㉡ 척도(Scale)는 수치를 체계적으로 할당하는 데 사용하는 도구로서, 인간의 내적 특성을 재기 위한 심리검사들은 모두 척도에 해당한다.

② 척도의 주요 유형 [2024년 2회, 2020년 2회, 2016년 1회, 2016년 2회, 2012년 1회, 2006년 1회, 2003년 3회]

- ㉠ 명명척도(명목척도) : 숫자의 차이가 측정한 속성의 차이만을 나타내는 척도
- ㉡ 서열척도 : 숫자의 차이가 측정한 속성의 차이는 물론 그 서열 관계에 대한 정보도 포함하는 척도
- ㉢ 등간척도 : 수치상의 차이가 측정한 속성의 차이나 서열 관계는 물론 등급 간 관계에 대한 정보도 포함하는 척도
- ㉣ 비율척도 : 수치상의 차이가 차이 정보, 서열정보, 등간 정보는 물론 수의 비율에 관한 정보까지 포함하는 척도

(4) 중심경향치로서의 대푯값 [2015년 1회]

평균값 (평균치)	어떤 분포에서 모든 점수의 합을 전체 사례 수로 나누어 얻은 값이다. 예 주사위를 10번 던져 나온 수가 '3, 6, 4, 4, 2, 5, 1, 2, 3, 6'인 경우, 모든 점수를 합하여 이를 사례 수(10번)로 나누면 '3.6'이 평균값이 된다.
중앙값 (중앙치)	모든 점수를 크기의 순서대로 배열해 놓았을 때 위치상 가장 중앙에 있는 값이다. 예 사례가 홀수(5개)인 '12, 13, 16, 19, 20'의 경우, 그 중앙에 위치한 '16'이 중앙값이 된다. 반면, 사례가 짝수(6개)인 '12, 13, 16, 19, 20, 22'의 경우, (16 + 19)/2 = 17.5, 즉, '17.5'가 중앙값이 된다.
최빈값 (최빈치)	빈도분포에서 빈도가 가장 높은 점수 혹은 빈도가 가장 높은 등급 간의 중간 점수이다. 예 11개 사례의 값이 '12, 12, 14, 14, 18, 18, 18, 18, 19, 20, 20'인 경우, '18'은 그 빈도가 4로 가장 많으므로 '18'이 최빈값이 된다.

(5) 분산 정도를 판단하기 위한 기준 [2011년 2회, 2008년 3회]

범위	• 점수분포에 있어서 최고점수와 최저점수까지의 거리를 말한다. • 범위를 'R'이라고 할 때, 'R = 최고점수 − 최저점수 + 1'의 공식으로 나타낸다. 예 '2, 5, 6, 8' 네 점수가 있는 경우 범위는 '8 − 2 + 1 = 7'이 된다.
분산(변량)	• 한 변수(변인)의 분포에 있는 모든 변숫값을 통해 흩어진 정도를 추정하는 것이다. • 편차를 제곱하여 총합한 다음 이것을 전체 사례 수로 나눈 값으로, 표준편차를 제곱한 값에 해당한다.
표준편차	• 점수 집합 내에서 점수 간의 상이한 정도, 즉 평균치에서 각 수치가 평균적으로 이탈된 정도를 나타낸다. • 표준편차가 작을수록 해당 집단의 사례들이 서로 동질적인 것으로, 표준편차가 클수록 해당 집단의 사례들이 서로 이질적인 것으로 볼 수 있다.
사분편차 (사분위편차)	• 자료를 일렬로 늘어놓고 제일 작은 쪽에서 1/4 지점(제1사분위수), 3/4 지점(제3사분위수)에 있는 자료 두 개를 택하여 그 차이를 2로 나눈 값이다. • 범위(Range)가 양극단의 점수에 의해 좌우되는 단점을 가지므로 점수 분포상에서 양극단의 점수가 아닌 어떤 일정한 위치에 있는 점수 간의 거리를 비교하고자 하는 것이다.

(6) 표준오차와 측정의 표준오차

① 표준오차(SE ; Standard Error)

    ㉠ 추출된 표본들의 평균이 실제 모집단의 평균과 어느 정도 떨어져서 분포되어 있는지를 나타내는 수치이다.

    ㉡ 검사의 표준오차는 검사점수의 신뢰도를 나타내는 수치이다.

    ㉢ 검사의 표준오차는 작을수록 좋다. 표준오차가 작을수록 표본의 대표성이 높다고 볼 수 있다.

    ㉣ 표준오차를 고려할 때 오차 범위 안의 점수 차이는 무시해도 된다. 즉, 표준오차는 5% 내외의 수치이므로 크건 작건 큰 차이로 받아들이지 않는다. 다만, 표준오차가 너무 큰 경우 검사 자체가 무의미해진다.

② 측정의 표준오차(SEM ; Standard Error of Measurement)

    ㉠ 수검자의 이론적 진점수를 포함하는 오차범위를 말하는 것으로서, 어떤 검사를 매번 실시할 때마다 달라질 수 있는 오차의 범위를 제시한다.

    ㉡ 예를 들어 어떤 수검자의 지능검사 결과가 IQ 110이고 해당 검사 측정의 표준오차(SEM)를 5로 가정하면, 95% 신뢰수준에서 약 ±10의 오차한계를 가지게 되어 실제 IQ가 100~120의 범위에 존재할 것으로 예측할 수 있다.

(7) 정상분포 또는 정규분포(Normal Distribution)

① 의의 및 특징

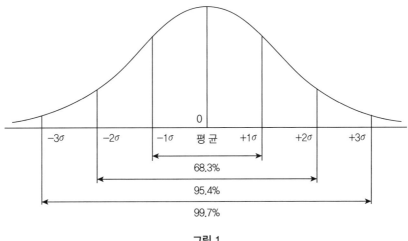

그림 1

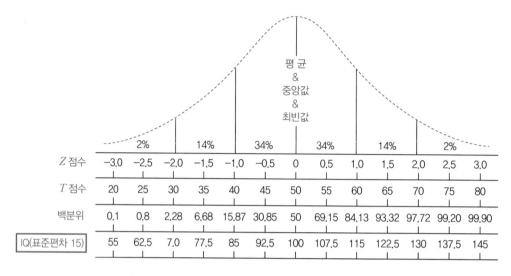

그림 2

㉠ 관찰한 사례 수가 충분할 경우 분포도는 평균을 중심으로 연속적·대칭적 종 모양의 형태를 띠게 된다.

㉡ 정상분포(정규분포)는 평균값이 최빈값 및 중앙값과 일치하므로, 정상분포를 따르는 심리검사에서 내담자가 규준에 비추어 중앙값을 얻었다면, 동일 연령집단의 점수분포에서 평균 점수를 얻은 것으로 볼 수 있다.

㉢ 정상분포에서는 전체 사례의 약 68.3% 정도가 평균을 중심으로 ±1 표준편차보다 같거나 작은 값을 가지게 되며(±1), 전체 사례의 약 95.4% 정도가 ±2 표준편차(±2), 전체 사례의 약 99.7%가 ±3 표준편차(±3) 내의 점수대에 위치하게 된다(그림 1 참조). 즉, 평균이 100, 표준편차가 15인 정상분포인 경우, 85~115점(평균 ±1) 안에 전체 사례의 약 68.3%가 속하게 되고, 70~130점(평균 ±2) 안에 전체 사례의 약 95.4%가 속하게 된다는 것이다(그림 2 참조).

② 표준화를 위해 수집한 자료가 정상분포(정규분포)에서 벗어나는 것에 관한 해결 방법

[2024년 3회, 2022년 2회, 2019년 3회, 2016년 2회, 2013년 1회]

완곡화	절선도표나 주상도표에서 정상분포(정규분포)의 모양을 갖추도록 점수를 가감한다.
절미법	검사점수가 어느 한쪽으로 치우쳐 편포를 이루는 경우 그 꼬리를 잘라내는 방법이다.
면적환산법	각 검사점수의 백분위를 통해 그 백분위에 해당하는 Z점수를 찾는 방법이다.

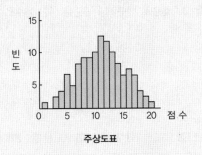

주상도표

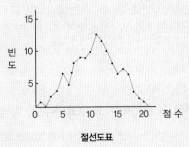

절선도표

(8) 원점수(Raw Score)

① 의 의

심리검사를 채점해서 얻는 최초의 점수를 말한다.

② 한 계

㉠ 원점수 그 자체로는 거의 아무런 정보를 주지 못한다.

㉡ 기준점이 없기 때문에 특정 점수의 크기를 표현하기 어렵다.

㉢ 서로 다른 검사의 결과를 동등하게 비교할 수가 없다.

㉣ 척도의 종류로 볼 때 서열척도에 불과할 뿐 사실상 등간척도가 아니다.

(9) 규준(Norm)

① 의 의

원점수를 표준화된 집단의 검사점수와 비교하기 위한 개념으로, 대표집단의 사람들에게 실시한 검사 점수를 일정한 분포도로 작성한, 특정 검사점수의 해석에 필요한 기준이 되는 자료를 말한다.

② 필요성

㉠ 다른 사람들의 검사점수를 참고로 하여 개인 점수의 상대적 위치를 앎으로써 검사점수의 상대적인 해석을 할 수 있다.

㉡ 상호비교가 가능한 상대적 측정치이므로, 한 개인이 서로 다른 검사에서 얻은 결과를 비교하는 것 이 가능하다.

개인이 산수추리검사에서 20점, 어휘검사에서 40점의 원점수를 받았을 때, 이들 두 점수를 직접 비교해서 두 가지 능력의 상대적인 크기를 알아낼 수는 없습니다. 그러나 이를 표준점수로 바꾸거나 규준을 통한 점수로 전환할 경우, 두 검사점수를 직접 비교하는 것이 가능합니다.

(10) 규준 제작 시 사용되는 표집(표본추출) 방법

① 확률표집방법 [2024년 1회, 2022년 3회, 2018년 3회, 2016년 3회, 2015년 2회, 2015년 3회, 2011년 3회, 2010년 1회]

단순무선표집 (단순무작위표집)	모집단의 구성요소들이 표본에 속할 확률이 동일하도록 표집하는 방법이다. 예 제비뽑기, 컴퓨터를 이용한 난수의 추출 등
층화표집	모집단이 규모가 다른 몇 개의 이질적인 하위집단으로 구성되어 있는 경우 사용하는 방법이다. 예 다양한 종파의 신도들이 포함된 모집단에서 이를 각 종파별로 나누어 해당 종파 내에서 필요한 만큼 무선표집을 한다.
집락표집 (군집표집)	모집단을 서로 동질적인 하위집단으로 구분하여 집단 자체를 표집하는 방법이다. 예 초등학교 1학년용 검사의 규준을 개발할 경우, 표집단위를 개인이 아닌 반으로 하는 것이 가능하다.
계통표집 (체계적 표집)	모집단 목록에서 구성요소에 대해 일정한 순서에 따라 매 K번째 요소를 추출하는 방법이다. 예 1,000명의 회원명부에서 100명을 선발하기 위해 처음 요소를 무작위로 뽑은 후 그 회원번호가 8번으로 끝난다면, 18, 28, 38 등의 번호로 표본을 선정한다.

② 비확률표집방법 [2024년 2회]

할당표집	모집단의 어떤 특성에 대한 사전지식을 토대로 모집단을 일정한 카테고리로 나눈 후, 이들 카테고리에서 정해진 요소수를 작위적으로 추출하는 방법이다.
유의표집 (판단표집)	연구자가 모집단에 대한 지식이 많은 경우 사용하는 방법으로, 연구자의 주관적인 판단에 따라 연구목적 달성에 도움이 되는 구성요소를 의도적으로 추출하는 방법이다.
임의표집 (편의표집)	모집단에 대한 정보가 없고 구성요소 간의 차이가 별로 없다고 판단될 때 사용하는 방법으로, 표본선정의 편리성에 기초하여 임의로 추출하는 방법이다.
누적표집 (눈덩이표집)	첫 단계에서 연구자가 임의로 선정한 제한된 표본에 해당하는 사람으로부터 추천을 받아 다른 표본을 선정하는 과정을 되풀이하여 마치 눈덩이를 굴리듯이 추출하는 방법이다.

(11) 발달규준 [2012년 1회]

① 정신연령규준 : 개인의 점수를 규준집단의 정신연령 수준과 비교하여 해석한다.

② 학년규준 : 개인의 점수를 규준집단의 학년 수준과 비교하여 해석한다.

③ 서열규준 : 개인의 점수를 규준집단의 행동 발달 수준과 비교하여 해석한다.

(12) 집단 내 규준의 종류

[2024년 2회, 2023년 1회, 2023년 2회, 2020년 1회, 2019년 1회, 2018년 3회, 2017년 3회, 2012년 2회, 2010년 4회, 2009년 2회, 2009년 3회, 2008년 1회, 2007년 1회]

① 백분위 점수

    ㉠ 원점수의 분포에서 100개의 동일한 구간으로 점수들을 분포하여 변환점수를 부여한 것이다.

    ㉡ 표준화 집단에서 특정한 원점수 이하에 속하는 사례의 비율을 통해 나타내는 상대적 위치이다. 즉, 특정 집단의 점수분포에서 한 개인의 상대적 위치를 나타내는 점수이다. 예를 들어, 백분위가 95인 것은 내담자보다 낮은 점수를 받은 사람들이 95%이며, 표준화 집단에서 내담자가 전체 상위 5% 이내에 해당한다는 것이다.

    ㉢ 백분위는 원점수와 선형관계에 있지 않으므로, 원점수에서 1점의 차이가 백분위에서는 전혀 다른 크기의 차이로 나타날 수 있다. 예를 들어, 백분위 50과 59인 두 사람의 원점수 차이는 백분위 90과 99인 두 사람의 원점수 차이와 같지 않다.

쌤의 비법노트

백분위 점수는 그 의미가 모든 사람에게 단순하고 직접적이며, 한 집단 내에서 개인의 상대적인 위치를 살펴보는 데 적합한 점수 유형입니다.

② 표준점수 [2020년 2회]

    ㉠ 원점수를 주어진 집단의 평균을 중심으로 표준편차 단위를 사용하여 분포상 어느 위치에 해당하는 가를 나타낸 것이다.

    ㉡ 표준화된 심리검사에서 표준점수는 개인의 점수가 평균으로부터 떨어져 있는 거리를 의미한다.

    ㉢ 원점수를 표준점수로 변환함으로써 상대적인 위치를 짐작할 수 있으며, 검사 결과를 비교할 수도 있다.

Z점수	원점수를 평균이 0, 표준편차가 1인 Z분포상의 점수로 변환한 점수이다. 예 Z점수 0 : 원점수가 정확히 평균값에 위치한다는 의미 Z점수 −1.5 : 원점수가 참조집단의 평균으로부터 하위 1.5 표준편차만큼 떨어져 있다는 의미 $$Z점수 = \frac{원점수 - 평균}{표준편차}$$
T점수	• 소수점과 음수값을 가지는 Z점수의 단점을 보완하기 위해, 원점수를 변환해서 평균이 50, 표준편차가 10인 분포로 만든 것이다. • 가장 널리 사용되는 정규화된 표준점수로서 미네소타 다면적 인성검사(MMPI) 등이 있다. $$T점수 = 10 \times Z점수 + 50$$

③ 표준등급

　ⓐ 2차 세계대전 중에 미국 공군에서 개발한 것으로 '스테나인(Stanine) 척도'라고도 하며, 이는 'Standard'와 'Nine'의 합성어에 해당한다.

　ⓑ 원점수를 비율에 따라 1~9까지의 구간으로 구분하여 각각의 구간에 일정한 점수나 등급을 부여한 것이다. 예를 들어, 백분위 50에 해당하는 스테나인(Stanine)의 점수는 5이다.

　ⓒ 특히 학교에서 하는 성취도검사나 적성검사의 점수를 정해진 범주에 집어넣어 학생들 간의 점수 차가 작을 때 생길 수 있는 지나친 확대해석을 미리 방지할 수 있다.

정상분포(정규분포)에서 표준등급에 해당하는 면적 비율

Stanine	1	2	3	4	5	6	7	8	9
백분율(%)	4	7	12	17	20	17	12	7	4

기출복원문제로 핵심 복습

01 직업심리검사에서 측정의 기본단위인 척도의 4가지 유형을 쓰고, 각각에 관해 설명하시오.
[2024년 2회, 2020년 2회, 2016년 1회, 2016년 2회, 2012년 1회, 2006년 1회, 2003년 3회]

쌤의 만점답안

① 명명척도(명목척도) : 숫자의 차이가 측정한 속성의 차이만을 나타내는 척도
② 서열척도 : 숫자의 차이가 측정한 속성의 차이는 물론 그 서열 관계에 대한 정보도 포함하는 척도
③ 등간척도 : 수치상의 차이가 측정한 속성의 차이나 서열 관계는 물론 등급 간 관계에 대한 정보도 포함하는 척도
④ 비율척도 : 수치상의 차이가 차이 정보, 서열정보, 등급 간 정보는 물론 수의 비율에 대한 정보까지 포함하는 척도

02 표준화를 위해 수집한 자료가 정규분포에서 벗어나는 것은 검사 도구의 문제라기보다 표집 절차의 오류에 원인이 있다. 이를 해결하기 위한 방법을 3가지 쓰고, 각각에 관해 설명하시오.
[2024년 3회, 2022년 2회, 2019년 3회, 2016년 2회, 2013년 1회]

쌤의 만점답안

① 완곡화 : 절선도표나 주상도표에서 정규분포의 모양을 갖추도록 점수를 가감한다.
② 절미법 : 편포의 꼬리를 잘라낸다.
③ 면적환산법 : 각 검사점수의 백분위에 해당하는 Z점수를 찾는다.

합격 암기법 ＞ 완절면

유사 문제

고용 표준화를 위해 수집된 자료가 정규분포에서 벗어나는 것은 검사 도구의 문제보다는 표집 절차의 오류에 원인이 있다. 이를 해결하기 위한 방법을 3가지 쓰고 각각에 관해 설명하시오. [2011년 2회]

03 집단 심리검사 점수의 중심경향치로서 대푯값의 종류 3가지를 쓰고 설명하시오. [2015년 1회]

쌤의 만점답안

① 평균 또는 평균치(Mean) : 어떤 분포에서 모든 점수의 합을 전체 사례 수로 나누어 얻은 값
② 중앙값 또는 중앙치(Median) : 모든 점수를 크기의 순서대로 배열해 놓았을 때 위치상 가장 중앙에 있는 점수
③ 최빈값 또는 최빈치(Mode) : 빈도분포에서 빈도가 가장 높은 점수 혹은 빈도가 가장 높은 등급 간의 중간 점수

04 어떤 집단의 심리검사 점수의 분산된 정도를 판단하기 위하여 사용되는 기준 3가지를 쓰고 그 의미를 설명하시오. [2011년 2회, 2008년 3회]

쌤의 만점답안

① 범위 : 점수분포에 있어서 최고점수와 최저점수까지의 거리를 말한다.
② 분산 : 한 변수의 분포에 있는 모든 변숫값을 통해 흩어진 정도를 추정한다.
③ 표준편차 : 점수 집합 내에서 점수 간의 상이한 정도를 나타낸다.

유사 문제

어떤 집단의 심리검사 점수가 분산된 정도를 판단하기 위하여 사용되는 기준 2가지를 쓰고 그 의미를 설명하시오. [2014년 2회]

05 규준 제작 시 사용되는 확률표집방법의 종류 3가지를 쓰시오.
[2024년 1회, 2022년 3회, 2018년 3회, 2016년 3회, 2015년 2회, 2011년 3회, 2010년 1회]

쌤의 만점답안

① 단순무선표집(단순무작위표집) : 모집단의 구성원들이 표본에 속할 확률이 동일하도록 표집하는 방법이다.
② 층화표집 : 모집단이 규모가 다른 몇 개의 이질적인 하위집단으로 구성되어 있는 경우 사용하는 방법이다.
③ 집락표집(군집표집) : 모집단을 서로 동질적인 하위집단으로 구분하여 집단 자체를 표집하는 방법이다.

합격 암기법 ＼ 단층집

유사 문제

규준 제작 시 사용되는 표집 방법의 종류 3가지를 쓰고, 각각에 관해 설명하시오. [2020년 2회]

06 모집단에서 규준집단을 구성하기 위한 표본추출방법으로 확률표집방법과 비확률표집방법이 있다. 그중 비확률표집방법의 종류 3가지를 쓰고, 각각에 대해 설명하시오. [2024년 2회]

쌤의 만점답안

① 할당표집 : 모집단을 일정한 카테고리로 나눈 후 정해진 요소수를 작위적으로 추출하는 방법이다.
② 유의표집(판단표집) : 연구자의 주관적인 판단에 따라 의도적으로 추출하는 방법이다.
③ 임의표집(편의표집) : 표본선정의 편리성에 기초하여 임의로 추출하는 방법이다.

07 규준 제작 시 사용되는 표집 방법 중 층화표집과 체계적 표집에 관해 각각 사례를 들어 설명하시오.
[2015년 3회]

> **쌤의 만점답안**

① 층화표집 : 모집단이 규모가 다른 몇 개의 이질적인 하위집단으로 구성되어 있는 경우 사용하는 방법이다.
　예 다양한 종파의 신도들이 포함된 모집단에서 이를 종파별로 나누어 해당 종파 내에서 필요한 만큼 무선 표집을 한다.
② 체계적 표집(계통표집) : 모집단 목록에서 구성요소에 대해 일정한 순서에 따라 매 K번째 요소를 추출하는 방법이다.
　예 1,000명의 회원명부에서 100명을 선발하기 위해 처음 요소를 무작위로 뽑은 후 그 회원 번호가 8번으로 끝난다면, 18, 28, 38 등의 번호로 표본을 선정한다.

08 표준화된 심리검사에는 집단 내 규준이 포함되어 있다. 집단 내 규준의 종류 3가지를 쓰고, 각각에 관해 설명하시오.
[2024년 2회, 2023년 1회, 2023년 2회, 2020년 1회, 2019년 1회, 2018년 3회, 2017년 3회, 2012년 2회, 2010년 4회, 2009년 2회, 2009년 3회, 2008년 1회, 2007년 1회]

> **쌤의 만점답안**

① 백분위 점수 : 원점수의 분포에서 100개의 동일한 구간으로 점수들을 분포하여 변환점수를 부여한 것이다.
② 표준점수 : 원점수를 주어진 집단의 평균을 중심으로 표준편차 단위를 사용하여 분포상 어느 위치에 해당하는가를 나타낸 것이다.
③ 표준등급 : 원점수를 비율에 따라 1~9까지의 구간으로 구분하여 각각의 구간에 일정한 점수나 등급을 부여한 것이다.

> **유사 문제**

• 규준의 종류 중 백분위 점수, 표준점수, 표준등급의 의미를 각각 설명하시오. [2023년 3회, 2021년 2회]
• 집단 내 규준의 종류 3가지를 쓰고 설명하시오. [2015년 1회, 2014년 3회, 2012년 3회]

09 규준의 종류 중 발달규준 3가지를 쓰고 각각에 관해 설명하시오. [2012년 1회]

> **쌤의 만점답안**

① 학년규준 : 주로 학교에서 하는 성취도검사에 이용하기 위해 학년별 평균이나 중앙치를 이용하여 규준을 제작한다.
② 정신연령규준 : 심리검사의 문항들이 연령 수준별 척도로 구성되어, 해당 검사를 통해 주어지는 결과점수가 수검자의 정신연령 수준을 반영하도록 되어 있다.
③ 서열규준 : 발달검사 과정에서 검사자는 수검자의 행동을 관찰하여 행동의 발달 단계상 어느 수준에 위치하는지 나타낼 수 있다.

합격 암기법 ◥ 학정서

10 다음의 표는 어떤 심리검사의 결과를 나타낸 것이다. 주어진 결과를 토대로 C의 표준점수(Z점수)를 구하시오 (단, 소수점 셋째 자리에서 반올림하고, 계산과정을 제시하시오). [2020년 2회]

개 인	A	B	C	D	E	F
원점수	3점	6점	7점	10점	14점	20점

(단, 평균은 10, 표준편차는 5.77)

쌤의 만점답안

C의 Z점수 $= \dfrac{\text{원점수} - \text{평균}}{\text{표준편차}} = \dfrac{7 - 10}{5.77} = -0.52$

유사 문제

직업상담사가 구직자 A와 B에게 각각 동형검사인 직무능력검사 I 형과 직무능력검사 II 형을 실시한 결과, A는 115점, B는 124점을 얻었으나 검사유형이 다르기 때문에 두 사람의 점수를 직접 비교할 수 없다. A와 B 중 누가 더 높은 직무능력을 갖추었는지 각각 표준점수인 Z점수를 산출하고 이를 비교하시오(각각의 Z점수는 반올림하여 소수점 둘째 자리까지 산출하며, 계산과정을 반드시 기재하시오). [2014년 3회]

3 신뢰도(Reliability)

대표 문제

직업심리검사의 신뢰도를 추정하는 방법을 3가지 쓰고, 각각에 관해 설명하시오.
[2023년 2회, 2021년 3회, 2020년 2회, 2018년 1회, 2013년 1회]

쌤의 해결 포인트

반분신뢰도와 문항내적합치도는 내적 일관성 방법이라는 점에서 '내적일치 신뢰도'로 부르기도 하며, 교재에 따라 이 두 가지를 서로 구분하지 않은 채 동일한 맥락에서 설명하기도 합니다. 물론 이 두 가지가 단일검사 시행 방식으로 공통된 원리에 기초한다고 하지만, 방법상의 차이가 있으니 구분하여 알아두도록 하세요.

쌤의 만점답안

① 검사-재검사 신뢰도 : 동일한 검사를 동일한 수검자에게 일정 시간 간격을 두고 두 번 실시하여 얻은 두 검사점수의 상관계수를 비교한다.
② 동형검사 신뢰도 : 동일한 수검자에게 첫 번째 시행한 검사와 동등한 유형의 검사를 하여 두 검사점수 간의 상관계수를 비교한다.
③ 반분신뢰도 : 한 검사를 어떤 집단에 실시하고 그 검사의 문항을 동형이 되도록 두 개의 검사로 나눈 다음 두 검사점수 간의 상관계수를 비교한다.

유사 문제

다음 직업심리검사의 신뢰도를 추정하는 방법 3가지를 각각 설명하시오.
[2024년 1회, 2020년 2회, 2009년 2회, 2006년 3회]
(1) 검사-재검사 신뢰도
(2) 동형검사 신뢰도
(3) 내적합치도

(1) 신뢰도를 추정하는 방법

[2024년 1회, 2023년 2회, 2021년 3회, 2020년 2회, 2018년 1회, 2013년 1회, 2010년 1회, 2007년 3회]

① 검사-재검사 신뢰도(Test-Retest Reliability)

　㉠ 의의 및 특징

　　• 동일한 검사를 동일한 수검자에게 일정 시간 간격을 두고 두 번 실시하여 얻은 두 검사점수의 상관계수에 의해 신뢰도를 추정하는 방법이다.

　　• 검사점수가 시간의 변화에 따라 얼마나 일관성이 있는지를 의미하므로, 시간에 따른 안정성을 나타내는 '안정성 계수(Coefficient of Stability)'라고도 부른다.

　　• 검사-재검사 신뢰도에서 오차의 근원은 바로 시간 간격, 즉 두 검사의 실시 간격이다. 만약 검사 간격이 짧은 경우 신뢰도가 높게 나타나지만, 검사 간격이 긴 경우 신뢰도가 상대적으로 낮게 나타난다.

ⓛ 검사-재검사를 통해 신뢰도를 추정할 경우 충족되어야 할 조건 [2016년 2회, 2015년 3회]
- 측정 내용 자체는 일정 시간이 경과하더라도 변하지 않는다고 가정할 수 있어야 한다.
- 동일한 수검자에게 검사를 두 번 실시하지만, 앞서 받은 검사 경험이 이후에 받은 검사의 점수에 영향을 미치지 않는다는 확신이 있어야 한다.
- 검사와 재검사 사이의 어떤 학습활동이 두 번째 검사의 점수에 영향을 미치지 않는다고 가정할 수 있어야 한다.

ⓒ 검사-재검사법으로 신뢰도 추정치를 구할 경우 주요 단점 [2022년 1회, 2013년 3회, 2009년 1회]
- 반응 민감성 : 검사를 치르는 경험이 후속 반응에 영향을 줄 수 있다.
- 성숙 효과 : 두 검사 사이의 시간 간격이 너무 클 경우 측정 대상의 속성이나 특성이 변화할 수 있다.
- 이월효과(기억 효과) : 두 검사 사이의 시간 간격이 너무 짧을 경우 앞에서 답한 것을 기억해서 뒤의 응답 시 활용할 수 있다.
- 시간 및 비용 소요 : 동일 검사를 두 번 실시함에 따라 시간과 비용이 많이 소요된다.
- 측정의 오차(수검자 혹은 수검환경의 변화) : 수검자의 건강과 기분 및 물리적 환경의 변화가 검사 수행에 영향을 줄 수 있다.

쌤의 비법노트

검사-재검사법의 단점은 검사-재검사 신뢰도의 영향 요인으로도 볼 수 있습니다.

② 동형검사 신뢰도(Parallel-form Reliability)
ⓐ 의의 및 특징
- 동일한 수검자에게 첫 번째 시행한 검사와 동등한 유형의 검사를 하여 두 검사점수 간의 상관계수에 의해 신뢰도를 추정한다.
- 상관계수가 두 검사의 동등성 정도를 나타낸다는 점에서 '동등성(동형성) 계수(Coefficient of Equivalence or Equivalence-form Coefficient)'라고도 부른다.
- 동형검사 신뢰도 계수는 오차 변량의 원인을 특정 문항의 표집에 기인한 것으로 가정한다.
- 이미 신뢰성이 입증된 유사한 검사점수와의 상관계수를 검토하는 방식으로 이루어지는 경우가 많다.

ⓑ 동형검사 신뢰도를 통해 신뢰도를 추정할 경우 충족되어야 할 조건
- 두 검사가 근본적으로 측정하려 하는 영역에서 동일한 내용이 표집되어야 한다.
- 동일한 문항 수와 동일한 형식으로 표현되어야 한다.
- 문항의 난이도(곤란도)가 동등해야 한다.
- 검사의 지시내용, 시간제한, 자세한 설명까지 모두 동등성이 보장되어야 한다.

③ 반분신뢰도(Split-half Reliability)

  ⊙ 의의 및 특징

    • 한 검사를 어떤 집단에 실시하고 그 검사의 문항을 동형이 되도록 두 개의 검사로 나눈 다음 두 부분의 점수가 어느 정도 일치하는가를 상관계수를 통해 추정한다.

    • 둘로 구분된 문항들의 내용이 얼마나 일관성이 있는가를 측정한다는 점에서 '내적합치도 계수 (Coefficient of Internal Consistency or Internal Consistency Coefficient)'라고도 부른다. 따라서 내적합치도 계수가 낮다는 것은 검사가 성질상 매우 다른 속성을 측정하는 문항들로 구성되어 있다는 의미이다.

    • 검사를 한 번만 실시하여 구하는 방식이므로 시간적 안정성은 포함하지 않는다.

  ⊙ 반분신뢰도 추정을 위한 주요 방법 **[2024년 2회, 2019년 3회, 2017년 1회]**

    • 전후절반법(전후양분법) : 전체 검사를 문항 순서에 따라 전반부와 후반부로 반분한다.

    • 기우절반법(기우양분법) : 전체 검사를 문항의 번호에 따라 홀수와 짝수로 반분한다.

    • 짝진 임의배치법(임의적 짝짓기법) : 전체 검사를 문항의 난이도와 문항과 총점 간의 상관계수를 토대로 반분한다.

④ 문항내적합치도(Item Internal Consistency)

  ⊙ 의의 및 특징

    • 단일의 신뢰도 계수를 계산할 수 없는 반분법의 문제점을 고려하여, 가능한 한 모든 반분신뢰도를 구한 다음 그 평균값을 신뢰도로 추정하는 방법이다.

    • 한 검사에 포함된 문항들에 대한 반응의 일관성이 문항의 동질성 여부에 따라 결정되므로, 이를 흔히 '동질성 계수(Coefficient of Homogeneity)'라고도 부른다.

    • 검사 문항을 분리하기 위한 다양한 방법이 사용되며, 하나의 검사로 한 번만 검사하면 되므로 시간과 비용 면에서 적용하기 편리하다.

ⓒ 문항내적합치도 추정을 위한 주요 방법

쿠더-리차드슨 계수 (Kuder-Richardson)	• 응답 문항 유형이 '예/아니요' 또는 '정(正)/오(誤)'인 검사에 사용된다. • 검사의 문항 간 정답과 오답의 일관성을 종합적으로 추정한 상관계수이다.
크론바흐 알파계수 (Cronbach's α)	• 서답형, 논문형, 평정형 등 이분법적으로 채점되지 않는 경우에도 사용할 수 있다. • 크론바흐 알파 값은 '0~1'의 값을 가지며, 값이 클수록 검사 문항들이 동질적이고 신뢰도 가 높은 것을 나타낸다.

⑤ 채점자 간 신뢰도(Inter-rater Reliability)

　ⓐ 의의 및 특징

　　• 채점자들의 채점을 어느 정도 믿을 수 있고 일관성이 있는가를 상관계수로 나타낸 것으로, 채점 자들 간의 객관도 및 채점에 대한 일관성 정도와 연관된다.

　　• 채점 대상물인 한 집단의 검사 용지를 두 명 이상의 채점자들이 각자 독립적으로 채점하여 어느 정도 일관된 채점이 이루어졌는지를 확인한다.

　　• 사지선다형 검사의 경우 채점자 간 신뢰도가 높게 나타나지만, 에세이 검사(Essay Test)나 투사 법 등은 상대적으로 채점자 간 신뢰도가 낮게 나타난다.

　ⓑ 채점자(평정자)로 인한 오차 [2020년 3회]

　　• 후광효과(Halo Effect)로 인한 오류 : 수검자에 대한 채점자의 인상이 채점이나 평정에 영향을 미친다.

　　• 관용(Leniency)의 오류 : 채점자의 반응 태세가 일반적으로 후한 점수를 주는 경향을 말한다.

　　• 중앙집중경향(Concentration Tendency)의 오류 : 가급적 아주 높은 점수 혹은 아주 낮은 점수 를 피하고 중간 점수를 주는 경향을 말한다.

(2) 신뢰도 추정 시 고려 사항

① 신뢰도 추정에 영향을 미치는 요인 중 가장 중요한 요인은 표본의 동질성이다.

② 신뢰도 추정에 영향을 미치는 요인은 상관계수에 영향을 미치는 요인과 유사하다.

③ 속도검사의 경우 기우절반법(기우양분법)으로 반분신뢰도를 추정하면 신뢰도 계수가 과대 추정되는 경향이 있다.

④ 정서 반응과 같은 불안정한 심리적 특성의 신뢰도를 정확히 추정하기 위해서는 검사-재검사를 거의 동시에 해야 한다.

(3) 심리검사의 신뢰도에 영향을 주는 요인 [2010년 1회, 2007년 3회]

① 개인차 : 개인차가 클수록 신뢰도 계수도 커진다.

② 문항 수 : 문항 수가 많은 경우 신뢰도는 커지지만 정비례하여 커지는 것은 아니다.

③ 문항 반응 수 : 문항 반응 수가 적정수준을 초과하는 경우 신뢰도는 평행선을 긋게 된다.

④ 신뢰도 추정 방법 : 서로 다른 신뢰도 추정 방법에 따라 얻어진 신뢰도 계수는 각기 다를 수밖에 없다.

⑤ 검사유형 : 속도검사를 전후반분법으로 추정할 경우 전·후반 점수 간 상관계수는 낮아진다.

(4) 심리검사의 신뢰도를 높이는 방법(측정오차를 줄이기 위한 방법) [2022년 3회]

① 검사의 실시와 채점 과정을 표준화하여 오차 변량을 줄인다.

② 면접방식 및 면접태도의 일관성을 유지한다.

③ 측정 도구의 모호성을 제거하며 기존의 신뢰성이 인정된 측정 도구를 사용한다.

④ 조사대상자가 잘 모르거나 관심이 없는 내용에 대한 측정은 배제하며 검사의 신뢰도에 나쁜 영향을 미치는 문항들을 제거한다.

⑤ 검사의 문항 수를 늘린다.

⑥ 동일하거나 유사한 내용의 질문을 2회 이상 실시한다.

01 신뢰도 검증 방법 중 검사-재검사법의 단점을 4가지 쓰시오. [2022년 1회, 2013년 3회, 2009년 1회]

쌤의 만점답안

① 반응민감성 : 검사를 치르는 경험이 후속 반응에 영향을 줄 수 있다.
② 성숙효과 : 두 검사 사이의 시간 간격이 너무 클 경우 측정 대상의 속성이나 특성이 변화할 수 있다.
③ 이월효과(기억효과) : 두 검사 사이의 시간 간격이 너무 짧을 경우 앞에서 답한 것을 기억해서 뒤의 응답 시 활용할 수 있다.
④ 시간 및 비용 소요 : 동일 검사를 두 번 실시함에 따라 시간과 비용이 많이 소요된다.

합격 암기법 ＼ (신검) 반성이시

유사 문제

• 검사-재검사법으로 신뢰도 추정치를 구할 경우의 단점을 3가지 쓰시오. [2018년 3회]
• 검사-재검사 신뢰도에 영향을 미치는 요인을 4가지 쓰시오.
  [2023년 1회, 2020년 3회, 2012년 2회, 2009년 1회, 2009년 3회]
• 검사-재검사 신뢰도에 영향을 미치는 요인을 3가지 쓰시오. [2018년 2회]

02 검사-재검사를 통해 신뢰도를 추정할 경우 충족되어야 할 조건을 3가지 쓰시오. [2016년 2회, 2015년 3회]

쌤의 만점답안

① 측정 내용 자체는 일정 시간이 경과하더라도 변하지 않아야 함
② 앞선 검사 경험이 이후 검사의 점수에 영향을 미치지 않아야 함
③ 검사-재검사 사이의 어떤 학습활동이 두 번째 검사점수에 영향을 미치지 않아야 함

03 반분신뢰도 추정을 위해 가장 많이 사용하는 방법을 3가지 쓰고, 각각에 관해 설명하시오.
[2024년 2회, 2019년 3회, 2017년 1회]

쌤의 만점답안

① 전후절반법 : 전체 검사를 문항 순서에 따라 전반부와 후반부로 반분한다.
② 기우절반법 : 전체 검사를 문항의 번호에 따라 홀수와 짝수로 반분한다.
③ 짝진 임의배치법 : 전체 검사를 문항의 난이도와 문항과 총점 간의 상관계수를 토대로 반분한다.

합격 암기법 (반분) 전기짝

유사 문제

반분신뢰도 추정을 위해 가장 많이 사용하는 3가지 방법을 쓰고 설명하시오. [2012년 3회]

04 지필검사나 평정이 요구되는 관찰 혹은 면접 시 채점자, 평정자로 인해 발생하는 오차의 유형 3가지를 쓰고,
각각에 관해 설명하시오. [2020년 3회]

쌤의 만점답안

① 후광효과로 인한 오류 : 수검자에 대한 채점자의 인상에서 비롯되는 오류
② 관용의 오류 : 가급적 후한 점수를 주는 경향에서 비롯되는 오류
③ 중앙집중경향의 오류 : 가급적 중간 점수를 주는 경향에서 비롯되는 오류

합격 암기법 후관중

유사 문제

지필검사나 평정이 요구되는 관찰 혹은 면접 시 채점자, 평정자로 인해 발생하는 오차의 유형 3가지를 쓰고
설명하시오. [2014년 1회]

05 심리검사의 신뢰도에 영향을 주는 요인을 5가지 쓰시오. [2021년 2회, 2017년 1회, 2007년 3회]

① 개인차 : 개인차가 클수록 신뢰도 계수도 커진다.
② 문항 수 : 문항 수가 많은 경우 신뢰도는 커지지만 정비례하여 커지는 것은 아니다.
③ 문항 반응 수 : 문항 반응 수가 적정수준을 초과하는 경우 신뢰도는 평행선을 긋게 된다.
④ 검사유형 : 속도검사를 전후반분법으로 추정할 경우 전·후반 점수 간 상관계수는 낮아진다.
⑤ 신뢰도 추정 방법 : 서로 다른 신뢰도 추정 방법에 따라 얻어진 신뢰도 계수는 각기 다를 수밖에 없다.

유사 문제

심리검사의 신뢰도에 영향을 주는 요인을 4가지만 쓰고 설명하시오. [2014년 3회, 2007년 3회]

06 심리검사의 신뢰도 종류와 신뢰도에 영향을 주는 요인을 3가지씩 쓰시오. [2010년 1회, 2007년 3회]

(1) 신뢰도의 종류
　　① 검사-재검사 신뢰도
　　② 동형검사 신뢰도
　　③ 반분신뢰도
(2) 신뢰도에 영향을 주는 요인
　　① 개인차
　　② 문항 수
　　③ 문항 반응 수

유사 문제

검사 신뢰도란 검사를 동일한 사람에게 실시했을 때 검사 조건이나 검사 시기와 관계없이 점수들이 얼마나 일관성이 있는가를 말한다. 이러한 검사 신뢰도의 종류와 신뢰도에 영향을 주는 요인을 각각 3가지씩 쓰시오. [2023년 1회]

07 측정의 신뢰도를 높이기 위해서는 측정오차를 줄여야 한다. 측정오차를 줄이기 위한 방법을 6가지 쓰시오. [2022년 3회]

쌤의 만점답안

① 검사의 실시와 채점 과정을 표준화하여 오차 변량을 줄인다.
② 측정 항목의 수를 늘린다.
③ 면접 방식 및 면접 태도의 일관성을 유지한다.
④ 조사대상자가 잘 모르거나 관심이 없는 내용에 대한 측정은 배제한다.
⑤ 동일하거나 유사한 내용의 질문을 2회 이상 실시한다.
⑥ 기존의 신뢰성이 인정된 측정 도구를 사용한다.

유사 문제

측정의 신뢰성(Reliability)을 높이기 위해서는 측정오차(Measurement Error)를 최대한 줄여야 한다. 측정오차를 최대한 줄이기 위한 구체적인 방법을 3가지 기술하시오. [2019년 2회]

4 타당도(Validity)

다음 물음에 답하시오. [2017년 2회]
(1) 준거타당도의 종류 2가지를 쓰고, 각각에 관해 설명하시오.
(2) 직업상담이나 산업 장면에서 준거타당도가 낮은 검사를 사용해서는 안 되는 이유 2가지를 설명하시오.
(3) 실증 연구의 타당도 계수가 실제 타당도 계수보다 낮은 이유 3가지를 설명하시오.

쌤의 해결 포인트

이 문제에서 '(2) 직업상담이나 산업 장면에서 준거타당도가 낮은 검사를 사용해서는 안 되는 이유'는 '(2) 준거타당도가 직업상담이나 산업 장면에서 다른 어떤 타당도보다 중요한 이유'로 제시될 수도 있습니다. 따라서 출제 의도에 부합하도록 적절히 답안을 변형하여 작성하시기 바랍니다.

쌤의 만점답안

(1) 준거타당도의 종류
　　① 동시타당도 : 현재 상태의 측정에 초점을 두며, 새로운 검사와 준거의 두 결과 간의 상관계수를 추정한다.
　　② 예언타당도 : 미래 상황의 예측에 초점을 두며, 검사점수와 미래 행위 측정치 간의 상관계수를 추정한다.
(2) 준거타당도가 낮은 검사를 사용해서는 안 되는 이유
　　① 선발이나 평가 과정의 효율성을 저해한다.
　　② 인사관리에 관한 의사결정의 공정성을 저해한다.
(3) 실증 연구의 타당도 계수가 실제 타당도 계수보다 낮은 이유
　　① 표집오차 : 표본이 모집단을 잘 대표하지 못하는 경우 표집오차가 커지고 그 결과 타당도 계수가 낮아진다.
　　② 준거 측정치의 신뢰도 : 어떤 검사의 준거타당도 계산을 위해 사용한 준거 측정치의 신뢰도가 낮은 경우 검사의 준거타당도도 낮아진다.
　　③ 준거 측정치의 타당도 : 준거 결핍이나 준거 오염이 있는 경우 검사의 준거타당도는 낮아진다.

유사 문제

심리검사에서 준거타당도 계수의 크기에 영향을 미치는 요인을 3가지만 쓰고 설명하시오. [2024년 3회, 2012년 3회]

(1) 타당도의 의미

① 검사가 측정하고자 하는 심리적 구인(구성개념)을 정확하게 측정하는 것이 타당도의 개념이다.
② 검사의 타당도는 검사점수를 이용하여 그 검사가 측정하려는 속성에 관해 추론하는 것이 타당한 일인가를 결정해 주는 것이다.
③ 만약 직업상담사 자격시험 문항 중 대학수학능력을 측정하는 문항이 섞여 있다면 타당도가 문제시된다.

(2) (준거)타당도에 영향을 미치는 요인(실증 연구의 타당도 계수가 실제 타당도 계수보다 낮은 이유)
[2024년 3회, 2022년 2회, 2022년 3회, 2018년 3회, 2012년 3회]

① 표집오차(Sampling Error)
  ㉠ 의미 : 표본이 모집단을 잘 대표하지 못해서 생기는 오차를 말하며, 표집오차가 커지게 되면 타당도 계수는 낮아진다.
  ㉡ 표본의 크기와의 관계 : 표본의 크기가 작아지면 표집오차가 급격하게 증가하게 된다.
② 준거 측정치의 신뢰도
  준거 측정치의 신뢰도가 낮으면 검사의 준거타당도도 낮아지게 된다.
③ 준거 측정치의 타당도
  준거 측정 도구의 준거 측정치(실제 준거)가 해당 개념 준거를 얼마나 잘 반영하는가의 문제로 준거 왜곡은 검사의 준거타당도에 영향을 미친다.
④ 범위 제한
  준거타당도 계산을 위해 얻은 자료들이 검사점수와 준거 점수의 전체범위를 포괄하지 않고 일부만을 포괄하는 경우, 상관계수의 크기는 실제 상관계수보다 작게 된다.

쌤의 비법노트
- 준거 결핍(Criterion Deficiency) : 준거 측정 도구가 개념 준거의 내용을 충분히 반영하지 못하는 경우
- 준거 오염(Criterion Contamination) : 개념 준거와 관련이 없는 내용을 포함하고 있는 경우

(3) 신뢰도와 타당도의 관계

① 타당도는 신뢰도의 충분조건이고, 신뢰도는 타당도의 필요조건으로 어떤 검사의 타당도가 아무리 커도 그 검사의 신뢰도보다 클 수는 없고 검사의 신뢰도가 높다고 해서 항상 타당도가 높은 것은 아니다.
  예 몸무게를 잴 때 줄자를 이용한다면 아무리 줄자가 정확(높은 신뢰도)하다고 해도 몸무게를 제대로 측정할 수 없다.
② 타당도와 신뢰도는 비대칭적 관계이다.

쌤의 비법노트
'필요조건'은 그 개념에 해당하는 사례가 되기 위해서는 반드시 그 속성을 가지고 있어야만 한다는 의미지만, '충분조건'은 어떤 사례가 모든 속성들을 가지고 있다면 해당 사례는 자동으로 그 개념의 사례가 된다는 의미입니다.

(4) 타당도의 종류(1) - 준거타당도(Criterion Validity)

[2022년 1회, 2017년 2회, 2009년 1회, 2007년 1회, 2002년 1회, 2000년 1회]

① 개념 : '기준타당도' 또는 '준거 관련 타당도(Criterion-Related Validity)'라고도 하며 심리검사 제작 시 널리 사용되는데, 어떤 검사 결과가 예측하고자 하는 준거와 어느 정도 관련되어 있는지의 정도를 나타낸다.

② 준거타당도의 구분

[2023년 1회, 2018년 2회, 2012년 1회, 2008년 3회, 2006년 1회, 2006년 3회, 2002년 1회, 2000년 1회]

준거타당도는 현재에 초점을 맞춘 '동시타당도 또는 공인타당도(Concurrent Validity)'와 미래에 초점을 맞춘 '예언타당도 또는 예측타당도(Predictive Validity)'로 구분할 수 있다.

동시(공인)타당도	현재 상태의 측정에 초점을 두며, 새로운 검사와 준거의 두 결과 간의 상관계수를 추정한다. 예 영어면접 타당도 입증을 위해 토익 등 점수와 비교했더니 상관도가 높은 경우
예언(예측)타당도	미래 상황의 예측에 초점을 두며, 검사점수와 미래 행위 측정치 간의 상관계수를 추정한다. 예 입사 시험에서 높은 점수를 받은 사람이 채용 후 업무수행 능력이 높은 경우

③ 직업상담에서 준거타당도가 중요한 이유

    ㉠ 검사 도구가 미래의 행위를 예언하므로 선발이나 배치, 훈련 등의 인사관리에 관한 의사결정의 설득력을 제공한다.

    ㉡ 경험적 근거에 따른 비교적 명확한 준거를 토대로 내담자의 직업 선택을 위한 효과적인 정보를 제공한다.

④ 직업상담이나 산업 장면에서 준거타당도가 낮은 검사를 사용해서는 안 되는 이유

    ㉠ 선발이나 평가 과정의 효율성을 떨어뜨린다.

    ㉡ 인사관리에 관한 의사결정의 공정성을 저해한다.

쌤의 비법노트

예언타당도는 미래의 시점을 전제로 하는 만큼 타당도를 구하는 데 시간이 오래 걸리는 단점이 있습니다.

(5) 타당도의 종류(2) – 구성타당도(Construct Validity)

① 개념 : '구인타당도' 또는 '개념타당도', '심리적타당도'라고도 하며, 검사가 이론적 구성개념(Hypothetical Construct, 객관적으로 관찰할 수 없는 추상적 개념)이나 특성을 얼마나 잘 측정할 수 있는가를 말한다.

② 구성타당도의 구분

[2015년 2회, 2010년 1회, 2010년 4회, 2009년 3회, 2008년 1회, 2006년 3회, 2003년 1회, 2003년 3회, 2001년 1회]

변별타당도 (판별타당도)	검사의 결과가 이론적으로 그 속성과 관계없는 변인들과 낮은 상관관계를 지니고 있는지의 정도를 측정한다. 따라서 상관계수가 낮을수록 변별타당도가 높다. 예 지능지수(IQ)와 외모와 같이 검사 결과가 이론적으로 연관되어 있지 않은 변수 간의 상관관계를 측정하는 경우 두 검사 간의 상관계수가 높게 나타났다면, 새로운 지능검사는 지능이라는 개념을 잘 측정하지 못한 것으로 볼 수 있다.
수렴타당도 (집중타당도)	검사의 결과가 이론적으로 그 속성과 관계있는 변인들과 높은 상관관계를 지니고 있는지의 정도를 측정한다. 따라서 상관계수가 높을수록 수렴타당도가 높다. 예 새로 개발된 지능검사의 수렴타당도가 높다면 이론적으로 지능과 관계가 있는 학교 성적과 상대적으로 높은 상관을 보일 것이다.
요인 분석법	검사 문항 간의 상관관계를 분석하여 상관이 높은 문항들을 요인으로 묶어주는 통계 방법이다. 예 수학과 과학 문항들을 혼합하여 하나의 시험으로 치르는 경우, 수학을 잘하는 학생의 경우 수학 문항들에 대해, 과학을 잘하는 학생의 경우 과학 문항들에 대해 좋은 결과를 나타내 보일 것이므로 해당 문항들은 두 개의 군집, 즉 요인으로 추출될 것이다.

③ 다속성 · 다측정 방법(중다 특성 · 중다 방법) 행렬표(MTMM ; Multitrait–Multimethod Matrix) [2010년 3회]

㉠ 의의 : 한 번에 수렴타당도와 변별타당도를 동시에 확인할 수 있는 방법으로, 동일한 속성에 대해 서로 다른 방법으로 측정하여 그 결과가 어느 정도 상관관계를 나타내는지 확인하는 것이다.

㉡ 절 차

제1단계	동일한 속성들을 이질적인 방법으로 측정하여 그 결과 간의 상관계수를 확인한다.
제2단계	확인한 상관계수를 이질적인 속성들을 동일한 방법으로 측정한 결과 나타난 점수 간의 상관계수와 비교한다.
제3단계	2단계의 상관계수를 이질적인 속성들을 이질적인 방법으로 측정한 결과 나타난 점수 간의 상관계수와 비교한다.

(6) 타당도의 종류(3) – 내용타당도(Content Validity)

① 의 의

　㉠ '교과 타당도' 또는 '논리적 타당도'라고도 하며, 측정 도구가 일반화하려고 하는 내용 영역과 행동 영역을 어느 정도로 잘 반영해 주고 있는가를 말해준다.

　㉡ 조사자가 만든 측정 도구(척도)가 조사하고자 하는 대상의 속성들을 어느 정도 대표성 있게 포함하고 있으면, 그 측정은 논리적으로 타당하다고 볼 수 있다.

　㉢ 연구자의 직관이나 전문가의 의견을 통해 파악하는 방식이다.

　㉣ 성취도검사에서 특히 중요한 타당도이다.

② 특 징

　㉠ 비교적 적용이 쉽고 시간 절약에 유리하지만, 전문가의 주관적인 편견이나 오류의 가능성을 배제하기 어렵다.

　㉡ 객관적 검정력이 가장 떨어짐에도 불구하고, 타당도를 측정하는 가장 기본적인 방법으로 널리 이용되고 있다.

쌤의 비법노트

내용타당도는 전문가가 문항을 읽고 얼마나 타당해 보이는가를 평가하는 방법입니다. 즉, 해당 분야의 자격을 갖춘 사람들이 검사의 각 문항을 주의 깊게 검토하여, 그 문항이 검사에서 측정하고자 하는 것을 재는지를 파악하는 방식입니다.

---

(7) 타당도의 종류(4) – 안면타당도(Face Validity)

① 의의 : 일반인이나 수검자에게 그 검사가 타당한 것처럼 보이는가를 뜻하는 것이다.

② 주의점 : '타당한 것처럼 보이는가'와 관련된 것일 뿐이므로, 일부에서는 이를 진정한 의미의 타당도로 인정하지 않는 경우도 있다.

01 심리검사에서 준거타당도 계수의 크기에 영향을 미치는 요인을 3가지만 쓰고, 각각에 관해 설명하시오.
[2024년 3회, 2022년 2회, 2022년 3회, 2018년 3회]

쌤의 만점답안

① 표집오차 : 표본이 모집단을 잘 대표하지 못하는 경우 표집오차가 커지고 그 결과 타당도 계수가 낮아진다.

② 준거 측정치의 신뢰도 : 어떤 검사의 준거타당도 계산을 위해 사용한 준거 측정치의 신뢰도가 낮은 경우 검사의 준거타당도도 낮아진다.

③ 준거 측정치의 타당도 : 준거 결핍이나 준거 오염이 있는 경우 검사의 준거타당도는 낮아진다.

합격 암기법 표준 신타

유사 문제

준거타당도의 크기에 영향을 미치는 요인을 3가지만 쓰고 각각에 관해 설명하시오. [2012년 3회, 2011년 1회]

02 구성타당도를 분석하는 방법 3가지를 제시하고, 각 방법에 관해 설명하시오.
[2015년 2회, 2010년 1회, 2010년 4회, 2009년 3회, 2008년 1회, 2006년 3회, 2003년 1회, 2003년 3회, 2001년 1회]

쌤의 만점답안

① 변별타당도 : 검사 결과가 이론적으로 해당 속성과 관련 없는 변수들과 어느 정도 낮은 상관관계를 가지고 있는지를 측정한다.

② 수렴타당도 : 검사 결과가 이론적으로 해당 속성과 관련 있는 변수들과 어느 정도 높은 상관관계를 가지고 있는지를 측정한다.

③ 요인분석 : 검사를 구성하는 문항 간의 상관관계를 분석하여 상관이 높은 문항들을 묶어주는 통계적 방법이다.

합격 암기법 (구) 변수요

유사 문제

구성타당도를 분석하는 방법을 2가지 쓰고, 각 방법에 관해 설명하시오.

[2020년 3회, 2019년 3회, 2016년 1회, 2015년 1회, 2008년 1회]

03 수렴타당도와 변별타당도의 의미를 각각 쓰고, 이를 다속성·다측정 방법 행렬표(MTMM)로 확인하는 절차에 관해 설명하시오. [2010년 3회]

> **쌤의 만점답안**

(1) 수렴타당도와 변별타당도의 의미
  ① 수렴타당도 : 검사 결과가 이론적으로 해당 속성과 관련 있는 변수들과 어느 정도 높은 상관관계를 가졌는지를 측정한다.
  ② 변별타당도 : 검사 결과가 이론적으로 해당 속성과 관련 없는 변수들과 어느 정도 낮은 상관관계를 가졌는지를 측정한다.
(2) 다속성·다측정 방법 행렬표(MTMM)로 확인하는 절차
  ① 동일한 속성들을 이질적인 방법으로 측정하여 그 결과 간의 상관계수를 확인한다.
  ② 앞선 ①의 상관계수를 이질적인 속성들을 동일한 방법으로 측정한 결과 나타난 점수 간의 상관계수와 비교한다.
  ③ 다음으로 ②의 상관계수를 이질적인 속성들을 이질적인 방법으로 측정한 결과 나타난 점수 간의 상관계수와 비교한다.

> **유사 문제**

수렴타당도의 의미에 관해 설명하고 그 예를 제시하시오. [2016년 3회]

04 준거타당도의 의미를 쓰고 준거타당도가 낮은 검사를 사용하는 것이 왜 문제가 되는지 설명하시오.
[2009년 1회, 2002년 1회, 2000년 1회]

> **쌤의 만점답안**

(1) 준거타당도의 의미
  어떤 심리검사가 특정 준거와 어느 정도 연관성이 있는지를 나타내는 것이다.
(2) 준거타당도가 낮은 검사를 사용하는 경우의 문제점
  ① 직원의 선발, 배치, 훈련 등 인사관리의 효과성을 저해할 수 있다.
  ② 인사관리에 관한 의사결정의 공정성을 저해한다.

05 다음 보기의 빈칸에 들어갈 타당도의 종류를 쓰시오. [2022년 1회, 2007년 1회]

> - (ㄱ)는 검사의 각 문항을 주의 깊게 검토하여, 그 문항이 검사에서 측정하고자 하는 것을 재는지 여부를 결정하는 것이다. 이것은 그 분야의 자격을 갖춘 사람들에 의해 판단된다.
> - (ㄴ)의 유형으로는 공인타당도와 예언타당도가 있다.
> - (ㄷ)는 조작적으로 정의되지 않은 인간의 심리적 특성이나 성질을 심리적 구인으로 분석하여 조작적 정의를 부여한 후, 검사점수가 이러한 심리적 구인으로 구성되어 있는가를 검증하는 방법이다.

쌤의 만점답안

ㄱ : 내용타당도, ㄴ : 준거타당도, ㄷ : 구인타당도

유사 문제

타당도의 종류 4가지를 쓰시오. [2020년 1회]

06 예언타당도와 동시타당도의 예를 들어 설명하시오.
[2023년 1회, 2018년 2회, 2012년 1회, 2008년 3회, 2006년 1회, 2006년 3회, 2002년 1회, 2000년 1회]

쌤의 만점답안

① 예언타당도(예측타당도) : 미래 상황의 예측에 초점을 두며, 검사점수와 미래 행위 측정치 간의 상관계수를 추정한다.
  예 선발시험에서 높은 성적을 얻은 사람이 이후 근무 실적에서도 높은 점수를 얻었다면, 해당 선발시험은 근무 실적을 잘 예측한 것으로 볼 수 있다.
② 동시타당도(공인타당도) : 현재 상태의 측정에 초점을 두며, 새로운 검사와 준거의 두 결과 간의 상관계수를 추정한다.
  예 재직자에게 응시자용 문제를 제시하여 시험을 실시한 후 재직자의 평소 근무 실적과 시험성적을 비교했을 때 근무 실적이 좋은 재직자가 시험에서도 높은 성적을 얻었다면, 해당 시험은 타당도를 갖춘 것으로 볼 수 있다.

유사 문제

준거타당도인 동시타당도와 예언타당도의 의미를 쓰고 차이점을 설명하시오. [2021년 1회, 2013년 2회]

5 심리검사의 개발

'문항의 난이도', '문항의 변별도', '오답의 능률도'의 의미를 설명하시오. [2014년 2회]

쌤의 해결 포인트

문항 분석의 개념과 함께 좋은 문항의 조건도 같이 공부하도록 합니다.

쌤의 만점답안

(1) 문항의 난이도/곤란도(Item Difficulty)
   ① 문항의 쉽고 어려운 정도를 나타내는 것으로서 총 피험자 중 정답을 맞힌 피험자의 비율 혹은 해당 문항에 정답을 제시할 확률을 의미한다.
   ② 일반적으로 한 문항에 대해 올바르게 응답한 사례 수를 총사례 수의 백분율로 표시한다.
(2) 문항의 변별도(Item Discrimination)
   ① 어떤 평가의 개개 문항이 해당 검사에서 높은 점수를 얻은 사람과 낮은 점수를 얻은 사람을 식별 또는 구별해 줄 수 있는 변별력을 의미한다.
   ② 특정 문항에 대해 총점이 높은 응답자들이 대부분 맞게 답하지만, 총점이 낮은 응답들이 대부분 틀리게 답을 했다면, 해당 문항은 변별력이 높다고 볼 수 있다.
(3) 오답의 능률도(Effectiveness of Distractors)
   ① 선다형 문항에서 오답지(교란지)가 정답지처럼 보여 응답자가 오답지를 정답으로 선택할 수 있는 가능성을 의미한다.
   ② '오답의 매력도'라고도 하며, 문항 반응분포를 작성하는 절차를 거치게 된다.

(1) 문항 분석의 의의

① 문항 분석은 검사의 각 문항에 대한 응답을 분석함으로써 문항의 난이도나 변별도, 추측도 등에 관한 자료를 얻는 것이다.
② 검사개발에서 문항 분석이 중요한 이유는 그 과정을 통해 검사의 길이를 줄일 수 있을 뿐만 아니라 검사의 신뢰도와 타당도를 높일 수 있기 때문이다.

(2) 문항 분석의 주요 개념 [2014년 2회]

① 문항의 난이도 혹은 곤란도(Item Difficulty)
   문항의 쉽고 어려운 정도를 의미한다.
② 문항의 변별도(Item Discrimination)
   어떤 평가의 개개 문항이 해당 검사에서 높은 점수를 얻은 사람과 낮은 점수를 얻은 사람을 식별 또는 구별할 수 있는 변별력을 의미한다.
③ 오답의 능률도(Effectiveness of Distractors)
   선다형 문항에서 오답지(교란지)가 정답지처럼 보여 응답자가 오답지를 정답으로 선택할 수 있는 가능성을 의미한다.

④ 문항의 추측도(Item Guessing)

　능력이 전혀 없음에도 불구하고 문항의 답을 맞힐 확률을 의미한다.

(3) 문항 난이도의 수준 [2017년 2회]

① 문항 난이도는 전체 응답자 중 특정 문항을 맞힌 사람들의 비율로서 보통 'P'로 표시한다.

$$P = \frac{R}{N} \times 100$$

(단, 'R'은 어떤 문항에 정답을 한 수, 'N'은 총사례 수)

② 문항 난이도 지수는 0.00에서 1.00 사이의 값을 가지며, 문항 난이도 지수가 높을수록 쉬운 문제이다.

③ 문항이 너무 쉽거나 너무 어려운 경우 검사점수의 변량이 낮아져서 검사의 신뢰도나 타당도가 낮아진다.

④ 문항 난이도가 0.50일 때 검사점수의 분산도(Variability)가 최대가 된다. 이는 문항마다 문항을 맞히는 사람들이 반, 못 맞히는 사람들이 반일 때 그만큼 사람들의 전체 점수에서 변화폭이 클 가능성이 커짐을 의미한다.

쌤의 비법노트

문항 난이도는 중간 수준, 즉 0.50(P = 0.50)을 가장 바람직한 것으로 간주합니다. 그러나 각 문항들의 난이도를 모두 중간 수준으로 만들기는 매우 어렵습니다. 따라서 전체 문항들의 난이도 평균을 가급적 중간 수준이 되도록 만들 필요가 있습니다.

(4) 검사개발의 일반적인 과정

검사의 사용 목적 파악 → 구성개념을 대표하는 행동 파악 → 범주별 상대적 중요도 결정 → 문항 개발 → 문항 검토 → 사전검사 실시 → 검사 실시 → 자료 분석 → 검사의 규준화 → 발행 및 수정(개정)

(5) 심리검사에서 흔히 사용되는 전통적 척도화 방식 [2012년 2회]

응답자 중심 방식	문항은 척도화하지 않고 직접적으로 응답자만을 척도화하는 데 중점을 둔다. 예 리커트(Likert)의 총화평정척도
자극 중심 방식	응답자들을 척도화하기 이전에 문항을 먼저 척도화하는 데 중점을 둔다. 예 서스톤(Thurstone)의 등현등간척도
반응 중심 방식	응답자와 문항을 동시에 척도화하는 데 중점을 둔다. 예 거트만(Guttman)의 누적척도

(6) 심리검사 제작을 위한 예비 문항 작성 시 주요 고려 사항 [2021년 2회, 2007년 3회]

① 문항의 내용이 측정하고자 하는 내용과 일치하여야 한다.

② 문항의 내용이 수검자의 고등정신 기능을 유효하게 측정할 수 있어야 한다.

③ 문항은 열거된 사실들을 요약하며, 추상화시킬 수 있는 내용을 포함하여야 한다.

④ 문항은 내용 및 형식에 있어서 참신하여야 한다.

⑤ 문항은 구조화되고, 체계적이어야 한다.

⑥ 문항은 수검자의 수준에 따라 적절한 난이도로 구성되어야 한다.

기출복원문제로 핵심 복습

01 문항의 난이도와 변별력을 특정 점수의 의미로 예를 들어 설명하시오. [2017년 2회]

쌤의 만점답안

표준화 표본에서 70%가 정확히 맞힌 문항($P = 0.70$)은 30%가 정확히 맞힌 문항($P = 0.30$)에 비해 난이도가 낮다. 문항 난이도가 극단적으로 높은(예 $P = 0.00$) 문항들로만 구성된 검사나 극단적으로 낮은(예 $P = 1.00$) 문항들로만 구성된 검사는 변별력을 가지지 못한다.

02 심리검사 제작을 위한 예비 문항 작성 시 고려해야 할 사항을 5가지 쓰시오. [2021년 2회, 2007년 3회]

쌤의 만점답안

① 문항의 내용이 측정하고자 하는 내용과 일치하여야 한다.
② 문항의 내용이 수검자의 고등정신 기능을 유효하게 측정할 수 있어야 한다.
③ 문항은 열거된 사실들을 요약하며, 추상화시킬 수 있는 내용을 포함하여야 한다.
④ 문항은 내용 및 형식에 있어서 참신하여야 한다.
⑤ 문항은 구조화되고, 체계적이어야 한다.

유사 문제

심리검사 제작을 위한 예비 문항 제작 시 고려해야 할 3가지를 설명하시오. [2010년 1회, 2004년 3회]

03 심리검사에서 가장 흔히 사용되는 전통적 척도화 방식 3가지를 쓰고, 설명하시오. [2012년 2회]

쌤의 만점답안

① 응답자 중심 방식 : 문항은 척도화하지 않고 직접적으로 응답자만을 척도화하는 데 중점을 둔다.
   예 리커트의 총화평정척도
② 자극 중심 방식 : 응답자들을 척도화하기 이전에 문항을 먼저 척도화하는 데 중점을 둔다.
   예 서스톤의 등현등간척도
③ 반응 중심 방식 : 응답자와 문항을 동시에 척도화하는 데 중점을 둔다.
   예 거트만의 누적척도

합격 암기법 응자반

6 심리검사의 선택 및 활용

(1) 객관적 검사(Objective Tests)

① 검사 과제가 구조화되어 있으므로 '구조적 검사(Structured Tests)'라고도 한다.

② 검사에서 제시되는 문항의 내용이나 그 의미가 객관적으로 명료화되어 있으므로 모든 사람에게서 동일한 방식의 해석이 내려질 것을 기대하는 검사이다.

③ 객관적 검사의 목적은 개인의 독특성을 측정하기보다는 개인마다 공통으로 지니고 있는 특성이나 차원을 기준으로 하여 개인들을 상대적으로 비교하는 데 있다.

④ 선다형이나 '예/아니요' 등의 질문지를 이용한 객관적 형태의 자기 보고식 검사가 심리검사에 많이 사용된다.

⑤ 한국판 성인용 웩슬러 지능검사(K-WAIS), 미네소타 다면적 인성검사(MMPI), 마이어스-브릭스 성격유형검사(MBTI), 기질 및 성격검사(TCI), 16성격 요인검사(16PF) 등이 해당한다.

(2) 투사적 검사(Projective Tests)

① 비구조적 검사 과제를 제시하여 개인의 다양한 반응을 무제한으로 허용하므로 '비구조적 검사(Unstructured Test)'라고도 한다.

② 검사 자극 내용을 불분명하게 함으로써 막연한 자극을 통해 수검자가 자신의 내면적인 욕구나 성향을 외부에 자연스럽게 투사할 수 있도록 유도한다.

③ 투사적 검사는 검사지시 방법이 간단하고 일반적인 방식으로 주어지며, 개인의 독특한 심리적 특성을 측정하는 데 주목적을 둔다.

④ 로샤검사(Rorschach Test/Rorschach Inkblot Test), 주제통각검사(TAT), 집-나무-사람 그림검사(HTP), 문장완성검사(SCT), 불완전문장검사(ISB), 인물화검사(Draw-A-Person) 등이 해당한다.

쌤의 비법노트

'ISB(Incomplete Sentences Blank)'는 '문장완성검사' 혹은 '불완전문장검사'라고도 불립니다. 수검자에게 문장 줄기만을 제시하여 수검자로 하여금 자신의 언어로 문장을 완성하도록 하는 투사적 검사입니다.

(3) 객관적 검사와 투사적 검사의 장단점 비교

[2024년 1회, 2024년 3회, 2021년 2회, 2020년 3회, 2018년 1회, 2017년 1회, 2014년 2회, 2010년 3회, 2008년 3회]

구 분	객관적 검사	투사적 검사
장 점	• 검사의 시행 · 채점 · 해석이 용이함 • 신뢰도와 타당도 수준이 비교적 높음 • 검사자나 상황 변인의 영향을 덜 받음 • 검사자의 주관성이 배제되어 객관성이 보장됨	• 수검자의 독특한 반응을 이끌어냄 • 수검자의 방어적 반응이 어려우므로 솔직한 응답이 유도됨 • 수검자의 풍부한 심리적 특성 및 무의식적 요인이 반영됨
단 점	• 사회적 바람직성*, 반응 경향성*, 묵종 경향성*에 영향을 받음 • 수검자의 감정이나 신념, 무의식적 요인을 다루는 데 한계가 있음 • 문항 내용 및 응답의 범위가 제한됨	• 신뢰도와 타당도의 검증이 어려움 • 검사의 채점 및 해석에 있어서 높은 전문성이 요구됨 • 검사자나 상황 변인의 영향을 받아 객관성이 결여됨

* 참고
• 사회적 바람직성(Social Desirability) : 수검자가 본래의 자기 모습이 아닌 사회적으로 바람직한 방향으로 반응함
• 반응 경향성(Orientation) : 수검자가 자신의 취향이나 의도에 따라 일정한 흐름으로 반응함
• 묵종 경향성(Acquiescence) : 수검자가 문항 내용과 상관없이 일괄적으로 '예' 또는 '아니요'로 반응함

(4) 심리검사의 일반적인 시행 과정

① 제1단계 : 심리검사의 선택

② 제2단계 : 검사 요강에 대한 이해

③ 제3단계 : 검사에 대한 동기화

④ 제4단계 : 검사의 실시

⑤ 제5단계 : 검사의 채점

⑥ 제6단계 : 검사 결과에 대한 해석

(5) 심리검사 선택 시 고려 사항 [2023년 1회, 2020년 1회, 2013년 2회, 2010년 1회, 2007년 1회]

① 검사의 사용 여부(내담자의 검사 목적 탐색하기)

상담자는 평가 검사지의 적절성 및 유용성을 결정하기 이전에 검사하려는 내담자의 목적을 완전히 탐색할 필요가 있다.

② 내담자의 목표 및 특성과 연관된 검사 도구의 심리측정적 속성

상담자는 검사 도구의 신뢰도 및 타당도, 적합성 등을 평가하며, 그 밖에 검사 비용, 검사의 가독성, 검사받는 시간 및 채점의 용이성 등 다양한 기술적 특성들을 고려해야 한다.

③ 검사 선택에 내담자 포함하기(내담자와 함께 검사를 선택하기)

상담자가 선택 과정에 내담자를 개입시키기 위해서는 내담자에게 도움이 되고 유용할 것으로 판단되는 적당한 도구를 제안할 수 있어야 하며, 검사를 통해 알 수 있는 결과의 유형을 명확히 기술할 수 있어야 한다.

(6) 심리검사 결과 해석 시 유의 사항

① 검사 결과를 내담자에게 이야기해 줄 때 가능한 한 이해하기 쉬운 언어를 사용한다.

② 해석에 대한 내담자의 반응을 고려한다.

③ 내담자의 방어를 최소화하기 위해 중립적이고 무비판적인 자세를 견지한다.

④ 상담자의 주관적 판단은 배제하고 검사점수에 대하여 중립적인 입장을 취한다.

⑤ 내담자에게 검사점수를 그대로 전하기보다는 진점수의 범위를 말해주는 것이 좋다.

⑥ 검사가 측정하는 것이 무엇이고, 측정하지 않는 것이 무엇인지를 명확히 제시한다.

⑦ 검사 결과에 대해 객관적이고 표준화된 자료를 활용하여 설명해 준다.

⑧ 검사 결과를 상담자가 일방적으로 해석하기보다 내담자와 함께 해석함으로써 내담자 스스로 자신의 진로를 결정할 수 있도록 돕는다.

⑨ 검사 결과는 확실성이나 구체적 예언보다는 가능성의 관점에서 제시되어야 한다.

(7) 심리검사 결과 통보 시 유의 사항 [2020년 1회, 2017년 2회, 2002년 1회]

① 검사 결과를 기계적으로 전달하지 않으며, 적절한 해석을 담은 설명과 함께 전달한다.

② 내담자가 검사 결과로 도출된 결론을 오해하지 않도록 주의를 기울인다.

③ 내담자의 교육수준, 지식수준 등은 물론 검사 결과의 통보에 따른 정서적 반응까지 고려한다.

④ 검사 결과를 상담의 한 부분으로 간주하고 상담자-내담자 관계 속으로 끌어들인다.

⑤ 검사 결과를 내담자의 특정 문제에 대한 설명이나 해결책으로 활용한다.

(8) 심리검사 사용의 윤리적 문제에 관한 유의 사항

[2024년 1회, 2022년 2회, 2019년 3회, 2016년 3회, 2010년 2회]

① 평가기법을 이용할 때 그에 대해 고객에게 충분히 설명해 주어야 한다.

② 새로운 기법을 개발하고 표준화할 때 기존의 과학적 절차를 충분히 따라야 한다.

③ 평가 결과를 보고할 때 신뢰도 및 타당도에 관한 모든 제한점을 지적한다.

④ 평가 결과가 시대에 뒤떨어질 수 있음을 인정한다.

⑤ 검사 사용 과정과 프로그램의 타당도에 대한 적절한 증거를 갖출 수 있도록 한다.

⑥ 적절한 훈련이나 교습을 받지 않은 사람들이 심리검사를 이용하지 않도록 한다.

쌤의 비법노트

심리검사는 단순히 관련 학문을 전공한 사람이 아닌 충분한 훈련을 받은 유자격자가 사용해야 합니다. 심리전문가라고 하더라도 각 검사에 대한 훈련을 마친 후에 그 검사를 사용해야 합니다.

더 알아보기

검사점수의 변량에 영향을 미치는 요인 중 개인의 일시적이고 일반적인 특성 [2017년 1회]

- 건강(Health)
- 피로(Fatigue)
- 동기(Motivation)
- 정서적 긴장(Emotional Strain)
- 일시적으로 지속되는 경우의 검사 요령(General Test-Wiseness)
- 검사의 메커니즘에 대한 이해(Understanding of Mechanics of Testing)
- 그 밖에 온도, 조명, 환기 등의 외적 요소(External conditions of heat, Light, Ventilation, Etc.)

기출복원문제로 핵심 복습

01 투사적 검사와 비교하여 객관적 검사의 장점을 3가지 설명하시오. [2024년 1회, 2021년 2회, 2017년 1회]

> **쌤의 만점답안**

① 객관적 검사는 투사적 검사보다 검사의 시행 · 채점 · 해석이 간편하다.
② 객관적 검사는 투사적 검사보다 신뢰도 및 타당도 확보에 유리하다.
③ 객관적 검사는 투사적 검사보다 검사자나 상황 변인의 영향을 덜 받으므로 객관성이 증대된다.

02 직업상담에서 검사 선택 시 고려해야 할 사항 3가지를 쓰시오.
[2023년 1회, 2020년 1회, 2013년 2회, 2010년 1회, 2007년 1회]

> **쌤의 만점답안**

① 검사의 사용 여부(내담자의 검사 목적 탐색하기)
② 내담자의 목표 및 특성과 연관된 검사 도구의 심리측정적 속성
③ 검사 선택에 내담자 포함하기(내담자와 함께 검사를 선택하기)

03 부정적인 심리검사 결과가 나온 내담자에게 검사 결과를 통보하는 방법을 5가지 쓰시오.
[2020년 1회, 2017년 2회, 2002년 1회]

> **쌤의 만점답안**

① 검사 결과를 기계적으로 전달하지 않으며, 적절한 해석을 담은 설명과 함께 전달한다.
② 내담자가 검사 결과로 도출된 결론을 오해하지 않도록 주의를 기울인다.
③ 내담자의 교육수준, 지식수준 등은 물론 검사 결과의 통보에 따른 정서적 반응까지 고려한다.
④ 검사 결과를 상담의 한 부분으로 간주하고 상담자-내담자 관계 속으로 끌어들인다.
⑤ 검사 결과를 내담자의 특정 문제에 대한 설명이나 해결책으로 활용한다.

04 심리검사 사용의 윤리적 문제와 관련하여 주의하여야 할 사항을 6가지 쓰시오.
[2024년 1회, 2022년 2회, 2019년 3회, 2016년 3회, 2010년 2회]

쌤의 만점답안

① 평가기법을 이용할 때 그에 대해 고객에게 충분히 설명해 주어야 한다.
② 새로운 기법을 개발하고 표준화할 때 기존의 과학적 절차를 충분히 따라야 한다.
③ 평가 결과를 보고할 때 신뢰도 및 타당도에 관한 모든 제한점을 지적한다.
④ 평가 결과가 시대에 뒤떨어질 수 있음을 인정한다.
⑤ 검사 사용 과정과 프로그램의 타당도에 대한 적절한 증거를 갖출 수 있도록 한다.
⑥ 적절한 훈련이나 교습을 받지 않은 사람들이 심리검사를 이용하지 않도록 한다.

05 검사점수의 변량에 영향을 미치는 요인 중 개인의 일시적이고 일반적인 특성을 5가지 쓰시오. [2017년 1회]

쌤의 만점답안

① 건 강
② 피 로
③ 동 기
④ 정서적 긴장
⑤ 검사 요령

합격 암기법 ＼ 건피동 정검

7 주요 심리검사

스피어만(Spearman)의 지능에 관한 2요인설(2요인 이론)에서 2가지 요인을 쓰고, 각각에 관해 설명하시오. [2022년 1회, 2016년 3회]

쌤의 해결 포인트

이 문제가 2016년 3회 실무시험에 처음 등장했을 당시 몇몇 수험생분들이 해당 문제가 출제 범위를 벗어난 것이라 이의를 제기하였으나, 시행처인 한국산업인력공단에서는 출제 기준상 '직업심리검사'의 세부 항목인 '주요 심리검사'에 포함되므로, 출제 기준에 부합한 것이라 답변한 바 있습니다.

쌤의 만점답안

① 일반요인(G 요인) : 일반적인 정신작용, 추론능력, 기억력 등 여러 가지 지적 활동에 공통으로 작용하는 요인이다.
② 특수요인(S 요인) : 언어능력, 수리능력, 기계적 능력 등 어떤 특정한 상황이나 과제에서만 발휘되는 요인이다.

(1) 지능검사

① 지능의 개념

ㄱ 지능에 대한 정의는 학자들에 따라 다양하게 제시되고 있으며, 일반적으로 학습능력, 적응능력, 추상적 사고능력 등 독특한 능력을 대변하는 심리적 구성물로 간주한다.

ㄴ 지능검사는 인지적 검사에 해당하는 것으로, 일반적인 지적 능력을 알아내어 광범위한 분야에서 그 사람이 성공적으로 수행할 수 있는지를 측정한다.

② 스피어만(Spearman)의 지능에 관한 2요인설 **[2022년 1회, 2016년 3회]**

일반요인 (G ; General Factor)	모든 개인이 공통으로 가지고 있는 능력으로서, 여러 가지 지적 활동에 공통으로 작용하는 요인이다. 예 일반적인 정신작용, 추론능력, 기억력, 암기력 등
특수요인 (S ; Special Factor)	특정 분야에 대한 능력으로서, 어떤 특정한 상황이나 과제에서만 발휘되는 요인이다. 예 언어능력, 수리능력, 기계적 능력, 공간적 능력 등

③ 스턴버그(Sternberg)의 지능의 삼원 이론

맥락적 지능이론	일상생활에서 개인의 지적 행동을 '적응 과정', '선택 과정', '조정 과정'으로 구분할 수 있다.
경험적 지능이론	지적 능력을 이미 다룬 경험이 있는 자극과 유사한 자극을 쉽게 자동으로 처리하는 기능, 이전에 전혀 다룬 경험이 없는 새로운 자극을 적절히 다룰 수 있는 기능으로 구분할 수 있다.
성분적 지능이론	지능의 개인 간 차이를 관찰할 수 있는 5가지 요소, 즉 '메타성분', '수행성분', '획득성분', '파지성분', '전이성분' 간의 불균형 정도로 개인 내적 차이를 해석할 수 있다.

④ 카텔(Cattell)의 유동성 지능과 결정성 지능

카텔(Cattell)은 성인기에 지능이 쇠퇴한다고 단정지었던 과거의 관점에 수정을 가하였으며, 인간의 지능을 '유동성(유동적) 지능'과 '결정성(결정적) 지능'으로 구분하였다.

유동성(유동적) 지능 (Fluid Intelligence)	• 개인의 독특한 신체 구조와 과정에 기초한 선천적인 지능이다. • 익숙지 않은 자극에 직면할 때 즉각적인 적응력과 융통성을 활용하여 문제를 해결하는 능력이다. • 뇌 손상이나 정상적인 노령화에 따라 감소하며, 특히 14세까지는 지속해서 발달하다가 대략 22세 이후 급격히 감소한다.
결정성(결정적) 지능 (Crystallized Intelligence)	• 유동성 지능을 바탕으로 개인의 문화적·교육적 경험에 따라 영향을 받는 지능이다. • 이전의 훈련, 교육, 문화적인 자극을 통해 개발된 지적 능력이다. • 환경에 따라 대략 40세까지 혹은 그 이후에도 발전할 수 있는 지능이다.

쌤의 비법노트

카텔(Cattell)은 성인기 이후 지능이 쇠퇴하는 것은 지능을 일반지능으로 일관되게 측정했기 때문이며, 지능을 구성하는 특수요인들은 오히려 연령에 따라 발달하는 경향이 있다고 주장하였습니다.

⑤ 지능지수(IQ)

㉠ '지능지수(Intelligence Quotient)'의 개념을 처음으로 도입한 심리검사는 1916년 터만(Terman)에 의해 개발된 스탠포드-비네 지능검사(Stanford-Binet Intelligence Scale)이다.

㉡ 스탠포드-비네 지능검사는 본래 비율지능지수 방식을 사용하였다가, 1960년 미핀(Miffin)이 이를 새롭게 개정하면서 편차지능지수 방식을 도입하였다.

비율지능지수 (Ratio IQ)	• 개인의 지적 능력을 정신연령(MA ; Mental Age)과 생활연령 또는 신체연령(CA ; Chronological Age)의 비율로 나타내는 것이다. • 생활연령의 지속적인 증가에도 불구하고 정신연령은 대략 15세 이후로 증가하지 않는다는 사실을 간과함으로써 15세 이후의 청소년이나 성인을 대상으로 하는 검사로는 부적합하다. $$비율지능지수(RIQ) = \frac{정신연령(MA)}{생활연령(CA)} \times 100$$
편차지능지수 (Deviation IQ)	• 개인의 어떤 시점의 지능 수준을 동일 연령대 집단의 평균치와 대조하여 그 이탈된 정도를 통해 상대적인 위치로 나타내는 것이다. • 편차는 지능지수의 분포 형태와 관련된 것으로서, 일반적으로 표준편차를 '15' 또는 '16'으로 사용한다. $$편차지능지수(DIQ) = 15 \times \frac{개인점수 - 해당\ 연령규준의\ 평균}{해당\ 연령규준의\ 표준편차} + 100$$

⑥ 한국판 웩슬러 성인용 지능검사(K-WAIS ; Korean-Wechsler Adult Intelligence Scale)

　　㉠ K-WAIS [2018년 1회]

- 내담자의 직무능력을 언어성 능력과 동작성 능력으로 구분하여 분석하는 대표적인 검사이다.
- 동작성 척도를 포함함으로써 얻게 된 장점
  - 언어적 · 문화적 · 교육적 요인들로 인한 편향 가능성을 극복할 수 있도록 한다.
  - 수검자의 문제해결 전략을 직접 관찰할 수 있도록 한다.
  - 수검자의 정서장애가 검사 수행에 미치는 영향을 파악할 수 있도록 한다.
- 반응 양식이나 검사 행동 양식으로 개인의 독특한 심리 특성도 파악할 수 있다.
- 편차지능지수 방식을 사용하며, 신뢰도와 타당도가 높다.
- 언어성 검사와 동작성 검사로 대별되며, 총 11개의 하위검사(소검사)로 구성되어 있다.
- 언어성 검사로서 기본지식, 어휘 문제, 이해 문제, 공통성 문제는 특히 결정성(결정적) 지능과 관련이 있다.

언어성 검사(Verbal)	동작성 검사(Performance)
• 기본지식(Information) • 숫자 외우기(Digit Span) • 어휘 문제(Vocabulary) • 산수 문제(Arithmetic) • 이해 문제(Comprehension) • 공통성 문제(Similarity)	• 빠진 곳 찾기(Picture Completion) • 차례 맞추기(Picture Arrangement) • 토막 짜기(Block Design) • 모양 맞추기(Object Assembly) • 바꿔쓰기(Digit Symbol)

　　㉡ K-WAIS-Ⅳ

- 2012년에 우리말로 개정 · 번안된 것으로서, 기존 1992년에 번안된 원판과는 그 구성에 있어서 차이를 보인다.
- 언어이해, 지각추론, 작업기억, 처리속도 등 4요인 구조에 대한 측정이 이루어지며, 소검사는 핵심 소검사와 보충 소검사로 구분된다.

언어이해 (Verbal Comprehension)	• 공통성(Similarity) • 어휘(Vocabulary) • 상식(Information) • 이해-보충(Comprehension)
지각추론 (Perceptual Reasoning)	• 토막 짜기(Block Design) • 행렬추론(Matrix Reasoning) • 퍼즐(Visual Puzzles) • 무게 비교-보충(Figure Weights) • 빠진 곳 찾기-보충(Picture Completion)
작업기억 (Working Memory)	• 숫자(Digit Span) • 산수(Arithmetic) • 순서화-보충(Letter-Number Sequencing)
처리속도 (Processing Speed)	지우기-보충(Cancellation)

(2) 성격검사

① 16성격 요인검사(16PF ; Sixteen Personality Factor Questionnaire)
  ㉠ 1949년 카텔(Cattell)이 자신의 성격 이론을 입증하기 위해 고안한 검사 도구이다.
  ㉡ 성격특성과 연관된 4,500여 개의 개념들에서 최소한의 공통 요인으로 추출한 다음의 16개의 요인을 토대로 정상인의 성격을 측정한다.

- 온정성(Warmth)
- 추리력(Reasoning)
- 정서적 안정성(Emotional Stability)
- 지배성(Dominance)
- 쾌활성(Liveliness)
- 규칙 준수성(Rule Consciousness)
- 대담성(Social Boldness)
- 예민성(Sensitivity)

- 불신감(Vigilance)
- 추상성(Abstractedness)
- 개인주의(Privateness)
- 걱정(Apprehension)
- 변화 개방성(Openness to Change)
- 독립성(Self-Reliance)
- 완벽주의(Perfectionism)
- 긴장감(Tension)

쌤의 비법노트

16성격 요인검사(16PF)의 16가지 요인은 교재마다 약간씩 다르게 번역되고 있습니다. 그 이유는 16PF가 여러 차례 크고 작은 개정 과정을 거친 데다가, 16PF 원판을 충실히 따른 표준화된 한국판이 없기 때문입니다. 참고로 직업상담사 시험에서는 16가지 요인을 구체적으로 묻는 문제가 출제된 바 없으므로 간단히 살펴보고 넘어가도록 합니다.

② 성격 5요인(Big-5) 검사
  ㉠ 1981년 골드버그(Goldberg)는 기존의 다양한 학자들에 의해 시도된 성격 5요인 모델을 새롭게 발전시켰으며, 이를 'Big Five(Big-5)'라는 명칭으로 불렀다.
  ㉡ 성격 5요인은 몇몇 학자들에 의해 검사 도구로 개발되었다. 특히 코스타와 맥크레이(Costa & McCrae)가 이를 토대로 NEO 인성검사(NEO-PI ; NEO-Personality Inventory)를 개발하였다.
  ㉢ 성격의 5가지 구성 요인 [2024년 1회, 2021년 2회, 2019년 1회]

호감성 또는 친화성 (Agreeableness, Likability)	타인과 편안하고 조화로운 관계를 유지하는 정도를 측정한다.
외향성 (Extraversion)	타인과의 상호작용을 원하고 타인의 관심을 끌고자 하는 정도를 측정한다.
정서적 불안정성 (Neuroticism, Negative Affectivity)	정서적인 안정감, 세상에 대한 통제감 정도를 측정한다.
경험에 대한 개방성 (Openness to Experience)	세계에 관한 관심 및 호기심, 다양한 경험에 대한 추구 및 포용성 정도를 측정한다.
성실성 (Conscientiousness)	사회적 규칙, 규범, 원칙 등을 기꺼이 지키려는 정도를 측정한다.

성격 5요인(Big-5) 검사의 5가지 성격 차원(하위 요인)에서 '정서적 개방성'이 아닌 '<u>정서적 불안정성</u>', '경험의 불안정성'이 아닌 '<u>경험에 대한 개방성</u>'이 옳다는 점을 반드시 기억해 두세요.

③ 마이어스-브릭스 성격유형검사(MBTI ; Myers-Briggs Type Indicator)

　⊙ 융(Jung)의 분석심리학에 의한 심리유형론을 근거로 개발된 자기 보고식의 강제 선택 검사이다.

　© 내담자가 선호하는 작업역할, 기능, 환경을 찾아내는 데 유용하다.

　© 성격의 네 가지 양극 차원(선호 지표)으로 응답자를 분류한다. **[2013년 1회, 2009년 2회]**

외향형(E)/내향형(I)	에너지의 방향(세상에 대한 일반적인 태도)
감각형(S)/직관형(N)	인식 기능(지각적 또는 정보수집적 과정)
사고형(T)/감정형(F)	판단 기능(정보의 사정 또는 평가 방식)
판단형(J)/인식형 또는 지각형(P)	생활양식 또는 이행 양식(정보 박탈)

④ 미네소타 다면적 인성검사(MMPI ; Minnesota Multiphasic Personality Inventory)

　⊙ 하더웨이와 매킨리(Hathaway & McKinley)가 고안한 것으로, 정신건강에 문제가 있는 사람을 측정하고 구별하기 위해 사용하는 자기보고식 검사이다.

　© 검사의 일차적 목적은 정신과적 진단분류이지만, 일반적 성격특성에 관한 유추도 어느 정도 가능하다.

　© 20C 초반 대다수의 심리검사가 이론적·논리적 제작방법에 의해 고안된 반면, MMPI는 실제 환자들의 반응을 토대로 경험적 제작방법에 의해 만들어졌다.

　② 객관형 검사도구이지만 임상가의 풍부한 경험이 결과 해석에 있어서 매우 중요하다.

　⑩ 원점수를 T점수로 환산하여 평가하며, 이때 T점수는 평균이 50, 표준편차가 10이 되도록 Z점수를 변환한 점수에 해당한다. 특히 $70T$는 평균보다 2표준편차 높은 것을 의미하며, 수검자가 특정 척도에서 $70T$ 이상을 나타낸 경우 해당 척도와 관련하여 임상적으로 유의미한 증상을 가진 것으로 볼 수 있다.

　⑪ 수검자의 수검태도(검사태도)를 측정하는 4가지 타당도 척도와 주요 비정상행동을 측정하는 10가지 임상척도로 이루어진다.

　　• 타당도 척도 **[2017년 3회, 2010년 4회, 2009년 1회, 2002년 1회]**

? 척도 (무응답 척도, Cannot Say)	• 응답하지 않은 문항 또는 '예/아니요' 모두에 응답한 문항들의 총합이다. • 문항의 누락은 보통 검사지시에 따라 좌우된다. 즉, 모든 문항에 응답하도록 요청하면 별로 빠뜨리는 문항 없이 응답하며, '예/아니요'를 결정할 수 없는 경우에는 답하지 않아도 된다는 지시를 주면 무응답 문항이 많아지게 된다. • 제외되는 문항의 효과는 잠재적으로 전체 프로파일 및 해당 문항이 속한 척도의 높이를 저하하는 결과를 초래한다. • 보통 30개 이상의 문항을 누락하거나 양쪽 모두에 응답하는 경우 프로파일은 무효로 간주할 수 있다. 다만, 30개 이상의 문항을 누락하더라도 기본적인 타당도 척도와 임상 척도가 위치한 검사의 전반부에 해당하지 않는다면 비교적 타당한 것으로 볼 수 있다. • 원점수 30 이상이면 프로파일이 무효일 가능성이 높다.

L척도 (부인 척도, Lie)	• 사회적으로 찬양할 만하나 실제로는 극도의 양심적인 사람에게서 발견되는 태도나 행동을 측정한다. • 본래 수검자가 자신을 좋게 보이려고 하는 다소 고의적이고 부정직하며, 세련되지 못한 시도를 측정하려는 척도이다. • 심리적 세련(Psychological Sophistication)의 정도를 나타내는 것으로서 점수가 높을수록 세련됨이 부족한 것을 의미한다. • L척도의 점수는 수검자의 지능, 교육수준, 사회경제적 위치 등과 연관이 있으며, 특히 지능 및 교육수준이 높을수록 L척도의 점수는 낮게 나온다. • 문항은 이성적으로는 가능하나 사실상 그대로 실행하기 어려운 것들이다. • MMPI의 모든 척도가 경험적 방법에 의해 도출된 문항으로 구성되지만, L척도만은 논리적 근거에 의해 선발된 문항으로 구성되어 있다. • 측정 결과가 $80T$ 이상으로 높은 경우 프로파일이 타당하지 않다고 본다.
F척도 (비전형 척도, Infrequency)	• 비전형적인 방식으로 응답하는 사람들을 탐지하기 위한 것으로서, 어떠한 생각이나 경험이 일반 대중의 그것과 다른 정도를 측정한다. • 수검자의 부주의나 일탈 행동, 질문 항목에 대한 이해 부족, 채점상의 심각한 오류 등을 식별할 수 있다. • 문항은 정상 성인을 대상으로 하여 비정상적인 방향으로의 응답이 10%를 초과하지 않은 것들로 구성되어 있다. • 양쪽으로 치우친 문항들을 통해 수검자가 '예' 또는 '아니요'에 일률적으로 응답하는 일탈된 반응 태도를 확인하는 데 유효하다. • F척도 점수가 높을수록 수검자는 대부분의 정상적인 사람들이 하는 것처럼 반응하지 않는 것을, 그가 가지고 있는 문제영역이 많고 문제의 정도가 심각한 것을 나타낸다. • 측정 결과가 $100T$ 이상인 경우 망상, 환청, 뇌의 기질적 손상 등 심각한 정신과적 장애를 가진 것으로 의심할 수 있다. 반면, 수검자의 문항에 대한 이해의 어려움이나 자신의 상태에 대한 의도적인 왜곡을 짐작할 수도 있다. 비(非)임상 장면에서는 T점수가 80 이상인 경우 검사자료가 타당하지 않다고 본다. • 무선반응, 고정반응, 정신병리, 부정 가장에 민감한 척도이기 때문에 F척도가 상승할 경우 VRIN(무선반응 비일관성 척도), TRIN(고정반응 비일관성 척도) 척도를 함께 살펴본다.
K척도 (교정 척도, Correction)	• 분명한 정신적인 장애를 지니면서도 정상적인 프로파일을 보이는 사람들을 식별하기 위한 것이다. • 심리적인 약점에 대한 방어적 태도를 탐지하기 위한 것으로서, 수검자가 자신을 바람직한 방향으로 왜곡하여 좋은 인상을 주려고 하는지 혹은 검사에 대한 저항의 표시로 나쁜 인상을 주려고 하는지 파악하는 데 유효하다. • L척도의 측정 내용과 중복되기도 하지만 L척도보다는 은밀하게, 그리고 보다 세련된 사람들에게서 측정된다는 점이 다르다. • K척도는 5가지 임상 척도의 진단상 변별력을 높이기 위한 교정 목적의 척도로도 사용된다. 특히 척도 7 Pt(강박증), 척도 8 Sc(조현병)에는 K척도의 원점수 전부를 더하고, 척도 1 Hs(건강염려증), 척도 4 Pd(반사회성), 척도 9 Ma(경조증)에는 K척도의 점수 일부를 더하여 교정하도록 하고 있다. • 임상 장면에서 T점수가 65 이상인 경우와 T점수가 40 미만인 경우 검사 결과가 타당하지 않다고 본다. • 비임상 장면에서 T점수가 75 이상인 경우와 T점수가 40 미만인 경우 검사 결과가 타당하지 않다고 본다.

- 임상 척도

척도 1	건강염려증(Hs ; Hypochondriasis)
척도 2	우울증(D ; Depression)
척도 3	히스테리(Hy ; Hysteria)
척도 4	반사회성(Pd ; Psychopathic Deviate)
척도 5	남성성-여성성(Mf ; Masculinity-Femininity)
척도 6	편집증(Pa ; Paranoia)
척도 7	강박증(Pt ; Psychasthenia)
척도 8	조현병(Sc ; Schizophrenia)
척도 9	경조증(Ma ; Hypomania)
척도 0	내향성(Si ; Social Introversion)

(3) 적성검사

① 적성의 개념

ㄱ 적성은 어떤 과제나 임무를 수행하는 데 있어서 개인에게 요구되는 특수한 능력이나 잠재력을 의미한다.

ㄴ 직업적성검사는 개인이 맡은 특정 직무를 성공적으로 수행할 수 있는지를 측정한다.

② 일반적성검사(일반직업적성검사, GATB ; General Aptitude Test Battery)

ㄱ 검사의 구성

- 미국 노동청 고용위원회에서 개발한 검사를 토대로 표준화한 것으로서 여러 특수검사를 포함하고 있다.
- 모두 15개의 하위 검사를 통해 9가지 분야의 적성을 측정할 수 있도록 제작된 것으로서, 15개의 하위 검사 중 11개는 지필검사이고 4개는 기구검사(수행검사 또는 동작검사)이다.
- 2~3개의 적성 분야를 조합해서 15개의 직무군을 제공한다.
- 현재 국내의 GATB는 검사의 타당화에 관한 연구가 별로 없어서 타당도에 대한 증거가 미흡하다.

ㄴ GATB에서 측정하는 직업적성(검출 적성)의 측정 내용 [2022년 1회, 2002년 3회, 2001년 3회]

검출 적성	측정 내용
지능 (G ; General Intelligence) 또는 일반학습능력 (G ; General Learning Ability)	일반적인 학습능력 및 원리 이해 능력, 추리 · 판단능력
언어능력 또는 언어적성 (V ; Verbal Aptitude)	언어의 뜻과 함께 그와 관련된 개념을 이해하고 사용하는 능력
수리능력 또는 수리적성 (N ; Numerical Aptitude)	신속하고 정확하게 계산하는 능력

사무지각 (Q ; Clerical Perception)	문자나 인쇄물, 전표 등의 세부를 식별하는 능력
공간판단력 또는 공간적성 (S ; Spatial Aptitude)	공간상의 형태를 이해하고 평면과 물체의 관계를 이해하는 능력
형태지각 (P ; Form Perception)	실물이나 도해 또는 표에 나타나는 것을 세부까지 바르게 지각하는 능력
운동반응 또는 운동협응 (K ; Motor Coordination)	눈과 손 또는 눈과 손가락을 함께 사용하여 빠르고 정확하게 운동할 수 있는 능력
손가락 재치 또는 손가락 정교성 (F ; Finger Dexterity)	손가락을 정교하고 신속하게 움직이는 능력
손의 재치 또는 손 정교성 (M ; Manual Dexterity)	손을 마음대로 정교하게 조절하는 능력

ⓒ 동일명의 유사한 적성검사에서 결과가 서로 다르게 나타날 수 있는 원인

[2021년 2회, 2010년 4회, 2007년 3회]

검사 및 검사 상황 변인	• 검사 내용 및 난이도상의 차이(→ 동형 검사 제작의 한계) • 검사 시행 조건 및 절차, 검사 시행 시간(기간)의 차이 • 검사 수행 환경상의 차이(예 소음과 자극, 채광과 통풍, 안정된 좌석 등)
수검자 변인	• 수검자의 신체적 · 심리적 · 정신적 상태 및 속성의 변화 • 검사에 대한 불안(시험 불안)과 과도한 긴장 • 검사 결과의 노출에 대한 저항과 두려움 등
검사자 변인	• 검사자의 연령, 성별, 인종, 직업적 지위, 성격적 특징 등 • 검사자의 수련 및 경험 정도의 차이 • 검사자의 행동 및 태도(예 부드러운 어조와 냉정한 어조, 엄격한 태도와 자연스러운 태도 등)

(4) 흥미검사

① 흥미의 개념

ⓐ 흥미는 개인이 잠재적으로 가치 있다고 생각하는 것에 주의를 기울이고 그것을 향해 나아가려는 일반적인 정서적 특성을 의미한다.

ⓑ 흥미검사는 직업과 관련된 흥미를 알아내어 직업에 관한 의사결정에 도움을 주려는 것으로, 특정 직업 활동에 대한 호오(好惡)나 선호를 측정한다.

쌤의 비법노트

'흥미'와 '동기'는 동일한 개념이 아닙니다. 흥미는 동기와 달라서 특수화된 목표보다는 광범위한 목표와 관련됩니다.

② 직업흥미검사의 선택

　㉠ 직업흥미검사의 주요 종류

스트롱 방식 (Strong)	기존 직업인들의 직업 선호도와 개인의 직업 선호도의 일치 정도를 판단한다. 예 스트롱-캠벨 흥미검사(SCII ; Strong-Campbell Interest Inventory) 등
쿠더 방식 (Kuder)	특정 직업군에서 나타나는 동질적 내용의 활동들을 토대로 개인의 직업 선호도를 판단한다. 예 쿠더 직업흥미검사(KOIS ; Kuder Occupational Interest Survey) 등
홀랜드 방식 (Holland)	사람들의 성격과 직업 활동의 유형을 분석한다. 예 자기 방향 탐색 혹은 자가 흥미 탐색(SDS ; Self Directed Search), 직업 선호도 검사(VPI ; Vocational Preference Inventory), 경력 의사결정 검사(CDM ; Career Decision Making System) 등

　㉡ 직업흥미검사를 선택할 때 알아두어야 할 일반적인 지침

　　• 직업흥미검사는 진로 분야에서 내담자가 만족할 수 있는 분야나 일의 상황이 무엇인지 알려 주지만, 내담자가 그곳에서 어느 정도 성공할 수 있을지에 대한 성공 가능성에 대한 정보를 제공하는 것은 아니다.

　　• 검사에 대한 태도가 달라지면 검사의 점수도 크게 달라진다.

　　• 검사 결과는 내담자의 능력, 가치, 고용가능성 등 내담자의 상황에 대한 다른 정보들을 고려하여 의사결정에 활용되어야 한다.

　　• 정서적 문제를 가지고 있는 내담자에게 직업흥미검사를 사용하는 것은 부적절하다.

　　• 직업흥미검사 결과는 변화하므로 일정 기간이 지나면 다시 실시하는 것이 좋다.

　　• 내담자가 '왜' 그런 선택을 하는지에 대해 탐색할 경우 직업흥미검사보다는 직업 카드분류가 더욱 유용한 정보를 제공해 준다.

③ Strong 진로탐색검사

　㉠ 광범위한 영역의 흥미 탐색을 통한 포괄적 흥미 영역 규명 및 계열 선택, 진학 계획수립의 기초자료를 제공하기 위한 목적으로 개발되었다.

　㉡ '1부 진로성숙도검사'와 '2부 직업흥미검사'로 구성되어 있다.

진로성숙도검사 (1부)	진로 정체감, 가족일치도, 진로 준비도, 진로 합리성, 정보습득률 등을 측정한다.
직업흥미검사 (2부)	직업, 활동, 교과목, 여가활동, 능력, 성격특성 등에 대한 문항을 통해 학생들의 흥미 유형을 포괄적으로 파악한다.

④ Strong 직업흥미검사 [2021년 1회, 2018년 2회, 2009년 3회]

　㉠ 미국의 스트롱 흥미검사(SII ; Strong Interest Inventory)의 한국판으로서, 개인의 흥미 영역 세분화에 초점을 두고 더 구체적인 직업탐색 및 경력개발 등에 효과적으로 사용할 수 있도록 만들어졌다.

　㉡ 일반직업분류(GOT ; General Occupational Themes), 기본흥미척도(BIS ; Basic Interest Scales), 개인특성척도(PSS ; Personal Style Scales) 등 3가지 하위척도로 구성되어 있다.

일반직업분류 (GOT)	홀랜드(Holland)의 직업 선택이론에 의한 6가지 주제(RIASEC)로 구성되어 있으며, 수검자의 흥미에 대한 포괄적인 전망과 함께 그 속에 있는 보편적인 패턴을 측정한다.
기본흥미척도 (BIS)	일반직업분류(GOT)를 특정한 흥미들로 세분화한 것으로서, 수검자의 특정한 활동이나 주제에 대한 흥미도를 측정한다.
개인특성척도 (PSS)	업무 유형(Work Style), 학습 유형(Learning Environment), 리더십 유형(Leadership Style), 모험심 유형(Risk Tasking/Adventure)의 4개 척도를 통해 일상생활과 일의 세계에서 어떠한 방식을 개인이 선호하고 편안하게 느끼는지 측정한다.

⑤ 직업선호도검사(VPI ; Vocational Preference Inventory)

ㄱ 홀랜드(Holland)의 성격검사를 표준화하여 특정 직업 활동에 대한 선호도를 측정하기 위해 고안된 검사이다.

ㄴ 워크넷 제공 직업선호도검사는 L(Long)형과 S(Short)형으로 구분된다. L형은 내담자가 어느 정도 시간적인 여유가 있는 상태에서 더 상세한 정보를 얻고자 할 때 실시하는 반면, S형은 시간적인 여유가 없을 때 또는 필요한 정보만을 얻고자 할 때 실시한다.

ㄷ L형은 (직업)흥미검사, 성격검사, 생활사검사로 구성되는 반면, S형은 진로 및 직업상담 장면에서 가장 많이 활용되는 홀랜드의 흥미 이론을 기초로 한 흥미검사만으로 구성된다.

(직업)흥미검사	• 홀랜드(Holland)의 모형을 기초로 한 것으로, 개인이 적합한 직업 선정을 하도록 돕는다. • 직업 흥미 유형을 크게 현실형, 탐구형, 예술형, 사회형, 진취형, 관습형으로 분류한다.
성격검사	• 일상생활 속에서 나타나는 개인의 성향을 측정한다. • 개인의 성격특성을 5가지 요인, 즉 외향성, 호감성(친화성), 성실성, 정서적 불안정성, 경험에 대한 개방성으로 분류한다.
생활사검사	• 개인의 과거 또는 현재의 생활 특성을 통해 직업 선택 시 고려될 수 있는 정보를 제공한다. • 개인의 생활 경험을 9가지 요인, 즉 대인관계 지향, 독립심, 가족 친화, 야망, 학업 성취, 예술성, 운동 선호, 종교성, 직무만족으로 분류한다.

⑥ 직업흥미(진단)검사(이상로와 변창진, 1979)

ㄱ 사회 경제구조와 직업 형태에 적합한 18개 영역의 직업 흥미를 분류하여 구성한 검사이다.

ㄴ 18개 영역의 영역별로 24문항씩, 총 432문항으로 구성되어 있으며, 각 문항은 '재미있다/재미없다/재미있지도 없지도 않다'의 세 답지 가운데 하나를 선택하게 되어 있다.

(5) 진로성숙검사

① 진로성숙의 개념

ㄱ 진로성숙에 대한 정의는 학자들에 따라 다양하게 제시되고 있다. 특히 수퍼(Super)는 '한 개인이 속해 있는 연령 단계에서 이루어야 할 직업적 발달과업에 대한 준비도'로 보지만, 크라이티스(Crites)는 '동일한 연령층의 학생들과의 비교를 통해 나타나는 상대적인 직업 준비 정도'로 개념화하고 있다.

ㄴ 진로성숙은 자아의 이해, 일과 직업 세계의 이해를 토대로 자신의 진로계획과 진로 선택을 통합·조정해 나아가는 발달단계의 연속이다.

발달단계마다 수행해야 할 발달과업이 있는데, 이러한 발달과업의 인지 및 수행 여부를 파악하고, 이를 통해 다음 단계로의 발달을 촉진 및 이해하는 데에 진로성숙이 중요한 조건으로 간주됩니다.

② 진로성숙도검사(CMI ; Career Maturity Inventory)

[2024년 3회, 2022년 3회, 2017년 3회, 2013년 3회, 2011년 1회, 2009년 2회]

ⓒ 크라이티스(Crites)가 개발한 것으로서, 초등학교 6학년부터 고등학교 3학년을 대상으로 표준화한 검사 도구이다.

ⓛ 진로 탐색 및 직업 선택에 있어서 태도 및 능력이 얼마나 발달하였는지를 측정하는 진로 발달 검사 도구이다.

ⓒ 태도척도(Attitude Scale)와 능력척도(Competence Scale)로 구성되며, 진로 선택 내용과 과정이 통합적으로 반영되었다. 특히 태도척도에는 선발척도(Screening Form)와 상담척도(Counseling Form) 두 가지가 있다.

태도 척도	• 결정성(Decisiveness) : 선호하는 진로의 방향에 대한 확신의 정도 예 "나는 선호하는 진로를 자주 바꾸고 있다." • 참여도 또는 관여도(Involvement) : 진로 선택 과정에의 능동적 참여의 정도 예 "나는 졸업할 때까지는 진로 선택 문제에 별로 신경을 쓰지 않겠다." • 독립성(Independence) : 진로 선택을 독립적으로 할 수 있는 정도 예 "나는 부모님이 정해 주시는 직업을 선택하겠다." • 지향성 또는 성향(Orientation) : 진로 결정에 필요한 사전 이해와 준비의 정도 예 "일하는 것이 무엇인지에 대해 생각한 바가 거의 없다." • 타협성(Compromise) : 진로 선택 시 욕구와 현실에 타협하는 정도 예 "나는 하고 싶기는 하나 할 수 없는 일을 생각하느라 시간을 보내곤 한다."
능력 척도	• 자기평가(Self-Appraisal) : 자신의 성격, 흥미, 태도를 명확히 지각하고 이해하는 능력 • 직업정보(Occupational Information) : 직업 세계에 대한 지식, 고용에 관한 정보 등을 획득·평가하는 능력 • 목표 선정(Goal Selection) : 자아와 직업 세계에 대한 지식을 토대로 합리적인 직업 선택을 하는 능력 • 문제해결(Problem Solving) : 진로 선택이나 의사결정 과정에서 경험하는 다양한 문제들을 해결하는 능력 • 계획(Planning) : 직업 목표 선정 후 이를 달성하기 위한 계획을 수립하는 능력

③ 진로발달검사 또는 경력개발검사(CDI ; Career Development Inventory)

ⓒ 수퍼(Super) 진로 발달의 이론적 모델에 근거한 검사 도구이다.

ⓛ 진로 발달 및 직업성숙도, 진로 결정을 위한 준비도, 경력 관련 의사결정에 대한 참여 준비도 등을 측정하기 위한 것이다.

ⓒ 8개의 하위척도로 구성되어 있는데, 그중 5개는 진로 발달 특수영역을 측정하기 위해, 나머지 3개는 5개 하위척도 가운데 같은 특성을 측정하는 척도들을 조합하여 만든 것이다.

CDI는 진로 발달 및 직업성숙도를 측정한다는 점에서 '진로성숙검사'로, 경력 관련 의사결정에 대한 참여 준비도를 측정한다는 점에서 '경력진단검사'로 분류하기도 합니다.

기출복원문제로 핵심 복습

01 웩슬러 지능검사에 동작성 척도를 포함함으로써 얻게 된 장점을 3가지 기술하시오. [2018년 1회]

쌤의 만점답안

① 언어적·문화적·교육적 요인들로 인한 편향 가능성을 극복할 수 있도록 한다.
② 수검자의 문제해결 전략을 직접 관찰할 수 있도록 한다.
③ 수검자의 정서장애가 검사 수행에 미치는 영향을 파악할 수 있도록 한다.

02 MMPI의 타당도 척도 중 L척도, F척도, K척도에 관해 설명하시오. [2017년 3회, 2010년 4회, 2009년 1회, 2002년 1회]

쌤의 만점답안

① L척도 : 수검자가 자신을 좋게 보이려고 하는 다소 고의적이고 부정직하며 세련되지 못한 시도를 측정한다.
② F척도 : 비전형적인 방식으로 응답하는 사람들을 탐지하기 위한 것으로서, 일반인의 생각이나 경험과 다른 정도를 측정한다.
③ K척도 : 분명한 정신적 장애를 지니면서도 정상적인 프로파일을 보이는 사람들을 식별한다.

03 고용노동부 성격검사는 성격 5요인 모델(Big-5)에 근거하고 있다. 성격 5요인의 구성 요인을 쓰시오. [2024년 1회, 2021년 2회]

쌤의 만점답안

① 호감성 : 타인과 편안하고 조화로운 관계를 유지하는 정도를 측정한다.
② 외향성 : 타인과의 상호작용을 원하고 타인의 관심을 끌고자 하는 정도를 측정한다.
③ 정서적 불안정성 : 정서적인 안정감, 세상에 대한 통제감 정도를 측정한다.
④ 경험에 대한 개방성 : 세계에 관한 관심 및 호기심, 다양한 경험에 대한 추구 및 포용성 정도를 측정한다.
⑤ 성실성 : 사회적 규칙, 규범, 원칙 등을 기꺼이 지키려는 정도를 측정한다.

합격 암기법 호외정경성

유사 문제

성격 5요인 모델(Big-5)은 노만(Norman)이 심리학계에 공식적으로 제안하였고, 이를 코스타와 맥크레이(Costa & McCrae)가 자기 보고식 검사 도구로 개발하였다. 성격 5요인의 구성 요인을 쓰고, 각각에 관해 설명하시오. [2019년 1회]

04 마이어스–브릭스 유형 지표(MBTI)는 자기 보고식의 강제 선택 검사이다. 이 검사에서 나타나는 4가지 양극 차원의 선호 부분에 관해 쓰시오. [2013년 1회, 2009년 2회]

쌤의 만점답안

① 에너지의 방향은 어느 쪽인가 : 외향형(E)/내향형(I)
② 무엇을 인식하는가 : 감각형(S)/직관형(N)
③ 어떻게 결정하는가 : 사고형(T)/감정형(F)
④ 채택하는 생활양식은 무엇인가 : 판단형(J)/인식형 또는 지각형(P)

05 일반적성검사(GATB)에서 사용하는 적성 항목을 3가지만 쓰고, 각각에 대해 간략히 설명하시오.
[2022년 1회, 2002년 3회, 2001년 3회]

쌤의 만점답안

① 언어능력 : 언어의 뜻과 함께 그와 관련된 개념을 이해하고 사용하는 능력 등
② 수리능력 : 신속하고 정확하게 계산하는 능력 등
③ 지능 : 일반적인 학습능력 및 원리이해 능력, 추리 · 판단능력 등

합격 암기법 ✎ (일) 언 수 지

유사 문제

일반직업적성검사(GATB)에서 사용하는 적성 항목을 3가지만 쓰고 간략히 설명하시오. [2015년 1회]

06 어떤 사람의 직업적성을 알아보기 위해 같은 명칭의 A 적성검사와 B 적성검사를 두 번 반복했는데, 두 검사의 점수가 차이를 보여 이 사람의 정확한 적성을 판단하기 매우 어려운 상황이 발생하였다. 이와 같은 동일명의 유사한 심리검사에서 결과가 서로 다르게 나타날 수 있는 원인을 5가지 쓰시오.
[2021년 2회, 2010년 4회, 2007년 3회]

쌤의 만점답안

① 검사 내용 및 난이도상의 차이(동형 검사 제작의 한계)
② 검사 시행 조건 및 절차, 검사 시행 시간(기간)의 차이
③ 소음, 채광 등 검사 수행 환경상의 차이
④ 수검자의 신체적 · 심리적 · 정신적 상태 및 속성의 변화
⑤ 검사자의 연령, 성별, 인종, 직업적 지위, 성격적 특징, 수련 및 경험 정도의 차이

유사 문제

어떤 사람의 직업적성을 알아보기 위해 같은 명칭의 A 적성검사와 B 적성검사를 두 번 반복했는데, 두 검사의 점수가 차이를 보여 이 사람의 정확한 적성을 판단하기 매우 어려운 상황이 발생하였다. 이와 같은 동일명의 유사한 심리검사에서 결과가 서로 다르게 나타날 수 있는 원인을 3가지 쓰시오. [2018년 2회]

07 스트롱 직업흥미검사의 척도를 3가지 쓰고 각각에 대해 간략히 설명하시오. [2020년 3회, 2014년 2회, 2011년 1회]

쌤의 만점답안

① 일반직업분류(GOT) : 홀랜드(Holland)의 직업 선택이론에 의한 6가지 주제로 구성되어 있다.
② 기본흥미척도(BIS) : 일반직업분류를 특정한 흥미들로 세분화한 것으로, 수검자의 특정한 활동이나 주제에 대한 흥미도를 측정한다.
③ 개인특성척도(PSS) : 일상생활과 일, 세계에 관련된 광범위한 특성에 대해 개인이 선호하고 편안하게 느끼는 것을 측정한다.

합기 암기법 (스척) 일기개

유사 문제

스트롱(Strong) 직업흥미검사의 하위척도 3가지를 쓰시오. [2021년 1회, 2018년 2회, 2009년 3회]

08 진로성숙도검사(CMI)의 능력척도를 3가지 쓰고, 각각에 대해 간략히 설명하시오. [2020년 3회, 2015년 2회]

쌤의 만점답안

① 자기평가(Self-Appraisal) : 자신의 성격, 흥미, 태도를 명확히 지각하고 이해하는 능력
② 직업정보(Occupational Information) : 직업 세계에 대한 지식, 고용에 관한 정보 등을 획득ㆍ평가하는 능력
③ 목표선정(Goal Selection) : 자아와 직업 세계에 대한 지식을 토대로 합리적인 직업 선택을 하는 능력

유사 문제

• 진로성숙도검사(CMI)는 태도척도와 능력척도로 구분된다. 태도척도와 능력척도의 측정 내용을 각각 3가지씩 쓰시오. [2022년 3회, 2017년 3회, 2013년 3회, 2009년 2회]
• 진로성숙도검사(CMI)의 성격척도 중 태도척도 5가지를 쓰고 설명하시오. [2024년 3회, 2015년 3회]

09 진로 개발을 평가하는 데 사용되는 방법으로 진로결정척도가 있다. 이 방법 외에 진로 개발을 평가하는 데 사용될 수 있는 검사 혹은 척도를 3가지 쓰시오. [2011년 1회]

쌤의 만점답안

① 진로성숙척도 혹은 진로성숙도검사(CMI)
② 진로개발검사 혹은 진로발달검사(CDI)
③ 진로계획척도(CPS)

유사 문제

진로 개발을 평가하는 데 사용되는 방법으로 진로결정척도(CDS)가 있다. 이 방법 외에 진로 개발을 평가하는 데 사용될 수 있는 검사 혹은 척도를 3가지 쓰시오. [2017년 2회]

03 ▶ 직업과 스트레스

1 스트레스의 이해

적중예상문제

스트레스의 발생원인 5가지를 쓰시오.

쌤의 해결 포인트

스트레스의 발생원인에 대한 문제는 아직 출제된 적이 없으나, 출제기준이 변경됨에 따라 스트레스 관련 내용들이 출제될 가능성이 있습니다. 스트레스 발생원인의 명칭을 꼼꼼히 알아두도록 합니다.

쌤의 만점답안

① 좌 절
② 과잉부담
③ 갈 등
④ 생활의 변화
⑤ 탈핍성 스트레스

(1) 스트레스의 의미

① 자극으로서의 스트레스

개인이 삶 속에서 부딪치는 다양한 자극이나 사건들 자체가 스트레스이다(예 천재지변, 전쟁, 사랑하는 사람 간의 결별이나 죽음 등).

② 반응으로서의 스트레스

생물학적·생리학적 또는 정서적·행동적 항상성(Homeostasis)의 붕괴로 인해 유발되는 스트레스이다.

③ 개인과 환경 간의 상호작용으로서의 스트레스

환경적 자극요인과 개인의 개별 특징적 반응 간의 상호작용으로 나타나는 스트레스이다.

쌤의 비법노트

스트레스는 '자극-반응-상호작용'의 3가지 범주로 구분할 수 있는데, 특히 상호작용 관점은 개인과 환경 간의 상호작용에서 변화와 적응을 요구하는 외적 자극은 물론 개인의 지각 및 인지, 대처능력 등을 함께 강조합니다.

(2) 스트레스의 발생원인

① 좌절(Frustration)

원하는 목표가 지연되거나 차단될 때 경험하는 부정적인 정서 상태이다.

② 과잉부담(Overload)

개인의 능력을 벗어난 일이나 요구로 인해 경험하는 부정적인 정서 상태이다.

③ 갈등(Conflict)

두 가지의 동기들이 갈등을 일으킬 때 경험하는 정서 상태이다.

④ 생활의 변화(Life Change)

결혼, 이사, 군입대, 이혼, 사별 등 생활의 급작스러운 변화, 즉 평소 익숙하던 생활환경이 바뀔 때 경험하는 정서 상태이다.

⑤ 탈핍성 스트레스(Deprivational Stress)

사람들은 적정 수준의 감각 자극이나 흥분을 경험하기를 원하며, 따라서 원하는 만큼의 자극이 없을 경우 스트레스를 경험하게 된다.

⑥ 압력 또는 압박감(Pressure)

압력(압박감)은 우리가 어떤 방식으로 행동하기를 원하는 기대들 혹은 요구들을 말하는데, 이때 수행압력이나 동조압력 등이 스트레스를 유발한다.

(3) 갈등(Conflict)의 4가지 유형

접근-접근 갈등	두 개의 정적 유의성을 띠고 있는 바람직하면서도 상호배타적인 행동목표가 동시에 나타나는 경우 예 여름휴가를 산으로 갈 것인지 바다로 갈 것인지 갈등하는 경우
접근-회피 갈등	동일한 행동목표가 정적 유의성과 부적 유의성을 동시에 나타내 보이는 경우 예 승진을 하려면 지방근무를 해야만 하고, 서울근무를 계속하려면 승진기회를 잃는 경우
회피-회피 갈등	두 개의 부적 유의성을 띠고 있는 상호배타적인 행동목표가 동시에 나타나는 경우 예 학교에 가기 싫어하는 학생이 부모에게 꾸중을 들을까 봐 집에 있을 수도 없어 갈등하는 경우
이중 접근-회피 갈등	접근-회피 갈등을 보이는 두 개의 행동목표 중 어느 하나만을 선택할 수밖에 없는 경우 예 친구는 같이 술을 마시자고 하고 아내는 집에 빨리 들어오라고 하는 경우, 만약 친구의 뜻에 따르면 아내가 싫어할 것이고, 아내의 뜻에 따르면 친구가 싫어할 것이 예상되어 갈등하는 경우

(4) 스트레스의 효과

① 스트레스로 인한 신체의 변화

스트레스로 인해 심리적 긴장이 고조되는 경우 교감신경계가 활성화되며, 에피네프린(Epinephrine)이 분비되어 신체활동을 증가시키고 주의집중을 하도록 하여 긴장 상황에 대처하도록 한다.

② 스트레스의 부정적 효과

스트레스는 불안과 분노, 우울과 무감동 등 부정적인 정서를 유발하며, 특히 만성적 스트레스는 일반적응증후군과 함께 위장 질환, 심장순환계 질환 등 각종 질병을 유발한다.

③ 스트레스의 긍정적 효과

적정 수준의 스트레스(Eustress)는 도전하려는 욕구를 자극하므로 개인적 성장, 자기 향상 증진 등의 기능을 할 수 있다. 또한 스트레스에 대한 내성(Tolerance)을 기르도록 함으로써 더 큰 스트레스에 대비할 수 있도록 한다.

(5) 스트레스에 관한 주요 연구

① 셀리에(Selye)의 일반적응증후군(GAS ; General Adaptation Syndrome) 3단계

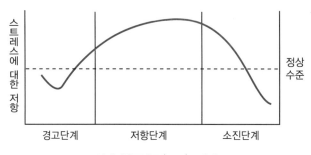

일반적응증후군(GAS) 3단계

경고(경계)단계 (경고반응단계)	• 어떠한 스트레스 자극을 받았을 때 나타나는 신체의 최초의 즉각적인 반응이다. • 스트레스에 의해 체온이 떨어지고 심박수가 빨라지는 '쇼크단계'와, 신체의 자동적 방어기제에 의해 순간적으로 대항하는 '역쇼크단계'로 이루어진다.
저항단계 (저항반응단계)	• 스트레스에 대한 경고반응으로 비상동원체계가 작동되었음에도 불구하고 스트레스가 지속되는 경우 저항단계로 접어든다. • 처음 제시된 스트레스 유발요인에 대한 저항력과 면역력이 일시적으로 증가하지만, 스트레스가 지속되는 경우 신체의 전반적인 기능은 저하된다.
소진단계 (탈진단계)	• 유해한 스트레스에의 노출이 장기간 지속됨으로써 신체 에너지가 고갈상태에 이른다. • 신체의 저항력과 면역력이 붕괴되어 심각한 질병을 유발하며, 신체손상을 가져오기도 한다.

쌤의 비법노트

일반적응증후군(GAS)에서 '일반적(General)'은 스트레스의 결과가 신체부위에 일정한 영향을 준다는 의미에서, '적응(Adaptation)'은 스트레스의 원인으로부터 신체가 대처하도록 한다는 의미에서 명명된 것입니다.

② 여크스-도슨(Yerkes-Dodson)의 역U자형 가설

   ⊙ 직무에 대한 스트레스가 너무 높거나 반대로 너무 낮은 경우 직무수행능력이 떨어지는 역U자형 양
상을 보이게 된다.

   ⓒ 역U자형 곡선은 흥분이나 욕구, 긴장이 증대되는 경우 어느 정도 수준에 이르기까지 수행실적이 증
가하다가 그 이후에는 오히려 수행실적이 감소한다는 사실을 반영한다.

   ⓒ 스트레스 수준이 너무 높거나 너무 낮은 경우 건강이나 작업능률에 부정적인 영향을 미치므로 스트
레스를 적정 수준으로 유지하는 것이 바람직하다.

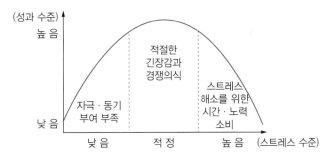

여크스-도슨(Yerkes-Dodson)의 역U자형 가설

적중예상문제로 핵심 복습

01 스트레스로 인한 부정적 효과와 긍정적 효과를 각각 2가지씩 설명하시오.

쌤의 만점답안

① 스트레스로 인한 부정적 효과
  • 불안과 분노, 우울과 무감동 등 부정적인 정서를 유발
  • 위장 질환, 심장순환계 질환 등 각종 질병을 유발
② 스트레스의 긍정적 효과
  • 도전하려는 욕구를 자극하여 개인적 성장, 자기 향상 증진 등의 기능
  • 스트레스에 대한 내성을 기르도록 함으로써 더 큰 스트레스에 대비

02 셀리에(Selye)의 일반적응증후군(GAS) 3단계를 쓰고, 각각에 대해 설명하시오.

쌤의 만점답안

① 경고 단계 : 스트레스 자극을 받았을 때 나타나는 신체의 최초의 즉각적인 반응이다.
② 저항 단계 : 스트레스 유발요인에 대한 저항력과 면역력이 일시적으로 증가하지만, 스트레스가 지속되는 경우 신체의 전반적인 기능은 저하된다.
③ 소진(탈진) 단계 : 스트레스에의 노출이 장기간 지속됨으로써 신체 에너지가 고갈 상태에 이른다.

2 직무 관련 스트레스

대표 문제

직무 스트레스의 조절변인 3가지를 쓰시오. [2018년 2회, 2013년 1회]

쌤의 해결 포인트

직업상담사 시험에서는 일반적인 스트레스 발생원인, 직무 관련 스트레스원, 직무 관련 스트레스의 조절변인(조절요인)을 구분하여 학습하셔야 합니다.

쌤의 만점답안

① A/B 성격유형 : 직무수행에 있어서 경쟁, 성취, 신속, 완벽을 추구하는 A형 성격유형이 느긋함과 차분함을 추구하는 B형 성격유형에 비해 스트레스에 취약하다.
② 통제 위치 : 직무성패의 원인을 외부에 귀인하는 외적 통제자가 그 원인을 내부에 귀인하는 내적 통제자보다 스트레스에 취약하다.
③ 사회적 지원 : 정서적 · 수단적인 사회적 지원을 받는 사람은 그렇지 못한 사람에 비해 스트레스를 덜 느낀다.

합격 암기법 ＼ A/B 통사

(1) 직무 및 조직 관련 스트레스원 [2015년 3회]

① 과제특성(복잡한 과제 또는 과제곤란도)
  ㉠ 복잡한 과제는 정보과부하를 야기하므로 상대적으로 높은 인지활동을 요구하며, 그로 인해 스트레스를 높이는 조건이 될 수 있다.
  ㉡ 지루하게 반복되는 과업수행에서 오는 지루함과 단조로움도 기계화 및 자동화 시대에 살고 있는 오늘날 가장 위험한 스트레스 요인이 될 수 있다.
② 역할갈등(Role Conflict)
  ㉠ 역할담당자가 자신의 지위(역할)와 역할전달자의 역할기대가 상충되는 상황에서 지각하는 심리적 상태이다.
  ㉡ 둘 또는 그 이상의 사회적 지위(역할)를 가지고 있는 사람이 상반된 기대 역할을 요구받을 때 경험하게 된다(예 직장 내 요구들 간의 모순 혹은 직장의 요구와 직장 밖 요구 사이의 모순 등).
  ㉢ 공식적이고 구조적인 조직에서는 주로 구조적 변수(예 의사결정의 참여, 부하의 폭등) 때문에 역할갈등이 발생하는 반면, 비공식적이고 비구조적인 조직에서는 인간관계 변수(예 동료와의 관계 등) 때문에 역할갈등이 발생한다.

ⓔ 역할갈등은 다음의 네 가지 유형으로 분류할 수 있다.

개인 간 역할갈등	직업에서의 요구와 직업 이외의 요구 간의 갈등에서 발생한다.
개인 내 역할갈등	개인의 복잡한 과제, 개인이 수행하는 직무의 요구와 개인의 가치관이 다를 때 발생한다.
송신자 간 갈등	두 명 이상의 요구가 갈등을 일으킬 때 발생한다.
송신자 내 갈등	업무 지시자가 서로 배타적이고 양립할 수 없는 요구를 요청할 때 발생한다.

③ 역할모호성(Role Ambiguity)

  ㉠ 역할담당자가 역할전달자의 역할기대에 대해 명확히 알지 못함으로써 발생하는 심리적 상태이다.

  ㉡ 개인의 역할이 명확하지 않을 때 발생한다. 예를 들어, 개인의 책임한계나 직무의 목표가 명료하지 않을 때 스트레스가 높아진다.

④ 역할과다 또는 역할과소

  ㉠ 역할과다(역할과부하)는 역할담당자가 일상적인 업무를 수행하는 과정에서 신규의 특정 업무를 부여받게 됨으로써 대처능력 초과상태에 이르는 것이다.

  ㉡ 제한된 시간 내에 수행할 수 있는 것보다 더 많은 양의 역할을 부여받는 '양적 과부하', 직무수행에 필요한 경험, 기술, 지식, 자격의 부족으로 나타나는 '질적 과부하'로 구분된다.

  ㉢ 기대와 직무가 요구하는 바가 역할담당자의 능력을 벗어날 때 역할과다가 나타난다면, 기대와 직무가 요구하는 바가 역할담당자의 능력을 충분히 활용하지 못할 때 역할과소가 나타난다.

⑤ 산업의 조직문화와 풍토

  ㉠ 미국과 같은 개인주의 문화권과 우리나라와 같은 집합주의 문화권은 조직문화에 있어서 차이를 보인다. 이와 같은 집합주의/개인주의 산업문화의 충돌은 근로자에게 스트레스원이 된다.

  ㉡ 개인주의 문화권에서는 근로자 개인과 조직 간의 관계를 계약의 관점에서 계산적으로 이해하며, 근로자는 직무 자체나 개인적인 보상 때문에 조직에 몰입하는 경향이 있다.

  ㉢ 집합주의 문화권에서는 근로자 개인과 조직 간의 관계를 보다 도덕적인 관점에서 이해하며, 근로자는 관리자나 동료와의 유대 때문에 조직에 몰입하는 경향이 있다.

(2) 직무 관련 스트레스의 조절변인 [2018년 2회, 2017년 3회, 2013년 1회]

① A/B 성격유형

  ㉠ 성격유형에 따른 직무 스트레스의 양상은 프리드만과 로젠만(Friedman & Rosenman)이 제시한 A/B 성격유형에 따른 행동패턴을 기초로 한다.

  ㉡ A형 성격유형은 기본적으로 능동적·공격적인 성향을 가지고 있으며, 직무수행에 있어서 경쟁 및 성취 지향, 신속성, 완벽함을 추구한다.

  ㉢ B형 성격유형은 기본적으로 수동적·방어적인 성향을 가지고 있으며, 직무수행에 있어서 느긋함과 차분함, 일처리에 있어서 여유로운 대처, 상황의 수용 등을 특징으로 한다.

  ㉣ A형 성격유형의 사람들은 B형 성격유형의 사람들보다 성취욕구와 포부수준이 더 높기 때문에 일로부터 스트레스를 느낄 가능성이 크다.

⑩ 스트레스 상황에 노출되면 A형 성격유형이 B형 성격유형보다 더 많은 부정(Denial)과 투사(Projection) 기제를 사용한다.

② 통제 위치 또는 통제 소재(Locus of Control)

　　㉠ 개인은 자신의 운명이나 일상생활에서 얻는 결과를 자기 자신이 얼마나 통제할 수 있다고 믿는가, 즉 성패의 원인이 내부에 있는가 또는 외부에 있는가에 따라 '내적 통제자(내재론자)'와 '외적 통제자(외재론자)'로 구분된다.

　　㉡ 내적 통제자는 어떠한 사건의 발생이나 그 결과를 자기 자신의 행동에서 비롯된 것으로 간주하여 스스로 통제 가능한 것으로 인식하는 반면, 외적 통제자는 사건의 발생이나 그 결과가 기회나 운 등 외적 요인의 강력한 영향력에 의해 결정된다고 본다.

　　㉢ 여러 연구 결과에 따르면 내적 통제자는 문제 중심의 대응행동을 통해 스트레스 상황에 적절히 대처하는 반면, 외적 통제자는 부정적 사건에 민감하게 반응하고 자기방어적인 성향을 보임으로써 스트레스 상황에 대한 대처능력이 떨어지고 실제 생활에서 비교적 높은 수준의 스트레스를 경험하는 것으로 나타나고 있다.

　　㉣ 다만, 내적 통제자는 스트레스 상황에 대한 통제력이 더 이상 유용하지 못하다고 판단하게 되면 스트레스 대처노력을 쉽게 포기하며, 행동은 매우 무력해진다. 이는 내적 통제자가 무력을 자신에게 귀인시키기 때문이다.

③ 사회적 지원 또는 사회적 지지(Social Support)

　　㉠ 직무수행자의 직무 스트레스를 완화할 수 있도록 해 주는 조직 내적 혹은 조직 외적 요인을 의미한다.

　　㉡ 조직 내적 요인으로는 직장 상사, 동료, 부하가 있으며, 조직 외적 요인으로는 가족이 있다.

　　㉢ 사회적 지원이 제공되면 우울이나 불안 같은 직무 스트레스 반응이 감소한다.

　　㉣ 사회적 지원은 스트레스의 출처를 약화시키지만 스트레스의 출처로부터 야기된 권태감, 직무 불만족 자체를 감소시키는 것은 아니다.

기출복원문제로 핵심 복습

01 직무 관련 스트레스 요인을 3가지 쓰고, 각각에 대해 설명하시오. [2015년 3회]

쌤의 만점답안

① 과제특성(복잡한 과제) : 복잡한 과제는 정보과부하를 일으켜 스트레스를 높인다.

② 역할갈등 : 역자신의 지위(역할)와 역할전달자의 역할기대가 상충되는 상황일 때 스트레스가 높아진다.

③ 역할모호성 : 개인의 책임한계나 직무의 목표가 명료하지 않을 때 스트레스가 높아진다.

02 직무 스트레스 조절에 영향을 주는 개인적 요인을 2가지 쓰고, 각각에 대해 설명하시오. [2017년 3회]

쌤의 만점답안

① A/B 성격유형 : 직무수행에 있어서 경쟁, 성취, 신속, 완벽을 추구하는 A형 성격유형이 느긋함과 차분함을 추구하는 B형 성격유형에 비해 스트레스에 취약하다.

② 통제 위치 : 직무성패의 원인을 외부에 귀인하는 외적 통제자가 그 원인을 내부에 귀인하는 내적 통제자보다 스트레스에 취약하다.

대표 문제

직무 스트레스로 인한 직장에서의 행동적 결과를 5가지 쓰시오. [2021년 1회]

쌤의 해결 포인트

이 문제는 2016년 3회 기출문제가 약간 변형된 형태로, 직무 스트레스로 인해 나타나는 개인의 행동적 결과를 폭넓게 쓰도록 한 기존 문제와 달리, 특히 '직장 내에서 보이는 행동적 결과'를 쓰도록 요구하고 있습니다. 따라서 가급적 아래의 5가지로 제시된 정답을 암기하시기 바랍니다.

쌤의 만점답안

① 신경질적 · 공격적 행동이 증가한다.
② 인내심, 집중력이 감소한다.
③ 대인관계상의 문제를 보인다.
④ 의사결정 및 정보처리 수행 과정에서 저하된 양상을 보인다.
⑤ 결근이나 지각이 잦다.

유사 문제

직무 스트레스로 인해 나타나는 행동적 결과를 5가지 쓰시오. [2016년 3회]

(1) 직무 스트레스의 결과(Beehr & Newman)

① 개인적 결과(Individual Consequences)

생리적 결과	심혈관질환, 호흡장애, 암, 관절염, 두통, 신체적 손상, 피부질환, 신체적 피로 혹은 긴장, 사망 등
심리적 결과	근심 · 긴장, 사기저하, 불만족 · 지루함, 신체적 불평, 심리적 피로, 부적합한 감정, 소외감, 노여움, 집중력 상실, 억압감 등
행동적 결과	약물사용 혹은 남용, 과식 혹은 소식, 위험한 행동, 공격성, 절도행위, 불편한 인간관계, 자살 등

② 조직적 결과(Organizational Consequences)

　　㉠ 직무성과의 변화　　　　　　　　　　㉡ 회피행위의 증가
　　㉢ 수익, 판매량, 이익의 변화　　　　　　㉣ 원자재 획득능력의 변화
　　㉤ 환경통제 능력의 변화　　　　　　　　㉥ 혁신과 창조력의 변화
　　㉦ 일(직장)생활의 질 변화　　　　　　　㉧ 감독관의 영향력 변화
　　㉨ 고충 등

(2) 직무 스트레스로 인해 나타나는 개인의 행동적 결과 [2021년 1회, 2016년 3회]

① 신경질적 · 공격적 행동의 증가

② 인내심, 집중력의 감소

③ 흡연, 알코올, 약물 등 물질 사용의 증가

④ 대인관계상의 문제(대인관계 유연성 부족, 대인관계 회피)

⑤ 섭식상의 문제(과식 혹은 소식)

⑥ 의사결정 및 정보처리 수행 과정의 저하

⑦ 결근, 지각

⑧ 이직, 전직

⑨ 태 업

⑩ 사고, 재해 등

(3) 직무소외(Alienation)

브라우너(Blauner)는 직무소외에 관한 연구에서, 시만(Seeman)의 개념적 틀을 이용하여 4가지 비소외적 상태를 먼저 규정하고, 이를 통해 4가지 소외 양상을 열거하였다.

비소외적 상태	소외 양상
• 자유와 통제(Freedom and Control) • 목적(Purpose) • 사회적 통합(Social Integration) • 자기몰입(Self-Involvement)	• 무기력감(Powerlessness) • 무의미감(Meaninglessness) • 고립감(Isolation) • 자기상실감 혹은 자기소원감(Self-Estrangement)

쌤의 비법노트

'무기력감'은 자유와 통제의 결핍상태, '무의미감'은 경영정책이나 생산목적 등 목적으로부터의 단절상태, '고립감'은 자신이 속한 조직의 사회적 협동의 결핍상태, '자기상실감(자기소원감)'은 직무에 자신이 몰두할 수 없는 상태를 말합니다.

(4) 구조조정이나 조직 감축에서 살아남은 구성원들의 전형적인 반응

① 일반적으로 조직의 분위기가 침체되고 사기가 급격히 저하된다.

② 살아남은 구성원들도 종종 조직에 대한 신뢰감을 상실한다.

③ 일부 구성원들은 다른 직무나 낮은 수준의 직무로 이동하는 것을 감수한다.

④ 더 많은 일을 해야 하기 때문에 과로하며 종종 불이익도 감수하려고 한다.

⑤ 감축대상이 된 동료들에 대한 미안한 마음과 자신도 언제 감축대상이 될지 모른다는 불안감으로 인해 조직 몰입에 어려움을 겪는다.

⑥ 자신 또한 감축 대상이 되지 않기 위해 실패할 우려가 있는 혁신적인 업무나 변화를 기피하는 현상이 나타나기도 한다.

⑦ 조직 감축이 불공정하다고 느끼는 경우 분노나 공격적 성향을 드러내어 인간관계의 악화를 초래한다.

⑧ 구성원들의 이직 의향이나 이직률이 높아지는 등 조직으로부터의 이탈현상이 발생할 수 있다.

(5) 스트레스 관리 전략

① 스트레스 예방관리전략(Quick & Quick)

1차적 예방 – 스트레스 요인 중심 (출처지향적 관리전략)	실제적으로 디스트레스(Distress)를 유발하는 조직적 스트레스의 여러 요인을 수정 및 변경하는 것을 목적으로 한다.
2차적 예방 – 스트레스 반응 중심 (반응지향적 관리전략)	개인적으로 조직적인 긴장을 방제 · 제거하거나 억제하는 것을 목적으로 한다.
3차적 예방 – 스트레스 증후 중심 (증후지향적 관리전략)	조직적 스트레스 요인의 증상이 나타나는 것을 적합한 상태에서 최소화하거나 통제하는 것을 목적으로 한다.

② 수준별 스트레스 관리전략

㉠ 1차적 스트레스 관리전략 – 조직 수준의 스트레스 관리전략

직무 중심 관리전략	직무 및 물리적 · 육체적 요구로 인해 받는 스트레스를 관리하기 위한 것이다. 예 직무재설계, 참여적 관리, 경력개발, 융통적 작업계획 등
관계 중심 관리전략	조직성원들의 역할 및 대인관계 측면에서 스트레스를 관리하기 위한 것이다. 예 역할분석, 목표설정, 사회적 지지, 팀 형성(Team Building) 등

㉡ 2차적 스트레스 관리전략 – 개인 수준의 스트레스 관리전략

요인지향적 (출처지향적) 관리전략	개인의 지각에 변화를 일으켜 잠재적인 스트레스 원인을 변경 또는 감소시키는 것이다. 예 스트레스의 지각관리, 작업환경 및 생활스타일 관리 등
반응지향적 관리전략	개인이 받은 스트레스 정도를 최적화하기 위해 수행하는 것이다. 예 이완훈련, 신체적 배출, 정서적 배출 등
증후지향적 (증상지향적) 관리전략	스트레스로 인해 나타나는 부정적인 결과들에 대한 개인적 예방관리 차원에서 이루어지는 것이다. 예 상담 및 정신치료, 의학적 보호 등

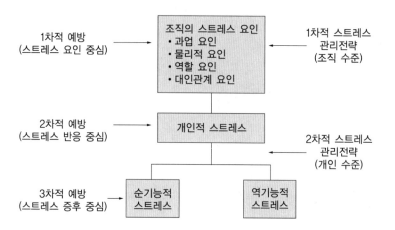

(6) 스트레스 예방 및 대처

① 스트레스 대처를 위한 기본조건

   ⊙ 적절한 스트레스는 도움을 준다.

   ⓒ 유스트레스(Eustress)는 적극적인 노력에 의해서만 획득될 수 있다.

   ⓒ 자신의 스트레스 상황을 의식하고 확인하는 일은 매우 중요하다.

   ⓔ 스트레스 상황이 자신의 내면에 있다는 점을 인식해야 한다.

   ⓜ 긴장방출률(TDR ; Tension Discharge Rate)을 최대한 높여야 한다.

쌤의 비법노트

스트레스는 해로운 효과를 가지는 역기능적 스트레스로서의 '디스트레스(Distress)'와 함께 유익한 효과를 가지는 순기능적 스트레스로서의 '유스트레스(Eustress)'로 구분됩니다.

---

② 스트레스의 예방 및 대처를 위한 포괄적인 노력

   ⊙ 가치관을 전환시켜야 한다.

   ⓒ 목표지향적 초고속심리(초고속사고)에서 과정중심적 사고방식으로 전환해야 한다.

   ⓒ 스트레스에 정면으로 도전하는 마음가짐이 있어야 한다.

   ⓔ 가슴 속에 쌓인 한을 털어내야 한다.

   ⓜ 균형 있는 생활을 해야 한다.

   ⓗ 취미 · 오락을 통해 생활장면을 전환하는 활동을 규칙적으로 해야 한다.

   ⓢ 운동을 통해 스트레스를 적절히 해소한다.

적중예상문제로 핵심 복습

01 브라우너(Blauner)의 직무소외에 관한 연구에서 열거한 4가지 소외 양상을 쓰시오.

쌤의 만점답안

① 무기력감
② 무의미감
③ 고립감
④ 자기상실감 혹은 자기소원감

02 구조조정이나 조직 감축에서 살아남은 구성원들의 전형적인 반응 3가지를 쓰시오.

쌤의 만점답안

① 일반적으로 조직의 분위기가 침체되고 사기가 급격히 저하된다.
② 살아남은 구성원들도 종종 조직에 대한 신뢰감을 상실한다.
③ 일부 구성원들은 다른 직무나 낮은 수준의 직무로 이동하는 것을 감수한다.

04 직업상담 초기면담

1 초기면담의 이해

대표 문제

초기면담 시 상담자가 내담자에게 좋은 영향을 줄 수 있는 언어적 행동과 비언어적 행동을 각각 3가지 쓰시오. [2021년 1회, 2015년 1회]

쌤의 해결 포인트

이 문제는 초기면담 시 내담자가 사용할 수 있는 상담기술로서 언어적 기술과 비언어적 기술을 열거하는 것이 아니라, 초기면담에서 도움이 되는 행동을 보다 구체적인 언어적 행동과 비언어적 행동으로 제시하는 문제로 볼 수 있습니다.

쌤의 만점답안

(1) 언어적 행동
   ① 내담자가 이해 가능한 언어를 사용한다.
   ② 내담자에게 적절한 호칭을 사용한다.
   ③ 긴장을 줄이기 위해 가끔 유머를 사용한다.
(2) 비언어적 행동
   ① 기분 좋은 눈의 접촉을 유지한다.
   ② 가끔 미소를 지으며, 고개를 끄덕인다.
   ③ 내담자에게 신체적으로 가깝게 기울이며 근접하여 상담한다.

(1) 개 요

① 상담과정 중 초기면담은 이후의 상담과정에도 큰 영향을 끼치므로 매우 중요하다.

② 초기면담에서는 상담자와 내담자 간에 신뢰감을 통한 라포 형성이 중요하다.

(2) 내담자와의 초기면담 수행 시 상담자가 유의해야 할 사항 [2023년 3회, 2020년 3회, 2007년 1회, 2007년 3회]

① 면담 시작 전에 가능한 한 모든 사례자료를 검토한다.

② 내담자의 자세와 태도에 주목하고, 불안이나 걱정 등 심리적 상태를 살핀다.

③ 내담자의 초기목표를 명확히 한다.

④ 내담자의 직업상담에 대한 기대를 결정한다.

⑤ 내담자가 상담자의 기대를 얼마나 잘 수용하는지를 관찰한다.

⑥ 비밀유지에 대해 설명한다.

⑦ 면담 내용을 요약한다.

⑧ 반드시 짚고 넘어가야 할 상담 시 필수질문들을 확인한다.

⑨ 과제물을 부여한다(예 자신의 흥미에 대해 생각해 보기).

⑩ 적절한 때에 상담관리자나 다른 직업상담사에게 피드백을 받는다.

(3) 초기면담의 유형

① 내담자 대 상담자의 솔선수범 면담

내담자에 의해 시작된 면담과 상담자에 의해 시작된 면담으로 구분된다.

② 정보지향적 면담

정보수집을 위해 탐색해 보기(탐색하기), 폐쇄형 질문, 개방형 질문 등을 사용한다.

③ 관계지향적 면담

재진술과 감정의 반향 등을 주로 사용한다.

쌤의 비법노트

초기상담의 유형 중 정보지향적 면담은 상담의 틀이 상담자에게 초점을 맞추어져 진행됩니다.

(4) 초기면담의 주요 요소

① 신뢰관계(Rapport) 형성

내담자의 긴장을 풀어주고 상담 과정에서의 비밀유지에 대해 설명해 줌으로써 불안을 감소하고 친밀감을 형성시킨다.

② 감정이입(Empathy)

상담자가 길을 전혀 잃어버리지 않고 마치 자신이 내담자 세계에서의 경험을 갖는 듯한 능력을 의미한다. 이러한 감정이입에는 '지각'과 '의사소통'의 기법이 있다.

③ 언어적 · 비언어적 행동 [2021년 1회, 2015년 1회]

초기면담 시 다음과 같은 행동은 내담자에게 좋은 영향을 줄 수 있다.

㉠ 언어적 행동

- 내담자가 이해 가능한 언어를 사용한다.
- 내담자에게 '선생님' 등 적절한 호칭을 사용한다.
- 긴장을 줄이기 위해 가끔 유머를 사용한다.
- 내담자의 진술을 되돌아보고 이를 명백히 한다.
- 내담자의 진술을 적절히 해석한다.
- 내담자의 근본적인 신호에 대해 적절히 반응한다.
- "음", "알지요" 등 언어적 강화를 사용한다.
- 내담자에게 적절한 정보를 제공한다.
- 개방적 질문을 하며, 내담자의 자아에 대한 질문에 적절히 응답한다.

- 내담자에게 비판단적인 태도를 보인다.
- 내담자의 진술을 더 많이 이해하도록 돕는다.
- 시험적인 해석을 통해 내담자로부터 성실한 피드백을 유도한다.

    ⓛ 비언어적 행동

- 내담자와 유사한 언어의 톤을 사용한다.
- 기분 좋은 눈의 접촉을 유지한다.
- 가끔 고개를 끄덕인다.
- 내담자에게 신체적으로 근접한다.
- 가끔 미소를 짓는다.
- 표정을 지어 보인다.
- 가끔 손짓을 한다.
- 이야기를 부드럽게 이어간다.
- 내담자에게 몸을 기울인다.
- 가끔 접촉을 시도한다.

④ 상담자 노출하기

    자신의 사적인 정보를 드러내는 것으로, 내담자 측면에서는 성공적인 상담을 위해 유용한 반면, 상담자 측면에서는 꼭 필요한 것이 아니다.

⑤ 즉시성(Immediacy)

    상담자가 자신의 바람은 물론 내담자의 느낌, 인상, 기대 등에 대해 이를 깨닫고 대화를 나누는 것으로, 특히 다음과 같은 경우 유용하게 사용할 수 있다.

    ㉠ 방향감이 없는 경우

    ㉡ 긴장감이 감돌고 있는 경우

    ㉢ 신뢰성에 의문이 제기되는 경우

    ㉣ 상담자와 내담자 간에 사회적 거리감이 있는 경우

    ㉤ 내담자의 의존성이 있는 경우

    ㉥ 역의존성이 있는 경우

    ㉦ 상담자와 내담자 간에 친화력이 있는 경우

⑥ 유머(Humor)

    유머를 통해 상담 과정에서의 긴장감을 없애고 내담자의 저항이나 심리적 고통을 경감하며, 내담자에게 상황을 분명하게 지각하도록 할 수 있다.

⑦ 직면(Confrontation)

    내담자로 하여금 행동의 특정 측면을 검토해 보고 수정하게 하며 통제하도록 도전하게 하는 것이다.

⑧ 계약(Contracting)

    목표 달성에 포함된 과정과 최종결과에 초점을 두는 것으로, 특히 상담자는 계약의 초점이 변화에 있음을 강조해야 한다.

⑨ 리허설(Rehearsal)

내담자에게 선정된 행동을 연습하거나 실천하도록 함으로써 내담자가 계약을 실행하는 기회를 최대화하도록 돕는 것이다.

(5) 초기면담의 일반적인 단계(7가지 지침)

> 면담 준비 → 내담자와의 만남 및 관계형성 → 구조화 → 비밀유지의 한계 설정 → 평가사항 및 평가방법 인식하기 → 상담 시 주의사항 논하기 → 초기면담 종결하기

(6) 내담자와의 만남을 위한 준비

① 상담 회기를 준비한다.
② 내담자를 만나고 즉각 내담자의 관심에 동참한다.
③ 언어적 · 비언어적 행동으로 온정과 존중을 표현한다.
④ 문화적 차이나 성별을 고려하여 내담자의 관심에 민감하게 대한다.
⑤ 각자의 역할에 따라 초기 기대를 발전시킨다.
⑥ 관계형성을 위한 효과적인 전략을 사용한다.
⑦ 내담자의 문제를 명시하고, 내담자의 목표 수립을 돕는다.

(7) 상담 과정에서 도움이 되지 않는 주요 행동

언어적 행동	비언어적 행동
• 충고하기 • 타이르기 • 달래기 • 비난하기 • 광범위한 시도와 질문하기 • 지시적 · 요구적 행동하기 • 생색내는 태도 보이기 • 과도한 해석 또는 분석하기 • 내담자가 이해하지 못하는 단어 사용하기 • 자신에 대해 너무 많이 이야기하기 등	• 내담자를 멀리 쳐다보기 • 내담자로부터 떨어져 앉거나 돌아앉기 • 조소하기 • 얼굴을 찡그리기 • 언짢은 표정 짓기 • 입을 꽉 물기 • 손가락질하기 • 몸짓을 흐트리기 • 하품하거나 눈을 감기 • 너무 빠르게 혹은 너무 느리게 이야기하기 • 단호한 결단력 등

(8) 상담에 대한 내담자의 기대와 불안 수준의 확인

① 내담자의 기대 수준이 과도하게 높은 경우

상담을 신청한 경위를 확인하여 내담자의 요구를 분석하며, 상담 과정에서 다루게 될 문제의 범위를 내담자와 함께 조정한다.

② 내담자의 불안 수준이 과도하게 높은 경우

내담자의 불안을 낮추고 동기를 높여 상담에 참여할 수 있도록 상담의 목적, 과정, 내용 등을 구체적으로 설명한다.

기출복원문제 및 적중예상문제로 핵심 복습

01 내담자와의 초기면담 수행 시 상담자가 유의해야 할 사항을 4가지 쓰시오.
[2023년 3회, 2020년 3회, 2007년 1회, 2007년 3회]

쌤의 만점답안

① 면담 시작 전에 가능한 한 모든 사례자료를 검토한다.
② 내담자의 자세와 태도에 주목하고, 불안이나 걱정 등 심리적 상태를 살핀다.
③ 내담자의 초기목표를 명확히 한다.
④ 내담자의 직업상담에 대한 기대를 결정한다.

02 초기면담 시 상담 과정에서 도움이 되지 않는 언어적 행동과 비언어적 행동을 각각 3가지 쓰시오.

쌤의 만점답안

(1) 언어적 행동
    ① 충고하기
    ② 타이르기
    ③ 달래기
(2) 비언어적 행동
    ① 내담자를 멀리 쳐다보기
    ② 내담자로부터 떨어져 앉거나 돌아앉기
    ③ 조소하기

2 생애진로사정(LCA ; Life Career Assessment)

(1) 생애진로사정의 의의 [2018년 1회, 2014년 1회, 2010년 3회]

① 생애진로사정은 상담자가 내담자와 처음 만났을 때 이용할 수 있는 구조화된 면접기법으로서, 내담자에 대한 가장 기초적인 직업상담 정보를 얻는 질적인 평가절차이다.

② 주로 초기단계 면접법으로 사용되며, 특히 검사실시나 검사해석의 예비적 단계에서 유용한 것으로 알려져 있다.

③ 아들러(Adler)의 개인심리학(개인차 심리학)에 기초를 둔 것으로, 내담자와 환경과의 관계를 이해할 수 있는 정보를 제공한다.

④ 내담자로 하여금 자신의 신념, 태도, 가치관에서 비롯되는 생활양식을 포착하도록 하여, 내담자의 생애에 대한 근본적인 접근이 명백히 밝혀지도록 돕는다.

⑤ 내담자의 다양한 생애역할에서의 기술수준을 파악하는 것은 물론, 장애를 극복하기 위한 정보를 산출한다.

⑥ 내담자의 진로계획을 향상시키며, 내담자의 문제 해결 및 장애 극복을 위한 목표달성계획을 수립하도록 한다.

(2) 생애진로사정을 통해 알 수 있는 정보

[2020년 2회, 2019년 3회, 2018년 1회, 2016년 2회, 2014년 1회, 2011년 2회, 2010년 3회, 2009년 1회]

① 내담자의 직업경험과 교육수준을 나타내는 객관적인 사실

② 내담자의 기술과 유능성에 대한 자기평가 정보

③ 상담자가 내담자의 기술과 유능성에 대해 내린 평가 정보

④ 내담자의 가치관 및 자기인식 정도에 대한 정보

(3) 생애진로사정의 구조 [2020년 1회, 2019년 3회, 2017년 3회, 2011년 2회, 2009년 1회]

생애진로사정의 구조는 '진로사정', '전형적인 하루', '강점과 장애', '요약'으로 이루어진다.

① 진로사정 [2024년 1회, 2021년 3회, 2019년 2회]

내담자의 직업경험(시간제·전임, 유·무보수), 교육 또는 훈련과정과 관련된 문제들, 여가활동에 대해 사정한다.

직업경험 (일의 경험)	• 이전 직업 • 가장 좋았던 점 • 가장 싫었던 점 • 다른 직업에서의 경험
교육 또는 훈련과정과 관련된 문제들 (훈련과정과 관심사)	• 지금까지 받았던 교육 및 훈련에 대한 전반적인 평가 • 가장 좋았던 점 • 가장 싫었던 점 • 지식, 기술, 기능의 수준이나 형태를 위한 교육 또는 훈련
여가활동 (오락)	• 오락 및 여가시간의 활용 • 사회활동 • 사랑과 우정 관계

② 전형적인 하루

㉠ 내담자가 생활을 어떻게 조직하는지를 시간의 흐름에 따라 체계적으로 기술한다.

㉡ 내담자가 의존적인지 또는 독립적인지, 자발적(임의적)인지 또는 체계적인지 자신의 성격차원을 파악하도록 돕는다.

의존적-독립적 차원	• 다른 사람에 대한 의존 정도 • 다른 사람이 결정해 주기를 원함
자발적-체계적 차원	• 안정적이고 판에 박힌 일 • 끈기 있고 주의 깊음

③ 강점과 장애

    ㉠ 내담자가 스스로 생각하는 3가지 주요 강점 및 장애에 대해 질문한다.

    ㉡ 현재 내담자가 직면하고 있는 문제나 환경적 장애를 탐구하며, 이를 극복하기 위해 가지고 있는 대처자원이나 잠재력을 탐구한다.

주요 강점	• 내담자가 가지고 있는 자원 • 내담자에게 요구되는 자원
주요 장애	• 강점과 관련된 장애 • 주제와 관련된 장애

④ 요 약

    ㉠ 내담자 스스로 자신에 대해 알게 된 내용을 요약해 보도록 함으로써 자기인식을 증진시킨다.

    ㉡ 내담자의 문제 해결 및 장애 극복을 위해 목표달성계획을 세울 수 있도록 한다.

요약의 내용	• 생애주제에 동의하기 • 내담자 자신의 용어를 사용하기 • 목표설정 또는 문제해결과 연결시키기

01 생애진로사정(LCA ; Life Career Assessment)의 구조 중 진로사정의 3가지 부분을 쓰고, 각각에 대해 설명하시오. [2024년 1회, 2021년 3회, 2019년 2회]

쌤의 만점답안

① 직업경험 : 내담자의 일의 경험과 관련하여 가장 좋았던 점과 가장 싫었던 점에 대해 사정한다.
② 교육 또는 훈련과정과 관련된 문제들 : 내담자의 훈련과정 및 관심사와 관련하여 어떤 훈련 경험이 좋았는지 혹은 싫었는지에 대해 사정한다.
③ 여가활동 : 내담자의 오락 및 여가시간 활용에 대해 사정한다.

02 생애진로사정(LCA)의 평가 의미와 그로 인해 알 수 있는 정보 3가지를 쓰시오. [2018년 1회, 2014년 1회, 2010년 3회]

쌤의 만점답안

(1) 생애진로사정의 평가 의미
    내담자의 생애에 대한 접근을 통해 내담자에 대한 기초적인 직업상담 정보를 얻는 질적인 평가절차이다.
(2) 생애진로사정을 통해 알 수 있는 정보
    ① 내담자의 직업경험과 교육수준을 나타내는 객관적인 사실
    ② 내담자의 기술과 유능성에 대한 자기평가 및 상담자의 평가 정보
    ③ 내담자의 가치관 및 자기인식 정도

유사 문제

생애진로사정을 통해 알 수 있는 정보를 3가지 쓰시오. [2020년 2회, 2016년 2회]

대표 문제

내담자의 흥미사정기법을 3가지만 쓰고 각각에 대해 설명하시오.
[2024년 1회, 2020년 3회, 2016년 2회, 2014년 1회]

쌤의 해결 포인트

이 문제에는 다양한 답안이 도출될 수 있으며, 출제자의 의도에 따라 다르게 채점될 수도 있습니다. 일반적으로 흥미사정의 도구 혹은 기법은 전공교재들에서 '흥미사정하기' 혹은 '흥미사정방법'으로 소개되고 있습니다. 이 문제가 논란이 되고 있는 이유는 직업상담사 1차 필기시험에서 관련 내용이 두 가지 방식으로 출제되고 있으며, 전공교재에서도 마찬가지로 두 가지 방식으로 제시되고 있기 때문입니다.
따라서 [답안 1]과 [답안 2]를 모두 암기하면 좋으나, 어렵다면 [답안 2], 즉 수퍼(Super)의 흥미사정기법 3가지만이라도 확실히 기억해 두시기 바랍니다.

쌤의 만점답안

[답안 1 – 일반적인 흥미사정기법]
① 흥미평가기법 : 종이에 쓰인 알파벳에 따라 흥밋거리를 기입하도록 한 후 과거 그와 관련된 주제와 흥미를 떠올리도록 한다.
② 작업경험 분석 : 과거 작업경험을 분석하여 내담자의 가치, 기술, 생활방식 및 직업관련 선호도 등을 규명한다.
③ 직업카드분류 : 일련의 직업카드를 제시하여 이를 선호군, 혐오군, 미결정 중성군으로 분류하도록 한다.

[답안 2 – 수퍼(Super)의 흥미사정기법]
① 표현된 흥미 : 어떤 활동에 대해 좋고 싫음을 간단히 말하도록 요청한다.
② 조작된 흥미 : 특정 활동에 참여하는 사람들이 어떻게 시간을 보내는지를 관찰한다.
③ 조사된 흥미 : 다양한 활동에 대해 좋고 싫음을 묻는 표준화된 검사를 완성한다.

합격 암기법 (흥미) 흥작직 표조조

유사 문제

• 개인의 관심이나 호기심을 자극하거나 일으키는 어떤 것을 '흥미'라고 한다. 내담자의 흥미를 사정하려고 할 때 사용할 수 있는 사정기법 3가지를 쓰고, 각각에 대해 설명하시오. [2021년 2회, 2010년 2회]
• 흥미사정기법 3가지를 쓰고 각각에 대해 간략히 설명하시오. [2013년 3회]

(1) 가치사정하기

① 개 요

㉠ 가치(Value)는 동기의 원천이자 개인적 충족의 근거로서, 삶에서 무엇을 지향할 것인가에 관하여 가지고 있는 생각과 연관된다.

㉡ 사람의 기본 신념으로서, 일정 영역에서의 개인적인 수행기준, 개인의 전반적인 달성목표의 원천 등이 되기도 한다.

② 가치사정의 용도 [2011년 2회]

　　㉠ 내담자의 자기인식(Self-Awareness)을 발전시킨다.

　　㉡ 현재의 직업적 상황에 대한 불만족의 근거를 찾는다.

　　㉢ 역할 갈등의 근거를 찾는다.

　　㉣ 저수준의 동기 또는 성취의 근거를 찾는다.

　　㉤ 개인의 다른 측면, 즉 흥미나 성격 등에 대한 예비사정 용도로 활용한다.

　　㉥ 진로선택이나 직업전환의 기틀을 제시하기 위한 용도로 활용한다.

③ 자기보고식 가치사정법 [2024년 1회, 2019년 3회, 2016년 3회, 2012년 3회]

체크목록 가치에 순위 매기기	목록 중 중요하다고 생각되는 가치와 중요하지 않다고 생각되는 가치에 대해 '+', '-' 표시를 하도록 하며, 그 결과에 대해 순위를 매긴다.
과거의 선택 회상하기	직업의 선택, 여가의 선택 등 과거 선택에 있어서의 경험을 파악하며, 그것을 선택한 기준에 대해 조사한다.
절정경험 조사하기	자신이 체험한 최고의 경험에 대해 회상하도록 하거나 이를 상상하도록 하여 그 과정에 대해 설명하게 한다.
자유시간과 금전의 사용	자신에게 자유시간이 주어지는 경우 또는 예상치 못한 돈이 주어지는 경우 이를 어떠한 목적으로 어떻게 사용할 것인지 상상하도록 한다.
백일몽 말하기	자신이 가지고 있는 개인적인 환상으로서의 백일몽을 이야기하도록 한다.
존경하는 사람 기술하기	자신이 존경하는 사람들이 누구인지 제시하도록 한다.

(2) 흥미사정하기

① 개 요

　　㉠ 흥미(Interest)는 개인의 관심이나 호기심을 자극하거나 일으키는 어떤 것으로, 개인이 하고 싶어 하는 것이나 즐기거나 좋아하는 것의 지표이다.

　　㉡ 개인의 흥미, 좋아하고 싫어하는 것, 선호 활동에 대한 정보는 다양한 방법을 통해 수집할 수 있다.

② 내담자의 흥미를 사정하는 목적 [2021년 2회, 2018년 2회, 2015년 2회, 2012년 2회]

　　㉠ 자기인식 발전시키기

　　㉡ 직업대안 규명하기

　　㉢ 여가선호와 직업선호 구별하기

　　㉣ 직업·교육상 불만족 원인 규명하기

　　㉤ 직업탐색 조장하기

③ 내담자의 흥미사정의 기법(방법)

[2024년 1회, 2021년 2회, 2020년 3회, 2016년 2회, 2014년 1회, 2013년 3회, 2009년 2회]

㉠ 일반적인 흥미사정기법

흥미평가기법	종이에 쓰인 알파벳에 따라 흥밋거리를 기입하도록 한 후 과거 그와 관련된 주제와 흥미를 떠올리도록 한다.
작업경험 분석	• 과거 작업경험을 분석하여 내담자의 가치, 기술, 생활방식 및 직업 관련 선호도 등을 규명한다. • 내담자의 직무경험을 확인하고(제1단계), 각 직무에서의 과제를 서술하며(제2단계), 내담자가 좋아하고 싫어하는 과제를 분류하고(제3단계), 상담자와 내담자가 함께 주제와 불일치성 등에 대해 정보를 총괄적으로 정리하는 과정(제4단계)으로 전개된다.
직업카드분류	직업카드분류(OCS ; Occupational Card Sort)는 홀랜드(Holland)의 6각형 이론과 관련된 일련의 직업카드를 주고 직업을 '선호군(좋아함)', '혐오군(싫어함)', '미결정 중성군(모르겠음)'으로 분류하도록 하는 방법이다.
직업선호도검사 실시	• 직업선호도검사(VPI ; Vocational Preference Inventory)는 홀랜드의 성격검사를 표준화한 것이다. • 홀랜드의 분류체계는 6가지 유형의 사람과 6가지 유형에 대응하는 작업환경이 있다고 가정한다.
로(Roe)의 분류체계 이용	• 로(Roe)의 직업분류체계는 8가지 장(Field)과 6가지 수준(Level)의 2차원 조직체계로 구성되어 있다. • 수평차원(8가지)은 활동에 초점을 둔 것이고, 수직차원(6가지)은 기능 수준(책임감, 능력, 기술 정도)에 초점을 둔 것이다.

㉡ 수퍼(Super)가 제시한 흥미사정기법

표현된 흥미 (Expressed Interest)	어떤 활동이나 직업에 대해 좋고 싫음을 간단하게 말하도록 요청한다.
조작된 흥미 (Manifest Interest)	특정 활동에 대해 질문을 하거나 해당 활동에 참여하는 사람들이 어떻게 시간을 보내는지를 관찰한다.
조사된 흥미 (Inventoried Interest)	개인은 다양한 활동에 대해 좋고 싫음을 묻는 표준화된 검사를 완성한다.

(3) 성격사정하기

① 의 의

성격(Personality)은 직업선택과 직업적응에서 핵심적인 설명변인에 해당한다. 성격 사정을 위해 홀랜드(Holland) 모형을 이용한 접근법이나 마이어스-브릭스 성격유형 검사(MBTI)와 같은 표준화된 도구 등이 사용된다.

② 성격사정의 목표 **[2014년 2회]**

㉠ 자기인식의 증진

㉡ 선호하는 일 · 역할, 작업기능, 작업환경 등의 확인

㉢ 직업불만족 근원의 확인

③ 마이어스-브릭스 성격유형검사(MBTI ; Myers-Briggs Type Indicator)

융(Jung)의 분석심리학에 의한 심리유형론을 근거로 개발된 성격검사로, 성격의 네 가지 양극 차원으로 수검자를 분류한다.

외향형(E)/내향형(I)	에너지의 방향에 관한 것으로, 세상에 대한 일반적인 태도와 관계가 있다.
감각형(S)/직관형(N)	인식기능에 관한 것으로, 지각적 또는 정보수집적 과정과 관계가 있다.
사고형(T)/감정형(F)	판단기능에 관한 것으로, 정보를 평가하는 방식과 관계가 있다.
판단형(J)/ 인식형 또는 지각형(P)	생활양식(이행양식)에 관한 것으로, 정보 박탈과 관계가 있다.

(4) 상호역할사정하기

① 상호역할관계 사정의 용도 [2014년 3회]

　㉠ 직업계획에서의 상호역할관계 사정은 집대성한 생애역할들 중 하나의 역할에 해당하는 작업의 인식을 촉진하는 자극제로 활용된다.

　㉡ 직업적응상담에서의 상호역할관계 사정은 삶의 다른 역할들에 부정적인 영향을 주는 직업전환을 피할 수 있도록 내담자를 돕는 수단으로 활용된다.

　㉢ 생애를 윤택하게 하는 계획에서의 상호역할관계 사정은 잠재적으로 보완적인 역할들을 찾도록 돕는 수단으로 활용된다.

쌤의 비법노트

직업상담에서 상호역할관계 사정은 현재나 미래의 어느 시점에서 작업역할을 방해하는 역할들을 결정하고, 내담자가 불운한 작업역할에 빠져있을 때 부정적인 작업결과를 보상하는 역할들을 찾아내며, 지금 혹은 앞으로 보완될 역할들을 결정하는 것을 목표로 합니다.

② 상호역할관계 사정의 주요 기법 [2015년 3회]

주요 기법으로는 '질문을 통해 사정하기', '동그라미로 역할관계 그리기', '생애-계획연습으로 전환시키기' 등이 있다.

질문을 통해 사정하기	질문을 통한 상호역할관계의 사정은 내담자가 개입하고 있는 생애역할들을 나열하기, 각각의 역할에 소요되는 시간의 양을 추정하기, 내담자의 가치들을 이용하여 순위 정하기, 상충적 · 보상적 · 보완적 역할들을 찾아내기 등에 초점을 둔다.
동그라미로 역할관계 그리기	동그라미를 그리는 방법을 통한 상호역할관계의 사정은 내담자에게 삶에서의 역할들(예 학생, 부모, 사적 관계, 작업자, 지역사회성원 등)을 대표하는 원을 그리도록 하고, 각 역할들 간의 관계(상충적 · 보상적 · 보완적 관계)를 서로 연결하여 표시하도록 함으로써, 역할관계상의 문제, 즉 가치갈등, 역할과부하 등을 파악하는 동시에 이를 최소화할 수 있는 이상적인 역할관계를 그려보도록 하는 것이다.
생애-계획연습으로 전환시키기	• 동그라미 그리기를 통해 역할들 간의 내적 관계를 파악한 후 이를 생애-계획연습(Life-Planning Exercise)으로 전환시킬 수 있다. • 우선 생애역할의 목록을 작성하고 연령대별(예 25세 · 35세 · 45세 · 55세 · 65세 · 75세)로 기대하는 것들을 선택하도록 하며, 각 생애단계에서 역할의 상대적 중요도를 나타내는 원을 그린 후 실제로 어떻게 시간을 보낼 것으로 기대하는지를 나타내도록 한다. • 이를 통해 각 생애단계에서 내담자의 가치와 시간의 요구 간의 갈등이 발생하는지, 이 경우 갈등의 속성은 무엇인지, 내담자 또한 삶의 다양한 역할들 간의 관계를 파악할 수 있는지, 마음속에 떠오르는 생애계획을 토대로 개선욕구를 알 수 있는지 등을 탐색한다.

기출복원문제로 핵심 복습

01 가치사정의 용도를 3가지 쓰시오. [2011년 2회]

> **쌤의 만점답안**
>
> ① 내담자의 자기인식을 발전시킨다.
> ② 현재의 직업불만족의 근거를 찾는다.
> ③ 역할 갈등의 근거를 찾는다.

02 '자기보고식 가치사정하기'에서 가치사정법 6가지를 쓰시오. [2019년 3회, 2016년 3회, 2012년 3회, 2010년 3회]

> **쌤의 만점답안**
>
> ① 체크목록 가치에 순위 매기기
> ② 과거의 선택 회상하기
> ③ 절정경험 조사하기
> ④ 자유시간과 금전의 사용
> ⑤ 백일몽 말하기
> ⑥ 존경하는 사람 기술하기

> **유사 문제**
>
> 자기보고식 가치사정법 3가지를 쓰시오. [2024년 1회, 2011년 1회]

03 내담자의 흥미를 사정하는 목적을 5가지 쓰시오. [2021년 2회, 2015년 2회]

> **쌤의 만점답안**
>
> ① 자기인식 발전시키기
> ② 직업대안 규명하기
> ③ 여가선호와 직업선호 구별하기
> ④ 직업 · 교육상 불만족 원인 규명하기
> ⑤ 직업탐색 조장하기

> **유사 문제**
>
> 내담자의 흥미를 사정하는 목적을 3가지만 쓰시오. [2018년 2회, 2012년 2회]

04 성격사정의 목표를 3가지 쓰시오. [2014년 2회]

쌤의 만점답안

① 자기인식의 증진
② 선호하는 일역할, 작업기능, 작업환경 등의 확인
③ 직업불만족 근원의 확인

05 상호역할관계 사정의 용도를 3가지 쓰시오. [2014년 3회]

쌤의 만점답안

① 생애역할들 중 하나의 역할에 해당하는 작업의 인식을 촉진하는 자극제
② 직업전환을 피할 수 있도록 돕는 수단
③ 잠재적으로 보완적인 역할들을 찾도록 돕는 수단

06 상호역할관계 사정의 주요 기법 3가지를 쓰시오. [2015년 3회]

쌤의 만점답안

① 질문을 통해 사정하기
② 동그라미로 역할관계 그리기
③ 생애-계획연습으로 전환시키기

4 내담자의 진로시간전망에 대한 사정

대표 문제

진로시간전망검사 중 코틀(Cottle)의 원형검사에서 시간전망 개입의 3가지 측면을 쓰고 각각에 대해 설명하시오. [2021년 3회, 2017년 2회, 2014년 1회, 2011년 1회]

쌤의 해결 포인트

코틀(Cottle)의 원형검사는 진로시간전망검사 중 가장 효과적인 시간전망 개입도구입니다. 개념이 어렵더라도 진로시간전망 개입의 3가지 측면과 각 측면이 목표로 하는 것이 무엇인지 잘 정리해 두시기 바랍니다.

쌤의 만점답안

① 방향성 : 미래지향성을 증진시키기 위해 미래에 대한 낙관적인 입장을 구성한다.
② 변별성 : 미래에 대한 정적 태도를 강화시키며, 신속한 목표설정이 이루어지도록 한다.
③ 통합성 : 현재의 행동과 미래의 결과를 연결시키며, 계획한 기법의 실습을 통해 진로인식을 증진시킨다.

합격 암기법 ↘ (코틀 시간) 방변통

(1) 진로시간전망

① 의 의

'진로시간전망'은 진로에 관한 과거, 현재, 미래의 정신적 상을 말한다. 상담자는 진로시간전망의 개입을 통해 미래에 대한 내담자의 관심을 증가시키고, 현재의 행동을 미래의 목표에 연결시키며, 내담자로 하여금 미래에 초점을 맞추어 자신의 미래를 설계할 수 있도록 한다.

② 진로시간전망 검사지의 사용목적(사용용도) [2015년 2회]

ⓐ 미래의 방향을 이끌어 내기 위해

ⓑ 미래에 대한 희망을 심어주기 위해

ⓒ 미래가 실제인 것처럼 느끼도록 하기 위해

ⓓ 계획에 대해 긍정적 태도를 강화하기 위해

ⓔ 목표설정을 촉구하기 위해

ⓕ 현재의 행동을 미래의 결과와 연계시키기 위해

ⓖ 계획기술을 연습하기 위해

ⓗ 진로의식을 높이기 위해

쌤의 비법노트

진로시간전망 검사지는 진로계획에 대한 긍정적 태도의 강화를 목적으로 하는 것이지, 직접적인 진로계획의 수정을 목적으로 하지 않습니다.

(2) 코틀(Cottle)의 원형검사(The Circles Test)

① 원형검사의 의의

 ㉠ 과거 · 현재 · 미래를 뜻하는 세 개의 원을 이용하여 어떤 시간차원이 개개인의 시간전망을 지배하는 지, 그리고 개개인이 어떻게 시간차원과 연관이 되는지를 평가하기 위해 고안되었다.

 ㉡ 원형검사에 기초한 진로시간전망 개입은 시간에 대한 심리적 경험의 세 가지 측면에 반응하는 세 가지 국면, 즉 방향성, 변별성, 통합성을 제시한다.

 ㉢ 원형검사에서 원의 크기는 시간차원에 대한 상대적 친밀감을 의미하는 반면, 원의 배치는 시간차원 이 각각 어떻게 연관되어 있는지를 나타낸다.

② 코틀(Cottle)의 원형검사에서 진로시간전망 개입의 3가지 측면 [2021년 3회, 2017년 2회, 2014년 1회, 2011년 1회]

방향성	• 미래지향성을 증진시키기 위해 미래에 대한 낙관적인 입장을 구성하는 것을 목표로 한다. • 진로계획을 위한 적절한 시간조망은 미래지향적인 것으로서, 과거나 현재지향은 진로계획에 있어서 결정력과 현실감을 약화시킨다.
변별성	• 미래를 현실처럼 느끼도록 하고 미래 계획에 대한 정적(긍정적) 태도를 강화시키며, 목표설정이 신속히 이루어 지도록 하는 것을 목표로 한다. • 변별된 미래는 개인의 목표설정에 의미 있는 맥락을 제공하는 것은 물론 자신의 공간을 미래 속에 그려볼 수 있도록 함으로써 미래에 대한 불안을 감소시킨다.
통합성	• 현재의 행동과 미래의 결과를 연결시키며, 계획한 기법의 실습을 통해 진로인식을 증진시키는 것을 목표로 한다. • 시간적 통합은 시간차원에 대한 관계성을 의미한다. 이와 같이 과거, 현재, 미래 간의 관계를 개념화하는 것은 내담자로 하여금 자신의 목표를 완수하기 위한 계획을 수립할 수 있도록 인지적 도식을 제공한다.

③ 원의 상대적 배치에 따른 시간관계성

어떤 것도 접해 있지 않은 원	• 시간차원의 고립을 의미한다. • 사람들이 자신의 미래를 향상시키기 위한 어떠한 시도도 하지 않음을 나타낸다.
중복되지 않고 경계선에 접해 있는 원	• 시간차원의 연결을 의미하며, 구별된 사건의 선형적 흐름을 뜻한다. • 사건들이 아직 개별적 · 독립적으로 구분되어 있으며, 비록 연속적일지라도 통제되지 않는 상 태를 나타낸다.
부분적으로 중첩된 원	• 시간차원의 연합을 의미한다. • 과거가 현재에, 현재가 미래에 영향을 미친다는 점을 나타낸다. 특히 현재와 미래의 원이 중 첩된 부분은 사람들이 자신의 미래를 예측할 수 있고, 미래의 결과를 전망하도록 대처할 수 있는 시간지역임을 나타낸다.
완전히 중첩된 원	• 시간차원의 통합을 의미한다. • 과거와 미래의 원을 현재의 원 안에 중첩시키는 것으로서, 이는 현재에서 과거를 기억하고 미 래를 예측하는 것을 나타낸다.

기출복원문제로 핵심 복습

01 진로시간전망 검사지의 사용용도를 5가지 쓰시오. [2015년 2회]

> **쌤의 만점답안**
>
> ① 미래의 방향을 이끌어 내기 위해
> ② 미래에 대한 희망을 심어주기 위해
> ③ 미래가 실제인 것처럼 느끼도록 하기 위해
> ④ 계획에 대해 긍정적 태도를 강화하기 위해
> ⑤ 목표설정을 촉구하기 위해

> **유사 문제**
>
> 진로시간전망 검사지의 사용용도를 3가지 쓰시오. [2019년 3회]

02 진로시간전망검사 중 코틀(Cottle)의 원형검사에서 원의 의미, 원의 크기, 원의 배치에 대해 설명하시오.
[2015년 3회]

> **쌤의 만점답안**
>
> ① 원의 의미 : 시간차원으로서 과거, 현재, 미래
> ② 원의 크기 : 시간차원에 대한 상대적 친밀감
> ③ 원의 배치 : 시간차원의 연결 구조

> **합격 암기법** (코틀 원형) 의크배

5 내담자의 인지적 명확성에 대한 사정

(1) 개 요

① 인지적 명확성이란 자기 자신의 강점과 약점을 객관적으로 평가하고, 그 평가를 환경적 상황에 연관시킬 수 있는 능력을 말한다.

② 내담자에게 인지적 명확성이 없는 경우 개인상담 후 직업상담을 실시하며, 인지적 명확성이 있는 경우 바로 직업상담을 실시한다. 따라서 개인상담도 직업상담 과정에 포함시킨다.

(2) 인지적 명확성의 부족을 나타내는 내담자 유형과 그에 따른 개입방법 [2021년 1회, 2016년 1회, 2007년 3회]

① 단순 오정보 : 정보 제공

② 복잡한 오정보 : 논리적 분석

③ 구체성의 결여 : 구체화시키기

④ 가정된 불가능 : 논리적 분석, 격려

⑤ 원인과 결과의 착오 : 논리적 분석

⑥ 파행적 의사소통 : 저항에 다시 초점 맞추기

⑦ 강박적 사고 : 합리적 · 정서적 치료(RET 또는 REBT기법) [2022년 1회, 2008년 3회, 2000년 1회]

⑧ 양면적 사고 : 역설적 사고(증상의 기술)

⑨ 비난하기 : 직면, 논리적 분석

⑩ 자기인식의 부족 등 : 은유나 비유 쓰기

쌤의 비법노트

- 가정된 불가능(불가피성) : 내담자의 위축, 자신감 및 용기 부족 등으로 인해 내담자가 근거 없이 자신의 능력과 역량에 대해 부정적인 심상을 가지는 것입니다.
- 원인과 결과의 착오 : 내담자가 논리적인 근거 없이 특정 사건이나 현상에 대해 인과관계를 설정하는 것입니다.
- 파행적 의사소통 : 내담자의 회피 또는 저항 반응에 의해 상담자와 내담자 간의 대화에 문제가 발생하는 것입니다.
- 합리적 · 정서적 치료(RET 또는 REBT기법)의 중심이 되는 치료기법(상담기법)은 바로 '합리적 논박'입니다.
- 역설적 사고(증상의 기술)는 바꿔야 할 사고를 인식시키고, 사고 전환에 대해 계약을 맺으며, 이후 전환된 사고를 지속시키도록 하는 과정으로 진행됩니다.
- 은유나 비유 쓰기 : 자기인식이 부족한 내담자에게 그의 인지에 대한 통찰을 재구조화하거나 발달시킬 수 있는 이야기를 하는 것입니다.

더 알아보기

'강박적 사고'로 인한 문제를 호소하는 내담자에게 '합리적 · 정서적 치료'를 적용한 사례

> 내담자는 부모님을 실망시키지 않고 부모님과 주변 사람들의 기대를 충족시키기 위해 어릴 때부터 모범생으로 살았으며, 우수한 성적으로 대학을 졸업하고 좋은 직장에 취업하기 위해 열심히 취업 준비를 하였다. 하지만 아무리 노력해도 연속적으로 입사 지원에 실패한 데다 이번 Y 회사 입사 지원까지 실패하면 마지막이라는 생각에 숨이 막히고 생활이 힘들다고 호소하였다.

- 사례의 내담자에 대한 진단 및 개입 기법
  - 진단 : 강박적 사고

    내담자는 자신이 어렸을 때부터 부모님을 실망시키지 않았으며, 항상 부모님의 기대를 충족시켜야 한다고 생각해왔다. 이와 같은 내담자의 강박적 사고는 부모를 실망시키지 않기 위해 그럴듯한 회사에 취업을 해야만 한다는 그릇된 신념과 함께 이번 기회가 자신에게 주어진 마지막 기회일 것이라는 비합리적인 사고를 유발하고 있다.

- 개입기법 : 합리적 · 정서적 치료(RET 또는 REBT기법)

내담자의 비합리적인 사고를 합리적인 사고로 대체하는 것이 필요하며, 이를 위해 엘리스(Ellis)의 합리적 · 정서적 치료(RET 또는 REBT기법)가 효과적일 것으로 판단된다.

• 각 치료단계(5단계)별 가상적인 상담 내용

A – 선행사건

연속된 취업 실패 이후 Y 회사에 입사 지원

↓

B – 비합리적 신념체계

• "나는 부모님을 실망시키지 않기 위해 반드시 Y 회사에 들어가야 한다."
• "이번이 그럴듯한 회사에 취업할 수 있는 마지막 기회이다."

↓

C – 결과

극심한 우울과 불안, 긴장감

↓

D – 논박

• 논리성 : "부모님의 기대를 충족시키기 위해 Y 회사에 취업해야 한다는 것이 과연 옳은 판단인가?"
• 현실성 : "이번에 불합격하게 될 사람들도 모두 나와 같이 절망할 것인가?"
• 실용성(효용성) : "Y 회사의 입사에 실패한다고 해서 그대로 절망하게 된다면 과연 내게 어떠한 이득이 있겠는가?"

↓

E – 효과

• 인지 효과 : "나의 미래는 스스로 결정하는 것이며, 부모님의 기대를 충족시킬 수 있는 방법은 얼마든지 있다."
• 정서 효과 : "Y 회사로의 취업에 실패한다면 약간 실망스럽겠지만, 그렇다고 우울하거나 불안하지는 않다."
• 행동 효과 : "나는 최선을 다하여 Y 회사로의 취업을 위해 노력할 것이며, 비록 실패하더라도 다음 기회를 위해 정진할 것이다."

---

(3) 내담자의 정보 및 행동에 대한 이해기법 – 기즈버스와 무어(Gysbers & Moore)

[2021년 2회, 2016년 1회, 2013년 1회, 2012년 1회, 2011년 1회]

① 가정 사용하기 [2013년 1회]

상담자가 내담자에게 어떠한 특정 행동이 이미 존재했다고 가정하여 질문하는 것이다.

② 의미 있는 질문 및 지시 사용하기

가정법을 지지하는 의미 있는 질문과 지시를 사용하는 것으로, 이때 질문은 공손한 명령의 형태를 띤다.

③ 전이된 오류 정정하기

㉠ 상담장면에서 나타나는 내담자의 정보의 오류, 한계의 오류, 논리적 오류 등 전이된 오류를 바로잡는 것이다.

ⓛ 전이된 오류의 유형 [2014년 2회]

정보의 오류	내담자가 직업세계에 대해 충분한 정보를 알고 있다고 잘못 생각하는 경우 발생한다. 예 이야기 삭제(중요 부분의 삭제), 불확실한 인물의 사용, 불분명한 동사의 사용, 참고자료(구체적인 진술자료)의 불충분, 제한된 어투의 사용 등
한계의 오류	내담자가 제한된 기회 및 선택에 대한 견해를 가짐으로써 발생한다. 예 예외를 인정하지 않는 것, 불가능을 가정하는 것, 어쩔 수 없음을 가정하는 것 등
논리적 오류	내담자가 논리적으로 맞지 않는 진술을 함으로써 발생한다. 예 잘못된 인간관계의 오류, 마음에 대한 해석, 제한된 일반화 등

④ 분류 및 재구성하기

내담자의 표현을 분류하고 재구성함으로써 내담자에게 자신의 세계를 다른 각도에서 볼 수 있도록 기회를 제공하는 것이다.

⑤ 저항감 재인식하기 및 다루기 [2013년 1회]

㉠ 상담에 대해 동기화되지 않거나 저항감을 나타내는 경우, 방어기제를 사용하거나 의도적으로 의사소통을 방해하는 경우 내담자를 이해하는 기법이다.

㉡ 내담자는 고의로 의사소통을 방해하기 위해 이른바 '불신의 전술'을 펴기도 하는데, 내담자의 이와 같은 저항감을 다루기 위해 변형된 오류 수정하기, 내담자와 친숙해지기, 은유 사용하기, 대결하기 등의 기법을 사용한다.

내담자의 변형된 오류 수정하기	• 내담자의 저항감은 책임에 대한 두려움, 방어기제의 사용, 의사소통의 고의적인 방해 등으로 나타난다. • 상담자는 내담자가 회피하고자 하는 것 또는 책임에서 벗어나고자 하는 것을 규정함으로써 보다 명확한 행동계획이 수립될 수 있도록 한다.
내담자와 친숙해지기	• 내담자는 생애과제와 연관된 다양한 사건들을 경험하면서 그로 인해 피할 수 없는 고통, 어려움, 긴장 등을 경험해 왔을 수 있다. 내담자 개인의 삶의 문제는 내담자의 진로선택에 영향을 미치게 된다. • 상담자는 내담자와 친숙해지기 위해 노력함으로써 내담자의 생애에 있어서의 역할, 단계, 생애과제와 연관된 사건들을 총체적으로 이해하며, 내담자로 하여금 안정된 관계 속에서 변화를 위해 노력하고 문제에 대한 책임감을 받아들일 수 있도록 돕는다.
은유 사용하기	• 시, 소설, 신화, 우화, 영화, TV 광고 등 다양한 형태의 이야기 매체들은 은유를 통해 듣는 사람으로 하여금 이야기 속에서 자신이 경험한 유사한 내용들을 발견하고 이를 자신의 관심사와 연결시켜 통찰할 수 있는 기회를 제공한다. • 상담자는 저항적인 내담자에게 이야기 속에서의 문제해결 방법을 포착하도록 하여, 이를 자신의 문제를 해결하기 위한 실마리로 활용할 수 있도록 돕는다.
대결하기	• 내담자의 저항적인 태도에 직접적으로 맞서는 방법은 상당한 주의를 필요로 하지만, 구체적인 행위를 표적으로 시기적절하고 노련하게 직면하는 방법이 효과적인 경우도 있다. • 상담자는 내담자와 친숙한 관계가 형성된 후 내담자가 정서적으로 받아들일 수 있는 범위 내에서 대결한다. 이때 긴장을 완화하기 위해 유머나 과장을 사용할 수도 있다.

⑥ 근거 없는 믿음(신념) 확인하기 [2016년 3회]

잘못된 믿음을 가진 내담자에게 그의 믿음과 노력이 근거 없는 것임을 알게 함으로써 새로운 대안을 찾도록 하는 것이다.

⑦ 왜곡된 사고 확인하기 [2013년 1회]

　　내담자가 정보의 한 부분만을 봄으로써 나타나는 여과하기, 정당화하기, 과도한 일반화 등 왜곡된 사고를 밝히는 것이다.

⑧ 반성의 장 마련하기

　　내담자 자신, 타인 그리고 내담자가 살고 있는 세계 등에 대한 판단을 내리는 과정을 알 수 있도록 상황을 만들어 주는 것이다.

⑨ 변명에 초점 맞추기 [2013년 1회]

　　내담자의 책임 회피, 책임 변형, 결과의 재구성 등으로 나타나는 변명에 주의를 기울이는 것이다.

더 알아보기

'근거 없는 믿음(신념) 확인하기'를 ABCDEF 모델에 적용한 사례

A 군은 올해 18세로 고등학교를 막 졸업한 후 처음으로 노동시장에의 입직을 시도하였다. A 군의 영어 발음은 적당하나 작문표현은 빈약하였고, 다른 기능 또한 부족한 편이었다. A 군은 자신이 원하는 직업을 절대 얻지 못할 것이라는 생각으로 인해 우울감을 느끼고 있으며, 가장 최근의 면접시험에서도 거절당했다고 말하였다.

A(Activating Event) : 선행사건으로서 활성화된 경험	나는 면접시험에 잘 대응하지 못했고, 그로 인해 취업에 이르지 못했다.
B(Belief System) : 신념체계로서 이성적 믿음과 근거 없는 믿음	• 이성적 믿음(원하거나 욕망하는 것) : 그 직업을 좋아하므로 거절당해서는 안 되며, 이는 매우 귀찮은 일이다. 면접을 그렇게 못 본 것은 불행한 일이다. 기대에 어긋나지 않도록 열심히 원하는 직업을 얻어 보겠다. • 근거 없는 믿음(요구 및 명령) : 거절당한다는 것은 두렵고 견딜 수 없는 일이다. 이는 내가 무례한 사람이라는 것을 의미한다. 앞으로도 면접시험을 잘 못 볼 것이고, 그로 인해 원하는 직업을 절대 얻지 못할 것이다.
C(Consequence) : 활성화된 경험에 관한 신념의 (정서적) 결과	나는 우울하고 가치 없는 존재이며, 희망도 없다.
D(Dispute) : 근거 없는 신념의 토론과 논쟁(논박)	직업을 갖지 못하는 것을 그렇게 두려워하는 이유는 무엇인가? 거절당하는 것을 견디지 못한다면 어떤 일이 일어나겠는가? 왜 원하는 직업을 절대 얻지 못할 것이라 생각하는가? 왜 면접시험을 잘 못 볼 것이라 생각하는가?
E(Effect) : 근거 없는 신념의 토론과 논쟁(논박)에 의한 인지적 · 정서적 · 행동적 효과	• 인지적 효과 : 거절을 두려워할 필요는 없다. 모든 사람이 자신이 원하는 직업을 얻는 것도 아니다. 거절당한다는 것은 단지 그 특별한 직업을 가질 수 없다는 것을 의미할 뿐이지, 무례한 사람으로 평가되는 것은 아니다. 아직 나이가 어리므로 기회는 얼마든지 있다. • 정서적 효과 : 원하는 직업을 얻지 못한 것에 대해 실망감을 느낄지언정 우울해하지는 않는다. • 행동적 효과 : 앞으로 면접시험에 더욱 열심히 도전한다. 면접 때 어떻게 행동할 것인지 직업상담사에게 지도받고, 동료들과 함께 연습한다. 고용센터에 구직자 등록을 하며, 지역사회 고용 관련 프로그램에 참여한다.
F(Feeling) : 새로운 느낌(감정)	비현실적이고 미성숙하며 절대적인 사고를 현실적이고 성숙하며 합리적이고 새로운 느낌으로 전환시킨다.

기출복원문제로 핵심 복습

01 인지적 명확성의 부족을 나타내는 내담자 유형 6가지를 쓰시오. [2016년 1회, 2007년 3회]

쌤의 만점답안

① 단순 오정보
② 구체성의 결여
③ 가정된 불가능
④ 파행적 의사소통
⑤ 강박적 사고
⑥ 자기인식의 부족

합격 암기법 (인명) 단구 가파 강자

유사 문제

인지적 명확성이 부족한 내담자의 유형을 5가지만 쓰시오. [2021년 1회]

02 다음 보기는 내담자의 짧은 호소문이다. 이 호소문의 내용을 읽고 아래의 각 물음에 답하시오.
[2022년 1회, 2008년 3회, 2000년 1회]

> 저는 어렸을 때부터 모범생이었고, 항상 부모님을 실망시키지 않았습니다. 대학교에서도 우수한 성적으로 졸업하였습니다. 그리고 부모님이나 친척들이 저에게 많은 기대를 하고 있지요. 좋은 직업을 갖고 내로라하는 직장에 취업할 수 있다고 믿고 있습니다. 사실 제 형제들은 저보다 공부도 잘하지 못했고 좋은 대학도 나오지 못했습니다. 그래서 항상 부모님은 제가 기쁘게 해드릴 수 있다고 생각합니다. 대학의 학과를 선택할 때도 부모님의 의견을 존중했었습니다. 전 부모님을 실망시키고 싶지 않아 열심히 취업준비를 하였습니다.
> 그런데 어쩐 일인지 아무리 노력해도 취업하기가 힘듭니다. 이번에 Y 회사에 이력서를 냈는데 그르칠까 봐 걱정입니다. 더군다나 이번이 그럴듯한 회사의 채용공고가 거의 마지막이기 때문에 실패하게 된다고 생각하니 숨이 막힐 것 같습니다. 어떻게 해서라도 좋은 회사에 취업을 해야만 한다고 생각하니 하루하루 생활이 힘듭니다.

(1) 이 내담자를 진단하고, 어떤 기법을 사용해야 하는지를 쓰시오.

(2) 직업상담을 실시한다면 각 치료단계(5단계)마다 어떤 내용으로 상담을 진행해야 하는지 간략하게 가상적인 상담내용을 쓰시오.

(3) 호소문에 제시되지는 않았으나, 이 내담자가 가지고 있는 예측될 수 있는 문제는 무엇이 있는지 6가지를 쓰시오.

(1) 진단 및 기법

내담자의 강박적 사고에 대해 합리적 · 정서적 치료(RET 또는 REBT기법)를 적용한다.

(2) 치료단계(5단계)

① A(선행사건) : 내담자는 연속된 취업 실패 이후 Y 회사에 입사 지원을 하려고 한다.

② B(비합리적 신념체계) : 내담자는 이번이 부모님을 실망시키지 않기 위해 그럴듯한 회사에 취업할 수 있는 마지막 기회라고 믿고 있다.

③ C(결과) : 내담자는 극심한 우울과 불안, 긴장감을 느끼고 있다.

④ D(논박) : 내담자에게 인생의 중요한 선택을 부모의 기대에 맞추는 것이 합당한지, 취업 실패로 절망에 빠지면 어떤 이득이 있는지 등에 대해 반박한다.

⑤ E(효과) : 내담자는 자신의 미래는 스스로 결정하는 것이며, 실패 후에도 새로운 기회를 위해 도전할 수 있다고 생각하게 된다.

(3) 예측 가능한 문제(6가지)

① 실업에 의한 스트레스

② 불안감 및 우울감

③ 좌절감 및 무기력감

④ 분노감 및 죄책감

⑤ 자아존중감 저하

⑥ 부적응적 대인관계

03 내담자의 정보 및 행동에 대한 이해기법 중 가정 사용하기, 왜곡된 사고 확인하기, 변명에 초점 맞추기에 대해 간략히 설명하시오. [2013년 1회]

쌤의 만점답안

① 가정 사용하기 : 내담자의 방어를 최소화하기 위해 특정 행동에 대한 가정을 사용하여 질문한다.

② 왜곡된 사고 확인하기 : 내담자의 극단적 생각이나 과도한 일반화 등 왜곡된 사고에 주의를 기울인다.

③ 변명에 초점 맞추기 : 내담자의 책임 회피나 변형, 결과의 재구성 등으로 나타나는 변명에 주의를 기울인다.

04 직업상담 시 저항적이고 동기화되지 않은 내담자들을 동기화시키기 위한 효과적인 전략을 3가지 쓰고 각각에 대해 설명하시오. [2013년 1회]

> **쌤의 만점답안**

① 내담자의 변형된 오류 수정 : 내담자의 방어기제 사용이나 의사소통 방해 등 책임회피를 위한 행동을 규정하여 명확한 행동계획이 수립될 수 있도록 한다.
② 내담자와 친숙해지기 : 내담자와의 안정된 관계 속에서 내담자의 변화를 유도하며, 책임감을 받아들이도록 돕는다.
③ 은유 사용하기 : 내담자로 하여금 다양한 이야기 매체들에서의 은유를 자신의 관심사와 연결시키는 동시에 문제 해결의 실마리로 활용할 수 있도록 돕는다.

05 내담자의 정보 및 행동에 대한 이해와 관련하여 전이된 오류의 유형 3가지를 쓰고 각각에 대해 간략히 설명하시오. [2014년 2회]

> **쌤의 만점답안**

① 정보의 오류 : 내담자가 대략적으로 이야기하거나 불분명한 용어, 제한된 어투를 사용함으로써 발생한다.
② 한계의 오류 : 내담자가 예외를 인정하지 않거나 불가능을 가정함으로써 발생한다.
③ 논리적 오류 : 내담자가 인간관계를 잘못 설정하거나 타인의 마음을 해석하려고 함으로써 발생한다.

06 '근거 없는 신념 확인하기'를 엘리스(Ellis)의 ABCDEF 모델로 예를 들어 설명하시오. [2016년 3회]

> 사례 : 내담자는 취업면접에서 거절당한 후 앞으로 자신이 원하는 직업을 절대 얻지 못할 것이라 생각함

> **쌤의 만점답안**

① A(선행사건으로서 활성화된 경험) : 면접시험에 잘 대응하지 못하여 취업에 실패함
② B(신념체계로서 근거 없는 믿음) : 거절당한다는 것은 견딜 수 없는 일이며, 무례한 사람임을 의미함
③ C(활성화된 경험에 관한 신념의 결과) : 우울감, 무가치감, 희망 결여
④ D(근거 없는 신념의 토론과 논쟁) : 원하는 직업을 절대 얻지 못할 것이라 생각하는 이유에 대해 질문 형태로 진술함
⑤ E(인지적 · 정서적 · 행동적 효과) : 누구나 자신이 원하는 직업을 가질 수 있는 것도 아니고, 그에 대해 우울해할 필요도 없으며, 보다 철저히 준비하여 새롭게 도전하면 됨
⑥ F(새로운 느낌) : 현실적이고 성숙하며 합리적인 새로운 느낌으로 전환함

2과목 직업상담 및 취업지원

01 ▶ 직업상담의 개념

1 직업상담의 이해

대표 문제

직업상담의 목적 5가지를 쓰시오. [2022년 1회, 2008년 1회, 2002년 3회]

쌤의 해결 포인트

직업상담의 목적에 관한 내용은 교재마다 혹은 학자마다 약간씩 다르게 제시되고 있습니다. 그러나 직업상담의 목적 5가지에 관한 내용은 이미 직업상담사 2급 필기시험에 여러 차례 출제된 바 있고 그 출처 또한 명확하므로, 가급적 아래 [쌤의 만점답안]의 5가지로 제시된 답안을 암기하시기 바랍니다.

쌤의 만점답안

① 내담자가 이미 잠정적으로 선택한 진로결정을 확고하게 해 주는 과정이다.
② 개인의 직업목표를 명백하게 해 주는 과정이다.
③ 내담자가 자기 자신과 직업세계에 대해 알지 못했던 사실을 발견하도록 돕는 과정이다.
④ 내담자에게 진로 관련 의사결정능력을 길러주는 과정이다.
⑤ 내담자에게 직업선택 및 직업생활에서의 능동적인 태도를 함양하도록 돕는 과정이다.

(1) 직업상담의 의의

개인의 생애진로과정 중 직업선택과 준비, 직업생활, 은퇴기 등에 제공되는 상담으로, 생애진로과정에서 직업과 관련하여 발생하는 다양한 의사결정이 바람직하게 이루어질 수 있도록 돕기 위한 상담을 말한다.

(2) 직업상담의 목적 [2022년 1회, 2008년 1회, 2002년 3회]

① 일반적인 직업상담의 목적

  ㉠ 직업계획과 직업선택에 대한 확신·확인
- 직업상담은 내담자가 이미 잠정적으로 선택한 진로결정을 확고하게 해 주는 과정이다.
- 상담자는 내담자가 잠정적으로 결정한 직업이 과연 내담자에게 적합한가를 각종 심리검사 자료와 여러 가지 정보를 활용하여 평가해 줄 필요가 있다.

  ㉡ 직업목표의 명확화
- 직업상담은 개인의 직업목표를 명백하게 해 주는 과정이다.
- 상담자는 내담자가 가진 막연한 직업적 목표를 명확히 해 주고, 잘못된 판단이나 결정이 있는 경우 이를 바로잡아 줄 필요가 있다.

ⓒ 자아와 직업세계에 대한 이해 촉진
- 직업상담은 내담자가 자기 자신과 직업세계에 대해 알지 못했던 사실을 발견하도록 돕는 과정이다.
- 상담자는 내담자의 자기이해의 안목을 넓혀주고, 직업의 요구조건, 작업조건, 훈련기회, 고용기회, 보수관계, 장래전망 등 직업세계 전반에 대한 이해를 촉진한다.

ⓔ 진로의사결정 능력의 신장
- 직업상담은 내담자에게 진로 관련 의사결정능력을 길러주는 과정이다.
- 상담자는 내담자가 여러 가지 진로문제들에 직면하는 상황에서 현명하게 적응하고 선택해 나갈 수 있는 능력과 기술을 가르쳐 줄 수 있어야 한다.

ⓜ 직업선택 및 직업생활에서의 능동적 태도 함양
- 직업상담은 내담자에게 직업선택 및 직업생활에서의 능동적인 태도를 함양하도록 돕는 과정이다.
- 상담자는 내담자가 주위 환경에 얽매이지 않고 자기를 성장시킬 수 있는 능력과 태도를 기를 수 있도록 도와야 한다.

② 기즈버스(Gysbers)의 직업상담의 일반적인 목표
ⓐ 예언과 발달 – 능력과 적성 발달에 대한 관심
생애진로발달에 관심을 두어야 한다.

ⓑ 처치와 자극 – 진로발달이나 직업문제에 대한 처치
내담자들이 보다 효과적인 사람이 되는 데 필요한 지식과 기능을 습득할 수 있도록 한다.

ⓒ 결함과 유능(능력) – 결함보다 유능성에 초점을 맞추는 것
사람들이 문제를 효과적으로 다루도록 돕는다.

(3) 직업상담사의 자질과 역할

① 직업상담사가 갖추어야 할 자질 [2024년 3회, 2022년 2회, 2020년 4회, 2006년 1회, 2002년 3회]
ⓐ 상담업무를 수행하는 데 결함이 없는 성격 : 직업상담사는 통일된 동일시, 건설적인 냉철함, 정서성에서 분리된 지나치지 않은 동정심, 순수한 이해심을 가진 신중한 태도, 도덕적 판단, 두려움이나 충격에 대한 공감적 이해력 등을 갖추어야 한다.
ⓑ 내담자에 대한 존경심 : 직업상담사는 내담자 전인격에 대한 높은 존경심을 가져야 한다. 내담자를 있는 그대로 수용하고 내담자로 하여금 문제를 스스로 해결할 수 있도록 자유를 부여하며, 내담자에 대한 존경심을 잃지 말아야 한다.
ⓒ 자기 자신에 대한 이해 : 직업상담사는 자신에 대한 정당한 이해를 가져야 하며, 자신의 정서적 특성, 자기능력의 한계, 단점 등에 대해 충분히 파악하여야 한다.
ⓓ 상황 대처 능력 : 직업상담사는 내담자의 문제를 신중히 다루는 과정에서 정신적인 압박과 스트레스를 받기 쉽고 상담 과정에서 힘들고 난처한 상황에 처할 수 있으므로 상황대처능력이 뛰어나야 한다.
ⓔ 심리학적 지식 : 직업상담사는 다양한 연령층의 사람들과 상담을 해야 하므로 인간발달단계에 대한 심리학적 지식을 갖추어야 하며, 인간행동의 신체적·사회적·심리학적 요인에 대한 기초지식을 겸비하여야 한다.

ⓗ 프로그램 기획·개발·운영을 위한 지식과 실천능력 : 직업상담사는 내담자 유형에 적합한 직업상담 프로그램을 기획·개발·운영하고, 직업상담 행사를 개최하는 등 일련의 작업을 수행해야 하므로, 이를 위한 조사·분석·기획 등의 지식과 함께 일련의 작업을 수행할 수 있는 실천능력이 요구된다.

ⓢ 직업정보에 대한 분석능력 및 전산운영능력 : 직업상담사는 직업적 환경, 노동시장의 변화 양상, 미래 산업사회의 전망 등 다양한 직업적 정보에 대한 논리적·종합적·분석적 능력과 함께 전산운영능력을 갖추어야 한다.

ⓞ 그 밖의 자질 요건 : 그 밖에 직업상담사는 언어구사력, 대인관계 유지능력, 협조성과 인내성, 집중력 등은 물론 건강한 체력과 스트레스 조절능력 등을 갖추어야 한다.

② 직업상담사가 갖추어야 할 전문적인 지식 및 능력

㉠ 상담의 의미, 상담이론, 상담기술, 직업상담기법, 의사결정방법 등에 대한 기초적 지식과 상담수행능력

㉡ 인간의 진로발달, 적성·흥미·가치·성격 등에 대한 이해와 측정도구의 사용 및 해석능력

㉢ 직업문제를 갖고 있는 내담자에 대한 심리치료 능력

㉣ 직업의 종류, 일의 성격, 직무수준, 작업조건 및 안전, 요구되는 정신적·신체적 특질, 자격요건 등 직업에 관한 지식

㉤ 국가정책, 인구구조 변화, 인력수급 추계, 산업발전 추세, 미래사회 특징 등에 관한 지식

㉥ 조직 문화와 특징, 노동시장 행태 등에 관한 지식

㉦ 우리나라 직업발달에 관한 역사적 지식

㉧ 직업관, 직업윤리, 직업태도 등에 관한 지식

㉨ 직업정보를 계획적·체계적으로 수용·가공·관리하는 지식 및 능력

㉩ 직업상담을 위한 프로그램 개발 및 수행 능력

㉾ 상담실과 관련된 관리능력

㉫ 직업상담의 연구 및 평가능력

(4) 직업상담의 5단계 과정 [2020년 1회, 2009년 1회, 2000년 3회]

제1단계 – 관계형성과 구조화	상호존중에 기초한 개방적이고 신뢰 있는 관계를 형성하는 단계로서, 이 과정에서 구조화의 작업이 동시에 일어난다.
제2단계 – 진단 및 측정	표준화된 심리검사를 이용한 공식적 측정절차를 통해 내담자들이 자신의 흥미, 가치, 적성, 개인적 특성, 의사결정방식 등에 대해 자각할 수 있도록 돕는다.
제3단계 – 목표설정	직업상담의 목적이 문제해결 그 자체가 아닌 자기발전 및 자기개발에 있음을 인식시키면서, 내담자들의 목표가 명백해지는 경우 잠재적 목표를 밝혀 우선순위를 정한다.
제4단계 – 개입 또는 중재	내담자가 목표를 달성하는 데 도움이 될 수 있는 중재를 제안하여 개입한다.
제5단계 – 평가	상담자와 내담자는 그동안의 중재가 얼마나 효과적으로 적용되었는지를 평가한다.

기출복원문제로 핵심 복습

01 직업상담사가 갖추어야 할 자질을 5가지 쓰시오. [2022년 2회, 2006년 1회, 2002년 3회]

쌤의 만점답안

① 상담업무를 수행하는 데 결함이 없는 성격 : 건설적인 냉철함, 순수한 이해심을 가진 신중한 태도, 두려움이나 충격에 대한 공감적 이해력 등을 갖추어야 한다.
② 내담자에 대한 존경심 : 내담자를 있는 그대로 수용하며, 내담자 스스로 문제를 해결할 수 있도록 도와야 한다.
③ 자기 자신에 대한 이해 : 상담자 자신의 정서적 특성, 자기능력의 한계, 단점 등에 대해 충분히 파악하여야 한다.
④ 상황대처능력 : 스트레스 상황이나 난처한 상황에 처할 수 있으므로 상황대처능력이 뛰어나야 한다.
⑤ 심리학적 지식 : 인간발달단계에 대한 심리학적 지식과 함께 인간행동의 신체적·사회적·심리학적 요인에 대한 지식을 겸비하여야 한다.

유사 문제

직업상담사가 갖추어야 할 자질을 3가지 쓰고, 각각에 대해 설명하시오. [2024년 3회, 2020년 4회]

02 직업상담은 한 사람을 하나의 직업에 연결시키는 것 이상의 많은 과제가 요구되는 과정이다. 직업상담사는 내담자의 심리상태를 밝혀야 하고, 직업선택과 상담관계에 영향을 줄 수 있는 사회문화적 변인들을 이해해야 하며, 내담자로 하여금 삶의 다양한 역할들의 맥락에서 직업선택을 고려할 수 있도록 도와야 한다. 상담 과정의 측면에서 볼 때 직업상담은 5단계로 구성되는데, 이 5단계 과정을 순서대로 쓰시오.
[2020년 1회, 2009년 1회, 2000년 3회]

쌤의 만점답안

관계형성과 구조화 → 진단 및 측정 → 목표설정 → 개입 또는 중재 → 평가

합격 암기법 (5단) 관진목개평

2 직업상담의 문제유형

윌리암슨(Williamson)의 직업상담 문제유형의 4가지 분류를 쓰시오. [2022년 2회, 2020년 4회, 2018년 1회]

쌤의 해결 포인트

이 문제는 경우에 따라 "~ 쓰시오" 혹은 "~ 쓰고 설명하시오"의 형태로 제시되기도 합니다. 만약 "~ 쓰시오"의 형태로 제시되고 답안 작성 칸이 협소한 경우 단순히 각 유형의 명칭만 작성해도 정답으로 인정받을 수 있겠으나, 그렇지 않은 경우를 대비하여 가급적 간략한 설명까지 기억해 두시기 바랍니다.

쌤의 만점답안

① 직업 무선택 또는 미선택 : 내담자가 직접 직업을 결정한 경험이 없거나, 선호하는 몇 가지의 직업이 있음에도 불구하고 어느 것을 선택할지를 결정하지 못하는 경우
② 직업선택의 확신부족(불확실한 선택) : 직업을 선택하기는 하였으나, 자신의 선택에 대해 자신감이 없고 타인으로부터 자기가 성공하리라는 위안을 받고자 추구하는 경우
③ 흥미와 적성의 불일치(모순 또는 차이) : 흥미를 느끼는 직업에 대해서 수행능력이 부족하거나, 적성에 맞는 직업에 대해서 흥미를 느끼지 못하는 경우
④ 현명하지 못한 직업선택(어리석은 선택) : 자신의 능력보다 훨씬 낮은 능력이 요구되는 직업을 선택하거나 안정된 직업만을 추구하는 경우

합격 암기법 ✎ (월문) 무확불선

유사 문제

• 윌리암슨(Williamson)이 분류한 직업상담의 문제유형을 3가지 쓰고, 각각에 대해 설명하시오.
  [2021년 3회, 2016년 2회, 2015년 1회, 2014년 3회, 2010년 1회, 2009년 2회]
• 윌리암슨(Williamson)의 특성-요인 직업상담에서 변별진단의 4가지 범주를 쓰시오. [2018년 1회]
• 윌리암슨(Williamson)의 특성-요인 직업상담에서 변별진단의 4가지 범주를 쓰고 설명하시오.
  [2015년 1회, 2010년 1회]
• 윌리암슨(Williamson)의 특성-요인 직업상담에서 직업의사결정과 관련하여 나타나는 여러 문제에 대한 변별진단 결과를 분류하는 4가지 범주를 쓰고 각각에 대해 설명하시오. [2014년 3회]

(1) 내담자의 직업선택 결정성 문제의 일반적인 이유

① 실패에 대한 두려움

② 중요한 타인들의 영향

③ 융통성 없는 완벽추구의 욕구

④ 성급한 결정 내리기

⑤ 우유부단에 대한 강화

⑥ 다재다능함

⑦ 좋은 직업들의 부재

(2) 직업선택 문제유형의 분류

① 윌리암슨(Williamson)의 직업선택 문제유형 분류

[2022년 2회, 2021년 3회, 2018년 1회, 2016년 2회, 2015년 1회, 2014년 3회, 2010년 1회, 2009년 2회]

직업 무선택 또는 미선택	• 내담자가 직접 직업을 결정한 경험이 없거나, 선호하는 몇 가지의 직업이 있음에도 불구하고 어느 것을 선택할지를 결정하지 못하는 경우이다. • 내담자는 자신의 선택의사를 표현할 수 없으며, 자신이 무엇을 원하는지조차 모른다고 대답한다.
직업선택의 확신부족 (불확실한 선택)	• 직업을 선택하기는 하였으나, 자신의 선택에 대해 자신감이 없고 타인으로부터 자기가 성공하리라는 위안을 받고자 추구하는 경우이다. • 내담자는 교육수준 부족, 자기이해 부족, 직업세계에 대한 이해 부족, 실패에 대한 두려움, 자신의 적성에 대한 불신 등으로 인해 직업선택에 대해 확신을 가지지 못한다.
흥미와 적성의 불일치 (흥미와 적성의 모순 또는 차이)	• 흥미를 느끼는 직업에 대해서 수행능력이 부족하거나, 적성에 맞는 직업에 대해서 흥미를 느끼지 못하는 경우이다. • 내담자가 흥미를 느끼는 직업에 적성이 없거나, 적성을 가지고 있는 직업에 흥미를 느끼지 못하는 등 흥미와 적성이 일치하지 않는다.
현명하지 못한(않은) 직업선택 (어리석은 선택)	• 동기나 능력이 부족한 사람이 고도의 능력이나 특수한 재능을 요구하는 직업을 선택하는 경우, 흥미가 없고 자신의 성격에 부합하지 않는 직업을 선택하는 경우 또는 자신의 능력보다 훨씬 낮은 능력이 요구되는 직업을 선택하거나 안정된 직업만을 추구하는 경우이다. • 내담자는 목표와 맞지 않는 적성이나 자신의 흥미와 관계없는 목표를 가지고 있을 수 있다. 또한 직업적응을 어렵게 하는 성격적 특징이나 특권에 대한 갈망을 가지고 있을 수도 있다.

쌤의 비법노트

'직업선택 문제유형 분류'는 '직업문제 분류범주', '진로선택 유형진단', '직업상담 변별진단의 결과', '직업상담 변별진단의 범주', '변별진단 결과 분류의 범주' 등으로 시험에 출제될 수 있습니다. 여기서 '변별진단(Differential Diagnosis)'은 일련의 관련 있는 또는 관련 없는 사실들로부터 일관된 의미를 논리적으로 파악하여 문제를 하나씩 해결하는 과정을 의미합니다.

② 크라이티스(Crites)의 직업선택 문제유형 분류 [2016년 3회, 2012년 2회]

　　㉠ 적응성(적응 문제)

적응형	흥미와 적성이 일치하는 분야를 발견한 유형(예 흥미를 느끼는 분야와 적성에 맞는 분야가 일치하는 사람)
부적응형	흥미와 적성이 일치하는 분야를 찾지 못한 유형(예 흥미를 느끼는 분야도 없고 적성에 맞는 분야도 없는 사람)

　　㉡ 결정성(우유부단 문제)

다재다능형	재능(가능성)이 많아 흥미와 적성에 맞는 직업 사이에서 결정을 내리지 못하는 유형
우유부단형	흥미와 적성에 관계없이 어떤 직업을 선택할지 결정을 내리지 못하는 유형

　　㉢ 현실성(비현실성 문제)

비현실형	자신의 적성수준보다 높은 적성을 요구하는 직업을 선택하거나, 흥미를 느끼는 분야가 있지만 그 분야에 적성이 없는 유형
강압형	적성 때문에 직업을 선택했지만 그 직업에 흥미가 없는 유형
불충족형	흥미와는 일치하지만 자신의 적성수준보다 낮은 적성을 요구하는 직업을 선택하는 유형

쌤의 비법노트

크라이티스의 이론에서 '적응성', '결정성', '현실성'은 직업선택 관련 변인이고, 각 변인별 하위분류(예 적응형, 부적응형)는 구체적인 문제유형에 해당합니다. 이 둘을 반드시 구분하시기 바랍니다.

01 크라이티스(Crites)는 직업상담의 문제유형 분류에서 흥미와 적성을 3가지 변인들과 관련지어 분류하였다. 3가지 변인을 쓰고 설명하시오. [2016년 3회, 2012년 2회]

쌤의 만점답안

① 적응성(적응 문제) : 흥미와 적성의 일치 여부에 따라 '적응형'과 '부적응형'으로 구분한다.

② 결정성(우유부단 문제) : 재능의 풍부함이나 결단성 부족에 기인한 것으로 '다재다능형'과 '우유부단형'으로 구분한다.

③ 현실성(비현실성 문제) : 적성수준이나 직업적 흥미에 대한 고려 부족에 기인한 것으로 '비현실형', '불충족형', '강압형'으로 구분한다.

합격 암기법 ＼ (크) 적결현

02 직업상담의 이론 및 접근방법

1 정신분석적 상담

대표 문제

정신분석적 상담은 내담자의 자각을 증진시키고 행동에 대한 지적 통찰을 얻도록 돕는다. 내담자는 직접적인 방법으로 불안을 통제할 수 없을 때 무의식적으로 방어기제를 사용하는데, 내담자가 사용하는 방어기제의 종류를 3가지 쓰고, 각각에 대해 설명하시오. [2022년 1회, 2017년 1회, 2009년 1회, 2004년 1회]

쌤의 해결 포인트

- 방어기제의 각 예시는 매우 다양하게 제시될 수 있으며, 정답이 있는 것은 아닙니다. 보통 방어기제에 관한 문제는 3가지 혹은 5가지를 쓰도록 요구하는데, 3가지를 쓰도록 요구하는 경우 설명까지 쓰도록 출제되는 반면, 5가지를 쓰도록 요구하는 경우 설명 없이 각 종류의 명칭만 쓰도록 출제되고 있습니다. 예를 들어, 2004년 1회 및 2017년 1회 실무시험에서는 3가지를 설명과 함께 쓰도록 출제된 반면, 2009년 1회, 2019년 2회 및 2021년 3회 실무시험에서는 5가지의 명칭을 쓰도록 출제되었습니다.
- 참고로 문제에서 각 방어기제를 예를 들어 설명하라는 지시가 없다면, 굳이 예문까지 답안으로 작성할 필요는 없습니다. 또한 방어기제의 각 예들은 매우 다양하게 제시될 수 있으며, 정답이 있는 것은 아닙니다.

쌤의 만점답안

① 억압 : 죄의식이나 수치스러운 생각 등을 무의식으로 밀어내는 것이다.
② 부인(부정) : 고통이나 욕구를 무의식적으로 부정하는 것이다.
③ 합리화 : 자신의 말이나 행동에 대해 정당화하는 것이다.
④ 반동형성 : 무의식적 소망이나 충동을 본래의 의도와 달리 반대 방향으로 바꾸는 것이다.
⑤ 투사 : 자신의 행동과 생각을 마치 다른 사람의 것인 양 생각하고 남을 탓하는 것이다.

합격 암기법 ➘ (정방) 억부 합반투

유사 문제

정신분석적 상담은 내담자의 자각을 증진시키고 행동에 대한 지적 통찰을 얻도록 돕는다. 내담자는 직접적인 방법으로 불안을 통제할 수 없을 때 무의식적으로 방어기제를 사용하는데, 내담자가 사용하는 방어기제의 종류를 5가지만 쓰시오. [2021년 3회, 2019년 2회]

(1) 개 요

① 프로이트(Freud)의 정신분석이론은 인간을 비합리적이고 결정론적이며, 생물학적 충동과 본능을 만족시키려는 욕망에 의해 동기화된 존재로 가정한다.

② 어린 시절의 경험과 무의식을 강조하며, 인간의 적응을 방해하는 요소를 무의식 속에서 동기로 작용하고 있는 억압된 충동으로 본다.

③ 상담 과정은 어떤 위협이나 비난받을 위험이 없는 안전한 분위기 속에서 내담자로 하여금 과거에 효과적으로 대처할 수 없었던 장면들에 직면하도록 하고, 억압되어 있는 감정이나 충동을 자유롭게 표현하도록 함으로써 무의식의 세계를 의식적 수준으로 끌어올려 자각할 수 있도록 한다.

(2) 불안의 3가지 유형 [2021년 2회, 2017년 1회, 2012년 2회]

현실 불안	• '객관적 불안'이라고도 하며, 외부세계에서의 실제적인 위협을 지각함으로써 발생하는 감정적 체험이다. • 자아(Ego)가 현실을 지각하여 두려움을 느끼는 불안으로, 실제적 위협이나 위험으로부터 개인을 보호하는 데 기여한다. • 예를 들어 높은 굽의 구두를 신은 여성은 가파른 내리막길에서 넘어질지도 모른다는 불안감을 느끼게 된다.
신경증적 불안	• 자아가 원초아를 통제하지 못할 경우 발생할 수 있는 불상사에 대해 위협을 느낌으로써 나타난다. • 현실을 고려하여 작동하는 자아(Ego)와 본능에 의해 작동되는 원초아(Id) 간의 갈등에서 비롯된 불안으로, 원초아(Id)의 충동이 의식으로 분출되어 나오려는 위협에 대한 반응이다. • 신경증적 불안의 근본적인 원인은 원초아의 쾌락을 탐닉하는 경우 처벌을 받을 수 있다는 불안감에서 비롯된다.
도덕적 불안	• 원초아와 초자아 간의 갈등에 의해 야기되는 불안으로, 본질적 자기 양심에 대한 두려움과 연관된다. • 자신의 행동이 도덕적 기준에서 위배된 생각이나 행동을 했을 경우 생기는 불안으로, 이는 개인 내부의 힘의 균형에 대한 위협에서 비롯된다. • 원초아의 충동을 외부로 표출하는 것이 도덕적 원칙에 위배될 수 있다는 인식하에 이를 외부로 표출하는 것에 거부감을 느끼며, 경우에 따라 수치심과 죄의식에 사로잡힌다.

(3) 전이와 역전이

① 전이(Transference)

ㄱ 의미 : 내담자가 과거의 중요한 인물에게서 느꼈던 감정이나 생각을 상담자에게 투사하는 현상이다.

ㄴ 해결방안 : 상담자는 이러한 전이를 분석·해석함으로써 내담자의 무의식적 갈등과 문제의 의미를 통찰하도록 돕는다.

쌤의 비법노트

전이와 텅 빈 스크린
초기의 정신분석적 상담은 상담자의 '텅 빈 스크린'으로서의 역할을 강조하였습니다. '텅 빈 스크린(Bland Screen)'은 상담자의 익명성 및 중립성을 강조하는 개념으로, 상담자의 감정적 개입을 최소화하는 것입니다. 이때 내담자는 상담자에게 전이 반응을 투사하게 되며, 상담자는 이러한 전이를 분석·해석하게 되는 것입니다.

② 역전이(Counter Transference) [2022년 1회, 2009년 2회, 2006년 3회]

　　⊙ 의 미

　　　　• 내담자의 태도 및 외형적 행동에 대한 상담자의 개인적인 정서적 반응이자 투사이다.

　　　　• 상담자가 내담자와의 관계에서 이전에 다른 사람에게 가졌던 동일한 감정을 내담자에게 갖게 되는 현상이다.

　　　　• 역전이는 상담자로 하여금 내담자를 마치 자신의 과거 경험 속 인물로 착각하도록 하여 무의식적으로 반응하도록 함으로써 현실에 대한 왜곡을 야기한다.

　　ⓒ 해결방안

　　　　• 자기분석(Self-Analysis) : 상담자는 자기분석을 통해 자신의 과거 경험이 현재 자신에게 미치는 영향에 대해 지속적으로 점검한다.

　　　　• 교육분석(Training Analysis) : 상담자는 교육분석을 통해 자신에 대한 분석 결과 및 경험 내용을 지속적으로 축적한다.

　　　　• 슈퍼비전(Supervision) : 상담자가 자기분석과 교육분석을 받을 수 없는 경우 슈퍼바이저의 지도 · 감독을 받도록 한다.

(4) 방어기제의 종류 [2022년 1회, 2021년 3회, 2019년 2회, 2017년 1회, 2009년 1회, 2004년 1회]

① 억압(Repression) : 죄의식이나 괴로운 경험, 수치스러운 생각을 의식에서 무의식으로 밀어내는 것으로서 선택적인 망각을 의미한다.

　　예 부모의 학대에 대한 분노심을 억압하여 부모에 대한 이야기를 무의식적으로 꺼리는 경우

쌤의 비법노트

억압(Repression)은 프로이트가 제시한 방어기제 중 가장 중요한 것으로 다른 방어기제의 기초가 되는 무의식적 과정입니다.

---

② 부인 또는 부정(Denial) : 의식화되는 경우 감당하기 어려운 고통이나 욕구를 무의식적으로 부정하는 것이다.

　　예 자신의 애인이 교통사고로 사망했음에도 불구하고 그의 죽음을 인정하지 않은 채 여행을 떠난 것이라고 주장하는 경우

③ 합리화(Rationalization) : 현실에 더 이상 실망을 느끼지 않기 위해 또는 정당하지 못한 자신의 행동에 그럴듯한 이유를 붙이기 위해 자신의 말이나 행동에 대해 정당화하는 것이다.

　　예 여우가 먹음직스러운 포도를 발견하였으나 먹을 수 없는 상황에 처해 "저 포도는 신 포도라서 안 먹는다."라고 말하는 경우

④ 반동형성(Reaction Formation) : 자신이 가지고 있는 무의식적 소망이나 충동을 본래의 의도와 달리 반대되는 방향으로 바꾸는 것이다.

> 예 "미운 놈에게 떡 하나 더 준다."

⑤ 투사(Projection) : 사회적으로 인정받을 수 없는 자신의 행동과 생각을 마치 다른 사람의 것인 양 생각하고 남을 탓하는 것이다.

> 예 자기가 화가 난 것을 의식하지 못한 채 상대방이 자기에게 화를 낸다고 생각하는 경우

⑥ 퇴행(Regression) : 생의 초기에 성공적으로 사용했던 생각이나 감정, 행동에 의지하여 자기 자신의 불안이나 위협을 해소하려는 것이다.

> 예 대소변을 잘 가리던 아이가 동생이 태어난 후 밤에 오줌을 싸는 경우

⑦ 전위 또는 전치(Displacement) : 자신이 어떤 대상에 대해 느낀 감정을 보다 덜 위협적인 다른 대상에게 표출하는 것이다.

> 예 직장 상사에게 야단맞은 사람이 부하직원이나 식구들에게 트집을 잡아 화풀이를 하는 경우("종로에서 뺨 맞고 한강에서 눈 흘긴다.")

⑧ 대치(Substitution) : 받아들여질 수 없는 욕구나 충동 에너지를 원래의 목표에서 대용 목표로 전환시킴으로써 긴장을 해소하는 것이다.

> 예 "꿩 대신 닭"

⑨ 격리(Isolation) : 과거의 고통스러운 기억에서 그에 동반된 부정적인 감정을 의식으로부터 격리시켜 무의식 속에 억압하는 것이다.

> 예 직장상사와 심하게 다툰 직원이 자신의 '상사살해감정'을 무의식 속으로 격리시킨 채 업무에 있어서 잘못된 것이 없는지 서류를 강박적으로 반복하여 확인하는 경우

⑩ 보상(Compensation) : 어떤 분야에서 탁월하게 능력을 발휘하여 인정을 받음으로써 다른 분야의 실패나 약점을 보충하여 자존심을 고양시키는 것이다.

> 예 "작은 고추가 맵다."

⑪ 승화(Sublimation) : 정서적 긴장이나 원시적 에너지의 투입을 사회적으로 인정될 수 있는 행동방식으로 표출하는 것이다.

> 예 예술가가 자신의 성적 욕망을 예술로 승화하는 경우

기출복원문제로 핵심 복습

01 정신분석적 상담에서 필수적인 개념인 불안의 3가지 유형을 쓰고, 각각에 대해 설명하시오.
[2021년 2회, 2017년 1회, 2012년 2회]

쌤의 만점답안

① 현실 불안 : 외부세계에서의 실제적인 위협을 지각함으로써 발생한다.
② 신경증적 불안 : 자아가 원초아를 통제하지 못할 경우 발생할 수 있는 불상사에 대해 위협을 느낌으로써 나타난다.
③ 도덕적 불안 : 원초아와 초자아 간의 갈등에 의해 야기되는 것으로, 본질적 자기 양심에 대한 두려움과 연관된다.

02 역전이의 의미와 해결책 3가지를 쓰시오. [2022년 1회, 2009년 2회, 2006년 3회]

쌤의 만점답안

(1) 의 미
  내담자의 태도 및 외형적 행동에 대한 상담자의 개인적인 정서적 반응이자 투사이다.
(2) 해결책
  ① 자기분석을 통해 과거의 경험이 현재의 자신에게 미치는 영향을 분석한다.
  ② 교육분석을 통해 자기분석 결과 및 경험 내용을 지속적으로 축적한다.
  ③ 슈퍼바이저의 지도 · 감독을 받는다.

합격 암기법 ＼ (역) 자교슈

2 아들러(Adler)의 개인주의 상담

대표 문제

아들러(Adler)의 개인주의 상담에서 개인주의 상담과정의 목표를 5가지 쓰시오. [2022년 3회, 2013년 3회]

쌤의 해결 포인트

개인주의 상담(과정)의 목표는 아들러(Adler)에게서 영향을 받은 학자들에 따라 약간씩 다르게 제시될 수 있으나 내용상 차이는 없습니다. 아래에 있는 [쌤의 만점답안]은 1차 필기시험에 보기의 일부로 제시된 것으로서, 모삭(Mosak)의 견해에 해당합니다.

쌤의 만점답안

① 사회적 관심을 갖도록 돕는다.
② 패배감을 극복하고 열등감을 감소시킬 수 있도록 돕는다.
③ 잘못된 가치와 목표를 수정하도록 돕는다.
④ 잘못된 동기를 바꾸도록 돕는다.
⑤ 타인과 동질감을 갖도록 돕는다.
⑥ 사회의 구성원으로서 기여하도록 돕는다.

유사 문제

• 아들러(Adler)의 개인주의 상담과정의 목표를 3가지만 쓰시오. [2018년 2회, 2016년 1회]
• 아들러(Adler)의 개인주의 상담에서 개인주의 상담과정의 목표를 4가지 쓰시오. [2020년 1회]

(1) 개 요 [2009년 1회]

① 아들러(Adler)는 프로이트(Freud)의 곁을 떠나 개인심리학을 창시하였다. 그 이유는 본능적 충동이나 무의식적 과정보다 사회적 충동이나 의식적 사고가 더 중요하다고 생각했기 때문이다.

② 아들러는 프로이트의 생물학적이고 심리성적인 결정론에 반발하여 인간의 성장가능성과 잠재력을 중시하였다.

③ 프로이트의 정신분석이 생물학적 토대에 기초를 둔 반면, 아들러의 개인심리학은 사회심리학적 토대에 기초를 둔다.

④ 개인의 행동은 무의식에 의해 지배되는 것이 아닌 개인의 가치, 신념, 태도, 목표, 현실지각 등에 의해 결정되는 의식적·목표지향적인 것이다.

⑤ 인간은 목표지향적이며 목적론적 존재로 누구나 열등감을 가지고 있으며 이런 열등감의 극복과 우월성의 추구가 개인의 목표이다.

(2) 정신분석학과 개인심리학의 인간관 [2009년 1회]

정신분석학(프로이트)	개인심리학(아들러)
인간에 대해 객관적 입장을 가짐	인간에 대해 주관적 입장을 가짐
생물학적 토대에 기초	사회심리학적 토대에 기초
인과론 강조	원인론 강조
개인의 내적, 정신 내적인 측면과 관련된 개인 중심의 연구	사회와 상호작용하는 사회적 존재로 대인관계를 통하여 이해
인간을 분리적 관점으로 바라봄(환원주의적 관점에서 인간 성격을 원초아, 자아, 초자아로 구분)	인간을 목표지향적 의식을 지닌 통합적 관점으로 바라봄(총체주의적 관점에서 인간 성격을 통합적·분리할 수 없는 전체로 바라봄)
인간은 성적 동기를 지닌 존재로 본능과 현실이 갈등, 성적 충동에 의해 동기화	인간은 사회적 인정을 받기 위해, 사회적인 충동에 의해 동기화

쌤의 비법노트

아들러의 상담이론은 '개인심리학적 상담'으로 지칭하기도 합니다. 프로이트(Freud)와 융(Jung)이 의식 너머 무의식에 인간을 움직이는 힘이 존재한다고 보았다면, 아들러는 무의식보다는 의식 속에 인간을 움직이는 힘이 있다고 보았습니다.

(3) 개인주의 상담과정의 목표(Mosak) [2022년 3회, 2020년 1회, 2018년 2회, 2016년 1회, 2013년 3회]

① 사회적 관심을 갖도록 돕는다.

아들러(Adler)는 인간이 성적 동기보다 사회적 동기에 의해 동기화된다는 점을 강조하면서, 사회적 관심 및 사회적 관계를 강조하였다.

② 패배감을 극복하고 열등감을 감소시킬 수 있도록 돕는다.

열등감을 긍정적으로 해결하고 우월성을 통해 자기완성에 도달하는 것이 곧 개인의 목표이다.

③ 잘못된 가치와 목표를 수정하도록 돕는다.

상담자는 내담자의 잘못된 사회적 가치를 수정하도록 함으로써 내담자로 하여금 건전한 사회적 관심을 갖도록 노력해야 한다.

④ 잘못된 동기를 바꾸도록 돕는다.

상담자는 내담자의 단순한 증상 제거보다는 동기수정(Motivation Modification)에 더 큰 관심을 가져야 한다.

⑤ 타인과 동질감을 갖도록 돕는다.

개인은 자신의 욕구는 물론 타인의 욕구에도 관심을 가져야 하며, 인생과업을 완수하기 위해 기꺼이 타인과 협력해야 한다.

⑥ 사회의 구성원으로서 기여하도록 돕는다.

개인은 사회적 존재로서 자신의 위치를 찾고 소속감을 느끼며, 인류의 보다 큰 발전을 위해 기여하려는 의지를 가짐으로써 사회적으로 유용한 사람이 되고자 한다.

(4) 개인주의 상담 주요 개념 중 생활양식 [2014년 1회]

① 인생에 대한 기본태도로서 생의 초기(대략 4~5세경)에 형성되며, 이후 거의 변하지 않는다.

② 아들러(Adler)는 생활양식을 사회적 관심과 활동수준의 두 차원을 기준으로 네 가지 유형으로 구분하였다.

지배형	• 활동수준은 높으나 사회적 관심은 낮은 유형이다. • 독선적이고 공격적이며 활동적이지만 사회적 관심이 거의 없다. • 다른 사람들에게 상처를 주거나 그들을 착취함으로써 자기 자신의 우월성을 성취하려는 경향이 있다. • 아들러(Adler)는 알코올중독자, 약물중독자, 비행을 저지르는 사람, 독재자, 가학성애자 등이 이 유형에 포함된다고 보았다.
기생형 (획득형)	• 활동수준은 중간이고 사회적 관심은 낮은 유형이다. • 기생적인 방식으로 외부세계와 관계를 맺으며, 다른 사람에게 의존하여 자신의 욕구를 충족한다. • 가능한 한 많은 것을 소유하는 데 관심을 가지며, 다른 사람에게서 모든 것을 기대하는 반면 아무것도 되돌려주지 않는다.
회피형 (도피형)	• 참여하려는 사회적 관심도 적고 활동수준도 낮은 유형이다. • 성공하고 싶은 욕구보다 실패에 대한 두려움이 더 강하기 때문에 도피하려는 행동을 자주 한다. • 아들러(Adler)는 신경증 환자, 정신병 환자 등이 이 유형에 포함된다고 보았다.
사회적으로 유용한 형	• 사회적 관심과 활동수준이 모두 높은 유형이다. • 사회적 관심이 크므로 자신과 타인의 욕구를 동시에 충족시키며, 인생과업을 완수하기 위해 다른 사람과 협력한다. • 타인의 행복에 관심을 보이며, 공동선과 공공복리를 위해 협력적인 태도를 보인다. • 문제를 효과적으로 해결하는 정상적인 사람이자 성공적인 사람으로서, 4가지 유형 중 이 유형만이 심리적으로 건강하다.

(5) 열등감 콤플렉스의 원인 [2018년 1회]

기관열등감	• 개인의 신체와 연관된 것으로서, 외모나 신체적 불완전 등 자신의 신체에 대한 부정적인 인식에서 비롯되는 열등감을 말한다. • 자신의 외모에 대해 어떻게 생각하는지, 신체적으로 건강한지 혹은 자주 아픈지 등 신체적으로 불완전하거나 만성적으로 아픈 아이들은 다른 아이들과 성공적으로 경쟁할 수 없고 열등감 속에 움츠러들게 된다.
과잉보호	• 부모의 자녀교육과 연관된 것으로서, 자녀를 독립적으로 키우느냐 혹은 의존적으로 키우느냐는 결국 부모의 교육방식에 따라 달라진다는 것이다. • 부모의 과잉보호 속에 자란 아이들은 다른 사람들이 항상 그를 위해 모든 것을 해 주기 때문에 자신감이 부족하게 되므로, 인생의 어려운 고비에 부딪혔을 경우 그들 스스로 해결할 능력이 없다고 판단하여 열등감에 빠지게 된다.
양육태만	• 부모가 자녀에 대해 최소한의 도리를 하지 않는 것과 연관된 것으로서, 아이들의 성장에 있어서 부모의 사랑과 관심이 매우 중요한 요소임을 부각시킨다. 즉, 아이들로 하여금 자신의 존재 가치를 느끼도록 하기 위해서는 부모와의 신체접촉, 놀이를 통한 정서적 안정이 필요하다는 것이다. • 부모의 양육태만에 의해 방치된 아이들은 근본적으로 자신이 필요하지 않다고 느끼고 있기 때문에 열등감을 극복하기보다는 오히려 문제에 대해 회피하거나 도피하는 양상을 보이게 되며, 자신의 능력을 인정받고 애정을 얻거나 타인으로부터 존경받을 수 있다는 자신감을 잃은 채 살아가게 된다.

(6) 개인주의 상담의 4단계 치료과정 [2012년 1회]

① 제1단계 - 상담관계의 형성 및 치료목표 설정

  ㉠ 상담관계를 형성하기 위해서는 우선 첫 면접에서 내담자가 상담에 대해 어떠한 기대를 가지고 있으며, 자신의 문제를 어떠한 방식으로 보고 있는지 살펴보아야 한다. 또한, 그동안 자신의 문제를 극복하기 위해 어떠한 노력을 펼쳐왔으며, 지금 상담을 받으러 오게 된 계기가 무엇인지 파악해야 한다.

  ㉡ 특히 생산적인 상담관계를 형성하기 위해서는 내담자에 대한 공감적 이해와 언어적·비언어적 경청을 통해 내담자로 하여금 상담에 대한 두려움이나 열등감에서 벗어나도록 도와야 한다. 또한, 협력적인 분위기에서 상담자와 내담자 간의 신뢰관계를 형성하며, 상호 합의하에 치료목표를 설정하고 치료과정을 구성해야 한다.

② 제2단계 - 개인역동성의 탐색

  ㉠ 상담자는 내담자의 생활양식과 가족환경, 개인적 신념과 부정적 감정, 자기 파괴적인 행동양상 등을 파악하여, 그것이 현재 생활의 문제에 있어서 어떻게 기능하는지 이해해야 한다. 이를 위해서는 내담자의 개인역동성에 대한 심층적인 탐색이 필요하며, 특히 가족구조, 출생순위, 꿈, 최초기억, 행동패턴 등에 주의를 기울여야 한다.

  ㉡ 이와 같은 탐색을 통해 발견된 것들은 평가 및 분석의 과정을 거쳐 내담자의 치료에 방해가 되는 요인들에 대한 가설을 수립할 수 있도록 해 주며, 치료 과정에 대한 방향을 제시해준다.

③ 제3단계 - 해석을 통한 통찰

  ㉠ 상담자는 내담자에 대한 지지와 격려를 지속적으로 보내는 한편, 해석과 직면을 통해 내담자로 하여금 자신의 생활양식을 자각하며, 자신의 외면적 행동을 통해 나타나는 내재적 원인에 대해 통찰할 수 있도록 해야 한다.

  ㉡ 상담자는 내담자가 자신의 생활양식, 현재의 심리적인 문제, 잘못된 신념 등 기본적인 오류를 깨닫도록 하며, 그것이 내담자에게 어떻게 문제가 되는지 해석한다. 이와 같은 해석을 통한 통찰은 무엇이 내담자로 하여금 좀 더 효율적으로 행동하지 못하도록 하는지에 대해 깨닫도록 함으로써 잘못된 목표를 버리고 효율적인 행동양식을 추구하도록 유도한다.

④ 제4단계 - 재교육 혹은 재정향

  ㉠ 재교육 또는 재정향은 통찰을 행동으로 전환시키는 것으로서, 내담자로 하여금 회피해 왔던 위험을 감수하는 것이 생각보다 나쁘지 않다는 사실을 발견하도록 하는 것이다.

  ㉡ 상담자는 해석을 통해 획득된 내담자의 통찰이 실제 행동으로 전환될 수 있도록 다양한 능동적인 기술을 사용한다. 이 과정에서 상담자는 내담자가 잘못된 생각을 계속해서 유지하고자 할 때 그것을 지적하며, 내담자가 달성할 수 있는 과제를 내담자와 함께 정한다.

  ㉢ 상담자는 내담자를 격려하여 내담자의 자신감과 용기를 증진시키며, 확고한 목표를 통해 내담자의 변화를 실행하고자 하는 노력을 촉진한다.

기출복원문제로 핵심 복습

01 직업상담에서 프로이트(Freud)의 정신분석학적 접근과 아들러(Adler)의 개인심리학적 접근의 인간관을 비교 설명하시오. [2009년 1회]

쌤의 만점답안

① 프로이트는 인간에 대하여 객관적 입장을 가졌으며 아들러는 인간에 대해 주관적 입장을 가졌다.

② 프로이트는 인간을 생물학적 토대에 기초한 결정론적 관점으로 바라보았으며, 아들러는 인간을 사회심리학적 토대에 기초하여 가능성의 관점을 가진 존재로 바라보았다.

③ 프로이트는 인간을 분리적 관점으로 바라보았으나, 아들러는 인간을 목표지향적 의식을 지닌 통합적 관점으로 바라보았다.

④ 프로이트는 인간을 성적 동기를 지닌 존재로 성적 충동에 의하여 동기화된다고 보았으나, 아들러는 인간이 사회적 인정을 받기 위해, 사회적인 충동에 의해 동기화된다고 보았다.

02 아들러(Adler)의 개인주의 상담에서 생활양식 4가지 유형을 쓰고 설명하시오. [2014년 1회]

쌤의 만점답안

① 지배형 : 활동수준은 높으나 사회적 관심이 낮음

② 획득형 : 활동수준은 중간이고 사회적 관심은 낮음

③ 회피형 : 활동수준, 사회적 관심 모두 낮음

④ 사회적으로 유용한 형 : 활동수준, 사회적 관심 모두 높음

03 아들러(Adler)의 개인주의 상담이론에서 열등감 콤플렉스의 원인 3가지를 쓰시오. [2018년 1회]

쌤의 만점답안

① 기관열등감 : 외모나 신체적 불완전에서 비롯되는 열등감

② 과잉보호 : 부모의 과잉보호에 따른 자신감 부족, 능력 결핍에서 비롯되는 열등감

③ 양육태만 : 부모의 양육태만에 따른 존재 가치감 부족에서 비롯되는 열등감

04 아들러(Adler)의 개인주의 상담의 4단계 치료과정을 순서대로 쓰시오. [2012년 1회]

쌤의 만점답안

① 제1단계 : 상담관계의 형성 및 치료목표 설정
② 제2단계 : 개인역동성의 탐색
③ 제3단계 : 해석을 통한 통찰
④ 제4단계 : 재교육 혹은 재정향

대표 문제

실존주의적 상담은 실존적 존재로서 인간이 갖는 궁극적 관심사에 대한 자각이 불안을 야기한다고 본다. 실존주의 상담자들이 내담자의 궁극적 관심사와 관련하여 중요하게 생각하는 주제를 4가지 제시하고 각각에 대해 설명하시오. [2023년 2회, 2010년 2회, 2009년 3회]

쌤의 해결 포인트

• 이 문제는 아래의 두 가지 답안이 존재합니다. [답안 1]은 실존주의 상담자들의 일반적인 견해이고, [답안 2]는 얄롬(Yalom)이 보다 직접적으로 제시한 인간의 네 가지 궁극적 관심사에 해당합니다. 이 두 가지 답안의 내용은 사실상 서로 유사하며, 특히 자유와 책임, 삶의 의미성, 죽음과 비존재가 양쪽 모두에서 비중 있게 다루어지고 있는 점을 눈여겨볼 필요가 있습니다.
• 다만, 인터넷 카페에서 '불안'을 답안의 일부로 제시하는 경우를 볼 수 있는데, 이는 정답으로 보기 어렵습니다. 비록 실존주의 상담에서 개인이 겪는 불안을 하나의 삶의 조건으로 간주한다고 해도, 불안은 궁극적 관심사에 대한 자각에서 비롯되는 실존적 반응이지, 그 자체로 궁극적 관심사와 관련된 핵심주제로 간주하지는 않기 때문입니다.

쌤의 만점답안

[답안 1]
① 자유와 책임 : 인간은 자기결정적인 존재로서, 자신의 삶의 방향을 결정하고 그에 대해 책임진다.
② 삶의 의미성 : 인간은 자신의 삶의 목적과 의미를 찾기 위해 노력한다.
③ 죽음과 비존재 : 인간은 자신이 죽는다는 것을 스스로 자각한다.
④ 진실성 : 인간은 자신을 정의하고 긍정하는 데 필수적이라면 어떤 것이든지 한다.

합격 암기법 (실궁) 자삶죽진

[답안 2]
① 죽음 : 죽음의 불가피성과 삶의 유한성은 삶을 더욱 가치 있게 만든다.
② 자유 : 인간은 스스로 선택하고 자신의 삶에 대해 책임을 진다.
③ 고립 또는 소외 : 인간은 자신의 실존적 고립(소외)에 대해 인정하고 직면함으로써 타인과 성숙한 관계를 맺을 수 있다.
④ 무의미성 : 인간은 자신의 삶과 인생에서 끊임없이 어떤 의미를 추구한다.

유사 문제

• 실존주의 상담자들이 내담자의 궁극적 관심사와 관련하여 중요하게 고려한 요인 3가지를 쓰고 설명하시오. [2012년 3회]
• 실존주의적 상담은 실존적 존재로서 인간이 갖는 궁극적 관심사에 대한 자각이 불안을 야기한다고 본다. 실존주의 상담자들이 내담자의 궁극적 관심사와 관련하여 중요하게 생각하는 주제 3가지를 쓰고, 각각에 대해 설명하시오. [2023년 1회, 2020년 2회, 2017년 2회]

(1) 개 요

① 실존주의 상담은 구체적인 기법을 갖춘 하나의 이론적 상담모델이라기보다는 실존주의 철학을 상담에 적용한 것이다.

② 인간은 자기자각(Self-Awareness) 능력을 통해 각자 자신의 삶의 방식을 선택할 책임이 있으며, 그와 같은 선택이 자신의 운명에 영향을 미치게 된다는 것을 자각할 수 있다.

③ 개인이 겪는 불안은 하나의 삶의 조건으로서, 특히 자유와 책임의 양면성에 대한 자각은 인간으로 하여금 실존적 불안으로 이끌게 된다.

④ 실존주의 상담은 특히 대면적 관계를 중시하는데, 이는 진정한 대면을 통해서만이 내담자가 성장할 수 있다는 가정에서 비롯된다.

(2) 실존적 존재로서 인간의 궁극적 관심사

[2023년 1회, 2023년 2회, 2017년 2회, 2012년 3회, 2010년 2회, 2009년 3회]

① 일반적인 견해

㉠ 자유와 책임 : 인간은 매 순간 자신의 의지에 따라 선택할 수 있는 자유를 가진 자기결정적인 존재이다. 인간은 근본적으로 자유롭기 때문에 삶의 방향을 결정하고 자기의 존재를 개척해 나가는 데 책임을 져야 한다.

㉡ 삶의 의미성 : 삶의 목적과 의미를 찾기 위한 노력은 인간의 독특한 특성이다. 삶은 그 자체 내에 긍정적 또는 부정적인 의미를 가지고 있지 않으며, 인간 스스로 삶의 의미를 어떻게 창조해 나가는가에 달려 있다.

㉢ 죽음과 비존재 : 인간은 미래에 언젠가는 자신이 죽는다는 것을 스스로 자각하며, 삶의 과정에서 불현듯 비존재에로의 위협을 느끼게 된다. 삶이 무한하다면 모든 일은 연기할 수 있으며, 그것이 의미 있는 것이라면 미래의 목표를 향해 나아갈 수 있다. 그러나 인간의 삶은 유한한 것이고 인간에게는 현재의 삶만이 의미를 가진다.

㉣ 진실성 : 진실적인 존재로 있다는 것은 우리를 정의하고 긍정하는 데 필수적인 어떤 것이든지 한다는 것을 의미한다. 개인은 진실적 실존 속에서 언젠가 일어나게 될 비존재의 가능성에 직접적으로 직면하게 되고, 불확실성 속에서 선택적 결정을 내리며, 그 결과에 대해 책임을 진다.

② 알롬(Yalom)이 제시한 실존적 존재로서 인간의 궁극적 관심사

㉠ 죽음 : 죽음은 불안의 가장 기본적인 원천으로, 삶과 죽음, 존재와 비존재는 상호적이다. 이때 실존적 갈등은 죽음의 불가피성에 대한 자각과 삶을 지속하려는 소망 간의 갈등이다. 이러한 죽음의 불가피성과 삶의 유한성은 오히려 삶을 더욱 가치 있게 만들며, 죽음의 불안은 현재의 삶에 충실하도록 자극하는 역할을 한다.

㉡ 자유 : 자유와 그에 대한 책임을 갖고 태어난 인간은 안정되고 구조화된 세상에 살지 않으므로 갈등을 경험하게 된다. 이때 실존적 갈등은 자유 및 근거 없음에 대한 자각과 안정된 근거 및 구조에 대한 소망 간의 갈등이다. 실존적 의미에서 자유는 인간이 스스로 선택하고, 자신의 삶에 대해 책임을 질 수 있는 존재임을 강조한다.

ⓒ 고립 또는 소외 : 얄롬(Yalom)은 인간이 실존적으로 고독한 존재임을 강조하면서, 고립(소외)의 3가지 형태, 즉 대인관계적 고립(Interpersonal Isolation), 개인내적 고립(Intrapersonal Isolation), 실존적 고립(Existential Isolation)을 구분하였다. 특히 실존적 고립은 인간과 세계 간의 근본적인 분리를 의미하는 것으로, 인간은 자신의 실존적 고립에 대해 인정하고 직면함으로써 타인과 성숙한 관계를 맺을 수 있다.

ⓔ 무의미성 : 무의미성은 삶의 의미가 무엇인가 하는 질문에 대한 내적 갈등으로, 이때 실존적 갈등은 전혀 의미가 없는 세계에서 자신의 의미에 대한 욕구를 어떻게 발견할 것인가에서 비롯된다. 인간은 자신의 삶과 인생에서 끊임없이 어떤 의미를 추구하는 존재로, 삶은 예정된 각본이 없기에 개인 각자는 자신의 의미를 스스로 구축해야 한다.

쌤의 비법노트

실존주의 상담이론의 대표적인 학자인 얄롬(Yalom)은 보다 직접적으로 인간의 네 가지 궁극적 관심사에 대해 제시하였습니다. 그는 개인이 죽음, 자유, 고립(소외), 무의미성에 직면할 때 실존적인 준거들로부터 나온 내적 갈등의 내용이 구성된다고 보았습니다.

(3) 실존주의 상담의 인간본성에 대한 철학적 기본가정(Patterson & Mischel) [2024년 2회, 2013년 2회]

① 인간은 자각하는 능력(자기인식 능력)을 가지고 있다.

인간은 자기 자신, 자신이 하고 있는 일, 그리고 자신에게 '여기-지금' 일어나고 있는 일들에 대해 자각하는 능력을 가지고 있다. 이와 같은 능력이 인간을 다른 모든 동물들과 구분 지으며, 인간으로 하여금 선택과 결단을 가능하게 한다.

② 인간은 정적인 존재가 아닌 항상 변화하는 상태에 있는 존재이다.

인간은 하나의 존재가 아닌 존재로 되어가고 있는 혹은 무엇을 향해 계속적인 변화의 상태에 있는 존재이다.

③ 인간은 자유로운 존재인 동시에 자기 자신을 스스로 만들어 가는 존재이다.

외적 영향은 인간 실존에 제한조건이 될 수 있으나 결정요인은 될 수 없다. 인간 실존은 주어지는 것이지만 그 본질은 그가 어떻게 자신의 삶을 의미 있게 그리고 책임감 있게 만들어 가느냐에 달려있다.

④ 인간은 즉각적인 상황과 과거 및 자기 자신을 초월할 수 있는 능력을 가지고 있다.

인간은 초월의 능력을 통해 과거와 미래를 '여기-지금'의 실존 속으로 가져올 수 있다. 또한 자기자신과 상황을 객관적으로 볼 수 있으며, 여러 가지 대안을 고려하여 결단을 내릴 수 있다.

⑤ 인간은 장래의 어느 시점에서 무존재가 될 운명을 지니고 있으며, 자기 스스로 그와 같은 사실을 자각하고 있는 존재이다.

인간은 누구나 자신이 죽게 된다는 사실을 자각하고 있으며, 궁극에는 그와 같은 사실에 직면하게 된다. 그러나 인간은 실존의 의미와 가치를 깨닫기 위해 끊임없이 비존재, 죽음, 고독의 불가피성을 자각해야 하며, 그것에 직면하는 용기를 지녀야 한다.

(4) 실존주의 상담에서 가정하는 양식의 세계 [2019년 1회]

주변세계(Umwelt)	인간이 접하며 살아가는 환경 혹은 생물학적 세계를 의미한다. 인간에게 주변세계는 생물학적 욕구, 추동 및 본능을 포함한다.
공존세계(Mitwelt)	인간이 사회적 존재로서 더불어 살아간다는 것으로, 인간관계 영역에 관심을 두는 것을 의미한다. 개인은 타인과의 관계로 이루어지는 공동체 세계에 존재한다.
고유세계(Eigenwelt)	개인 자신의 세계이자, 개인이 자신에게 가지는 관계를 의미한다. 고유세계는 오로지 인간에게만 나타나는 것으로 자각, 즉 자기 관계성을 전제로 한다.
영적세계(Uberwelt)	실존적 존재로서 인간 각자가 갖는 믿음이나 신념의 세계로 영적 혹은 종교적 가치와의 관계를 의미한다. 영적세계는 이상적 세계이자, 개인이 세계가 되기를 원하는 방식이다.

더 알아보기

실존철학자들에게서 나타나는 공통된 특징(실존철학의 공통된 경향)
- 실존이란 언제나 인간의 실존으로서, 인간에게만 특유한 존재양식이다.
- 실존이란 언제나 개인의 실존으로서, 각 개인에게 고유한 존재양식이다.
- 실존철학에서는 어떤 사물을 기준으로 인간 문제가 측정될 수 없다.
- 실존철학은 방법에 있어서 다분히 현상학적이다.
- 실존철학은 역동적이다.
- 실존철학은 개인에 주안점을 두면서 구체적 상황 속의 인간을 연구대상으로 삼는다.
- 실존철학자들은 특수하고 일회적인 실존적 체험을 자신의 철학적 동기로 삼는다.

(5) 내담자의 자기인식능력 증진을 위한 상담자의 치료원리 [2014년 2회]

① 죽음의 실존적 상황에의 직면에 대한 격려

상담자는 내담자로 하여금 죽음의 실존적 상황에 직면하도록 격려한다. 죽음에의 자각은 사소한 문제에서 벗어나 핵심적인 것에 근거한 새로운 삶의 관점을 제공해 준다. 또한 죽음의 주제를 반복적으로 다룸으로써 둔감화 과정을 통해 내담자로 하여금 죽음에 익숙해지고 죽음에 대한 불안을 감내할 수 있도록 해 준다.

② 삶에 있어서 자유와 책임에 대한 자각 촉진

상담자는 내담자에게 스스로의 삶에 대한 자유와 책임을 자각하도록 촉진한다. 내담자가 지닌 문제를 구체적으로 다룸으로써 내담자가 어떤 방식으로 책임회피 행동을 하는지 깨닫도록 돕는다.

③ 자신의 인간관계 양식에 대한 점검

상담자는 내담자로 하여금 실존적 고독에 직면시킴으로써 스스로 인간관계 양식을 점검하도록 돕는다. 이 과정에서 내담자는 인간 대 인간의 진실한 만남조차도 실존적 고독을 완전히 제거하지 못한다는 사실을 인식함으로써 고독 속에 머무르는 새로운 방법을 탐색하게 된다.

④ 삶의 의미에 대한 발견 및 창조에의 조력

상담자는 내담자로 하여금 삶의 의미를 발견하고 창조하도록 돕는다. 이 과정에서 내담자는 자신의 존재에 스스로 의미와 가치를 부여함으로써 삶을 충만하게 만들 수 있음을 깨닫게 된다. 또한 내담자는 자신의 실존에 대한 직면과 깨달음을 통해 삶의 진실성에 좀 더 다가가게 된다.

기출복원문제로 핵임 복습

01 실존주의 상담에서 제시하는 인간본성에 대한 철학적 기본가정 3가지를 쓰시오. [2024년 2회, 2013년 2회]

쌤의 만점답안

① 인간은 자각하는 능력을 가지고 있다.
② 인간은 정적인 존재가 아닌 항상 변화하는 상태에 있는 존재이다.
③ 인간은 자유로운 존재인 동시에 자기 자신을 스스로 만들어 가는 존재이다.
④ 인간은 즉각적인 상황과 과거 및 자기 자신을 초월할 수 있는 능력을 가지고 있다.
⑤ 인간은 장래의 어느 시점에서 무존재가 될 운명을 지니고 있으며, 자기 스스로 그와 같은 사실을 자각하고 있는 존재이다.

02 실존주의 상담에서 가정하는 양식의 세계 3가지를 쓰고, 각각에 대해 설명하시오. [2019년 1회]

쌤의 만점답안

① 주변세계 : 인간이 접하며 살아가는 환경 혹은 생물학적 세계를 의미한다.
② 공존세계 : 인간이 사회적 존재로서 더불어 살아가는 공동체 세계를 의미한다.
③ 고유세계 : 개인 자신의 세계이자, 개인이 자신에게 가지는 관계를 의미한다.
④ 영적세계 : 개인이 갖는 영적 혹은 종교적 가치와의 관계를 의미한다.

03 실존주의 상담에서 내담자의 자기인식능력 증진을 위한 상담자의 치료원리를 3가지 쓰시오. [2014년 2회]

쌤의 만점답안

① 죽음의 실존적 상황에 직면하도록 격려한다.
② 삶에 대한 자유와 책임을 자각하도록 촉진한다.
③ 자신의 인간관계 양식을 점검하도록 돕는다.
④ 삶의 의미를 발견하고 창조하도록 돕는다.

4

내담자 중심(인간 중심) 상담

대표 문제

로저스(Rogers)는 내담자 중심 상담을 성공적으로 이끄는 데 있어서 상담자의 능동적 성향을 강조하였으며, 패터슨(Patterson)도 내담자 중심 직업상담은 기법보다는 태도가 필수적이라고 보았다. 내담자 중심 접근법을 사용할 때 직업상담자가 갖추어야 할 3가지 기본태도에 대해 설명하시오.
[2024년 1회, 2023년 3회, 2016년 1회, 2015년 1회, 2015년 3회, 2009년 2회, 2009년 3회, 2008년 3회, 2007년 3회, 2006년 1회]

쌤의 해결 포인트

이 문제는 내담자 중심(인간 중심) 상담에서 강조되는 상담자의 태도, 상담자의 특성, 내담자 변화의 필요충분조건 등으로 제시될 수 있습니다.

쌤의 만점답안

① 일치성과 진실성 : 진실하고 개방적이어야 한다.
② 공감적 이해 : 내담자의 내면세계를 마치 자신의 내면세계인 것처럼 느껴야 한다.
③ 무조건적 수용 : 내담자를 아무런 조건 없이 무조건적이고 긍정적으로 존중해야 한다.

합격 암기법 ＼ (내기) 일공무

유사 문제

로저스(Rogers)는 내담자 중심 상담을 성공적으로 이끄는 데 있어서 상담자의 능동적 성향을 강조하였으며, 패터슨(Patterson)도 내담자 중심 직업상담은 기법보다는 태도가 필수적이라고 보았다. 내담자 중심 접근법을 사용할 때 직업상담사가 갖추어야 할 기본적인 태도 3가지를 쓰시오. [2020년 1회]

(1) 개 요

① 로저스(Rogers)의 상담경험에서 비롯된 대표적인 인본주의적 접근방법으로서, '비지시적 상담' 또는 '인간 중심 상담'이라고도 한다.
② 로저스는 인간이 현실에 대한 자신의 지각에 따라 스스로를 구조화하며, 자신의 나아갈 방향을 찾고 건설적인 변화를 이끌 수 있다고 보았다.
③ 내담자는 현실적 자기(Real Self), 이상적 자기(Ideal Self), 타인이 본 자기(Perceived Self) 간의 불일치 때문에 불안을 경험하는 사람으로 간주된다.
④ 개인이 일관된 자기개념(자아개념)을 가지고 자신의 기능을 최대로 발휘하는 사람이 되도록 도울 수 있는 환경을 제공하는 것을 기본목표로 한다.
⑤ 상담자의 적극적인 개입 없이도 자신의 방식을 찾아갈 수 있는 내담자의 역량 수준을 우선적으로 고려한다.
⑥ 내담자 중심 직업상담이 하나의 직업상담 접근법으로 정착하게 된 것은 패터슨(Patterson)의 개념화 작업에서 비롯된다.

(2) 내담자 중심 상담의 철학적 가정 [2018년 3회, 2014년 3회, 2010년 4회]

① 개인은 가치를 지닌 독특하고 유일한 존재이다.

② 개인은 자기확충을 향한 적극적인 성장력을 지니고 있다.

③ 개인은 근본적으로 선하며, 이성적이고 믿을 수 있는 존재이다.

④ 개인을 알려면 그의 주관적 생활에 초점을 두어야 한다.

⑤ 개인은 의사결정과 자신의 장래에 대한 선택권을 가지고 있다.

⑥ 개인은 계획하고, 결정하고, 훌륭한 사람이 되는 데 유용한 내적 자원을 가지고 있다.

⑦ 상담목표는 각 개인으로 하여금 자기를 수용하고 심리적 장애를 제거하려는 자기통찰을 통해 전인적인 기능을 발휘하도록 하는 데 있다.

(3) 직업상담자가 갖추어야 할 기본태도
[2024년 1회, 2023년 3회, 2020년 1회, 2016년 1회, 2015년 1회, 2015년 3회, 2009년 2회, 2009년 3회, 2008년 3회, 2007년 3회, 2006년 1회]

① 일치성과 진실성(진솔성)

　㉠ 상담자는 진실하고 개방적이어야 한다. 특히 자신의 감정이나 태도를 자신의 언행에서 일관되고 적절하게 표현해야 한다.

　㉡ 상담자는 자신의 감정을 솔직하게 인정하고 내담자의 진솔한 감정 표현을 유도한다. 이는 내담자의 개방적 자기탐색을 촉진하는 요인이다.

② 공감적 이해

　㉠ 상담자는 내담자의 현상적 세계를 인식하고 내담자의 내면세계를 마치 자신의 내면세계인 것처럼 느껴야 한다.

　㉡ 상담자는 내담자의 마음속으로 들어가 내담자로 하여금 자신의 감정을 강렬하게 경험하고 내부의 불일치를 인식하도록 돕는다.

③ 무조건적 수용(무조건적 긍정적 관심 또는 존중)

　㉠ 상담자는 내담자를 아무런 조건 없이 무조건적이고 긍정적으로 존중해야 한다.

　㉡ 상담자는 내담자의 갈등과 부조화를 수용하며, 단점을 지닌 있는 그대로의 개인으로서 내담자를 수용해야 한다.

(4) 로저스(Rogers)의 완전히(충분히) 기능하는 사람(Fully Functioning Person)의 주요 특징
[2015년 3회, 2008년 3회]

① 경험에 대한 개방성(An Openness to Experience)

자기실현의 욕구가 낮거나 내적 가능성을 배제한 채 자기방어를 하는 사람은 자기의 경험을 직시하지 못한 채 자신도 타인도 신뢰하지 못하는 경우가 많다. 반면, 완전히 기능하는 사람은 삶의 과정에서 당혹스러운 상황에 직면하더라도 그에 대해 위협을 느끼지 않은 채 그 경험을 받아들일 수 있게 된다.

② 실존적인 삶(Existential Living)

방어적인 사람은 자신이 기대하는 자기수준에 다가서기 위해 새롭게 주어지는 경험들을 왜곡시켜 받아들이는 경향이 있다. 반면, 완전히 기능하는 사람은 어느 순간에나 자신에게 주어진 삶의 영역을 충분히 영위하며 살아간다.

③ 자신의 유기체에 대한 신뢰(A Trust in One's Own Organism)

로저스(Rogers)는 인간의 유기체적 감각 전체가 때때로 지성보다 더욱 믿을 만한 가치가 있다고 주장하였다. 따라서 완전히 기능하는 사람은 어떤 결정을 내려야 하는 상황에서 자신의 경험을 토대로 그에 유용한 정보들을 수집하게 되며, 자신의 경험을 충분히 활용하여 상황 전반을 신중히 고려해 봄으로써 자신이 가장 만족할 만한 결론에 이를 수 있게 된다.

④ 자유 의식(A Sense of Freedom) 또는 경험적 자유(Experiential Freedom)

경험적 자유를 누리고 책임을 질 줄 아는 사람은 삶에 있어서 더욱 많은 선택의 기회를 가지게 되며, 자신이 원하는 것은 무엇이든 실제로 행할 수 있게 된다. 또한 자신의 삶이 일시적인 어떤 상황이나 사건에 의해 결정되기보다는 자기 자신에게 달려 있다고 믿음으로써, 폭넓은 시야를 가지고 다양한 선택을 할 수 있게 된다. 반면, 방어적인 사람은 경험적 자유를 느끼지 못하므로, 어떠한 선택을 하더라도 그 선택에 대한 행동을 수행하기는 쉽지 않다.

⑤ 창조성(Creativity)

로저스는 모든 경험에 대해 개방적인 사람들, 자신의 유기체에 대해 신념을 가진 사람들, 자신의 행동과 결정에 대해 융통성이 있는 사람들을 창조적이고 창의적인 삶을 사는 사람으로 표현하였다. 완전히 기능하는 사람은 창조적인 사람으로서 자발적으로 행동하고 자신의 생활 주변에서 보다 풍부한 변화와 자극을 통해 성공을 추구함으로써 발전적인 삶을 영위해 나간다.

(5) 패터슨(Patterson)의 직업정보 활용의 원리 [2013년 3회, 2008년 1회]

① 상담자는 내담자의 입장에서 필요하다고 인정할 때에만 상담과정에 도입하며, 상담자가 자진하여 직업정보를 제공하지 않는다.

② 상담자는 내담자에게 영향을 주거나 내담자를 의도적으로 조작하기 위해 직업정보를 사용해서는 안된다. 즉, 평가적인 방법으로 직업정보를 사용해서는 안 된다.

③ 내담자의 자발성과 책임성을 극대화하기 위해, 상담자는 내담자에게 정보의 출처(예 출판물, 고용주, 직업과 관련된 인물 등)를 알려준 후 내담자 스스로 자신에게 필요한 정보를 찾도록 격려한다.

④ 상담자는 직업에 대한 내담자의 생각, 태도, 감정을 자유롭게 표현하도록 배려함으로써 상담이 효과적으로 이루어지도록 한다. 또한 내담자가 해당 정보에 대해 가지는 주관적인 의미에도 주의를 기울인다.

(6) 내담자 중심 직업상담과 특성-요인 직업상담의 차이점 [2014년 2회, 2010년 2회, 2001년 1회]

내담자 중심 직업상담	특성-요인 직업상담
내담자에게는 문제를 스스로 해결할 수 있는 능력이 있다	내담자는 문제를 스스로 해결할 수 없는 나약한 존재이다.
내담자는 자유롭고 신뢰할 수 있는 존재이므로, 상담자는 보조자로서 내담자 스스로 당면한 문제를 해결하도록 돕는다.	상담자는 주도자로서 내담자의 문제를 종합·진단하며, 문제해결을 위한 정보를 제공한다.
상담은 비지시적·수용적인 분위기에서 이루어진다	상담은 내담자에 대한 충고와 설득을 통한 지시적인 방식으로 이루어진다.
내담자의 주관적·감정적 측면을 강조하는 반면, 객관적 자료의 중요성을 간과하는 경향이 있다.	내담자의 주관적·감정적 측면을 소홀히 한 채 객관적인 자료에만 의존하는 경향이 있다.
상담 과정에서 내담자와의 관계형성이 절대적이다.	상담 과정에서 내담자와의 관계형성이 절대적인 것은 아니다.
상담 이전에 심리진단이 필요하지 않다.	상담 이전에 심리진단이 필요하다.

쌤의 비법노트

특성-요인 접근법은 각 개인의 특성과 요인에 따른 분류 및 비교에 초점을 둔 반면, 내담자 중심 접근법은 각 개인의 개별성·독특성을 강조하는 데 초점을 둡니다. 또한 특성-요인 접근법은 물리적 현상으로서 외부세계를 강조한 반면, 내담자 중심 접근법은 개인적 경험으로서 내부세계를 강조합니다.

01 로저스(Rogers)의 인간 중심(내담자 중심) 상담의 철학적 가정을 5가지 쓰시오.
[2018년 3회, 2014년 3회, 2010년 4회]

쌤의 만점답안

① 개인은 가치를 지닌 독특하고 유일한 존재이다.
② 개인은 적극적인 성장력을 지닌 존재이다.
③ 개인은 선하고 이성적이며, 믿을 수 있는 존재이다.
④ 개인의 주관적 생활에 초점을 두어야 한다.
⑤ 개인은 의사결정과 장래선택의 권리를 가지고 있다.

유사 문제

로저스(Rogers)의 인간 중심(내담자 중심) 상담의 철학적 가정을 4가지 쓰시오. [2023년 1회]

02 로저스(Rogers)가 제시한 '완전히 기능하는 사람'의 특징을 4가지 쓰시오. [2015년 3회, 2008년 3회]

쌤의 만점답안

① 경험에 대해 개방적이다.
② 실존적인 삶을 사는 사람이다.
③ 자신의 유기체에 대해 신뢰한다.
④ 자유 의식(경험적 자유)을 지니고 있다.
⑤ 창조성을 지니고 있다.

03 내담자 중심 직업상담에서 직업정보 활용의 원리는 검사해석의 원리와 같다. 패터슨(Patterson)은 이를 어떻게 설명하고 있는지 3가지를 쓰시오. [2013년 3회, 2008년 1회]

쌤의 만점답안

① 내담자의 입장에서 필요하다고 인정할 때에만 상담과정에 도입한다.
② 내담자에게 영향을 주거나 내담자를 조작하기 위해 사용하지 않는다.
③ 내담자 스스로 자신에게 필요한 정보를 찾도록 격려한다.
④ 내담자에게 직업에 대한 생각, 태도, 감정을 자유롭게 표현하도록 한다.

04 내담자 중심 직업상담과 특성-요인 직업상담의 차이점을 2가지 설명하시오.

[2014년 2회, 2010년 2회, 2001년 1회]

쌤의 만점답안

① 내담자 중심 상담은 내담자 스스로 문제해결능력이 있다고 보는 데 반해, 특성-요인 상담은 내담자를 나약한 존재로 본다.

② 내담자 중심 상담은 비지시적·수용적인 분위기에서 이루어지는 데 반해, 특성-요인 상담은 충고와 설득을 통한 지시적인 분위기에서 이루어진다.

5 형태주의 상담

(1) 개 요

① 펄스(Perls)에 의해 발전된 상담이론으로, '게슈탈트(Gestalt) 상담'이라고도 한다.

② 인간의 본성에 대한 실존주의적 철학과 인본주의적 관점의 토대 위에 '여기-지금(Here and Now)'에 대한 자각과 개인의 책임을 강조한다.

③ 인간은 과거와 환경에 의해 결정되는 존재가 아니라 현재의 사고, 감정, 느낌, 행동의 전체성과 통합을 추구하는 존재이다.

(2) 형태주의 상담의 주요 목표 [2022년 2회, 2017년 2회, 2012년 2회]

① 개인의 체험 영역 확장

상담자는 내담자의 방어를 해체하고 억압했던 자신의 부분을 다시 접촉하도록 함으로써 내담자의 체험 영역, 즉 '자기 경계(I-boundary)'의 확장을 도와야 한다. 자기 경계가 넓어질수록 내담자는 자신의 욕구와 감정을 다양하게 체험할 수 있게 되며, 그만큼 활동 영역 또한 넓어지게 된다.

② 인격의 통합

상담자는 내담자의 분할되고 소외된 인격의 부분을 다시 접촉하여 체험하게 함으로써 내담자의 인격 통합을 도와야 한다. 특히 내담자가 외부로 투사한 억압된 에너지를 다시 자각하도록 하여 이를 통합시키는 것이 중요하다.

③ 독립과 자립

상담자는 내담자로 하여금 독립적인 사람이 되도록 함으로써 내담자 스스로 자신의 내적 힘을 동원하여 자립할 수 있도록 도와야 한다. 특히 타인에게 의존하거나 타인을 조종하려고 하는 시도를 좌절시킴으로써 자신의 에너지를 동원하여 주체적으로 행동하고 스스로 자신을 지지하도록 한다.

④ 자신에 대한 책임감

상담자는 내담자로 하여금 자신의 행동을 스스로 선택하고 책임질 수 있도록 도와야 한다. 형태주의 상담에서 책임이란 자신의 삶을 환경과의 유기적인 관계 속에서 능동적이고 자율적으로 선택하며, 그에 따른 결과를 자신의 것으로 받아들일 수 있는 능력을 말한다.

⑤ 각성과 변화, 성장

상담자는 내담자로 하여금 스스로 이상적인 상태로 변화하고 성장해 나갈 수 있도록 도와야 한다. 내담자의 증상을 제거하거나 교정하기보다는 내담자의 자생력을 북돋아 주어 스스로 혼란을 극복하고 각성하도록 함으로써 새로운 변화와 성장을 향해 나아가도록 해야 한다.

⑥ 실존적인 삶

상담자는 내담자로 하여금 실존적인 삶을 살도록 도와야 한다. 실존적인 삶이란 자기 자신의 삶을 사는 것, 즉 자신의 자연스러운 욕구에 따라 사는 것을 의미하는 것으로, 이는 자신의 모든 에너지를 불안과 고통을 피하기 위해 미래를 계획하고 방어를 구축하는 데 소모하는 병적인 삶과는 구별된다.

(3) 펄스(Perls)가 주장한 인격의 5가지 신경증의 층(Neurotic Layers) [2013년 3회]

피상층 혹은 허위층	• 진실성이 없이 상투적으로 대하는 거짓된 상태로서, 개인은 형식적 · 의례적인 규범에 따라 피상적인 만남을 한다. • 표면적으로는 세련되고 적응적인 행동을 보이지만 깊은 자기개방을 하지 않는다.
공포층 혹은 연기층	• 개인은 자신의 고유한 모습으로 살아가지 못한 채 부모나 주위환경의 기대에 따라 역할을 수행한다. • 자신의 욕구를 억압한 채 다른 사람의 기대를 마치 자신의 욕구인 양 착각하며, 자신에 대해 관념적인 규준을 설정한다. 예 "나는 모범생이어야 한다." • 자신의 실제적인 모습이 외부로 드러날 경우 다른 사람들에 의해 거부당할 수 있다는 두려움과 공포를 가지고 있다.
교착층 혹은 막다른 골목	• 개인은 자신이 했던 역할연기를 자각하게 되면서 더 이상 같은 역할을 지속적으로 수행하는 데에 대해 곤경과 허탈감, 무력감을 경험하게 된다. • 성숙의 과정에서 곤경 혹은 교착상태에 놓이는 시점으로, 이때 개인은 자신의 내부에 자원이 없어서 주위 환경의 지지에 의해서만 곤경을 벗어날 수 있다고 생각하는 경향이 있다. • 펄스(Perls)는 대부분의 사람이 이 층의 경험을 회피하려고 하며, 모든 신경증의 핵심에 이와 같은 교착상태가 있다고 주장하였다.
내파층 혹은 내적 파열층	• 개인은 그동안 억압해온 자신의 욕구와 감정을 알아차리게 되지만 이를 겉으로 드러내지 못한 채 안으로 억제한다. • 욕구와 감정의 자기 내부로의 지향은 유기체 에너지가 오랫동안 차단된 결과 막강한 파괴력을 가지고 있으므로 이를 외부로 발산할 경우 다른 사람과의 관계에 악영향을 미칠 것이라는 두려움 때문이다. • 개인은 일종의 긴장성 마비와 같이 응축된 에너지로 인해 온몸이 경직되기도 하며, 무기력감 속에서 죽음에 대한 공포를 느끼기도 한다.

폭발층 혹은 외적 파열층	• 개인은 자신의 진정한 욕구와 감정을 더 이상 억압 또는 억제하지 않은 채 외부로 표출하게 된다. • 자신의 욕구와 감정을 분명하게 알아차림으로써 강한 게슈탈트(Gestalt)를 형성하게 되며, 이는 환경과의 접촉을 통해 완결된다. • 미해결 과제들을 전경으로 떠올려 해결함으로써 진정한 자기(Self)로서 실존할 수 있는 상태에 이르게 된다.

더 알아보기

형태주의 상담의 주요 개념

• 여기-지금(Here and Now) 또는 지금-여기(Now and Here) : 형태주의 상담은 '여기-지금'에서의 상황과 감정을 강조한다. 즉, 지금 여기서 무엇을 어떻게 경험하느냐가 중요한 것이다.
• 게슈탈트(Gestalt) : '전체' 또는 '형태' 등의 뜻을 지닌 독일어로, 개체가 자신의 욕구나 감정을 하나의 의미 있는 전체로 조직화하여 지각한 것을 의미한다.
• 전경과 배경(Figure-Ground) : 개체는 어떠한 대상이나 사건을 인식할 때 자신이 관심을 가지고 있는 부분을 부각시키는 반면, 그 외의 부분을 밀쳐내는 경향이 있다. 이때 관심의 초점으로 부각되는 부분을 '전경(Figure)', 관심 밖으로 밀려나는 부분을 '배경(Ground)'이라고 한다.
• 미해결 과제(Unfinished Business) : 완결되지 않은 게슈탈트(Gestalt)를 의미하는 것으로서, 인간의 분노, 격분, 증오, 고통, 불안, 슬픔, 죄의식, 포기 등과 같은 표현되지 못한 감정을 포함한다. 이러한 감정은 개인의 의식 배후에 자리하여 다른 사람과 효율적으로 접촉하는 것을 방해한다.
• 신경증의 층(Neurotic Layers) : 펄스(Perls)는 인간의 인격을 양파껍질에 비유하면서, 개인이 심리적 성숙을 얻기 위해 신경증의 층들을 벗겨나가야 한다고 주장하였다.

(4) 형태주의(게슈탈트) 상담기법

[2024년 2회, 2023년 2회, 2019년 3회, 2018년 2회, 2015년 3회, 2013년 2회, 2012년 1회, 2011년 1회]

① 욕구와 감정의 자각(욕구와 감정 알아차리기)

　㉠ 게슈탈트 상담에서는 현재 상황에서 자신의 욕구와 감정을 자각하는 것이 매우 중요하다.

　㉡ 상담자는 내담자의 생각이나 주장의 배후에 내재된 '여기-지금'에 체험되는 욕구와 감정을 자각하도록 도와야 한다.

　㉢ 내담자가 자신의 욕구와 감정을 자각함으로써 자기 자신 또는 환경과 잘 접촉하고 교류할 수 있으며, 변화와 성장을 이룰 수 있다.

　　예 "지금 어떤 느낌이 드시나요?", "지금 당신의 가슴속에 어떤 감정이 떠오르나요?", "'나는 ~을(를) 하고 싶다.'는 문장을 세 개 정도 완성해 보세요." 등

② 신체 자각(신체감각 알아차리기)

　㉠ 상담자는 내담자에게 현재 상황에서 느끼는 신체감각을 자각하도록 함으로써 자신의 욕구와 감정을 깨닫도록 도와야 한다.

　㉡ 상담자는 내담자로 하여금 보기, 듣기, 만지기, 냄새 맡기, 목소리 내기 등의 감각작용을 통해 환경과의 접촉을 증진하도록 해야 한다.

ⓒ 특히 에너지가 많이 집중되어 있는 신체부위에 대한 자각이 중요하다. 해소되지 못한 감정들이 여러 신체부위에 집중되어 긴장을 유발하거나 충동적 행동을 촉발할 수 있기 때문이다.

예 "당신의 내부로 주의를 기울여서 신체감각을 느껴보세요.", "어떤 신체부위에서 어떤 느낌이 느껴지나요?", "당신의 손이 무엇을 말하려고 하나요?" 등

③ 환경 자각(환경 알아차리기)

㉠ 상담자는 내담자에게 스스로의 욕구와 감정을 명확히 하도록 환경과의 접촉을 증진하며, 주위 환경에서 체험하는 것을 자각하도록 도와야 한다.

㉡ 자연의 경치, 주위 사물의 모습, 타인의 동작 등에 대해 어떠한 감각작용으로써 접촉하는지 자각하도록 하는 것이다.

㉢ 내담자는 환경과의 접촉을 통해 자신의 공상과 현실의 차이를 명료하게 깨달을 수 있다.

예 "주위의 사물들을 한 번 둘러보세요.", "방 안에 무엇이 보이나요?", "눈을 감고 주위에서 들리는 소리에 귀를 기울여 보세요." 등

④ 언어 자각(언어와 행위 알아차리기)

㉠ 상담자는 내담자의 말에서 행동의 책임소재가 불명확한 경우, 자신의 감정과 동기에 책임을 지는 문장으로 바꾸어 말하도록 해야 한다.

㉡ 내담자의 언어와 행동에는 그가 자신의 욕구와 감정을 표현하는 방식이 반영되어 있으므로, 상담자는 내담자로 하여금 자신의 언어와 행동을 알아차리고 부적응적인 것을 수정하도록 도와야 한다.

㉢ 내담자가 스스로 무심코 내뱉는 언어의 내용과 방식에 대해 좀 더 면밀하게 자각하게 될 때, 자신의 언어행위에 대한 책임의식이 고양된다.

예 내담자로 하여금 '그것', '우리' 등의 대명사 대신 '나는'으로, '~ 해야 한다', '~ 해서는 안 된다' 등의 객관적인 논리적 어투의 표현 대신 '~ 하고 싶다', '~ 하고 싶지 않다' 등의 주관적인 감정적 어투의 표현으로 변경하여 표현하도록 한다.

⑤ 역할연기(실연)

㉠ 역할연기 또한 내담자의 자각을 증진시키기 위한 기법으로서, 과거에 있었던 어떤 장면 혹은 미래에 있을 수 있는 어떤 장면을 현재에 벌어지는 장면으로 상상하여 실제 행동으로 연출해 보도록 하는 것이다.

㉡ 내담자로 하여금 자신의 경험이나 행동계획을 추상적인 개념으로 설명하는 대신 이를 직접 행동으로 연기해 봄으로써, 그동안 미처 인식하지 못했던 자신의 감정이나 행동패턴을 발견할 수 있다.

㉢ 역할연기는 내담자에게 그동안 자신이 회피해왔던 행동들을 실험해 볼 수 있는 기회를 제공한다.

예 직장 상사에게 자기주장을 펼치지 못하는 내담자로 하여금 직장 상사에게 일찍 퇴근하게 해달라고 요구하는 상황을 가정함으로써, 이와 같은 자기주장을 실제로 어떻게 펼칠 것인지 구체화하도록 한다.

⑥ 감정에 머무르기(머물러 있기)

　㉠ 상담자는 내담자에게 자신의 미해결 감정들을 회피하지 않고 견뎌내도록 함으로써 이를 해소하도록 도와야 한다.

　㉡ 이는 상처를 입었을 때 그것이 곪지 않도록 소독해 주는 것 말고 다른 할 일이 없듯이, 내담자로 하여금 미해결 감정에 직면하고 거기에 머무를 때 유기체가 스스로 알아서 치유한다고 보는 것이다.

　㉢ 내담자는 미해결 감정에 머무름으로써 그와 같은 자신의 감정을 통합하고 변화시킬 수 있게 된다. 특히 머물러 있기는 감정의 자각과 에너지의 소통에 유효하다.

　　예 "(이야기를) 계속하세요.", "그대로 계세요.", "지금 느끼는 대로 말하세요." 등

⑦ 직 면

　㉠ 직면은 진실을 외면하거나 회피하지 않은 채 있는 그대로 직시하여 알아차린다는 의미이다.

　㉡ 부적응적인 내담자들은 자신의 진정한 욕구와 감정을 회피하면서 미해결 과제들을 쌓아두는 것은 물론, 자신의 부적응적인 언어와 행동방식을 자각하지 못한 채 환경과 부적절한 방식으로 접촉하는 경우가 많다.

　㉢ 상담자는 내담자의 부적절한 행동을 지적하고 진정한 동기를 직면시켜 줌으로써 내담자로 하여금 미해결 과제를 해소하도록 도와야 한다.

　　예 "당신은 고통스러운 이야기를 하면서 웃고 계시네요. 지금 어떤 감정이 느껴지나요?", "말끝마다 '~ 한 것 같아요'라면서 확신 없이 대답하고 있다는 사실을 알고 있나요?" 등

⑧ 빈 의자 기법

　㉠ 빈 의자 기법은 현재 상담장면에 없는 사람과 상호작용할 필요가 있는 경우 내담자에게 그 인물이 맞은편 빈 의자에 앉아 있다고 상상하도록 하여 그 사람에게 하고 싶은 말과 행동을 하도록 유도하는 방법이다.

　㉡ 이 기법은 내담자로 하여금 중요한 사람에 대해 단순히 말로 묘사하는 것이 아닌 실제 상황에 가깝게 그 사람에게 직접 말하도록 할 수 있으며, 빈 의자와 자신의 의자 사이를 오가면서 상대방의 입장을 경험해 볼 수 있도록 하는 장점을 가지고 있다.

　㉢ 상담자는 내담자에게 상대방의 감정을 이해하도록 유도함으로써 외부로 투사된 자기 자신의 감정을 자각하도록 도와야 한다.

　　예 평소 아버지에 대해 반감을 가지고 있는 내담자로 하여금 아버지가 앉아 있다고 상상했던 빈 의자에 가서 앉아 직접 아버지의 역할을 연기해 보도록 함으로써 아버지의 심정을 느낄 수 있게 한다.

⑨ 꿈 작업하기

　㉠ 꿈은 내담자의 욕구나 충동 혹은 감정이 외부로 투사된 것이며, 꿈에 나타난 대상은 내담자의 소외된 부분 또는 갈등된 부분에 대한 상징이라고 볼 수 있다.

　㉡ 이것은 정신분석에 의한 꿈의 해석과는 다른 것으로서, 상담자가 내담자에게 꿈을 현실로 재현하도록 하여 꿈의 각 부분과 동일시해 보도록 하는 것이다.

　㉢ 상담자는 내담자가 꿈의 대상과 동일시하여 하는 말과 행동을 면밀히 관찰한 후 이를 내담자에게 알려주어야 한다.

⑩ 실험하기(대화실험)
  - ㉠ 게슈탈트 상담에서의 '실험(Experiment)'은 내담자의 문제를 이해하고 해결하는 데 있어서 상담자가 창의적인 아이디어를 구상하여 내담자와 함께 하나의 상황을 연출함으로써 문제를 명확히 드러내고 그에 대한 새로운 해결책을 모색해 보는 창의적인 노력으로 볼 수 있다.
  - ㉡ 상담자는 내담자에게 특정 장면을 연출하거나 공상 대화를 하도록 제안함으로써 내담자로 하여금 내적인 분할을 인식하도록 도와야 한다.
  - ㉢ 궁극적으로 성격 통합을 촉진시키기 위한 것으로서, 내담자가 거부해온 감정이 바로 자신의 실제적인 일부분임을 깨닫도록 하는 것이다.

⑪ 과장하기
  - ㉠ 상담자는 내담자가 체험하는 욕구나 감정의 정도 및 깊이가 미약하여 그에 대해 명확히 자각하지 못할 때 감정 자각을 돕기 위해 특정 행동이나 언어를 과장하여 표현하게 한다.
  - ㉡ 이 기법은 내담자로 하여금 무의식적인 신체 동작을 되풀이하게 하거나 과장하게 함으로써 자신의 신체 언어를 이해하고 의식화하도록 해 준다.
  - ㉢ 상담자는 내담자에게 무심코 한 말을 되풀이하여 말하게 하거나 큰 소리로 말하게 함으로써 그 말 속에 담긴 의미를 자각할 수 있도록 한다.

⑫ 숙제의 사용
  - ㉠ 게슈탈트 상담은 상담장면에서 새롭게 체험하고 발견한 사실들을 실생활에 적용시킴으로써 내담자의 삶을 변화시키는 것을 중요한 목표로 삼는다.
  - ㉡ 상담자는 내담자로 하여금 상담 시간에 학습한 것을 실생활에서 실험해 보도록 여러 가지 숙제를 내줄 수 있다.
  - ㉢ 숙제는 내담자에게 상담 상황에서 실험한 것들의 현실적 타당성을 검증하는 기회를 제공해 줄 수 있다.

기출복원문제로 핵심 복습

01 형태주의 상담의 주요 목표 3가지를 쓰시오. [2022년 2회, 2017년 2회, 2012년 2회]

> **쌤의 만점답안**

① 자각에 의한 성숙과 통합의 성취
② 자신에 대한 책임감
③ 잠재력의 실현에 따른 변화와 성장

02 펄스(Perls)는 게슈탈트 상담이론에서 인간의 인격은 양파껍질을 까는 것과 같다고 했다. 인간이 심리적 성숙을 얻기 위해 벗어야 한다고 가정한 신경증 층 3가지를 쓰고 설명하시오. [2013년 3회]

> **쌤의 만점답안**

① 피상층(허위층) : 개인은 자기개방을 하지 않은 채 상투적·형식적으로 행동한다.
② 공포층(연기층) : 개인은 거부에 대한 공포감으로 부모나 주위 환경의 기대에 따른다.
③ 교착층(막다른 골목) : 개인은 자신이 했던 역할연기를 자각하면서 교착상태에 놓이게 된다.
④ 내파층(내적 파열층) : 개인은 그동안 억압해온 자신의 욕구와 감정을 알아차리지만 이를 안으로 억제한다.
⑤ 폭발층(외적 파열층) : 개인은 자신의 욕구와 감정을 외부로 표출하며, 자각을 통해 게슈탈트를 형성한다.

03 게슈탈트 상담기법 중 3가지를 쓰고, 각각에 대해 설명하시오. [2024년 2회, 2019년 3회, 2018년 2회]

> **쌤의 만점답안**

① 꿈 작업(꿈을 이용한 작업) : 꿈을 현실로 재현하도록 하여 꿈의 각 부분들과 동일시해 보도록 한다.
② 빈 의자 기법 : 특정 인물이 빈 의자에 앉아 있다고 상상하도록 하여 그에게 하고 싶은 말과 행동을 하도록 유도한다.
③ 과장하기 : 내담자의 감정 자각을 돕기 위해 특정 행동이나 언어를 과장하여 표현하게 한다.

합격 암기법 ➘ (게상) 꿈빈과

> **유사 문제**

- 형태주의(게슈탈트) 상담기법을 4가지만 쓰시오. [2011년 1회]
- 형태주의(게슈탈트) 상담기법을 4가지만 쓰고 설명하시오. [2012년 1회]
- 게슈탈트 상담기법 중 3가지를 쓰고 설명하시오. [2015년 3회, 2013년 2회]

04 형태주의 상담에서 내담자들이 자신에 대해 더 잘 자각하고, 내적 갈등을 충분히 경험하며, 미해결된 감정을 해결할 수 있도록 돕기 위해 사용하는 기법을 4가지만 쓰시오. [2023년 2회, 2011년 1회]

쌤의 만점답안

① 역할연기(실연)
② 대화연습(자기 부분들과의 대화)
③ 감정 유지(감정에 머무르기)
④ 과장해서 표현하기(과장하기)
⑤ 반대로 행동하기
⑥ 한 바퀴 돌기
⑦ 투사놀이
⑧ "~에 대한 책임이 나에게 있습니다." 등

6 교류분석적 상담(의사교류분석 상담)

대표 문제

교류분석적 상담에서 성격 자아상태 분석을 위한 인간의 자아상태 3가지를 쓰시오. [2020년 2회]

쌤의 해결 포인트

- 교류분석적 상담은 내담자의 현재 결정이 과거에 설정된 전제나 신념들을 토대로 이루어진다고 가정합니다.
- 인간의 자아상태를 '부모 자아', '성인 자아', '아동 자아'라는 세 가지 독특한 형태로 구성되어 있다고 보는데, 현재 타인과의 상호작용에서 자신과 타인의 자아상태가 이 세 가지 자아 중 어떤 자아상태에 있는가를 분석합니다.
- 이와 같은 성격 자아상태 분석은 교류분석적 상담에서 사용하는 주요 분석 유형 중 구조분석(Structural Analysis)에 해당합니다.

쌤의 만점답안

① 부모 자아(어버이 자아)
② 성인 자아(어른 자아)
③ 아동 자아(어린이 자아)

__합격 암기법__ ＼ (교자) 부모 성인 아동

유사 문제

교류분석적 상담에서 주장하는 자아의 3가지 형태를 쓰시오. [2016년 2회, 2009년 3회, 2003년 1회]

(1) 개 요

① 교류분석적 상담은 개인의 현재 결정이 과거에 설정된 전제나 신념들을 토대로 이루어진다고 가정한다.
② 인간을 자율적인 존재, 자유로운 존재, 선택할 수 있는 존재, 책임질 수 있는 존재로 본다.
③ 초기결정의 변화 가능성과 함께 새로운 결정을 내릴 수 있는 개인의 능력을 강조한다.
④ 대부분의 다른 이론들과 달리 계약적이고 의사결정적인 양상을 보인다.
⑤ 개인 간 그리고 개인 내부의 상호작용을 분석하기 위한 구조를 제공한다.
⑥ 상담 과정에서 내담자의 성격 자아상태 분석을 실시한다.
⑦ 각본(대본)분석 평가항목이나 질문지를 사용하며, 게임과 삶의 위치분석, 가족모델링 등의 기법을 활용한다.

(2) 내담자 이해를 위한 분석 유형 [2018년 2회, 2013년 2회]

① 구조분석(Structural Analysis)

  ㉠ 내담자 자신의 부모(어버이) 자아, 성인(어른) 자아, 아동(어린이) 자아의 내용이나 기능을 이해하는 방법이다.

  ㉡ 내담자의 사고, 감정, 행동을 세 가지 자아상태와 결부시켜 자아상태에 대한 이해 및 적절한 활용을 돕는다.

② 교류분석 또는 의사교류분석(Transactional Analysis)

상보교류	두 자아상태가 상호 지지하고 있는 교류로서, 발신자가 기대하는 대로 수신자가 반응한다.
교차교류	사람 사이에 복수의 자아상태가 개입되어 상호 충돌함으로써 서로 기대하고 있는 발신과 수신이 이루어지지 않는다.
이면교류	재적 교류와 잠재적 교류가 동시에 작용하는 것으로서, 대화 속에 숨어있는 의사를 교류한다.

  ㉠ 두 사람 간의 의사소통 과정에서 나타나는 세 가지 교류 유형, 즉 상보교류(Complementary Transaction), 교차교류(Crossed Transaction), 이면교류(Ulterior Transaction)를 파악한다.

  ㉡ 두 사람 간 자극과 반응의 소통 양상에 따른 교류 유형을 발견함으로써 비효율적인 교류 유형에서 벗어나 효율적인 교류가 이루어지도록 돕는다.

③ 라켓 및 게임 분석(Racket & Game Analysis)

  ㉠ '라켓(Racket)'은 라켓 감정에 이르는 조작된 행동을 의미하며, '라켓 감정(Racket Feelings)'은 자신의 진정한 감정 대신 부모가 허용한 감정을 표현하는 것이다.

   예 누나는 동생이 자신의 인형을 망가뜨려 화를 냈다가 어머니에게 야단을 맞았다. 이후 또다시 동생이 자신의 인형을 망가뜨리자 이번에는 화를 내는 대신 이를 참고 혼자 울먹였다. 어머니는 화를 내지 않는 모습에 칭찬을 해 주었고, 그러자 누나는 화가 나더라도 이를 참고 혼자 울먹이게 되었다.

  ㉡ '게임(Game)'은 라켓 감정을 유발하는 이면교류이다. 생활각본(인생각본)을 따르므로 예측 가능한 결과를 나타내며, 각본신념을 강화하는 양상을 보인다.

   예 구직자가 직업상담사를 찾아와서 자신에게 적합한 직업을 소개해달라고 요청하였다. 직업상담사가 다양한 제안을 했으나 구직자는 여러 이유를 제시하면서 받아들이지 않았다. 구직자는 이후에도 몇 차례 더 직업상담사에게 문의를 하였다. 직업상담사가 "이건 어떨까요?"라고 물으면, 구직자는 "예, 그런데…"로 답하기를 반복하였다. 그러나 사실 심리적 수준에서 직업상담사의 경우 '어디 당신이 받아들일 만한 일자리를 제안하나 봐라.', 구직자의 경우 '아무리 떠들어봐라, 내가 받아들이는가?'라는 메시지를 주고받은 것이다.

  ㉢ 라켓 및 게임 분석은 내담자로 하여금 라켓 감정과 게임을 깨닫도록 하여 부정적 자아상태에서 긍정적 자아상태로 전환하도록 돕는다.

④ 각본분석 또는 생활각본분석(Script Analysis)

　　㉠ '각본(Script)'은 어릴 때부터 형성하기 시작한 무의식적인 인생계획으로, 특히 부모나 환경에 대한 반응으로 어린 시절의 자아 상태에서 내린 수많은 초기결정을 토대로 형성된다.

　　㉡ 내담자로 하여금 현 자아상태에서의 각본신념을 깨닫고 '여기-지금(Here and Now)'에서 이를 적절히 효율적인 신념으로 변화시키는 과정이다.

　　㉢ 각본에 따르는 것은 과거의 부적응적인 사고, 감정, 행동을 반복하는 것이므로, 이와 같은 자기제한적 각본신념을 변화시키고 자율성을 획득할 필요가 있다.

(3) 교류분석 상담에서의 인간의 자아상태 [2020년 2회, 2016년 2회, 2009년 3회, 2003년 1회]

부모 자아 또는 어버이 자아 (P ; Parent)	• 출생에서부터 5년간 주로 부모를 통해 모방 또는 학습하게 되는 태도 및 기타 지각 내용과 그 행동들로 구성된다. • 어릴 때 부모로부터 받은 영향을 그대로 재현하는 상태로서 개인의 가치, 도덕, 신념 등을 나타낸다. • 기능상 '비판적 부모 자아(CP ; Critical Parent)'와 '양육적 부모 자아(NP ; Nurturing Parent)'로 구분된다.
성인 자아 또는 어른 자아 (A ; Adult)	• 대략 18개월부터 발달하기 시작하여 12세경에 정상적으로 기능하는 자아이다. • 현실을 합리적이고 객관적으로 판단하며, 문제에 대한 적절한 해결책을 찾는다. • 다른 두 자아상태를 중재한다. 즉, 아동 자아와 부모 자아의 갈등을 완화시키고 부모 자아로부터 아동 자아가 위협받는 것을 보호해 준다.
아동 자아 또는 어린이 자아 (C ; Child)	• 어린아이처럼 행동하거나 어린아이의 감정을 그대로 표현하는 자아상태이다. • 자발성, 창의성, 충동, 매력, 기쁨 등을 특징으로 흥미로운 생각과 행동을 일으키는 내적 강도의 원천이다. • 기능상 '자유로운 아동 자아(FC ; Free Child)'와 '순응적 아동 자아(AC ; Adapted Child)'로 구분되며, 더 나아가 성인 자아의 축소판으로서 '어린이 교수 자아(LP ; Little Professor)'로 삼분하기도 한다.

(4) 기본적인 생활자세 [2019년 1회, 2011년 2회]

① 자기 부정, 타인 긍정(I'm not OK, You're OK)

　　㉠ 타인을 긍정적으로 보는 반면, 자신을 부정적으로 본다.

　　㉡ 이러한 태도를 가진 사람은 타인과 비교하여 자신은 무력한 사람이라고 생각하고 자신의 욕구보다는 타인의 욕구를 위해 봉사하며, 자신은 희생당한 사람이라고 느낀다.

　　㉢ 이와 같이 솔직하지 못한 사회적 상호작용은 타인의 권력을 지지하는 반면, 자신의 권력은 부정하는 것이 특징이다.

② 자기 긍정, 타인 부정(I'm OK, You're not OK)

　　㉠ 자신을 긍정적으로 보는 반면, 타인을 부정적으로 본다.

　　㉡ 이러한 태도를 가진 사람은 자신의 문제를 타인에게 투사하고 타인을 비난하며, 그들을 끌어내리고 비판한다.

　　㉢ 이와 같이 자기중심적인 상호작용은 자신의 우월성을 부각시키는 반면, 타인의 열등성을 비난하는 것이 특징이다.

③ 자기 부정, 타인 부정(I'm not OK, You're not OK)
　㉠ 자신과 타인을 모두 부정적으로 바라보며, 삶이 무용하고 절망적인 것으로 가득 차 있다고 생각한다.
　㉡ 이러한 태도를 가진 사람은 인생의 모든 희망을 포기하고 인생에 대한 흥미를 상실하며, 인생에 아무런 가망이 없다고 생각한다.
　㉢ 그로 인해 자기 파괴적이고 유아기적인 행동을 하며, 타인이나 자신에게 상해를 입히는 공격적 행동을 보이기도 한다.
④ 자기 긍정, 타인 긍정(I'm OK, You're OK)
　㉠ 심리적으로 가장 건강한 생활자세로서, 자신과 타인을 긍정적으로 바라보고 신뢰하며 존중한다.
　㉡ 이러한 태도를 가진 사람은 신뢰성, 개방성, 교환에의 의지, 타인을 있는 그대로 수용하는 것을 특징으로 한다.
　㉢ 승리자의 각본으로서, 게임은 승자도 패자도 없다.

(5) 교류분석상담의 제한점 [2022년 1회, 2018년 1회, 2014년 1회, 2011년 3회]

① 의사교류분석 상담(TA ; Transactional Analysis)의 주요 개념을 포함한 많은 개념들이 인지적이므로 지적 능력이 낮은 내담자의 경우 부적절할 수도 있다.

② 의사교류분석 상담에서 내담자는 모든 내용을 지적으로 이해할 수 있으나 그것을 느끼거나 체험할 수는 없다.

③ 의사교류분석 상담의 주요 개념들이 창의적인 면도 있으나 대개 추상적이고 그 용어 또한 모호하므로 실제 적용에 어려움이 있다.

④ 의사교류분석 상담의 개념 및 절차에 대한 실증적인 연구도 있으나 그와 같은 개념 및 절차들이 과학적인 증거로 제시되었다고 보기는 어렵다. 따라서 자아의 상태 및 구조, 상담의 유효한 적용 조건, 구체적인 대상문제의 확정 등에 대한 검증 및 사용상의 주의가 요구된다.

⑤ 의사교류분석 상담이 기본적으로 내담자에 대한 성격구조를 분석하고 그에 대한 교정방법을 기술하는 과정으로 전개되나, 영적인 존재로서 인간의 성격을 정확하게 검사하며 이를 교정한다는 것 자체에 한계가 있다.

기출복원문제로 핵심 복습

01 교류분석 상담이론에서 상담자가 내담자의 이해를 위해 사용하는 분석 유형 3가지를 쓰시오.
[2018년 2회, 2013년 2회]

쌤의 만점답안

① 구조분석 : 내담자의 사고, 감정, 행동을 세 가지 자아상태, 즉 부모 자아, 성인 자아, 아동 자아와 결부시켜 자아상태에 대한 이해 및 적절한 활용을 돕는다.
② 교류분석 : 두 사람 간의 의사소통 과정에서 나타나는 세 가지 교류 유형, 즉 상보교류, 교차교류, 이면교류를 파악하여 효율적인 교류가 이루어지도록 돕는다.
③ 라켓 및 게임 분석 : 부적응적 · 비효율적인 라켓 감정과 함께 이를 유발하는 게임을 파악하여 긍정적인 자아상태로 전환하도록 돕는다.
④ 각본분석 : 내담자의 자율성을 저해하는 자기제한적 각본신념을 변화시켜 효율적인 신념으로 대체하도록 돕는다.

합격 암기법 (교분) 구교라각

02 교류분석적 상담(TA)에서 개인의 생활각본을 구성하는 주요 요소인 기본적인 생활자세 4가지를 쓰고, 각각에 대해 설명하시오. [2019년 1회]

쌤의 만점답안

① 자기 부정, 타인 긍정 : 타인과 비교하여 자신을 무력한 사람, 희생당한 사람으로 본다.
② 자기 긍정, 타인 부정 : 타인과 비교하여 자신의 우월성을 강조하는 반면, 타인의 열등성을 비난한다.
③ 자기 부정, 타인 부정 : 인생의 모든 희망을 포기하고 흥미를 상실하며, 인생에 아무런 가망이 없다고 생각한다.
④ 자기 긍정, 타인 긍정 : 신뢰성, 개방성, 교환에의 의지를 가지며, 타인을 있는 그대로 수용한다.

유사 문제

교류분석적 상담에서 개인의 생활각본을 구성하는 주요 요소인 기본적인 생활자세 4가지를 쓰고 설명하시오. [2011년 2회]

03 의사교류분석 상담의 제한점 3가지를 쓰시오. [2022년 1회, 2018년 1회]

① 주요 개념들이 인지적이므로 지적 능력이 낮은 내담자의 경우 부적절할 수 있다.
② 주요 개념들이 추상적이고 용어들이 모호하므로 실제 적용에 어려움이 있다.
③ 상담의 개념 및 절차에 대한 실증적인 연구 결과를 과학적인 증거로 간주하기 어렵다.

유사 문제

• 의사교류분석 상담의 제한점 2가지를 설명하시오. [2011년 3회]
• 의사교류분석 상담의 제한점 3가지를 설명하시오. [2014년 1회]

7 행동주의 상담

대표 문제

행동주의 직업상담의 상담기법은 크게 불안감소기법과 학습촉진기법의 유형으로 구분할 수 있다. 각 유형별 대표적인 방법을 각각 3가지씩 쓰시오.
[2023년 3회, 2022년 1회, 2016년 1회, 2015년 1회, 2015년 2회, 2011년 1회]

쌤의 해결 포인트

- 이 문제는 경우에 따라 "~ 쓰시오" 혹은 "~ 쓰고 설명하시오"의 형태로 제시되기도 합니다. 만약 "~ 쓰시오"의 형태로 제시되고 답안 작성 칸이 협소한 경우 단순히 기법의 명칭만 작성해도 정답으로 인정받을 수 있겠으나, 그렇지 않은 경우를 대비하여 가급적 간략한 설명까지 기억해 두시기 바랍니다.
- '학습촉진기법'은 '적응행동 증진기법'이라고도 합니다. 2021년 2회 실무시험(3번)에서는 적응행동 증진기법을 3가지 쓰고 설명하는 문제가 출제된 바 있습니다.

쌤의 만점답안

(1) 불안감소기법
  ① 체계적 둔감법 : 불안위계목록을 작성한 다음 낮은 수준의 자극에서 높은 수준의 자극으로 상상을 유도한다.
  ② 금지조건형성(내적 금지) : 충분히 불안을 일으킬 수 있을 만한 단서를 추가적인 강화 없이 지속적으로 제시한다.
  ③ 반조건형성(역조건형성) : '조건-반응'의 연합을 끊기 위해 새로운 자극을 함께 제시한다.
(2) 학습촉진기법
  ① 강화 : 내담자의 행동에 대해 긍정적 반응이나 부정적 반응을 보임으로써 바람직한 행동을 강화시킨다.
  ② 변별학습 : 검사도구들을 사용하여 자신의 능력과 태도 등을 변별하고 비교해 보도록 한다.
  ③ 사회적 모델링과 대리학습 : 타인의 행동에 대한 관찰 및 모방에 의한 학습을 하도록 한다.

유사 문제

- 행동주의 직업상담에서는 새로운 학습을 돕는 학습촉진기법을 사용한다. 대표적인 학습촉진기법 3가지를 쓰고, 각각에 대해 설명하시오. [2024년 1회, 2021년 2회 3번, 2014년 2회 12번]
- 행동주의 상담기법인 불안감소기법과 학습촉진기법에 대해 각각 3가지 방법을 쓰고 설명하시오.
  [2016년 3회, 2012년 3회]
- 행동주의 상담기법인 불안감소기법과 학습촉진기법에 해당하는 방법을 각각 2가지씩 쓰고, 그에 대해 설명하시오. [2023년 1회]

(1) 개 요

① 인간의 행동은 모두 학습에 의한 것이며, 학습을 통해 변화가 가능하다고 가정한다.

② 학습이론에 바탕을 두고 체계적인 관찰, 철저한 통제, 자료의 계량화, 결과의 반복이라는 과학적 방법을 강조한다.

③ 행동주의적 접근은 파블로프(Pavlov)의 고전적 조건형성, 스키너(Skinner)의 조작적 조건형성, 반두라(Bandura)의 사회학습이론으로 발전하였으므로, 이를 토대로 한 상담이론은 학자들에 따라 인간관이나 상담기법 등에서 많은 견해차를 보인다.

(2) 행동주의 직업상담이론의 기본적인 가정 [2012년 1회, 2009년 1회]

① 인간행동의 대부분은 학습된 것이므로 수정이 가능하다.

② 특정한 환경의 변화는 개인의 행동을 적절하게 변화시키는 데 도움이 된다.

③ 강화나 모방 등의 사회학습 원리는 상담기술의 발전을 위해 이용될 수 있다.

④ 상담의 효율성 및 효과성은 상담장면 밖에서의 내담자의 구체적인 행동 변화에 의해 평가된다.

⑤ 상담방법은 정적이거나 고정된 것 또는 사전에 결정된 것이 아니므로, 내담자의 특수한 문제를 해결하기 위해 독특한 방식으로 고안될 수 있다.

> ### 쌤의 비법노트
>
> '행동주의 상담이론' 혹은 '행동주의 상담 접근의 기본가정'에 대해서는 학자마다 혹은 교재마다 매우 다양하게 제시되고 있습니다. 다만, 위의 내용은 일반적으로 널리 알려진 행동주의 상담이론의 기초가 되는 5가지 주요 명제를 제시한 것입니다.

(3) 행동주의 직업상담에서 내담자가 의사결정을 내리지 못하는 경우 [2014년 2회]

① 우유부단(Indecision)

ㄱ 내담자의 제한된 경험과 세계에 대한 정보의 부족으로 인해 직업선택 시 문제가 발생한다.

ㄴ 내담자는 그로 인해 선택을 하지 못하거나 비현실적인 선택을 하게 되며, 누군가에 의해 혹은 자기 스스로 "어떤 일을 하고 싶은가"와 같은 질문을 받는 경우 자신의 직업발달이 성숙되어 있지 못한 것에 대해 불안을 느끼게 된다.

ㄷ 불안은 우유부단의 선행요인이 아닌 결과에 해당한다.

② 무결단성(Indecisiveness)

ㄱ 내담자의 직업선택에 대한 불안이 오래 지속됨으로써 발생한다.

ㄴ 내담자는 부모의 강압이나 지시에 의해 직업을 선택하는 등 자신의 직업선택에 대한 무력감을 경험한다.

ㄷ 불안은 직업 무결정의 선행요인이자 결과로서 작용한다.

(4) 행동주의 직업상담의 불안감소기법과 학습촉진기법

[2024년 1회, 2023년 1회, 2023년 3회, 2022년 1회, 2016년 1회, 2016년 3회, 2015년 1회, 2015년 2회, 2012년 3회, 2011년 1회]

불안 감소 기법	체계적 둔감법 또는 체계적 둔감화	• 행동주의 상담에서 널리 사용되고 있는 고전적 조건형성의 기법이다. • 혐오스러운 느낌이나 불안한 자극에 대한 위계목록을 작성한 다음 낮은 수준의 자극에서 높은 수준의 자극으로 상상을 유도함으로써 혐오나 불안에서 서서히 벗어나도록 유도한다. • 불안과 공포증이 있는 내담자에게 그로 인한 부적응 행동이나 회피행동을 치료하는 데 효과가 있다.
	금지조건형성 또는 내적 금지	• 내담자에게 충분히 불안을 일으킬 수 있을 만한 단서를 어떠한 추가적인 강화 없이 지속적으로 제시함으로써 처음에 불안반응을 보이던 내담자가 점차 불안반응을 느끼지 않게 되는 것이다. • 즉, 불안야기단서의 계속적인 제시에도 불구하고 반응 중지 현상이 나타나는 것이다.
	반조건형성 또는 역조건형성	조건 자극과 새로운 자극(조건 자극과 조건 반응과의 연합을 방해하는 자극)을 함께 제시함으로써 불안을 감소시키는 기법이다. 예 직업상담장면에서 내담자의 불안은 직업결정에 관한 내담자의 '말(Talk)'에서 비롯된다. 따라서 상담자는 조건 자극으로서 '말'과 조건 반응으로서 '불안'에 새로운 조건 자극인 '촉진적 상담관계'를 형성함으로써 내담자의 불안을 감소시킬 수 있다.
	홍수법	• 불안이나 두려움을 발생시키는 자극들을 계획된 현실이나 상상 속에서 지속적으로 제시하는 기법이다. • 혐오스러운 느낌이나 불안한 자극에 대해 미리 준비하도록 한 후 가장 높은 수준의 자극에 오랫동안 지속적으로 노출시킴으로써 시간이 경과함에 따라 혐오나 불안을 극복하도록 한다.
	혐오치료	바람직하지 못한 행동에 혐오 자극을 제시함으로써 부적응적인 행동을 제거하는 기법이다. 예 술을 끊고자 하는 사람에게 술을 맛보도록 하는 동시에 전기 쇼크나 구토를 일으키는 약물을 부여함으로써 점차 술에 대해 혐오적인 반응을 보이도록 한다.
	주장훈련 또는 주장적 훈련	• 내담자의 대인관계에 있어서의 불안과 공포를 해소하기 위한 효과적인 기법으로서, 내담자로 하여금 불안 이외의 감정을 표현하도록 하여 불안을 제거하도록 하는 것이다. • 행동시연을 활용하여 상담자가 가상의 대인관계 장면을 설정함으로써 내담자에게 자신의 감정을 나타내도록 유도한다.
	자기표현훈련	• 자기표현을 통해 다른 사람과 상호작용하는 방법을 습득하도록 하는 기법으로서, 대인관계에서 비롯되는 불안요인을 제거하기 위한 것이다. • 자기표현행동을 하는 사람은 자신을 자유롭게 표현하고 자신의 가치를 높이며, 자신을 위해 신중하게 행동을 선택함으로써 설정된 목표를 달성할 수 있다.
학습 촉진 기법	강화	상담자는 내담자의 직업선택이나 직업결정 행동에 대해 적절하게 긍정적 반응이나 부정적 반응을 보임으로써, 내담자의 바람직한 행동을 강화시킨다. 예 상담자는 내담자의 바람직한 행동에 대해 칭찬을 하거나 바람직하지 못한 행동에 대해 상담관계를 끊을 수 있다고 위협을 하는 등 다양한 방법을 동원할 수 있다.
	변별학습	• 변별(Discrimination)은 본래 둘 이상의 자극을 서로 구별하는 것을 말하는 것이다. • 직업상담장면에서 변별학습은 직업선택이나 직업결정 능력을 검사나 기타 다른 도구들을 이용하여 살펴보도록 함으로써 자신의 능력과 태도 등을 변별하고 비교해 보도록 하는 것이다.
	사회적 모델링과 대리학습	• 타인의 직업결정 행동에 대한 관찰 및 모방에 의한 학습을 통해 내담자로 하여금 자신의 직업 결정 행동을 학습할 수 있도록 하는 기법이다. • 집단상담에서 주로 사용하는 것으로, 동료 집단성원의 성공적인 행동을 관찰함으로써 자신의 태도를 바꾸거나 새로운 기술을 학습할 수 있다.

행동조성 또는 조형		• 내담자가 원하는 방향 안에서 일어나는 다양한 반응들만을 강화하고, 원하지 않는 방향의 행동에 대해 강화 받지 못하도록 하여 결국 원하는 방향의 행동을 할 수 있도록 하는 것이다. • 점진적 접근방법으로서, 행동을 구체적으로 세분화하여 단계별로 구분한 후 각 단계마다 강화를 제공함으로써 내담자가 단번에 수행하기 어렵거나 그 반응을 촉진하기 어려운 행동 또는 복잡한 행동 등을 학습하도록 한다.
토큰경제 또는 상표제도		• 행동주의 상담에서 널리 사용되고 있는 조작적 조건형성의 기법이다. • 바람직한 행동들에 대한 체계적인 목록을 정해놓은 후 그러한 행동이 이루어질 때 그에 상응하는 보상(토큰)을 하는 기법이다. • 토큰경제는 무형의 강화 수단이 작용하지 않는 경우 행동 형성에 효과적으로 사용할 수 있다.

(5) 적응행동 증진기법 [2021년 2회, 2014년 2회]

① 강화(Reinforcement) : 내담자의 행동에 대해 긍정적 반응이나 부정적 반응을 보이는 것과 같이 강화물을 제공하여 바람직한 행동의 빈도를 증가시키는 방법이다.

② 변별학습(Discrimination Learning) : 유사한 대상 속에서 차이점을 찾아낼 수 있는 능력으로, 직업상담 시 변별학습은 검사나 기타 다른 도구들을 이용하여 직업선택이나 직업결정 능력을 살펴보아 자신의 능력과 태도 등을 변별하고 비교해 보도록 하는 것이다.

③ 사회적 모델링과 대리학습(Social Modeling & Vicarious Learning) : 타인의 행동에 대한 관찰 및 모방에 의한 학습을 통해 내담자로 하여금 문제행동을 수정하거나 학습을 촉진시키는 기법이다.

쌤의 비법노트

학습촉진기법은 곧 적응행동 증진기법으로 볼 수 있습니다. 그 이유는 행동주의 상담의 과정이 곧 학습의 과정에 해당하며, 적응행동을 증진시키기 위한 방법들이 곧 학습을 촉진시키기 위한 기법들이기 때문입니다.

(6) 행동주의 상담에서 외적 · 내적 행동변화를 촉진시키는 방법 [2010년 1회, 2009년 3회, 2001년 3회]

외적 행동변화를 촉진시키는 방법	토큰경제 또는 상표제도	• 행동주의 상담에서 널리 사용되고 있는 조작적 조건형성의 기법으로서, 바람직한 행동들에 대한 체계적인 목록을 정해놓은 후 그러한 행동이 이루어질 때 상응하는 보상(토큰)을 하는 기법이다. • 토큰경제는 무형의 강화 수단이 작용하지 않는 경우 행동 형성에 효과적으로 사용할 수 있다.
	모델링 또는 대리학습	• 타인의 직업결정 행동에 대한 관찰 및 모방에 의한 학습을 통해 내담자로 하여금 자신의 직업결정 행동을 학습할 수 있도록 하는 기법이다. • 특히 집단상담에서 주로 사용하는 것으로, 동료 집단성원의 성공적인 행동을 관찰함으로써 자신의 태도를 바꾸거나 새로운 기술을 학습할 수 있다.

	주장훈련 또는 주장적 훈련	• 내담자의 대인관계에 있어서의 불안과 공포를 해소하기 위한 효과적인 기법으로서, 내담자로 하여금 불안 이외의 감정을 표현하도록 하여 불안을 제거하도록 하는 것이다. • 행동시연을 활용하여 상담자가 가상의 대인관계 장면을 설정함으로써 내담자에게 자신의 감정을 나타내도록 유도한다.
	혐오치료	바람직하지 못한 행동에 혐오 자극을 제시함으로써 부적응적인 행동을 제거하는 기법이다. 예 술을 끊고자 하는 사람에게 술을 맛보도록 하는 동시에 전기 쇼크나 구토를 일으키는 약물을 부여함으로써 점차적으로 술에 대해 혐오적인 반응을 보이도록 한다.
	역할연기	• 내담자가 보호적인 분위기에서 실제의 행동을 연기하여 새로운 역할을 경험할 수 있도록 하는 기법이다. • 주장훈련(주장적 훈련), 시연, 혐오치료 등과 함께 사용한다. • 내담자의 자각을 확대시키는 동시에 내담자에게 대안적인 행동을 보여줄 수 있다.
	행동 계약	• 상담자와 내담자 또는 두 사람 이상의 내담자들 간에 일정한 기간을 설정하여 계약을 맺는 것으로, 각자 해야 할 행동을 분명하게 정해놓은 후 그 내용을 서로가 지키도록 하는 것이다. • 바람직한 행동과 바람직하지 않은 행동이 사전 합의하에 정해지며, 행동의 결과에 따라 강화와 처벌이 주어진다.
	자기관리 프로그램	• 내담자가 상담자에게 의존하지 않은 채 자기관리와 자기지시적인 삶을 영위할 수 있도록 서로 정보를 공유하는 것이다. • 상담자와 내담자 간 신뢰와 내담자의 책임을 강조하는 기법으로서, 목표 선택, 표적행동 감시, 사건(행동)의 변화, 효과적 결과 성립, 결과 굳히기 등의 단계로 전개된다.
	바이오피드백	• 이른바 '생체자기제어'라고도 불린다. • 근육긴장도, 심박수, 혈압, 체온 등의 자율신경계에 의한 각종 생리적인 변수를 병적 증상의 완화나 건강의 유지를 위해 부분적으로 조절할 수 있도록 하는 기법이다.
내적 행동변화를 촉진시키는 방법	체계적 둔감법 또는 체계적 둔감화	• 특정한 상황이나 상상에 의해 조건형성된 불안이나 공포에 대해 불안(공포)자극을 단계적으로 높여가며 노출시킴으로써 내담자의 불안(공포)반응을 경감 또는 제거시킨다. • 병존할 수 없는 새로운 반응(예 신체적 이완)을 통해 부적응적 반응(예 불안 혹은 공포 반응)을 제지(억제)하는 상호제지 혹은 상호억제의 원리를 사용한다.
	근육이완훈련	• 근육을 이완하여 몸의 긴장을 풀도록 하는 훈련이다. • 이완 상태와 불안은 서로 양립할 수 없다는 이론을 바탕으로 한다.
	인지적 모델링	상담자가 모델링 장면에서 먼저 시범을 보이면서 무엇을 하고 어떻게 느낄지에 대해 내담자에게 설명하며, 내담자는 그것을 듣고 목표행동을 반복적으로 수행한다.
	인지적 재구조화	내담자로 하여금 부정적인 자기패배적 사고 대신 긍정적인 자기적응적(자기향상적) 사고를 가지도록 하는 기법이다.
	사고중지 또는 사고정지	내담자가 부정적인 인지를 억압하거나 제거함으로써 비생산적이고 자기패배적인 사고와 심상을 통제하도록 도와주기 위해 사용된다.
	정서적 심상법 또는 정서적 상상	내담자에게 실제 장면이나 행동에 대한 정서적인 느낌이나 감정을 마음속으로 상상해보도록 하는 기법이다.
	스트레스 접종	예상되는 신체적 · 정신적 긴장을 약화시켜 내담자가 충분히 자신의 문제를 다룰 수 있도록 준비시키는 기법이다.

(7) 외적인 행동변화를 촉진시키는 방법 중 주장훈련 [2017년 1회]

① 정의 : 자기주장훈련은 자신을 긍정적으로, 솔직하게, 그리고 자신감 있게 표현할 수 있도록 돕는 훈련을 말한다.

② 절차

제1단계 – 자기주장훈련 설명하기	• 치료자는 내담자에게 자기주장훈련이 무엇인지에 대해 구체적으로 설명한다. • 주장적인 행동과 주장적이지 못한 행동이 어떻게 다른지를 구체적으로 설명한다. 특히 주장적인 행동은 자신에 대한 존중은 물론 타인에 대한 존중이 포함되어 있음을 알리며, 주장적이지 못한 행동은 자신에 대한 부적절감과 비하감, 자존감 저하를 유발할 수 있음을 주지시킨다. • 주장적 행동은 타인의 생각과 감정을 무시 혹은 침해하면서 자기를 주장하는 공격적 행동과 명백히 다른 것임을 인식시킨다.
제2단계 – 목표 정하기	• 내담자가 자기주장을 하겠다고 다짐하였다면, 자기주장의 구체적인 목표를 설정하도록 한다. • 최종적인 인생목표를 세우는 것에서부터 그 인생목표를 이루기 위한 단계별 하위목표를 세우는 방식으로 이루어진다. • 목표를 정하는 과정에서 현재의 자기상과 이상적인 자기상을 떠올리게 되며, 이를 통해 자신의 한계를 깨닫고 자기 능력에 맞는 목표를 세우게 된다.
제3단계 – 행동과제 부여하기	• 설정된 목표에 따라 자기주장훈련을 할 수 있는 행동과제를 부여한다. • 행동과제는 위계를 정하여 비교적 쉽게 할 수 있는 단순한 과제에서부터 시작하여 실행이 망설여지는 과제로 점차 난이도를 높인다. • 부여된 행동과제를 실행하는 상상을 해 보도록 하며, 이를 실제 행동으로 옮기도록 하여 그 과정을 평가한다.
제4단계 – 감정이 담긴 대화 터득하기	• 적절하고 솔직하게 감정이 담긴 대화를 주고받는 연습을 하도록 한다. • 감정이 담긴 대화에는 언어적인 요소는 물론 비언어적인 요소도 포함된다는 점에 유념하면서 적절하게 감정을 표현하는 대화 훈련을 반복적으로 수행하도록 한다. • 감정이 담긴 대화를 하루 동안 얼마나 실행했는지 기록하며, 어떤 상황에서 혹은 어떤 점에서 감정 표현이 어려웠는지를 분석하고 평가하도록 한다.
제5단계 – 요청 및 거절하기	• 치료자를 대상으로 요청 및 거절을 하는 연습을 하도록 한다. • 상대방에게 물건을 빌리거나 상대방으로부터 물건을 빌려달라는 요청을 받을 경우와 같이 구체적인 가상의 장면을 설정하며, 상황에 따라 적절히 요청을 하거나 단호히 거절하는 모습을 상상해 보도록 한다. • 요청 및 거절의 상대는 비교적 대하기 쉬운 대상으로부터 권위 있는 대상에 이르기까지 점차 난이도를 높인다.
제6단계 – 역할연기를 통한 행동시연	• 치료 장면에서 평소 대처하기 어려웠던 상황이나 앞으로 부딪쳐야 할 상황을 가정하여 치료자와 함께 역할연기를 통해 행동시연을 해 보도록 한다. • 역할연기는 내담자에게 올바른 자기주장이 무엇인지 가르치고 자기주장을 가상으로 연습시키며, 연습한 훈련을 실행으로 옮기도록 하는 과정으로 전개된다. • 치료자와 내담자는 서로 역할을 바꿔가면서 역할연기를 하며, 자기주장이 어려운 대상 혹은 행동하기 어려운 과제에 따라 위계를 설정하여 행동시연을 수행한다. 그리고 행동시연을 실제상황에 적용하여 실행하도록 하며, 그 과정을 평가한다.

(8) 체계적 둔감화

[2024년 2회, 2021년 1회, 2017년 3회, 2016년 2회, 2015년 1회, 2013년 2회, 2010년 3회, 2008년 1회, 2008년 3회, 2005년 1회, 2004년 3회, 2000년 3회]

① 체계적 둔감화의 의미

ⓐ 행동주의 상담에서 널리 사용되고 있는 고전적 조건형성의 기법으로서, 특정한 상황이나 상상에 의해 조건형성된 불안이나 공포를 극복하도록 하기 위한 것이다.

ⓑ 혐오스러운 느낌이나 불안한 자극에 대한 위계목록을 작성한 다음, 낮은 수준의 자극에서 높은 수준의 자극으로 상상을 유도함으로써 불안이나 공포에서 서서히 벗어나도록 한다.

ⓒ 불안이나 공포, 혐오증, 강박관념 등이 있는 내담자로 하여금 그로 인한 부적응 행동이나 회피행동을 치료하는 데 효과가 있다.

② 체계적 둔감화의 단계

제1단계 – 근육이완훈련	• 근육이완 상태에서는 불안이 일어나지 않는다는 원리를 토대로 한다. • 상담자(치료자)는 수회에 걸쳐 내담자가 근육의 긴장을 이완할 수 있도록 훈련시킨다.
제2단계 – 불안 위계목록 작성	• 상담자는 내담자가 가지고 있는 불안과 공포에 대한 구체적인 정보와 함께 각각의 증상과 관련된 행동들을 파악한다. • 불안과 공포를 일으키는 유발상황에 대한 위계목록은 대략 10~20개 정도로 작성한다. • 낮은 수준의 자극에서 높은 수준의 자극으로 작성한다.
제3단계 – 불안 위계목록에 따른 둔감화 또는 실제적 둔감화 실행	• 상담자는 역조건형성을 통해 내담자로 하여금 이완상태에서 불안을 유발하는 상황을 상상하도록 유도한다. • 불안을 유발하는 상황을 상상하는 순서는 위협을 가장 적게 느끼는 상황에서부터 시작하여 가장 위협적인 상황으로 옮겨가는 것이 바람직하다. • 이 과정은 불안유발자극과 불안반응의 관계가 완전히 소거될 때까지 반복적으로 실시한다.

쌤의 비법노트

체계적 둔감법은 불안과 공포증이 있는 내담자에게 그로 인한 부적응 행동이나 회피행동을 치료하는 데 효과가 있습니다.

(9) 노출치료법 [2018년 2회, 2011년 3회]

① 실제적 노출법(In Vivo Exposure) : 내담자를 실제 공포유발자극에 노출시키는 방식이다.

② 심상적 노출법(Imaginal Exposure) : '상상적 노출법'이라고도 하며, 내담자에게 공포유발자극을 상상하도록 유도하는 방식이다.

③ 점진적 노출법(Graded Exposure)과 홍수법(Flooding) : '체계적 둔감법(Systematic Desensitization)'과 같이 가장 덜 공포스러운 자극에서부터 점진적으로 강한 자극으로 강도를 높이는 방식이나, '홍수법(Flooding)'과 같이 단번에 강한 자극에 노출시키는 방식이다.

기출복원문제로 핵심 복습

01 행동주의 상담이론의 기본적인 가정 3가지를 쓰시오. [2012년 1회, 2009년 1회]

> **쌤의 만점답안**
>
> ① 인간행동의 대부분은 학습된 것이므로 수정이 가능하다.
> ② 특정한 환경의 변화는 개인의 행동을 적절하게 변화시키는 데 도움이 된다.
> ③ 강화나 모방 등의 사회학습 원리는 상담기술의 발전을 위해 이용될 수 있다.

02 청소년들이 자신의 진로나 직업을 선택할 때 의사결정을 미루는 2가지 유형을 쓰고 설명하시오. [2014년 2회]

> **쌤의 만점답안**
>
> ① 우유부단 : 제한된 경험과 세계에 대한 정보 부족에서 비롯된다.
> ② 무결단성 : 직업선택에 대한 불안의 지속성에서 비롯된다.

03 행동주의 상담의 기법으로 적응행동을 증진시키는 방법이 있다. 적응행동 증진기법 3가지를 쓰고, 각각에 대해 설명하시오. [2021년 2회, 2014년 2회]

> **쌤의 만점답안**
>
> ① 강화 : 내담자의 행동에 대해 긍정적 반응이나 부정적 반응을 보임으로써 바람직한 행동을 강화시킨다.
> ② 변별학습 : 검사도구들을 사용하여 자신의 능력과 태도 등을 변별하고 비교해 보도록 한다.
> ③ 사회적 모델링과 대리학습 : 타인의 행동에 대한 관찰 및 모방에 의한 학습을 하도록 한다.

04 행동주의 상담에서 외적 행동변화를 촉진시키는 방법 5가지를 쓰시오. [2010년 1회, 2001년 3회]

> **쌤의 만점답안**
>
> ① 토큰경제(상표제도)
> ② 모델링(대리학습)
> ③ 주장훈련(주장적 훈련)
> ④ 역할연기
> ⑤ 행동계약

합격 암기법 ▶ (행외) 토모주역행

05 행동주의 상담에서 내적인 행동변화를 촉진시키는 방법과 외적인 행동변화를 촉진시키는 방법을 각각 3가지 쓰시오. [2009년 3회]

(1) 내적인 행동변화를 촉진시키는 방법
  ① 체계적 둔감화
  ② 인지적 모델링
  ③ 사고정지
(2) 외적인 행동변화를 촉진시키는 방법
  ① 토큰법
  ② 모델링
  ③ 주장훈련

06 행동주의 상담에서 외적인 행동변화를 촉진시키는 방법 중 주장훈련의 정의를 쓰고 그 절차를 기술하시오. [2017년 1회]

(1) 정 의
  자신을 긍정적으로, 솔직하게, 자신감 있게 표현할 수 있도록 돕는 훈련
(2) 절 차
  ① 자기주장훈련에 대해 설명한다.
  ② 자기주장의 구체적인 목표를 설정한다.
  ③ 행동과제를 부여한다.
  ④ 감정이 담긴 대화를 주고받는 연습을 한다.
  ⑤ 요청 및 거절을 하는 연습을 한다.
  ⑥ 역할연기를 통해 행동시연을 해 보도록 한다.

07 체계적 둔감화의 의미를 쓰고, 그 단계를 설명하시오.

[2024년 2회, 2017년 3회, 2013년 2회, 2010년 3회, 2008년 1회, 2008년 3회, 2005년 1회, 2004년 3회, 2000년 3회]

쌤의 만점답안

(1) 체계적 둔감화의 의미

특정한 상황이나 상상에 의해 조건형성된 불안이나 공포에 대해 불안(공포)자극을 단계적으로 높여가며 노출시킴으로써, 내담자의 불안(공포)반응을 경감 또는 제거시키는 행동수정기법이다.

(2) 체계적 둔감화의 단계

① 근육이완훈련(제1단계) : 근육이완훈련을 통해 몸의 긴장을 풀도록 한다.
② 불안위계목록 작성(제2단계) : 낮은 수준의 자극에서 높은 수준의 자극으로 불안위계목록을 작성한다.
③ 불안위계목록에 따른 둔감화(제3단계) : 불안유발상황을 단계적으로 상상하도록 유도하여 불안반응을 점진적으로 경감 또는 제거시킨다.

유사 문제

• 체계적 둔감화의 표준절차 3단계를 쓰고 각 단계에 대해 설명하시오. [2015년 1회]

• 다음 보기의 사례를 읽고 물음에 답하시오. [2021년 1회, 2021년 3회, 2016년 2회]

> 구직 활동 중인 최모 씨는 몇 차례 취업 기회에도 불구하고 취업 면접에서 지나친 불안으로 인해 실패를 거듭해 왔다. 상담자는 면접상황에서 내담자인 최모 씨의 불안을 완화시키지 않고서는 취업에 이르지 못할 것이라 판단하게 되었다.

면접상황에서 불안을 경험하는 최모 씨에게 체계적 둔감화를 사용하여 상담하는 절차를 설명하시오.

08 행동주의 상담의 노출치료법 3가지를 쓰고, 각각에 대해 설명하시오. [2018년 2회]

쌤의 만점답안

① 실제적 노출법 : 내담자를 실제 공포유발자극에 노출시킨다.
② 심상적 노출법 : 내담자에게 공포유발자극을 상상하도록 유도한다.
③ 점진적 노출법과 홍수법 : 공포유발자극의 강도를 점진적으로 높이거나, 단번에 강한 자극에 노출시킨다.

유사 문제

행동주의 상담의 노출치료법 3가지를 설명하시오. [2011년 3회]

대표 문제

인지적–정서적 상담(RET)의 기본개념으로서 A-B-C-D-E-F의 의미를 쓰시오.
[2024년 3회, 2022년 2회, 2021년 2회, 2021년 3회, 2020년 3회, 2018년 3회, 2016년 2회, 2007년 3회, 2004년 3회, 2003년 1회]

쌤의 해결 포인트

• 이 문제는 경우에 따라 "~ 쓰시오" 혹은 "~ 쓰고 설명하시오"의 형태로 제시되기도 합니다. 만약 "~ 쓰시오"의 형태로 제시되고 답안 작성 칸이 협소한 경우 단순히 기본개념으로서 'A-B-C-D-E-F' 각각의 명칭만 작성해도 정답으로 인정받을 수 있겠으나, 그렇지 않은 경우를 대비하여 가급적 간략한 설명까지 기억해 두시기 바랍니다.

• 또한, 이 문제는 'F'가 제외된 'A-B-C-D-E'로도 출제될 수 있으므로, 이 점 혼동 없으시기 바랍니다.

쌤의 만점답안

① A(선행사건) : 내담자의 정서나 행동에 영향을 미치는 사건
② B(비합리적 신념체계) : 해당 사건에 대한 비합리적 신념
③ C(결과) : 부적응적인 정서적·행동적 결과
④ D(논박) : 비합리적 신념을 논리성·실용성·현실성에 비추어 반박하는 것
⑤ E(효과) : 논박으로 인해 비합리적 신념이 합리적 신념으로 대체되는 것
⑥ F(감정) : 자신에 대한 수용적인 태도와 긍정적인 감정을 가지게 되는 것

유사 문제

• 인지·정서·행동적 상담(REBT)의 기본개념을 A-B-C-D-E 모델에 의거하여 쓰시오. [2020년 2회]
• 인지·정서·행동적 상담(REBT)의 기본개념으로서 ABCDE 모형에 대해 설명하시오. [2020년 3회]

(1) 개 요

① 인지이론과 행동주의적 요소가 결합된 것으로서, 인지과정의 연구로부터 도출된 개념과 함께 행동주의 및 사회학습이론으로부터 나온 개념들을 통합하여 적용한 것이다.

② 엘리스(Ellis)는 인간이 합리적인 사고를 할 수 있는 동시에 비합리적인 사고를 할 수 있다고 가정하였다.

③ 내담자의 비합리적 신념에 대한 논박을 통해 사고와 감정의 변화를 도모하고자 한다.

④ 문제에 초점을 둔 시간제한적 접근으로서, 내담자가 자신의 사고와 행동을 통제하기 위한 대처기제를 학습하는 교육적 접근을 강조한다.

(2) 인지 · 정서 · 행동적 상담(REBT)의 기본원리 [2015년 2회, 2008년 3회, 2004년 1회]

① 인지는 인간의 정서를 결정하는 가장 중요한 요소이다.

과거나 현재의 외적인 사건이 직접적으로 정서와 관련되는 것은 아니다. 오히려 인간의 내적인 사건, 특히 지각에 대한 평가로서 인지가 인간의 정서적 반응에 대해 더욱 직접적이고 강한 영향을 주는 원천이다.

② 역기능적 사고는 정서장애의 중요한 결정 요인이다.

역기능적 정서상태나 정신병리의 많은 부분은 역기능적 사고 과정의 결과이다. 이와 같은 역기능적 사고는 과장, 과도한 일반화나 단순화, 잘못된 추론, 절대적 사고 등으로 나타난다.

③ 정서적인 문제를 해결하기 위해서는 사고를 분석하는 데서 시작하는 것이 효과적이다.

개인이 지닌 고통은 불합리한 사고의 산물로 볼 수 있다. 따라서 그 고통을 극복하는 길은 사고를 변화시키는 데 있다.

④ 유전과 환경을 포함한 다양한 요인들이 불합리한 사고나 정신병리를 일으키는 원인이 된다.

인간은 선천적으로 불합리하게 생각하는 경향이 있으며, 환경의 영향을 받아 비합리적으로 사고하기도 한다.

⑤ 행동에 대한 과거의 영향보다는 현재에 초점을 둔다.

인간의 행동은 과거에 기인하는 것이 아니다. 현재 주어진 상황을 어떻게 해석하고 지각하는가에 따라 달라진다.

⑥ 인간이 지닌 신념은 쉽지는 않지만 변화한다고 믿는다.

인간의 신념은 사회문화적인 영향을 받아 스스로 자기언어(Self-Talk)를 통해 반복적으로 주입됨으로써 생성된다. 이와 같은 과정을 거쳐 형성된 신념을 변화시키는 것은 쉽지 않지만, 적극적이고 지속적인 노력에 의해 변화가 가능하다.

(3) 인간에 대한 기본 가정 [2023년 3회, 2020년 4회, 2012년 2회]

① 인간의 본성은 합리성과 비합리성을 동시에 가지고 있다. 즉, 인간은 합리적인 사고를 할 수 있는 동시에 비합리적인 사고를 할 수 있다.

② 인간의 생각, 감정, 행동은 상호작용하며, 특히 생각, 즉 인지가 감정과 행동을 이끄는 핵심적인 요소이다.

③ 인간의 사고체계는 어린 시절의 문화와 환경으로부터 영향을 받으며, 이는 반복적으로 주입되는 경향이 있다.

④ 인간이 경험하는 정서적 장애는 삶의 과정에서 형성된 비합리적 · 역기능적 사고에서 비롯된다.

⑤ 인간은 자신의 정서적 장애가 비합리적 · 역기능적 사고에서 비롯된다는 사실을 이해할 수 있으며, 이를 통해 자신의 정서 상태를 변화시킬 수 있는 능력이 있다.

(4) 상담의 목표 [2023년 3회, 2020년 4회, 2012년 2회]

① 인지적 · 정서적 상담(RET)은 문제를 야기하는 비논리적인 사고를 논리적이고 합리적인 사고에 입각한 행동으로 대체하도록 도움을 주는 과정이다.

② 따라서 상담의 목표는 내담자의 비논리적이고 비합리적인 신념체계와 가치체계를 합리적인 것으로 대체함으로써 정서적 · 행동적 문제들을 해결하는 것이 된다.

(5) 비합리적 신념의 뿌리를 이루는 3가지 당위성 [2019년 3회, 2013년 1회, 2011년 3회, 2010년 2회, 2009년 2회]

① 자신에 대한 당위성 : 나는 반드시 훌륭하게 일을 수행해 내야 하며, 중요한 타인들로부터 인정받아야만 한다. 그렇게 하지 못하는 것은 끔찍하고 참을 수 없는 일이며, 나는 썩어빠진 하찮은 인간이 된다.

② 타인에 대한 당위성 : 타인은 반드시 나를 공정하게 대우해야 한다. 만약 그렇지 못하다면 끔찍하고 참을 수 없는 일이며, 나 또한 그러한 상황을 참아낼 수 없다.

③ 세상에 대한 당위성(조건에 대한 당위성) : 세상의 조건들은 내가 원하는 방향으로 돌아가야만 한다. 만약 그렇게 되지 못한다면 그것은 끔찍하고 참을 수 없는 일이며, 나는 그와 같은 끔찍한 세상에서 살아갈 수 없다.

(6) ABCDE(ABCDEF) 모델(모형)

[2024년 3회, 2022년 2회, 2021년 2회, 2021년 3회, 2020년 2회, 2020년 3회, 2018년 3회, 2016년 2회]

A(Activating Event ; 선행사건)	내담자의 감정을 동요시키거나 내담자의 행동에 영향을 미치는 사건을 의미한다.
B(Belief System ; 비합리적 신념체계)	선행사건에 대한 내담자의 비합리적 신념체계나 사고체계를 의미한다.
C(Consequence ; 결과)	선행사건을 경험한 후 자신의 비합리적 신념체계를 통해 그 사건을 해석함으로써 느끼게 되는 정서적 · 행동적 결과를 말한다.
D(Dispute ; 논박)	내담자가 가지고 있는 비합리적 신념이나 사고에 대해 그것이 사리에 부합하는 것인지 논리성 · 실용성 · 현실성에 비추어 반박하는 것으로서, 내담자의 비합리적 신념체계를 수정하기 위한 것이다.
E(Effect ; 효과)	논박으로 인해 나타나는 효과로서, 내담자가 가진 비합리적인 신념을 철저하게 논박하여 합리적인 신념으로 대체한다.
F(Feeling ; 감정)	내담자는 합리적인 신념으로 인해 자신에 대한 수용적인 태도와 긍정적인 감정을 가지게 된다.

ABCDEF 모델의 예

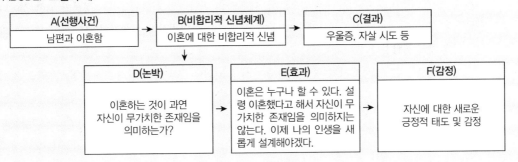

쌤의 비법노트

인지·정서·행동적 상담(REBT)의 대표적인 학자인 엘리스(Ellis)가 제시한 'ABCDE 모델' 혹은 'ABCDEF 모델'에서 'F(감정)'는 사실상 'E(효과)'에 포함된다고 보아 보통 일반적인 절차에서 생략하는 경향이 있습니다. 'ABCDE 모델'과 'ABCDEF 모델'은 동일한 것이므로, 이 점 착오 없으시기 바랍니다.

(7) ABCDE(ABCDEF) 모델(모형) 적용 사례

① 사례 1 [2018년 1회, 2018년 3회]

> 김 씨는 정리해고로 인해 자신이 무가치한 존재라 여기고 자살을 시도하려고 한다. 김 씨의 사례를 ABCDEF 모델로 설명하시오.

㉠ A(Activating Event, 선행사건)

내담자의 감정을 동요시키거나 내담자의 행동에 영향을 미치는 사건을 의미한다.

예 김 씨는 정리해고로 인해 실직했다(→ 구체적인 사건).

㉡ B(Belief System, 비합리적 신념체계)

선행사건에 대한 내담자의 비합리적 신념체계나 사고체계를 의미한다.

예 김 씨는 정리해고가 자신이 더 이상 아무런 쓸모도 없고 무가치한 존재임을 의미하는 것으로 간주한다.

㉢ C(Consequence, 결과)

선행사건을 경험한 후 자신의 비합리적 신념체계를 통해 그 사건을 해석함으로써 느끼게 되는 정서적·행동적 결과를 말한다.

예 • 바람직하지 않은 정서적 결과 : 김 씨는 극심한 우울과 불안, 자괴감, 무가치감에 빠진다.
　　• 바람직하지 않은 행동적 결과 : 김 씨는 자포자기 상태에서 자살을 시도하려고 한다.

ⓔ D(Dispute, 논박)

내담자가 가지고 있는 비합리적 신념이나 사고에 대해 그것이 사리에 부합하는 것인지 논리성·실용성·현실성에 비추어 반박하는 것으로서, 내담자의 비합리적 신념체계를 수정하기 위한 것이다.

＜예＞ • 논리성 : 김 씨는 정리해고가 곧 자신의 무가치함을 의미한다는 생각이 과연 논리적으로 타당한지를 논박한다.

• 현실성 : 김 씨는 회사가 경영악화에 빠지게 되면 누구라도 정리해고를 당할 수 있을 것이라 생각한다.

• 실용성(효용성) : 김 씨는 자괴감에 빠진 채 자살을 생각하는 것이 자신의 삶에 무슨 도움이 될 것인지를 반문한다.

ⓜ E(Effect, 효과)

논박으로 인해 나타나는 효과로서, 내담자가 가진 비합리적인 신념을 철저하게 논박하여 합리적인 신념으로 대체한다.

＜예＞ • 인지적 효과 : 김 씨는 자신이 무능력해서 정리해고를 당한 것은 아니며, 누구나 한 직장에서 항상 승승장구할 수 있는 것은 아님을 인지하게 된다.

• 정서적 효과 : 김 씨는 정리해고를 당했다고 해서 자괴감이나 무가치감에 빠질 필요는 없으며, 그것이 오히려 새로운 시도를 위한 기회가 될 수도 있음을 기대한다.

• 행동적 효과 : 김 씨는 자신의 적성에 맞는 새로운 직업을 찾고자 시도하게 되며, 자신의 가치를 더욱 높이기 위해 교육훈련 프로그램에 참여하게 된다.

ⓑ F(Feeling, 감정)

내담자는 합리적인 신념으로 인해 자신에 대한 수용적인 태도와 긍정적인 감정을 가지게 된다.

＜예＞ 김 씨는 합리적인 인생관을 확립함으로써 마침내 자신에 대한 긍정적인 태도와 감정을 가지게 된다.

② 사례 2 [2015년 1회]

> 실직 후 우울증을 경험하는 사람이 우울증에 빠지는 과정과 이를 극복하는 과정을 ABCDE 모델에 따라 설명하시오.

㉠ A(Activating Event, 선행사건)

내담자의 감정을 동요시키거나 내담자의 행동에 영향을 미치는 사건을 의미한다.

＜예＞ 내담자는 실직했다(구체적인 사건).

㉡ B(Belief System, 비합리적 신념체계)

선행사건에 대한 내담자의 비합리적 신념체계나 사고체계를 의미한다.

＜예＞ "나는 실직했어. 그것은 절대적으로 나에게 일어나지 말았어야 하는 일인데, 이건 내가 부적절하다는 것을 의미해."

㉢ C(Consequence, 결과)

선행사건을 경험한 후 자신의 비합리적 신념체계를 통해 그 사건을 해석함으로써 느끼게 되는 정서적·행동적 결과를 말한다.

（예）
- 바람직하지 않은 정서적 결과 : 극심한 우울과 불안, 자괴감, 무가치감 등
- 바람직하지 않은 행동적 결과 : 내담자의 자포자기 상태가 적극적인 구직 활동을 방해함

② D(Dispute, 논박)

내담자가 가지고 있는 비합리적 신념이나 사고에 대해 그것이 사리에 부합하는 것인지 논리성 · 실용성 · 현실성에 비추어 반박하는 것으로서, 내담자의 비합리적 신념체계를 수정하기 위한 것이다.

（예）
- 논리성 : "실직을 했다고 해서 스스로를 부적절하다고 생각하는 것이 과연 논리적으로 타당한가?"
- 현실성 : "사람은 누구나 실직할 수 있다. 그러니 그와 같은 일이 나에게는 절대 일어나지 않는다고 말할 수 있겠는가?"
- 실용성(효용성) : "실직을 했다고 해서 의기소침해 있는 것이 나의 사회생활이나 구직 활동에 어떤 도움이 되겠는가?"

⑩ E(Effect, 효과)

논박으로 인해 나타나는 효과로서, 내담자가 가진 비합리적인 신념을 철저하게 논박하여 합리적인 신념으로 대체한다.

（예）
- 인지적 효과 : "비록 실직했지만, 그렇다고 내가 무능력한 사람은 아니다." 또는 "누구나 실직을 할 수 있는 만큼 나도 한 직장에서 항상 승승장구할 수 있는 것은 아니다."
- 정서적 효과 : "실직을 한 것에 대해 약간 실망스럽지만, 그렇다고 우울하거나 불안하지는 않다." 또는 "실직이 오히려 내게 새로운 시도를 위한 기회가 될 수도 있다."
- 행동적 효과 : "나의 적성에 맞는 새로운 직업을 찾아봐야겠다." 또는 "나의 가치를 더욱 높이기 위해 열심히 배우고 익혀야겠다."

(8) 엘리스(Ellis)의 인지 · 정서 · 행동적 상담(REBT)에서 사용하는 상담기법 [2012년 3회]

① 인지적 기법

주로 내담자의 비합리적 신념(사고)의 비논리성 · 비실용성 · 비현실성에 초점을 둔 것이다. 이러한 인지적 기법에 해당하는 구체적인 주요 기법은 다음과 같다.

비합리적 신념 논박하기	• 상담자(치료자)는 내담자가 가지고 있는 비합리적 신념을 논박함으로써 내담자가 느끼는 장애가 내담자 자신의 지각과 자기진술에 의한 것임을 강조한다. • 비합리적 신념에 대한 논박은 내담자가 자신의 비합리적 신념을 포기할 때까지 또는 그 강도가 약화될 때까지 지속적이고 당위적으로 이루어져야 한다.
인지적 과제 부여하기	• 상담자는 내담자로 하여금 자신의 문제를 목록표로 만들도록 하며, 이를 통해 자신의 절대론적 사고를 논박하도록 요구한다. • 이 과정에서 상담자는 내담자 스스로 자신의 제한적 사고에 대한 도전을 감행하도록 촉구한다.
내담자의 언어 변화시키기	• 상담자는 내담자의 부정확한 언어사용에 주의를 기울이는 한편, 내담자의 언어 패턴을 포착한다. • 특히 상담자는 내담자로 하여금 '～ 해야 한다' 또는 '～ 하지 않으면 안 된다'와 같은 표현을 '～ 하는 것이 더 낫다'와 같은 표현으로 대체할 수 있음을 주지시킨다.

② 정서적 기법

인지적 개입을 보완하고 강화하기 위한 것으로서, 직접적으로 내담자의 비합리적 신념을 다루기보다는 인지적 기법을 통해 얻은 긍정적 변화를 더욱 강화하고 확대하기 위한 것이다. 정서적 기법에 해당하는 구체적인 주요 기법은 다음과 같다.

합리적 정서 심상법 (합리적 상상하기)	• 상담자는 내담자에게 최악의 상황을 상상하도록 요구하며, 그 상황에 맞지 않는 부적절한 감정을 적절한 감정으로 대치하도록 한다. • 정서적 모험을 통해 상담자는 내담자가 정서적으로 자신을 개방할 수 있도록 하며, 지속적인 합리적 상상으로써 부적절한 신념에 의해 유발되는 혼란을 방지하도록 돕는다.
합리적 역할극	• 내담자가 심리적인 고통을 경험했거나 그러할 것으로 예상되는 상황을 상담자와 함께 역할연기를 통해 체험해 본다. • 역할극은 내담자의 비합리적 신념을 확인하는 기회가 될 수 있는 것은 물론 내담자에게 다양한 피드백을 제공하는 기회가 되기도 한다.
유머 사용하기	• 상담자는 내담자가 진지하고 과장된 사고로 생활상의 사소한 문제를 심각한 문제 상황으로 확대하지 않도록 조치한다. • 유머는 진지한 사고가 내담자의 정서적 혼란을 야기할 때, 틀에 박힌 생활철학에 대해 논박할 필요가 있을 때 유용하게 사용될 수 있다.

③ 행동적 기법

상담자가 내담자로 하여금 직접 새로운 행동을 시도하게 함으로써 실천경험을 통해 현실검증이 이루어지도록 하는 것이다. 이는 정서적 기법과 마찬가지로 비합리적 신념의 변화를 통해 얻어진 성과를 더욱 강화하기 위해 흔히 사용된다. 행동적 기법에 해당하는 구체적인 주요 기법은 다음과 같다.

강화와 처벌 기법	• 상담자는 내담자가 특정한 과제를 성공적으로 수행한 경우 보상을 하는 반면, 실패한 경우 벌칙을 부과한다. • 과제의 수행 여부에 따라 강화 혹은 처벌을 부여함으로써 체계적으로 행동 변화를 유도한다.
기술 훈련	• 내담자에게 부족한 행동기술을 향상시킬 수 있도록 교육하고 훈련하는 것이다. • 사회적응기술, 대인관계기술을 비롯하여 직업 관련 기술 훈련을 통해 내담자의 직업활동이나 대인관계에서의 자신감을 증가시킨다.
역설적 과제	• 내담자로 하여금 외면적으로 치료를 통해 변화하고자 하는 모습과 정반대로 행동해 보도록 하는 것이다(예 불안한 생각으로 고통을 받는 사람에게 하루에도 몇 번씩 의도적으로 그 생각을 하도록 요구한다). • 내담자는 역설적 과제를 통해 자신의 문제를 새로운 관점에서 바라봄으로써 좀 더 객관적으로 현실 인식을 할 수 있게 된다.

기출복원문제로 핵심 복습

01 인지 · 정서 · 행동적 상담(REBT)의 기본원리를 6가지 쓰시오. [2015년 2회, 2008년 3회, 2004년 1회]

> **쌤의 만점답안**

① 인지는 인간의 정서를 결정하는 가장 중요한 요소이다.
② 역기능적 사고는 정서장애의 중요한 결정 요인이다.
③ 정서적인 문제를 해결하기 위해서는 사고를 분석하는 데에서 시작하는 것이 효과적이다.
④ 유전과 환경을 포함한 다양한 요인들이 불합리한 사고나 정신병리를 일으키는 원인이 된다.
⑤ 행동에 대한 과거의 영향보다는 현재에 초점을 둔다.
⑥ 인간이 지닌 신념은 쉽지는 않지만 변화한다고 믿는다.

02 인지적 · 정서적 상담(RET)의 인간에 대한 기본가정, 기본개념, 상담의 목표를 쓰시오.
[2023년 3회, 2020년 4회, 2012년 2회]

> **쌤의 만점답안**

① 인간에 대한 기본가정 : 인간은 합리적인 사고를 할 수 있는 동시에 비합리적인 사고를 할 수 있는 존재이다.
② 기본개념 : 인지적 · 정서적 상담(RET)은 'A–B–C–D–E–F 이론'으로 설명할 수 있다. 이때 'A'는 일어난 사건, 'B'는 그 사건에 대한 비합리적인 신념, 'C'는 그로 인한 부적응적인 정서적 · 행동적 결과, 'D'는 과학적 방법에 의한 논박, 'E'는 그로 인한 적응적인 정서적 · 행동적 효과, 'F'는 자신에 대한 수용적 태도와 긍정적 감정을 가지는 것을 의미한다.
③ 상담의 목표 : 내담자의 비논리적이고 비합리적인 신념체계를 합리적인 것으로 대치함으로써 행동적 · 정서적 문제들을 해결한다.

03 인지 · 정서적 상담이론에서 개인을 파멸로 몰아가는 근본적인 문제는 개인의 비합리적 신념 때문이다. 비합리적 신념의 뿌리를 이루고 있는 3가지 당위성을 예를 들어 설명하시오. [2019년 3회, 2013년 1회, 2009년 2회]

> **쌤의 만점답안**

① 자신에 대한 당위성 : 나는 반드시 훌륭하게 일을 수행해 내야 한다.
② 타인에 대한 당위성 : 타인은 반드시 나를 공정하게 대우해야 한다.
③ 세상(조건)에 대한 당위성 : 세상의 조건들은 내가 원하는 방향으로 돌아가야만 한다.

합격 암기법 ＼ (인당) 자 타세

> **유사 문제**

인지–정서적 상담이론에서 개인을 파멸로 몰아넣는 근본적인 문제는 개인이 갖고 있는 비합리적 신념 때문이라고 한다. 대체적으로 비합리적인 신념의 뿌리를 이루고 있는 것은 3가지 당위성과 관련되어 있다. 3가지 당위성에 대해 각각의 예를 들어 설명하시오. [2011년 3회, 2010년 2회]

04 다음 보기의 사례를 읽고 물음에 답하시오.

> 김 대리는 업무능력이 높고 남보다 승진이 빠르다. 그러나 사소한 실수를 했다. 상사나 다른 동료들은 아무렇지 않다고 말했지만 김 대리는 아니었다. 김 대리는 '실수하면 안 된다', '실수하면 회사생활은 끝이다'라는 생각을 했고, 그로 인해 심리적 혼란을 겪었다. 그래서 전직(轉職)을 위해 직업상담사를 찾았다. 상담사는 RET 기법으로 김 대리를 상담하면 될 것 같아 그렇게 하기로 했다.

이 내담자를 상담할 때의 목표를 기술하고, 이 내담자가 전직을 하기로 결심하게 된 이유를 엘리스(Ellis)의 RET 이론으로 설명하시오. [2018년 3회, 2006년 3회]

쌤의 만점답안

① 이 내담자를 상담할 때의 목표를 기술하시오.

　내담자의 '실수하면 회사 생활은 끝이다'라는 비합리적 신념을 합리적 신념으로 바꾸도록 하며, 이를 위해 내담자로 하여금 조건적 자기수용에서 벗어나 자신의 생각과 행동을 평가하도록 유도한다.

② 이 내담자가 전직을 하기로 결심하게 된 이유를 엘리스(Ellis)의 RET 이론으로 설명하시오.

　내담자는 '자신에 대한 당위성'으로 인해 사소한 실수에도 불구하고 자기패배의 부정적인 사고와 감정을 가지게 되었다.

쌤의 비법노트

답안 ②에 대한 추가 설명

- '나는 실수해서는 안 된다', '나는 실패해서는 안 된다', '나는 반드시 훌륭하게 일을 수행해 내야 한다' 등은 비합리적 신념의 뿌리를 이루는 세 가지 당위성 중 '자신에 대한 당위성(I must)'과 연관된다.
- 자신에 대한 당위성은 자기 자신에게 현실적으로 충족되기 어려운 과도한 기대와 요구를 부과하는 것이다.
- 인간은 누구나 실수하거나 실패할 수 있기 때문에 그와 같은 신념은 현실에서 실현되기 어려운 비합리적 신념이며, 이는 결국 내담자로 하여금 자기파멸 혹은 자기패배의 부정적인 사고와 감정을 유발한다.

05 김 씨는 정리해고로 인해 자신이 무가치한 존재라 여기고 자살을 시도하려고 한다. 김 씨의 사례를 엘리스(Ellis)의 ABCDEF 모델로 설명하시오. [2021년 1회, 2018년 1회]

쌤의 만점답안

① A(선행사건) : 구체적인 사건으로서 김 씨의 정리해고로 인한 실직

② B(비합리적 신념체계) : 정리해고가 곧 자신의 무가치함을 의미한다는 신념

③ C(결과) : 우울과 불안, 자괴감, 무가치감, 자살의 시도 등

④ D(논박) : 정리해고가 곧 자신의 무가치함을 의미하는 것은 아니며, 누구나 정리해고를 당할 수 있고, 자괴감에 빠져 자살을 생각하는 것이 바람직하지 않다는 논박

⑤ E(효과) : 자괴감이나 무가치감에서 벗어나 새로운 시도를 위한 기회로 활용

⑥ F(감정) : 자신에 대한 수용적인 태도와 긍정적인 감정의 습득

06 실직 후 우울증을 경험하는 사람이 우울증에 빠지는 과정과 이를 극복하는 과정을 엘리스(Ellis)의 ABCDE 모델에 따라 설명하시오. [2015년 1회]

쌤의 만점답안

① A(선행사건) : 구체적인 사건으로서 내담자의 실직
② B(비합리적 신념체계) : 실직이 곧 자신의 부적절함을 의미한다는 신념
③ C(결과) : 우울과 불안, 자괴감, 무가치감, 구직 활동의 위축 등
④ D(논박) : 실직이 곧 자신의 부적절함을 의미하는 것은 아니며, 누구나 실직을 경험할 수 있고, 그에 집착하는 것은 바람직하지 않다는 논박
⑤ E(효과) : 자기수용을 통한 구직 활동에의 노력

07 엘리스(Ellis)의 REBT에서 사용하는 상담기법 3가지를 쓰고 설명하시오. [2012년 3회]

쌤의 만점답안

① 인지적 기법 : 내담자의 비합리적 신념의 비논리성·비실용성·비현실성에 초점을 둔 것으로서, 비합리적 신념 논박하기, 인지적 과제 부여하기, 내담자의 언어 변화시키기 등이 사용된다.
② 정서적 기법 : 내담자의 인지적 기법을 통해 얻은 긍정적 변화를 강화하기 위한 것으로서, 합리적 정서 심상법, 합리적 역할극, 유머 사용하기 등이 사용된다.
③ 행동적 기법 : 내담자로 하여금 구체적인 실천경험을 통해 현실검증이 이루어지도록 하기 위한 것으로서, 강화와 처벌 기법, 기술 훈련, 역설적 과제 등이 사용된다.

9 인지치료

대표 문제

벡(Beck)의 인지치료에서 인지적 오류의 유형을 4가지 쓰시오. [2022년 2회]

쌤의 해결 포인트

이 문제는 경우에 따라 "~ 쓰시오" 혹은 "~ 쓰고 설명하시오"의 형태로 제시되기도 합니다. 만약 "~ 쓰시오"의 형태로 제시되고 답안 작성 칸이 협소한 경우 단순히 각 유형의 명칭만 작성해도 정답으로 인정받을 수 있겠으나, 그렇지 않은 경우를 대비하여 가급적 간략한 설명까지 기억해 두시기 바랍니다.

쌤의 만점답안

① 임의적 추론 : 어떤 결론을 지지하는 증거가 없거나 그 증거가 결론에 위배됨에도 불구하고 그와 같은 결론을 내린다.
② 선택적 추상화 : 다른 중요한 요소들은 무시한 채 사소한 부분에 초점을 맞추고, 그 부분적인 것에 근거하여 전체 경험을 이해한다.
③ 과도한 일반화 : 한두 가지의 고립된 사건에 근거해서 일반적인 결론을 내리고 그것을 서로 관계 없는 상황에 적용한다.
④ 흑백논리 : 모든 경험을 한두 개의 범주로만 이해하고 중간지대가 없이 흑백논리로써 현실을 파악한다.

합격 암기법 ＼ (인오) 임선과 흑!

유사 문제

• 벡(Beck)의 인지치료에서 인지적 오류의 유형 3가지를 쓰고, 각각에 대해 설명하시오. [2020년 1회, 2018년 3회]
• 벡(Beck)의 인지치료에서 인지적 오류의 유형 3가지를 쓰고 간략히 설명하시오. [2014년 2회, 2011년 3회]
• 벡(Beck)의 인지치료에서 인지적 오류의 유형 3가지를 쓰고 설명하시오. [2011년 2회]

(1) 개 요

① 벡(Beck)에 의한 인지행동 상담기술로서, 인간의 사고와 행동이 서로 밀접하게 연관되어 있다는 가정에서 비롯된다.
② 내담자의 역기능적이고 자동적인 사고 및 스키마, 신념, 가정의 대인관계 행동에서의 영향력을 강조하며, 이를 수정하여 내담자의 정서나 행동을 변화시키는 데 역점을 둔다.
③ 치료 과정은 보통 단기적·한시적이고 구조화되어 있으며, 상담자(치료자)는 내담자에 대한 보다 적극적이고 교육적인 치료를 수행한다.
④ 엘리스(Ellis)가 개인이 가진 비합리적 사고나 신념에 문제의 초점을 두었다면, 벡(Beck)은 개인이 가지고 있는 정보처리 과정상의 인지적 왜곡에 초점을 두었다.

(2) 인지적 오류의 주요 유형 [2022년 2회, 2020년 1회, 2018년 3회, 2014년 2회, 2011년 2회, 2011년 3회, 2010년 3회]

임의적 추론 또는 자의적 추론	어떤 결론을 지지하는 증거가 없거나 그 증거가 결론에 위배됨에도 불구하고 그와 같은 결론을 내린다. 예 남자친구가 사흘 동안 전화를 하지 않은 것은 자신을 사랑하지 않고 이미 마음이 떠났기 때문이라고 자기 멋대로 추측하는 경우
선택적 추상 또는 선택적 추상화	다른 중요한 요소들은 무시한 채 사소한 부분에 초점을 맞추고, 그 부분적인 것에 근거하여 전체 경험을 이해한다. 특히 상황의 긍정적인 양상을 여과하는 데 초점이 맞추어져 있고 극단적으로 부정적인 세부사항에 머문다. 예 아내가 자신의 장단점을 이야기해 주었을 때 약점에 대해서만 집착한 나머지 아내의 진심을 왜곡하고 아내가 자신을 비웃고 헐뜯는 것으로 받아들이는 경우
과잉일반화(과일반화) 또는 과도한 일반화	한두 가지의 고립된 사건에 근거해서 일반적인 결론을 내리고 그것을 서로 관계없는 상황에 적용한다. 예 영어시험을 망쳤으니 (자신의 노력이나 상황 변화와 관계없이) 이번 시험은 완전히 망칠 것이라 결론을 내리는 경우
개인화 또는 사적인 것으로 받아들이기	자신과 관련시킬 근거가 없는 외부사건을 자신과 관련시키는 성향으로서, 실제로는 다른 것 때문에 생긴 일에 대해 자신이 원인이고 자신이 책임져야 할 것으로 받아들인다. 예 친구가 오늘 기분이 나쁜 것이 내게 화가 나 있기 때문으로 간주하는 경우
이분법적 사고 또는 흑백논리	모든 경험을 한두 개의 범주로만 이해하고 중간지대가 없이 흑백논리로써 현실을 파악한다. 예 100점이 아니면 0점과 다를 바 없다고 보는 경우
과장 / 축소 또는 의미확대 / 의미축소	어떤 사건 또는 한 개인이나 경험이 가진 특성의 한 측면을 그것이 실제로 가진 중요성과 무관하게 과대평가하거나 과소평가한다. 예 시험을 잘 보았을 때 운이 좋아서 혹은 시험이 쉽게 출제되어서 좋은 결과에 이르렀다고 보는 경우
긍정 격하	자신의 긍정적인 경험이나 능력을 객관적으로 평가하지 않은 채 그것을 부정적인 경험으로 전환하거나 자신의 능력을 낮추어 본다. 예 누군가 자신이 한 일에 대해 칭찬을 할 때 그 사람들이 착해서 아무것도 아닌 일에 칭찬을 하는 것이라 생각하는 경우
잘못된 명명	과잉일반화의 극단적인 형태로서, 내담자가 어느 하나의 단일사건이나 극히 드문 일에 기초하여 완전히 부정적으로 상상하는 것이다. 예 한 차례 지각을 한 학생에 대해 지각대장이라는 이름표를 붙이는 경우

(3) 인지치료적 접근의 주요 상담기법 [2019년 2회]

① 정서적 기법

ⓐ 내담자의 자동적 사고는 정서 경험을 통해 분명해지므로, 정서도식의 활성화를 통해 자동적 사고를 끌어낸다.

ⓑ 내담자의 자동적 사고를 끌어내기 위한 구체적인 방법은 다음과 같다.

- 최근의 정서 경험을 구체적으로 이야기하게 한다.
- 심상기법을 사용하여 당시의 상황에 몰입시킨다.
- 정서 경험을 재현하기 위해 역할연기를 사용한다.
- 상담 중에 일어나는 내담자의 정서 변화에 주목한다.

② 언어적 기법

  ㉠ 소크라테스식 질문을 통해 내담자로 하여금 자신의 자동적 사고가 현실적으로 타당한지를 평가하도록 하며, 좀 더 현실적인 생각을 하도록 돕는다.

  ㉡ 자동적 사고의 타당성을 내담자 스스로 평가해 볼 수 있도록 하기 위해 다음의 질문들을 주로 사용한다.

    • 그렇게 생각하는 근거는 무엇인가?(→ 자동적 사고의 근거 부족 깨닫게 하기)

    • 달리 설명할 수는 없는가?(→ 대안적 사고 찾기)

    • 실제 그 일이 일어난다면 어떨 것인가?(→ 상황에 대한 대처능력 인식시키기)

더 알아보기

소크라테스식 질문(Socratic Questioning)

• 소크라테스식 질문은 의문문 형식의 문장 자체를 지칭한다기보다는 이른바 '소크라테스 방식(Socratic Method)' 혹은 '소크라테스식 대화(Socratic Dialogue)'를 의미한다.

• 특히 인지행동 상담(혹은 인지치료)에서 내담자(혹은 환자)의 자동적 사고를 평가하기 위해 활용하는 기법으로서, 내담자로 하여금 자신의 자동적 사고가 현실적으로 타당한가를 평가하고 좀 더 현실적인 생각을 가지도록 유도하는 방법이다.

• 벡(Beck)이 내담자의 인지 변화 촉진을 위한 질문방식을 지칭하기 위해 사용한 용어로서, 내담자에게 문제에 대한 해결책을 제시하거나 내담자의 지각 및 해석 내용을 직접 수정해 주기보다, 일련의 신중한 질문을 제시하여 내담자 스스로 자신의 생각을 평가하고 해결책을 얻도록 돕는 것을 근본적인 목표로 한다.

---

③ 행동적 기법

  ㉠ 내담자가 가진 부정적 사고의 현실적 타당성을 검증하기 위해 행동실험(Behavioral Experiment)을 적용한다. 이때 행동실험은 내담자로 하여금 자신의 자동적 사고가 타당하지 않다는 것을 이해하고, 그것을 변화시키도록 하기 위해 수행된다.

  ㉡ 행동실험은 인지의 변화를 목적으로 수행되며, 이는 상담 중에 이루어질 수도 혹은 과제로 부과될 수도 있다.

  ㉢ 행동실험은 내담자로 하여금 '경험'을 통해 자신의 생각을 스스로 평가할 수 있는 기회를 제공하는데, 그와 같은 '경험적 반증(Experiential Disconfirmation)'은 상담에서 변화를 촉진시키는 가장 중요한 심리적 기제 중 하나이다.

기출복원문제로 핵심 복습

01 실직하고 나서 "나는 무능하다"라는 부정적인 자동적 사고가 떠올라 우울감에 빠진 내담자에게 벡(Beck)의 인지행동 상담을 하려고 한다. 이 내담자의 부정적인 자동적 사고를 합리적인 사고로 변화시키기 위한 상담기법을 3가지 쓰고, 각각에 대해 설명하시오. [2019년 2회]

쌤의 만점답안

① 정서적 기법 : 정서 경험 이야기하기, 심상기법, 역할연기 등을 통해 내담자의 자동적 사고를 파악한다.
② 언어적 기법 : 소크라테스식 질문을 통해 내담자로 하여금 자동적 사고의 타당성을 평가하도록 한다.
③ 행동적 기법 : 내담자의 인지 변화를 목적으로 행동실험을 수행한다.

10 정신역동적 직업상담

대표 문제

보딘(Bordin)은 정신역동적 직업상담을 체계화하면서 직업문제의 진단에 관한 새로운 관점을 제시하였다. 그가 제시한 직업문제의 심리적 원인 5가지를 쓰고, 각각에 대해 설명하시오. [2023년 2회]

쌤의 해결 포인트

보딘(Bordin)이 제시한 "직업문제의 심리적 원인"은 "직업선택 문제유형 분류" 혹은 "진단범주(진단분류)" 등으로 문제가 제시되기도 합니다. 문제에 따라 약간씩 다른 명칭으로 제시되고 있으므로 이 점 감안하여 학습하시기 바랍니다.

쌤의 만점답안

① 의존성 : 생애발달 과제에 대한 자기 주도적인 수행상의 어려움
② 정보의 부족 : 경제적 · 교육적 기회의 결여 등으로 인한 정보의 부족
③ 자아갈등(내적 갈등) : 자아개념들 사이의 내적 갈등에서 비롯되는 혼란
④ 직업(진로)선택에 대한 불안 : 자신의 선택과 타인의 기대 간의 충돌에 따른 불안
⑤ 확신의 부족(결여) : 자신의 선택에 대한 확신의 부족

합격 암기법 ＼ (보심) 의정자 직확

유사 문제

- 보딘(Bordin)은 정신역동적 직업상담을 체계화하면서 직업문제의 진단에 관한 새로운 관점을 제시하였다. 그가 분류한 직업문제의 심리적 원인을 3가지만 제시하고 각각에 대해 설명하시오. [2021년 1회, 2018년 3회, 2010년 2회]
- 보딘(Bordin)은 정신역동적 직업상담을 체계화하면서 직업문제의 진단에 관한 새로운 관점을 제시하였다. 그가 분류한 직업선택 문제유형 5가지를 쓰시오. [2019년 2회]
- 보딘(Bordin)이 제시한 직업문제의 심리적 원인에 따른 직업선택의 문제유형을 3가지만 쓰시오. [2014년 3회]
- 보딘(Bordin)은 정신역동적 직업상담을 체계화하면서 직업문제의 진단에 관한 새로운 관점을 제시하였다. 그가 제시한 직업문제의 심리적 원인 3가지를 설명하시오. [2015년 3회, 2014년 1회]
- 보딘(Bordin)은 정신역동적 직업상담을 체계화하면서 직업문제의 진단에 관한 새로운 관점을 제시하였다. 그가 분류한 직업문제의 심리적 원인 5가지를 쓰시오. [2013년 3회]
- 보딘(Bordin)은 정신분석적 직업상담에서 직업문제를 진단할 때 심리적 원인이 드러나도록 해야 한다고 주장했다. 그가 제시한 직업문제의 심리적 원인을 3가지만 쓰시오. [2011년 1회]

(1) 개 요

① 정신역동적 직업상담은 정신분석학을 토대로 특성–요인이론과 내담자 중심 직업상담의 개념과 기법을 통합한 접근법이다.

② 보딘(Bordin)과 동료들에 의해 발전된 것으로, 내담자의 내적 세계뿐만 아니라 검사 정보도 독특한 방식으로 직업결정 과정에 활용한다.

③ 정신분석학에 뿌리를 두고 있지만 내담자 중심 직업상담에 영향을 받아 내담자의 내적 세계와 직업선택에 미치는 내적 요인의 영향을 강조한다.

④ 특성–요인 접근법과 마찬가지로 '사람과 직업을 연결시키는 것'에 기초를 두고 있다.

⑤ 직업선택에 있어서 심리학적 요인을 중시하는 이론으로, 정신분석적 측면뿐만 아니라 내담자의 욕구와 발달과정을 중시하며, 욕구를 직업선택의 주요 요인으로 간주한다.

(2) 보딘(Bordin)이 제시한 직업문제의 심리적 원인

[2023년 2회, 2021년 1회, 2019년 2회, 2018년 3회, 2015년 3회, 2014년 1회, 2014년 3회, 2013년 3회, 2011년 1회, 2010년 2회]

① 의존성

자신의 문제에 대한 해결이나 생애발달 과제의 달성을 자기 스스로 주도하기 어려워하는 경우이다. 자신의 삶을 다른 사람에게 지나치게 의존하거나 자신의 욕구에 대한 중재를 다른 사람에게 의존하려고 한다.

② 정보의 부족

경제적 결핍 및 교육적 기회의 결여로 인해 적당한 정보를 접할 기회가 없었거나, 현재 직업결정에 대한 정보를 얻지 못하는 경우이다. 이들은 의존적인 것처럼 보이지만 실제로는 정보가 부족한 사람들이다.

③ 자아갈등(내적 갈등)

둘 이상의 자아개념과 관련된 반응기능들 사이에서 갈등하거나, 하나의 자아개념과 다른 자아개념 사이에서 갈등하는 경우이다. 이들은 내적 갈등으로 인해 혼란스러워하는 사람들이다.

④ 직업(진로)선택에 대한 불안

한 개인이 어떤 일을 하고 싶은데 중요한 타인이 다른 일을 해 주기를 원하거나, 직업들과 관련된 긍정적 유인가와 부정적 유인가 사이에서 내적 갈등을 경험함으로써 불안을 느끼는 경우이다. 이러한 불안은 개인이 선택을 해야 할 때 발생한다.

⑤ 확신의 부족(결여) 또는 문제없음

내담자가 현실적인 직업선택을 하고도 자신의 선택에 대한 확신이 부족하여 상담자를 찾는 경우이다. 이러한 확신의 결여도 다른 중요한 선택이나 결정의 상황에서 문제를 야기한다.

유인가(Valence)

'유인가(Valence)'는 '특정한 결과에 대한 정서적 방향성'을 의미합니다. 예를 들어, 직업상담사가 구직자에게 보수는 높지만 육체적으로나 정신적으로 힘든 직업을 소개했다면, 그 구직자는 선택의 갈등을 경험할 수 있습니다. 다만, 이때의 갈등은 삶에서의 중요한 결정 상황(예 대학진학 or 사회진출 등)에서 경험하게 되는 자아갈등과는 차이가 있습니다.

(3) 보딘(Bordin)의 직업상담 과정

[2023년 3회, 2020년 3회, 2018년 2회, 2017년 3회, 2015년 3회, 2013년 2회, 2012년 1회, 2009년 1회]

제1단계 – 탐색과 계약설정 (계약체결)	• 상담자는 직업 의사결정의 정신역동에 초점을 두며, 내담자와 앞으로의 상담전략을 합의한다. • 상담자는 내담자의 방어적 태도에 주의를 기울이며, 내담자로 하여금 스스로의 정신역동적 상태를 탐색할 수 있도록 돕는다. • 상담자는 수용적 · 온정적인 분위기를 조성하며, 관심과 관대함을 가지고 내담자의 이야기를 경청한다.
제2단계 – 핵심결정 (중대한 결정)	• 내담자는 상담자와의 적극적인 상호작용을 통해 자신의 노력을 인식하게 되며, 직업상담 과정이 단지 직업결정을 위한 것이 아닌 성격 변화 과정의 일부로 인식하기 시작한다. • 내담자는 중대한 결정을 통해 보다 제한된 자신의 목표를 유지할 것인지 아니면 자신의 목표를 보다 폭넓게 확대할 것인지 고민하게 된다. • 상담자는 내담자로 하여금 협력적인 상호작용을 통해 의사결정과 관련된 자아를 수용하도록 촉진한다.
제3단계 – 변화를 위한 노력	• 내담자는 자아 인식 및 자아 이해를 점차 확대해 나가며, 어느 정도 변화를 경험하게 된다. 이때 내담자가 어떤 유형의 사람인지를 재정의하는 과정이 병행된다. • 상담자는 내담자가 나타내는 '바로 지금(Right Now)'의 감정에 반응하며, 내담자로 하여금 자신의 자아를 보다 명확히 인식할 수 있도록 돕는다. • 상담자와 내담자는 더 많은 변화를 필요로 하는 부분에 대해 지속적인 변화를 모색하며, 보다 효율적인 인간관계가 이루어질 수 있도록 상호 협력한다.

기출복원문제로 핵심 복습

01 정신역동적 직업상담 모형을 구체화시킨 보딘(Bordin)의 직업상담 과정을 쓰고, 각각에 대해 설명하시오. [2023년 3회, 2020년 3회, 2018년 2회, 2017년 3회, 2015년 3회, 2013년 2회, 2009년 1회]

쌤의 만점답안

① 탐색과 계약설정(제1단계) : 내담자의 정신역동적 상태에 대한 탐색 및 상담전략에 대한 합의가 이루어진다.
② 핵심결정(제2단계) : 내담자는 중대한 결정을 통해 자신의 목표를 성격 변화 등으로 확대할 것인지 고민한다.
③ 변화를 위한 노력(제3단계) : 내담자는 자아 인식 및 자아 이해를 확대해 나가며, 지속적인 변화를 모색한다.

유사 문제

정신역동적 직업상담 모형을 구체화시킨 보딘(Bordin)의 직업상담 과정 3단계를 쓰고 각각에 대해 설명하시오. [2012년 1회]

11 발달적 직업상담

발달적 직업상담에서 수퍼(Super)는 '진단(Diagnosis)' 대신 '평가(Appraisal)'라는 용어를 사용했다. 수퍼가 제시한 3가지 평가를 쓰고, 각각에 대해 설명하시오. [2021년 3회, 2020년 4회, 2013년 1회, 2010년 1회]

쌤의 해결 포인트

발달적 직업상담에서 수퍼(Super)가 '진단' 대신 '평가'라는 용어를 사용한 이유는 '평가'의 개념이 '진단'의 개념보다 포괄적이고 긍정적이라고 생각했기 때문입니다.

쌤의 만점답안

① 문제의 평가 : 내담자가 겪고 있는 어려움이나 직업상담에 대한 내담자의 기대를 평가한다.
② 개인의 평가 : 내담자의 신체적·심리적·사회적 상태에 대한 통계자료 및 사례연구로 분석이 이루어진다.
③ 예언평가(예후평가) : 내담자에 대한 직업적·개인적 평가를 토대로 내담자가 성공하고 만족할 수 있는 것에 대한 예언이 이루어진다.

합격 암기법 (수평) 문제 개인 예언

유사 문제

수퍼(Super)의 발달적 직업상담에서 진단을 위한 평가유형 3가지를 쓰고 설명하시오. [2013년 3회]

(1) 개 요

① 내담자의 생애단계를 통한 진로발달의 측면을 중시한다.
② 발달의 의사결정적 측면을 강조한 정신역동적 직업상담과 달리, 내담자의 직업 의사결정 문제와 직업성숙도(진로성숙도) 사이의 일치성에 초점을 둔다.
③ 직업상담을 통해 개인의 진로발달을 도움으로써 내담자의 개인적·사회적 발달이 촉진될 수 있도록 조력한다.
④ 진로발달은 전 생애에 걸쳐 계속되는 과정이므로, 개인의 과거와 현재뿐만 아니라 미래까지도 동시에 고려해야 한다고 주장한다.
⑤ 진로발달을 개인과 환경의 상호작용에 의한 적응 과정이라 강조한다.

220 2과목 직업상담 및 취업지원

(2) 수퍼(Super)의 진단을 위한 평가 유형 [2021년 3회, 2013년 1회, 2013년 3회, 2010년 1회]

수퍼는 내담자들의 문제들뿐만 아니라 잠재력에도 초점을 두어 다음의 세 가지 평가 유형을 제시하였다.

① 문제의 평가 또는 문제평가(Problem Appraisal)

    ㉠ 내담자가 겪고 있는 어려움이나 직업상담에 대한 내담자의 기대를 평가한다.

    ㉡ 직업에 대한 개인의 생각, 문제 해결을 위한 책임성·융통성·침착성·유머감각, 미성숙이나 부적응에서 비롯되는 직업적 문제 등이 평가대상이다.

② 개인의 평가 또는 개인적 평가(Personal Appraisal)

    ㉠ 내담자의 신체적·심리적·사회적 상태에 대한 통계자료 및 사례연구로 분석이 이루어진다.

    ㉡ 심리검사, 임상적 방법, 사례연구 등을 통해 내담자의 능력, 적성, 흥미 등을 평가하며, 내담자의 인구통계학적 특성 및 사회적 특성에 대한 정보를 수집한다.

③ 예언평가 또는 예후평가(Prognostic Appraisal)

    ㉠ 내담자에 대한 직업적·개인적 평가를 토대로 내담자가 성공하고 만족할 수 있는 것에 대한 예언이 이루어진다.

    ㉡ 내담자의 교육적 및 직업적 경험에 대한 자료, 내담자와 동일한 발달단계의 사람들이 직업에 대해 가지고 있는 지식의 정도, 내담자의 개인적 자원과 이를 사용할 수 있는 역량에 대한 측정결과 등을 통해 향후 직업발달을 예언한다.

(3) 수퍼(Super)의 발달적 직업상담 6단계

[2024년 2회, 2018년 1회, 2018년 3회, 2015년 2회, 2011년 1회, 2011년 2회, 2008년 3회]

제1단계 – 문제 탐색 및 자아(자기)개념 묘사	비지시적 방법으로 문제를 탐색하고 자아(자기)개념을 묘사한다.
제2단계 – 심층적 탐색	지시적 방법으로 심층적 탐색을 위한 주제를 설정한다.
제3단계 – 자아수용 및 자아통찰	자아수용 및 자아통찰을 위해 비지시적 방법으로 사고와 느낌을 명료화한다.
제4단계 – 현실검증	심리검사, 직업정보, 과외활동 등을 통해 수집된 사실적 자료들을 지시적으로 탐색한다.
제5단계 – 태도와 감정의 탐색과 처리	현실검증에서 얻어진 태도와 감정을 비지시적으로 탐색하고 처리한다.
제6단계 – 의사결정	대안적 행위들에 대한 비지시적 고찰을 통해 자신의 직업을 결정한다.

(4) 발달적 직업상담에서 직업상담사가 사용할 수 있는 기법 [2024년 3회, 2019년 3회]

① 진로자서전

ⓐ 내담자로 하여금 대학 및 학과선택, 학교교육 외의 교육훈련, 아르바이트 경험, 그 외의 다른 일상적인 결정들에 대해 자유롭게 기술하도록 하는 것이다.

ⓑ 내담자가 과거에 자신의 진로에 대해 어떻게 의사결정을 해 왔고 의사결정에 영향을 미치는 중요한 타인들(예 부모, 교사, 친구 등)이 누구인지를 알아보기 위한 자료로서뿐만 아니라, 직업상담을 하는 동안 토론을 촉진시켜 주는 자료로서 유용성을 가진다.

② 의사결정일기

ⓐ 내담자가 일상생활 속에서 매일 어떻게 결정을 내리고 있는가를 알아보기 위한 것으로서, 진로자서전이 과거에 초점을 두는 반면, 의사결정일기는 지금·현재에 초점을 둔다.

ⓑ 내담자는 자신의 일상적인 의사결정(예 '무엇을 할 것인가?', '무슨 옷을 입을 것인가?', '무슨 음식을 먹을 것인가?' 등)에서 세세한 부분의 결정을 어떤 방식으로 내리고 있는가를 글로 작성해본다. 이를 통해 내담자는 자신의 의사결정 유형을 이해하고 의사결정 방식에 대한 자각과 민감성을 향상시키게 되며, 결과적으로 직업의사결정 과정에서 보다 분명하게 자신의 의견을 표현할 수 있게 되고 더욱 참여적이게 된다.

기출복원문제로 핵심 복습

01 수퍼(Super)의 발달적 직업상담 6단계를 순서대로 쓰시오. [2024년 2회, 2018년 1회, 2018년 3회]

① 제1단계 : 문제 탐색 및 자아(자기)개념 묘사
② 제2단계 : 심층적 탐색
③ 제3단계 : 자아수용 및 자아통찰
④ 제4단계 : 현실검증
⑤ 제5단계 : 태도와 감정의 탐색과 처리
⑥ 제6단계 : 의사결정

유사 문제

• 수퍼(Super)의 발달적 직업상담 6단계를 쓰시오. [2015년 2회, 2011년 1회]
• 수퍼(Super)가 제안한 발달적 직업상담의 6단계를 쓰고 설명하시오. [2011년 2회]

02 발달적 직업상담에서 직업상담사가 사용할 수 있는 기법으로 '진로자서전'과 '의사결정일기'가 있다. 각각에 대해 설명하시오. [2024년 3회, 2019년 3회]

① 진로자서전 : 내담자의 과거 의사결정 방식을 알아보기 위해 학과선택, 아르바이트 경험 등 과거의 일상적인 결정들에 대해 자유롭게 기술하도록 한다.
② 의사결정일기 : 내담자의 현재 의사결정 방식을 알아보기 위해 오늘 무엇을 할 것인지 등 매일의 일상적인 결정들에 대해 자유롭게 기술하도록 한다.

12 포괄적 직업상담

대표 문제

크라이티스(Crites)의 포괄적 직업상담의 상담과정 3단계를 쓰고, 각 단계에 대해 설명하시오.
[2022년 3회, 2019년 1회]

쌤의 해결 포인트

• 포괄적 직업상담의 상담기법은 여러 이론적 접근들로부터 다양한 기법들을 절충하여 특정 접근법에 한정하여 진행하지 않습니다.

• 상담 초기 단계에는 발달적 접근법과 내담자 중심 접근법을 통해 내담자에 대한 탐색 및 진단을 진행하고, 상담 중간 단계에는 정신역동적 접근법을 통해 내담자 문제의 원인 요인을 명료화합니다. 상담 마지막 단계에서는 상담자가 특성-요인적 접근법과 행동주의적 접근법을 통해 내담자의 문제해결에 보다 능동적인 태도로 개입합니다.

쌤의 만점답안

① 진단(제1단계) : 내담자의 진로문제 진단을 위해 심리검사 자료와 상담을 통한 자료가 수집된다.

② 명료화 또는 해석(제2단계) : 상담자와 내담자가 협력해서 의사결정 과정을 방해하는 태도와 행동을 확인하며 대안을 탐색한다.

③ 문제해결(제3단계) : 내담자가 자신의 문제를 확인하고 적극적으로 참여하여 문제해결을 위해 어떤 행동을 실제로 취해야 하는가를 결정한다.

합격 암기법 ↘ (크포) 진명문

유사 문제

크라이티스(Crites)의 포괄적 직업상담의 상담과정 3단계를 단계별로 설명하시오.
[2014년 2회, 2011년 3회, 2008년 3회, 2005년 3회]

(1) 개 요

① 포괄적 직업상담의 의의

  ㉠ 특성-요인이론, 정신분석이론, 행동주의이론, 인간중심이론 등 다양한 상담이론을 절충·통합한 것으로서, 크라이티스(Crites)가 제시하였다.

  ㉡ 크라이티스는 직업상담의 과정에 '진단 → 문제분류 → 문제구체화 → 문제해결'의 단계가 포함된다고 보았다. 또한 직업상담의 목적에 '진로선택, 의사결정기술의 습득, 일반적 적응의 고양' 등이 포함된다고 보았다. 그리고 이와 같은 목적을 달성하기 위해 직업상담 과정에 '면담기법, 검사해석, 직업정보' 등이 포함되어야 한다고 강조하였다.

② 포괄적 직업상담의 특징
　　㉠ 논리적인 것과 경험적인 것을 의미 있게 절충시킨 모형이다.
　　㉡ 진단은 변별적이고 역동적인 성격을 가지고 있다.
　　㉢ 검사의 역할을 중시하며 검사를 효율적으로 사용한다.
　　㉣ 진단을 통해 문제에 대한 배경지식을 얻은 후 진로성숙도검사(CMI ; Career Maturity Inventory) 와 같은 도구를 이용하여 내담자의 직업선택에 대한 태도와 능력이 얼마나 성숙되어 있는지, 그것 이 내담자의 직업문제와 어떻게 연관되어 있는지를 결정한다.

(2) 크라이티스(Crites)의 상담과정 3단계
[2022년 3회, 2019년 1회, 2014년 2회, 2011년 3회, 2008년 3회, 2005년 3회]

제1단계 – 진단	내담자의 진로문제를 진단하기 위해 내담자의 태도, 능력, 의사결정유형, 성격, 흥미 등 내담자에 대한 폭넓은 검사자료와 상담을 통한 자료가 수집되는 단계이다.
제2단계 – 명료화 또는 해석	• 문제를 명료화하거나 해석하는 단계이다. • 상담자와 내담자가 협력해서 의사결정 과정을 방해하는 태도와 행동을 확인하며 대안을 탐색한다.
제3단계 – 문제해결	• 내담자가 자신의 문제를 확인하고 적극적으로 참여하여 문제해결을 위해 어떤 행동을 실제로 취해야 하는가를 결정하는 단계이다. • 특히 도구적 학습에 초점을 둔다. • 내담자는 자기 자신과 일의 세계에 관한 정보가 어떻게 수집되며, 직업목표를 설정할 때 어떤 제한을 가해야 하는지, 그리고 예상하지 못한 사건이 발생했을 때 어떻게 대처해야 하는지에 대해 책임감을 가지고 해결하도록 노력해야 한다.

03 직업상담의 실제

1 면담의 기술과 요소

대표 문제

진로상담 과정에서 내담자와 관계를 수립하고, 내담자의 문제를 파악하는 데 사용되는 기본 상담기술을 6가지 쓰시오. [2023년 1회, 2005년 3회]

쌤의 해결 포인트

- 이 문제에는 다양한 답안이 도출될 수 있으며, 출제자의 의도에 따라 다르게 채점될 수도 있습니다. 특히 이 문제는 2020년 1회 실무시험(6번)에 출제된 문제가 변형된 형태로, 단순히 상담자가 갖추어야 할 기본 기술을 나열하는 것이 아닌 내담자와의 신뢰관계를 형성하고 내담자의 문제를 파악하는 과정에서 특히 중요하게 사용되는 기술들을 제시하도록 요구하고 있다는 점에서 차이가 있습니다.
- 이 경우 상담자의 기본 기술로서 '해석'이나 '직면'은 내담자에 대한 이해보다는 내담자의 의사결정을 돕는 데 주로 사용되므로, 가급적 [쌤의 만점답안]에 6가지로 제시된 답안을 암기하시기 바랍니다.

쌤의 만점답안

① 공감
② 적극적 경청
③ 명료화
④ 요약과 재진술
⑤ 수용
⑥ 탐색적 질문

합격 암기법 (진상) 공적 명요 수탐

유사 문제

- 직업상담을 효과적으로 진행하기 위해서는 상담의 기본 원리와 기법을 따라야 한다. 상담 분야를 막론하고 상담자가 갖추어야 할 기본 기술을 5가지 쓰시오. [2020년 1회]
- 진로상담 과정에서 내담자와 관계를 수립하고, 내담자의 문제를 파악하는 데 사용되는 기본 상담기술을 5가지 쓰시오. [2023년 3회]

(1) 직업상담을 위한 상담면접의 원리

① 내담자의 모든 행동에는 이유와 목적이 있음을 분명하게 인지해야 한다.

② 내담자의 반응 중 즉각적으로 관찰되는 것뿐만 아니라 관찰될 수 없고 지연된 반응이 있음을 주목하며, 이를 가능한 한 정확히 예측해야 한다.

③ 상담의 최종목표와 중간목표를 구별하며, 먼저 중간목표를 달성하도록 노력해야 한다.

(2) 내담자와 관계를 수립하는 데 사용되는 기본 상담기법 [2023년 1회, 2023년 3회, 2020년 1회, 2005년 3회]

① 공 감

내담자가 전달하려는 내용에서 한 걸음 더 나아가 그 내면적 감정에 대해 반영하는 것이다. 즉, 상담자가 내담자의 입장이 되어 그의 주관적 세계를 이해하는 것이다.

② 적극적 경청

내담자의 말이나 사건의 내용은 물론 내담자의 심정을 파악함으로써 내담자가 표현하는 언어적인 의미 외에 비언어적인 의미까지 이해하는 것이다.

③ 명료화

내담자의 말 속에 포함되어 있는 불분명한 측면을 상담자가 분명하게 밝히는 반응이다. 즉, 내담자의 실제 반응에서 암시되었거나 포함된 의미를 명확히 부각시켜 말해 주는 것이다.

④ 요약과 재진술

내담자가 전달하는 이야기의 표면적 의미를 상담자가 다른 말로 바꾸어서 말하는 것이다. 상담자는 내담자가 전달하려는 내용을 다른 말과 용어를 사용하여 내담자에게 되돌려 준다.

쌤의 비법노트

'요약과 재진술'이 내담자가 말한 이야기의 요점을 그대로 재확인시키기 위한 것이라면, '명료화'는 내담자가 말한 이야기의 요점을 더욱 분명하고 명확하게 부각시킨다는 점에서 차이가 있습니다.

---

⑤ 수 용

상담자가 내담자의 이야기에 주의를 집중하고 있고, 내담자를 인격적으로 존중하고 있음을 보여 주는 것이다. 수용에 대한 표현은 "예", "계속 말씀하십시오." 등 주로 간단한 언어적 표현을 통해 이루어진다.

⑥ 탐색적 질문

상담자가 자신의 관심을 충족시키기 위해 하는 질문이 아니라 내담자로 하여금 자신과 자신의 문제를 자유롭게 탐색하도록 허용함으로써 내담자의 이해를 증진시키는 개방적인 질문이다.

⑦ 반 영

내담자가 전달하고자 하는 의사의 본질을 스스로 볼 수 있도록 내담자의 말과 행동에서 표현된 기본적인 감정, 생각, 태도 등을 상담자가 다른 참신한 말로 부연하는 기법이다.

⑧ 해 석

내담자가 직접 진술하지 않은 내용이나 개념을 그의 과거 경험이나 진술을 토대로 하여 추론해서 말하는 것이다.

⑨ 직 면

내담자가 모르고 있거나 인정하기를 거부하는 생각과 느낌에 대해 주목하도록 하는 것이다.

(3) 내담자의 이해를 증진시키는 탐색적 질문 시 유의해야 할 사항 [2015년 1회]

① 개방형 질문의 사용

질문은 '예/아니요'로 답할 수 없는 개방형 질문이어야 한다. 예를 들어, "부모님과 잘 지내고 있습니까?"라고 폐쇄형 질문을 하기보다는 "부모님과 당신의 관계에 대해 설명해 주시겠습니까?"라고 개방형 질문을 사용하도록 한다.

② 내담자의 감정을 이끌어 낼 수 있는 질문의 사용

내담자로부터 정보를 얻기 위한 목적보다는 내담자의 감정을 이끌어 낼 수 있는 질문을 사용하도록 한다.

③ 내담자 자신 및 자신의 문제를 명료화하도록 돕는 질문의 사용

상담자를 위한 정보기능의 질문이 아닌 내담자로 하여금 자신과 자신의 문제를 보다 명료화하는 데 도움이 될 수 있는 질문을 사용하도록 한다.

(4) 대화의 중단 또는 내담자 침묵 발생의 원인 [2016년 2회, 2012년 1회, 2009년 3회]

① 내담자가 상담 초기 관계형성에서 두려움을 느끼는 경우
② 상담 중 논의된 것에 대해 내담자가 이를 음미하고 평가하며 정리해 보고자 하는 경우
③ 내담자가 상담자에게 적대감을 가지고 저항하는 경우
④ 내담자가 자신의 말에 대한 상담자의 재확인이나 해석을 기대하고 있는 경우
⑤ 내담자가 자신의 감정 상태에서 생긴 피로를 회복하고 있는 경우
⑥ 내담자가 다음에 무엇을 논의할 것인지 상담자로 하여금 결정해 주기를 기다리고 있는 경우
⑦ 내담자가 할 말이 더 이상 생각나지 않거나 무슨 말을 해야 할지 모르는 경우
⑧ 내담자가 자신의 생각이나 느낌을 표현하고자 노력하고 있음에도 불구하고 적절한 표현이 떠오르지 않는 경우

(5) 상담자와 내담자의 대화를 가로막는 상담자의 반응 [2018년 3회, 2014년 3회]

① 너무 이른 조언
　㉠ 상담 초기에 상담자는 내담자의 특성과 내담자가 가진 문제의 배경에 대해 충분히 알고 있지 못하므로, 이때 상담자의 조언은 대부분의 내담자에게 부적합하다.
　㉡ 상담 초기에 상담자는 아직 내담자에게 영향을 줄 정도로 심리적인 힘을 가지고 있지 못하다.
　㉢ 상담 초기에 상담자가 제시할 수 있는 대안들은 이미 내담자들이 한두 번씩 생각해 본 경우가 많다.
　㉣ 조언을 너무 빨리, 그리고 너무 많이 줄 경우 내담자의 의존성이 높아질 수 있다.

② 가르치기
　　㉠ 상담자는 자신의 학문적인 배경과 지식을 활용하여 내담자에게 심리사회적 역동에 대해 가르칠 때 내담자가 그것을 이해할 것이라고 기대한다.
　　㉡ 상담자가 내담자에게 가르치기를 시작하는 순간 내담자는 자신에 대한 이야기를 더 이상 하지 않거나 상담자에게 의존하는 양상을 보이게 된다.
　　㉢ 특히 권위적인 위치에 있는 사람과의 갈등을 경험한 바 있는 내담자의 경우 가르치는 상담자에 대해 방어적인 태도를 보이게 되는 경향이 있다.

③ 지나친 질문
　　㉠ 상담 과정에서 질문이 내담자를 탐색하고 이해하기 위한 필수조건이라 하더라도 질문은 가능한 한 줄이는 것이 좋다.
　　㉡ 질문은 내담자에게 공감하거나 그를 이해한다는 반응을 보이기 어려울 뿐만 아니라 상담장면에서 내담자를 수동적인 위치에 두게 된다.
　　㉢ 질문이 필요한 부분에서는 가급적 폐쇄형 질문보다는 개방형 질문을 사용하는 것이 효과적이다.
　　㉣ "왜" 질문은 내담자로 하여금 추궁하거나 따지는 듯한 느낌을 줄 수 있으므로 "왜" 대신 "어떻게"로 말하는 것이 내담자의 방어를 방지하는 데 효과적이다.

④ 상담자 경험의 진술
　　㉠ 상담자는 자신의 경험을 이야기하여 내담자에게 "저도 그와 같은 경험을 한 바 있으니 당신을 잘 이해할 수 있습니다."라는 메시지를 전달하려고 한다.
　　㉡ 내담자는 상담자가 자신과 똑같은 경험을 했으리라 섣불리 믿지 않으며, 실제로 상담자와 내담자가 똑같은 상황에서 똑같은 경험을 하고 똑같은 감정을 느끼기란 거의 불가능하다.
　　㉢ 상담자가 자신의 이야기를 하는 것은 표면적인 의도와 달리 상담자 스스로 자신의 불안을 감추기 위한 방법으로 사용되는 경우가 많다.
　　㉣ 상담자가 자신의 이야기를 하는 것은 내담자를 자신의 이야기에 감탄하는 청중으로 이용하는 것이 될 수 있다.

(6) 상담자가 내담자와의 상담면접을 효과적으로 이끌어 갈 수 있는 언어적 표현 [2024년 2회]

① 부연하기 또는 되돌리기(Paraphrase)
　내담자가 말한 내용을 상담자가 알기 쉽게 다른 표현으로 바꾸어 말하는 것이다(→ "그러니까, ~라는 말씀이시죠?").
　예 "그러니까 당신은 자신의 문제 때문에 결혼이 당신에게 맞는지 확신하지 못한다는 말씀이시죠?"

② 반영하기(Reflection)
　내담자가 메시지를 통해 전달하고자 하는 감정, 느낌, 상황을 이해했음을 표현하는 것이다(→ "정말 힘들었겠어요").
　예 "당신은 그 사람과의 관계에서 지루함을 느끼고 있군요. (정말 힘들었겠어요.)"

③ 요약하기(Summarization)

내담자의 말에서 몇 가지 논점들을 조리 있고 간단하게 핵심문장으로 요약하는 것이다(→ "요약하자면 ~라는 거네요?").

㉖ "이제까지의 말씀은 당신이 결혼하기에 적당한 사람인지 불확실해서 걱정스럽다는 거네요?"

④ 명료화하기 또는 확인하기(Clarification)

내담자의 메시지를 상담자가 제대로 이해하고 있음을 확실히 하기 위해 질문하는 것이다(→ "~라고 이해했는데, 맞나요?").

㉖ "당신이 그 사람과의 관계에서 재미없다고 말할 때 성적 관계에서 재미없다는 말씀으로 들리는데, 맞나요?"

기출복원문제로 핵심 복습

01 상담자가 자신의 관심을 충족시키기 위해 하는 질문이 아니라, 내담자로 하여금 자신과 자신의 문제를 자유로이 탐색하도록 허용함으로써 내담자의 이해를 증진시키는 탐색적 질문을 하는 과정에서 상담자가 유의해야할 사항 3가지를 쓰시오. [2015년 1회]

쌤의 만점답안

① 폐쇄형 질문을 삼가고 개방형 질문을 사용하도록 한다.
② 내담자의 감정을 이끌어 낼 수 있는 질문을 사용하도록 한다.
③ 내담자 자신 및 자신의 문제를 명료화하도록 돕는 질문을 사용하도록 한다.

02 상담에서 대화의 중단 또는 내담자의 침묵은 자주 일어나는 일이다. 내담자의 침묵의 발생원인을 3가지만 쓰시오. [2016년 2회, 2012년 1회, 2009년 3회]

쌤의 만점답안

① 내담자가 상담자에게 적대감을 가지고 저항하는 경우
② 내담자가 자신의 말에 대한 상담자의 재확인이나 해석을 기대하고 있는 경우
③ 내담자가 자신의 감정 상태에서 생긴 피로를 회복하고 있는 경우

03 상담장면에서 상담자와 내담자의 대화를 가로막는 상담자의 반응을 3가지 쓰고, 각각에 대해 설명하시오. [2018년 3회, 2014년 3회]

> **쌤의 만점답안**

① 너무 이른 조언 : 상담 초기에 내담자의 특성을 알지 못하는 상황에서 상담자의 조언은 부적합하다.
② 가르치기 : 상담자의 가르치기는 내담자의 의존적 태도나 방어적 태도를 유발한다.
③ 지나친 질문 : 질문은 내담자를 수동적인 위치에 두게 하므로 가능한 한 줄이는 것이 좋다.
④ 상담자 경험의 진술 : 상담자와 내담자가 똑같은 상황에서 똑같은 경험을 하는 것은 어렵다.

04 상담자가 내담자와의 상담면접을 효과적으로 이끌어 갈 수 있는 언어적 표현을 4가지 쓰시오. [2024년 2회]

> **쌤의 만점답안**

① 부연하기(되돌리기) : 내담자가 말한 내용을 상담자가 알기 쉽게 다른 표현으로 바꾸어 말하는 것이다(→ "그러니까, ~라는 말씀이시죠?").
② 반영하기 : 내담자가 메시지를 통해 전달하고자 하는 감정, 느낌, 상황을 이해했음을 표현하는 것이다(→ "정말 힘들었겠어요").
③ 요약하기 : 내담자의 말에서 몇 가지 논점들을 조리 있고 간단하게 핵심문장으로 요약하는 것이다(→ "요약하자면 ~라는 거네요?").
④ 명료화하기(확인하기) : 내담자의 메시지를 상담자가 제대로 이해하고 있음을 확실히 하기 위해 질문하는 것이다(→ "~라고 이해했는데, 맞나요?").

2 대안개발과 의사결정

(1) 직업대안 선택하기 중 대안선택 단계에서 내담자가 달성해야 할 과제 [2013년 2회]

① 한 가지 선택을 하도록 준비한다.

② 각각의 직업들을 평가한다.

③ 평가한 직업들 가운데 한 가지를 선택한다.

④ 선택조건에 이른다.

(2) 직업대안의 선택 및 평가과정과 관련하여 선택할 직업에 대한 평가과정으로서 요스트(Yost)가 제시한 방법

① 원하는 성과연습

도표의 좌측에 선호사항을, 우측에 고려 중인 직업들의 목록을 나열하여 각 직업들이 원하는 성과를 제공할 가능성을 제시하도록 한다.

② 찬반연습

각 직업들의 장기적 · 단기적 장단점을 각각의 카테고리에 작성하도록 한다.

③ 대차대조표연습

도표의 좌측에 가족, 건강, 재정 등을, 우측에 긍정적 · 부정적 효과를 작성하도록 한다.

④ 확률추정연습

각 직업마다 나타날 수 있는 긍정적 · 부정적 결과를 열거하고 그 확률을 제시하도록 한다.

⑤ 미래를 내다보는 연습

미래의 어느 직업의 결과에 대해 생각하거나 동일 직업의 미래의 양상을 상상하도록 한다.

(3) 대안개발과 의사결정 시 내담자의 부정적 인지에 대한 인지치료 과정(Yost, Beutler, Corbishley & Allender)

① 제1단계 : 내담자가 느끼는 감정의 속성이 무엇인지 확인한다.

② 제2단계 : 내담자의 감정과 연합된 사고, 신념, 태도 등을 확인한다.

③ 제3단계 : 내담자의 사고 등을 한두 가지의 문장으로 요약 · 정리한다.

④ 제4단계 : 내담자를 도와 현실과 사고를 조사해 보도록 개입한다.

⑤ 제5단계 : 내담자에게 과제를 부여하여 사고와 신념들의 적절성을 검증한다.

01 선택할 직업에 대한 평가과정으로서 요스트(Yost)가 제시한 방법 5가지를 쓰시오.

① 원하는 성과연습
② 찬반연습
③ 대차대조표연습
④ 확률추정연습
⑤ 미래를 내다보는 연습

3 상담목표 설정

A 씨는 취업면접에 대비하여 금연의 필요성을 느끼고 담배를 줄이기로 결심하였다. 목표설정의 원리에 따라 목표를 설정하고 원리를 3가지 쓰시오. [2015년 2회]

쌤의 해결 포인트

답안에서 '(1) 목표'에 관한 예문 작성 시 가급적 구체적인 수치를 제시하는 것이 좋습니다. 그 이유는 구체적인 수치가 목표설정의 원리들을 전반적으로 잘 반영하기 때문입니다.

쌤의 만점답안

(1) 목 표

A 씨의 평소 흡연량을 하루 한 갑(20개비 기준), 취업면접을 5일 후로 가정할 때, 매일 5개비씩, 즉 '20개비 → 15개비 → 10개비 → 5개비 → 0개비'로 줄여나간다.

(2) 원 리

① 목표는 구체적이고 측정 가능해야 한다.
② 목표는 자신의 능력과 노력에 따라 현실적으로 달성 가능해야 한다.
③ 목표 달성의 구체적인 기한을 제시해야 한다.

(1) 상담목표를 설정할 때 고려해야 할 사항(목표설정의 원리) [2023년 1회, 2020년 3회, 2015년 2회]

① 목표는 구체적이어야 한다.

"내 인생에서 뭔가 다른 것을 하고 싶어요."와 같은 모호한 목표로는 상담 과정을 이끌어 나가기 어렵다. 반면, "6개월 안에 다른 직업을 찾고 싶어요."와 같은 보다 구체적인 목표는 상담의 초점에 대한 초기 아이디어를 제공하기에 충분하다.

② 목표는 실현 가능해야 한다.

실현 가능한 목표는 내담자가 목표달성에 필요한 시간, 에너지, 능력, 자원 등을 가지고 있음을 의미한다. 다만, 실현 가능한 목표에도 내담자가 탐색할 수 있는 다양한 선택사항들이 있다는 점, 내담자의 가능성을 과대 혹은 과소 추정해서는 안 된다는 점을 유의해야 한다.

③ 목표는 내담자가 원하고 바라는 것이어야 한다.

의무("해야만 하는 것")나 타인의 기대("했음직한 것")를 반영하는 목표들은 내담자의 동기를 저해한다. 다만, 내담자 스스로 통제하기 어려운 상황으로 인해 어떤 목표를 달성해야 한다고 느끼는 경우, 상담자는 내담자에게 우선 그의 상황을 처리할 수 있는 다른 대안을 탐색하도록 권유할 수 있다.

④ 내담자의 목표는 상담자의 기술과 양립 가능해야 한다.

때때로 내담자는 다른 종류의 서비스를 필요로 함에도 불구하고 직업상담사를 찾을 수 있다(예 부부갈등, 성격장애 등). 이와 같이 직업상담사의 능력이 제한된다면, 내담자를 다른 기관으로 의뢰하는 것이 바람직하다.

⑤ 목표는 내담자의 문제에 대해 내담자와 함께 설정해야 한다.

목표는 내담자의 문제에 대해 반드시 상담자와 내담자가 합의하여 정하여야 하며, 다른 사람(예 청소년 내담자의 부모 혹은 교사 등)이 이를 대신할 수 없다. 내담자가 호소하는 문제, 상담자가 내담자를 객관적으로 보았을 때 해결해야 할 문제가 상담의 목표가 되어야 한다.

더 알아보기 •

목표설정의 원리

구체성	• 특정한 분야를 설정하여 구체적으로 목표를 진술하라! • 누가, 어디서, 무엇을, 언제, 어떻게 등을 제시한다.
측정 가능성	• 측정 가능한 목표를 설정하라! • 구체적인 숫자, 측정 가능한 단어를 제시한다.
달성 가능성	• 달성 가능한 목표를 설정하라! • 자신의 노력에 의해 달성 가능한 목표를 설정한다.
현실성	• 현실적인 목표를 설정하라! • 자신의 능력에 바탕을 둔 목표를 설정한다.
구체적인 기한 제시	• 데드라인(Dead Line)을 정하라! • 목표 달성의 구체적인 일정을 제시한다.

(2) 겔라트(Gelatt)의 진로의사결정에 대한 상담과정 [2022년 2회, 2019년 1회, 2019년 3회]

제1단계 – 목적(목표)의식	진로결정에 관한 목적(목표)의식을 확립한다.
제2단계 – 정보수집	관련 정보를 수집한다.
제3단계 – 대안열거	가능한 대안을 열거한다.
제4단계 – 대안의 결과 예측	각 대안의 실현 가능한 결과를 예측한다.
제5단계 – 대안의 실현 가능성 예측	대안의 결과가 현실화될 수 있는 가능성을 예측한다.
제6단계 – 가치평가	결과에 대한 가치를 평가한다.
제7단계 – 의사결정	해당 대안을 선택하여 의사를 결정한다.
제8단계 – 평가 및 재투입	의사결정에 따른 결과를 평가하고 추후 재투입한다.

기출복원문제로 핵심 복습

01 상담목표를 설정할 때 고려해야 할 사항을 5가지 쓰시오. [2023년 1회]

쌤의 만점답안

① 목표는 구체적이어야 한다.
② 목표는 실현 가능해야 한다.
③ 목표는 내담자가 원하고 바라는 것이어야 한다.
④ 내담자의 목표는 상담자의 기술과 양립 가능해야 한다.
⑤ 목표는 내담자의 문제에 대해 내담자와 함께 설정해야 한다.

유사 문제

상담목표를 설정할 때 고려해야 할 사항을 4가지 쓰시오. [2020년 3회]

02 다음 보기는 겔라트(Gelatt)가 제시한 진로의사결정에 대한 상담 과정이다. 빈칸에 들어갈 내용을 순서대로 쓰시오. [2022년 2회, 2019년 1회, 2019년 3회]

- 제1단계 : 목적(목표)의식
- 제2단계 : (ㄱ   )
- 제3단계 : (ㄴ   )
- 제4단계 : (ㄷ   )
- 제5단계 : (ㄹ   )
- 제6단계 : (ㅁ   )
- 제7단계 : (ㅂ   )
- 제8단계 : 평가 및 재투입

쌤의 만점답안

ㄱ : 정보수집, ㄴ : 대안열거, ㄷ : 대안의 결과 예측, ㄹ : 대안의 실현 가능성 예측, ㅁ : 가치평가, ㅂ : 의사결정

4 기타 직업상담 관련 이론

(1) 힐리(Healy)의 긍정적으로 자기를 인식하고 자신감을 강화하기 위한 원칙 [2014년 1회, 2004년 2회]

① 내담자에게 다양한 범위의 행위를 경험하고 그것을 숙고하도록 한다.
② 노력의 결과를 긍정적으로 강화하며, 성공하는 방법을 배우도록 한다.
③ 역량이 있을 것으로 기대되는 것을 개발하도록 독려한다.
④ 스스로에 대해 다른 사람에게 가르칠 수 있도록 정보수집 및 조직화 방법을 안내한다.
⑤ 관찰에 의한 피드백을 얻고 이를 통합할 수 있도록 한다.
⑥ 상담자는 체계적으로 목표와 목적을 가지고 적절한 모델로써 프로그램을 계획한다.
⑦ 내담자에게 삶이 의미 있게 관찰되고 숙고될 수 있음을 인식시킨다.
⑧ 보조적인 수단을 줄이는 한편, 기록과 성취에 대한 재검토가 이루어지도록 한다.

(2) 야호다(Jahoda)의 박탈이론에 따른 고용으로 인한 잠재효과

[2023년 2회, 2017년 2회, 2012년 2회, 2005년 3회, 2001년 1회]

① 시간의 구조화(Time Structure)

일상의 시간을 구조화함으로써 시간을 계획적 · 조직적으로 활용할 수 있도록 해준다.

② 사회적인 접촉(Social Contact)

핵가족 밖의 다른 사람들과 사회적인 접촉을 유지함으로써 사교적 범위를 확장하도록 해준다.

③ 공동의 목표(Collective Purpose)

　개인적인 목표를 뛰어넘어 다른 사람들과 공동의 목표를 공유함으로써 자아실현을 할 수 있게 해준다.

④ 사회적 정체감과 지위(Social Identity and Status)

　사회에서 인정받는 역할을 부여함으로써 사회적 정체감을 느끼도록 하며, 사회적 지위 또는 신분을 가질 수 있도록 해준다.

⑤ 활동성(Activity)

　유의미하고 정규적인 활동을 수행하도록 함으로써 생활에 활력(활동성)을 불어 넣어준다.

(3) 리프탁(Liptak)의 비자발적 실직을 경험한 내담자들에게서 나타나는 비합리적 신념

[2015년 3회, 2012년 3회]

① 직업을 찾기 위해서는 완벽한 직업탐색 계획을 세워야만 한다는 신념

② 직업탐색 기술들은 이번 한 번만 필요할 것이므로 배울 필요가 없다는 신념

③ 진로상담자는 전문가이므로 자신에게 맞는 직업을 알아서 잘 찾아줄 것이라는 신념

④ 취업면접까지 치렀는데도 취업이 이루어지지 않는다면 모든 것이 끝이라는 신념

⑤ 직업탐색 과정에만 완전히 전념해야 한다는 신념

더 알아보기

리프탁(Liptak)은 비자발적 실직을 경험한 내담자들을 대상으로 한 상담 과정에서 직업상담사가 우선 표준화된 측정도구들을 이용하여 내담자의 비합리적이고 부적응적인 신념들을 밝힌 후 합리적(인지적)·정서적 상담(RET)과 같은 인지적 기법들을 이용하여 내담자 스스로 자신의 비합리적이고 부적응적인 신념들에 도전할 수 있도록 해야 한다고 주장하였습니다.

(4) 라자루스(Lazarus)의 중다양식치료

① 중다양식치료의 의의 및 특징

　㉠ 라자루스(Lazarus)의 '중다양식치료(Multimodal Therapy)'는 다양한 심리상담 및 심리치료의 종합적·체계적·실용적 접근방법으로서 절충적인 요소를 가지고 있다.

　㉡ 중다양식치료는 심리상담 및 심리치료의 이론들을 단순히 혼합한 것이 아닌 해당 이론들이 사용하는 다양한 기법들에 초점을 두어 이들을 차용한 것이다.

　㉢ 최대한 신속하게 내담자를 변화시키는 것을 목적으로, 이론적 일관성과 기법적 절충주의를 통해 적절한 치료적 절차를 선택하며, 내담자에게 어떠한 기법을 적용할 것인지 명확히 제시한다.

　㉣ 다양한 이론들에서 체계적으로 기법들을 차용하나, 이를 통해 새로운 이론적 분파를 만들고자 하지 않는다.

　㉤ 내담자들은 여러 가지 특수한 문제들로 인해 고통을 호소하며 부적응적인 양상을 보이므로 이에 대응하기 위해서는 그에 부합하는 특수한 치료기법을 동원할 필요가 있다.

ⓗ 치료자(상담자)는 내담자의 특수한 문제들을 평가하여 그에 적절한 치료기법을 적용하며, 치료 목표를 효과적으로 달성하기 위해 지속적으로 절차를 조정한다.

ⓢ 중다양식치료는 경험적 임상장면에서 개방적이면서도 체계적인 체제가 형성될 것이라는 기대와 함께, 연구자들의 협력적인 관계 및 제휴가 이루어질 것으로 예상한다.

② BASIC-ID [2012년 1회]

㉠ 라자루스의 BASIC-ID는 인간의 복잡한 성격에서 비롯되는 기능영역으로서, 알파벳 순서에 따라 각각 '행동(Behavior)', '감정(Affective Reponses)', '감각(Sensations)', '심상(Images)', '인지(Cognitions)', '대인관계(Interpersonal Relationships)', '약물 또는 생물학(Drugs or Biology)'을 의미한다.

㉡ 라자루스는 이와 같은 7가지 기능영역들을 양식(Mode)으로 제시하였으며, 이들에 대한 종합적인 평가를 통해 상담 및 치료가 가능하다고 보았다.

양 식	질문 대상 및 내용	치료기법
행 동	관찰 및 측정이 가능한 행위, 습관, 반응 등의 외현적 행동 예 "당신은 스스로의 계획을 어느 정도 실천하고 있습니까?"	• 모델링 • 행동시연 • 강화 프로그램 • 소거 등
감 정	기분, 느낌, 감정 등 정서에 관한 것 예 "당신은 평소 어떤 감정을 자주 느낍니까?"	• 분노조절 프로그램 • 감정 확인하기 등
감 각	시각, 미각, 청각, 촉각, 후각 등 오감에 관한 것 예 "당신은 어떤 소리에 불쾌감을 느낍니까?"	• 바이오피드백 • 이완훈련 • 최면, 명상 등
심 상	자기상, 기억, 꿈, 공상 등에 관한 것 예 "꿈속에서 기억나는 것들에 대해 말씀해 주시겠습니까?"	• 자기상의 변화 • 연합 · 대처 심상 • 상상적 노출 등
인 지	기본적 가치 · 신념 · 태도를 형성하는 생각, 판단, 통찰, 철학 등 예 "당신이 가장 중요하다고 생각하는 가치나 신념은 무엇입니까?"	• 인지재구성 • 비합리적 신념 논박하기 • 긍정적 자기진술 등
대인관계	타인과의 상호작용, 사회적 관계 등 예 "당신은 친구가 몇 명이나 됩니까?"	• 주장적 훈련 • 의사소통 훈련 • 역할연기 등
약물/생물학	약물, 섭식습관, 운동양식 등 예 "당신은 건강을 유지하기 위해 어떤 노력을 합니까?"	• 의학적 치료 • 금연 · 금주 프로그램 • 생활 패턴 변화 등

기출복원문제로 핵심 복습

01 긍정적으로 자기를 인식하고 자신감을 강화하기 위한 힐리(Healy)의 8가지 원칙 중 5가지만 쓰시오.
[2014년 1회, 2004년 2회]

> **쌤의 만점답안**
>
> ① 다양한 범위의 행위를 경험하고 숙고하도록 한다.
> ② 노력의 결과를 긍정적으로 강화하도록 한다.
> ③ 역량이 있을 것으로 기대되는 것을 계발하도록 독려한다.
> ④ 관찰에 의한 피드백을 얻고 이를 통합할 수 있도록 한다.
> ⑤ 체계적인 목표와 적절한 모델로써 프로그램을 계획한다.

02 실업과 관련된 야호다(Jahoda)의 박탈이론에 따르면, 일반적으로 고용상태에 있게 되면 실직상태에 있는 것보다 여러 가지 잠재적 효과가 있다고 한다. 고용으로 인한 잠재효과 5가지를 쓰시오.
[2023년 2회, 2017년 2회, 2012년 2회, 2005년 3회, 2001년 1회]

> **쌤의 만점답안**
>
> ① 시간의 구조화
> ② 사회적인 접촉
> ③ 공동의 목표
> ④ 사회적 정체감과 지위
> ⑤ 활동성

03 리프탁(Liptak)이 제시한 비자발적 실직을 경험한 내담자들에게서 나타나는 5가지 비합리적 신념을 쓰시오. [2015년 3회, 2012년 3회]

> **쌤의 만점답안**
>
> ① 완벽한 직업탐색 계획을 세워야만 한다는 신념
> ② 직업탐색 기술들을 배울 필요가 없다는 신념
> ③ 진로상담자가 직업을 알아서 잘 찾아줄 것이라는 신념
> ④ 취업면접 후에도 취업이 이루어지지 않는다면 모든 것이 끝이라는 신념
> ⑤ 직업탐색 과정에만 완전히 전념해야 한다는 신념

04 Lazarus(라자루스)가 개발한 중다양식치료의 핵심개념인 BASIC-ID에 대해 설명하시오. [2012년 1회]

쌤의 만점답안

① 행동(Behavior) : 내담자의 관찰 및 측정이 가능한 외현적 행동에 대해 모델링, 행동시연 등을 적용한다.

② 감정(Affective Reponses) : 내담자의 정서에 대해 분노조절 프로그램, 감정 확인하기 등을 적용한다.

③ 감각(Sensations) : 내담자의 오감에 대해 바이오피드백, 이완훈련 등을 적용한다.

④ 심상(Images) : 내담자의 자기상, 기억, 꿈 등에 대해 자기상의 변화, 상상적 노출 등을 적용한다.

⑤ 인지(Cognitions) : 내담자의 생각, 판단 등에 대해 인지재구성, 비합리적 신념 논박하기 등을 적용한다.

⑥ 대인관계(Interpersonal Relationships) : 내담자의 타인과의 상호작용에 대해 주장적 훈련, 의사소통 훈련 등을 적용한다.

⑦ 약물 또는 생물학(Drugs or Biology) : 내담자의 약물, 섭식습관, 운동양식 등에 대해 의학적 치료, 생활 패턴 변화 등을 적용한다.

04 프로그램 운영 및 행정

1 집단직업상담 및 사이버 상담 프로그램

대표 문제

부처(Butcher)의 집단직업상담을 위한 3단계 모델을 쓰고, 각 단계에 대해 설명하시오.
[2024년 3회, 2022년 3회, 2021년 1회, 2021년 3회, 2020년 2회, 2017년 2회, 2015년 2회, 2014년 1회, 2013년 3회, 2010년 3회, 2004년 1회]

쌤의 해결 포인트

부처(Butcher)가 제안한 집단직업상담의 3단계 모델을 답안으로 작성할 경우 '탐색 → 전환 → 행동'으로 이어지는 순서를 반드시 차례대로 제시하시기 바랍니다.

쌤의 만점답안

① 탐색단계(제1단계) : 자기개방, 흥미와 적성에 대한 측정 및 결과의 피드백 등이 이루어진다.
② 전환단계(제2단계) : 일과 삶의 가치에 대한 조사, 자신의 가치에 대한 피드백 등이 이루어진다.
③ 행동단계(제3단계) : 목표설정 및 목표달성을 위한 정보수집, 즉각적 및 장기적 의사결정 등이 이루어진다.

합격 암기법 (부처) 탐전행

유사 문제

A 직업상담사는 고등학교 졸업을 앞둔 청소년들을 대상으로 진로 및 직업에 관한 집단상담을 실시하려고 한다. A 직업상담사가 체계적인 상담 진행을 위해 적용할 수 있는 부처(Butcher)의 집단직업상담을 위한 3단계 모델을 쓰고 각 단계에 대해 설명하시오. [2022년 3회, 2017년 1회, 2015년 3회]

(1) 집단직업상담의 개요

① 집단(Group)은 상호 의존적인 관계에서 사회적 상호작용을 통해 서로 영향을 주고받는 두 명 이상의 상호 독립적인 개인들의 집합체를 말한다.
② 집단상담(Group Counseling)은 역동적인 상호교류 과정을 통해 문제해결, 의사결정 혹은 인간적 성장을 추구하는 과정을 말한다.

(2) 집단상담의 장단점

[2024년 2회, 2023년 1회, 2020년 4회, 2019년 1회, 2017년 3회, 2015년 1회, 2013년 3회, 2011년 3회, 2010년 1회, 2010년 4회, 2009년 1회, 2005년 1회, 2001년 3회]

장 점	• 제한된 시간 내에 적은 비용으로 보다 많은 내담자들에게 접근하는 것을 가능하게 한다. 즉, 시간적·경제적 측면에서 효율적이다. • 내담자들이 편안하고 친밀한 느낌을 가짐으로써 개인상담보다 더 쉽게 받아들이는 경향이 있다. • 효과적인 집단에는 언제나 직접적인 대인적 교류가 있으며, 이것이 개인적 탐색을 도와 개인의 성장과 발달을 촉진시킨다. • 구체적인 실천의 경험 및 현실검증의 기회를 가진다. 특히 집단 내 다른 사람으로부터 피드백을 받으면서 자신의 문제에 대한 통찰력을 얻는다. • 타인과 상호교류를 할 수 있는 능력이 개발되며, 동료들 간의 소속감 및 동료의식을 발전시킬 수 있다. • 개인상담이 줄 수 없는 풍부한 학습 경험을 제공한다. • 직업성숙도가 낮은 사람들에게 적합하다.
단 점	• 내담자의 개인적인 문제를 등한시할 수 있다. • 집단 내 개별성원의 사적인 경험을 집단성원 모두가 공유하게 되므로 비밀유지가 어렵다. • 집단성원 모두에게 만족을 줄 수는 없다. • 시간적으로나 문제의 복잡성으로 인해 집단을 구성하기가 쉽지 않다. • 집단 내 개별성원에게 집단의 압력이 가해지는 경우 구성원 개인의 개성이 상실될 우려가 있다.

(3) 집단상담의 형태 [2019년 2회, 2013년 1회]

① 지도집단 또는 가이던스집단(Guidance Group)

    ㉠ 토론의 내용이 정의적이거나 심리적인 집단토의 장면으로 이루어지는 비교적 구조적인 형태의 집단상담이다.

    ㉡ 집단지도자가 집단성원들의 개인적 요구나 관심사에 따라 교육적·직업적·사회적 정보들을 제공하는 것을 주된 목표로 한다.

    ㉢ 집단지도자에 의한 강의, 교수 등의 방법이 활용되며, 집단의 방향이나 집단의 진행 내용 등이 사전에 계획적으로 구조화된다.

② 상담집단(Counseling Group)

    ㉠ 상담집단은 지도집단과 달리 어떠한 주제나 문제보다는 사람에게 초점을 둔다.

    ㉡ 집단에서는 정의적이고 개인적인 내용들이 논의되며, 이를 통해 개인의 행동 변화를 도모한다.

    ㉢ 집단지도자는 집단성원들로 하여금 사적인 문제들을 편안하게 나눌 수 있도록 안정감과 신뢰감이 있는 집단분위기를 조성하는 데 주력한다.

③ 치료집단(Therapy Group)

    ㉠ 제2차 세계대전 중 정신질환자의 치료를 담당할 전문가의 부족으로 발달하게 된 것으로, 치료를 주된 목표로 한다.

    ㉡ 집단지도자는 전문적인 훈련을 받고 전문적인 기술을 습득한 사람이다.

    ㉢ 주로 정상적인 기능을 할 수 없는 사람들을 대상으로 집중적인 심리치료를 적용하므로 다른 상담집단에 비해 오랜 시간을 필요로 한다.

④ 자조집단(Self-Help Group)
  ㉠ 서로 유사한 문제나 공동의 관심사를 가진 사람들이 자발적으로 구성하여 각자의 경험을 공유하는 형태의 집단상담이다.
  ㉡ 개인이 각자 자신의 문제 상황에 대처할 수 있도록 하며, 자신에 대한 긍정적인 느낌과 함께 자신의 삶에 책임감을 가지도록 하는 것을 목표로 한다.
  ㉢ 1935년 미국의 오하이오(Ohio)에서 시작된 알코올 중독의 치료를 위한 '익명의 알코올 중독자들(AA ; Alcoholic Anonymous)'이 대표적인 예에 해당한다. AA는 알코올 중독환자들이 서로 단합하여 자신들의 문제를 스스로 해결하고 금주할 수 있도록 돕는 단체이다.

⑤ 감수성집단 또는 감수성훈련집단(Sensitivity Group)
  ㉠ 집단의 목표는 심리사회적 문제나 정신적 장애의 해결보다는 집단성원들의 의식화 또는 일정한 훈련을 통한 효과에 있다.
  ㉡ 집단성원들로 하여금 자기 자신은 물론 타인에 대한 인식을 증진하도록 하며, 보다 효율적인 상호작용 패턴을 구축할 수 있도록 돕는다.
  ㉢ 집단성원들은 토론이나 각종 실험활동을 통해 집단이 어떻게 작용하는지, 개별성원들이 타인에게 어떠한 영향을 미치는지에 대해 이해할 수 있게 된다.

⑥ T집단(Training Group)
  ㉠ 소집단을 통한 훈련이 프로그램의 핵심을 이루므로 '훈련집단'이라고 부르며, 실험실 교육프로그램의 방법을 활용하므로 '실험실적 접근'이라고도 부른다.
  ㉡ 집단 활동을 관찰·분석·계획·평가하고 집단성원으로서의 역할을 학습하는 등의 보다 직접적인 경험을 통해 집단의 전반적인 과정에 대해 학습하며, 커뮤니케이션 및 피드백의 구체적인 행동기술을 습득하는 것을 주된 목표로 한다.
  ㉢ 비구조화된 소집단에서 집단성원 모두가 직접 참여하여 스스로의 목표를 설정하고 상호 간에 피드백을 주고받는다.

⑦ 참만남집단 또는 대면집단(Encounter Group)
  ㉠ T집단의 한계를 보완하기 위한 것으로서, 동시대의 실존주의와 인도주의 사상을 도입한 것이다.
  ㉡ 개인의 성장과 함께 개인 간 의사소통 및 대인관계의 발전을 도모함으로써 궁극적으로 자아실현에 이를 수 있도록 하는 것을 1차적인 목표로 한다. 또한 개인의 성장 및 변화를 통해 그가 소속된 조직의 풍토를 변혁하는 것을 2차적인 목표로 한다.
  ㉢ 개별성원들로 하여금 다른 사람과의 의미 있는 만남을 통해 인간관계 및 인간실존에 대해 자각하도록 돕는다. 또한 '여기-지금(Here and Now)'의 경험을 통해 자유로운 대화를 전개하며, 다른 사람과의 교류능력을 증진하고 잠재력을 발휘하도록 돕는다.

(4) 톨버트(Tolbert)의 집단직업상담 과정에서 나타나는 활동 유형
[2019년 1회, 2015년 2회, 2014년 3회, 2010년 1회, 2005년 3회]

① 자기탐색

집단성원들은 수용적인 분위기 속에서 각자 자신의 가치, 감정, 태도 등을 탐색한다.

② 상호작용

집단성원들은 각자 자신의 직업계획 및 목표에 대해 이야기하며, 그것에 대해 다른 집단성원들로부터 피드백을 받는다.

③ 개인적 정보 검토

집단성원들은 자기탐색 및 다른 집단성원들과의 상호작용을 통해 확보한 자신과 관련된 개인적 정보들을 체계적으로 면밀히 검토하며, 이를 자신의 직업적 목표와 연계한다.

④ 직업적 · 교육적 정보 검토

집단성원들은 각자 자신의 관심직업에 대한 최신의 정보들과 함께 다양한 교육적 자료들을 면밀히 검토한다.

⑤ 합리적인 의사결정

집단성원들은 개인적 정보와 직업적 · 교육적 정보들을 토대로 자신에게 적합한 직업에 대해 합리적인 의사결정을 내린다.

(5) 부처(Butcher)의 집단직업상담을 위한 3단계 모델
[2024년 3회, 2021년 1회, 2021년 3회, 2020년 2회, 2017년 1회, 2017년 2회, 2015년 2회, 2014년 1회, 2013년 3회, 2010년 3회, 2004년 1회]

제1단계 – 탐색단계	자기개방, 흥미와 적성에 대한 측정, 측정 결과에 대한 피드백, 불일치(자아상과 피드백 간의 불일치)의 해결 등이 이루어진다. [2015년 3회, 2012년 2회]
제2단계 – 전환단계	자아상과 피드백 간의 일치가 이루어지면, 집단성원들은 자기 지식을 직업세계와 연결하며, 일과 삶의 가치를 조사한다. 또한 자신의 가치에 대해 피드백을 받고, 가치 명료화를 위해 또 다시 자신의 가치와 피드백 간의 불일치를 해결한다.
제3단계 – 행동단계	목표설정, 행동계획의 개발, 목표달성 촉진을 위한 자원의 탐색, 정보의 수집과 공유, 즉각적 및 장기적 의사결정 등이 이루어진다. [2015년 3회]

쌤의 비법노트

상담방법의 단계에 관한 문제에서 해당 단계 전체를 묻지 않은 채 일부 단계들을 답안으로 작성하도록 하거나, 특정 단계를 제외한 채 나머지 단계들을 작성하도록 하는 문제가 종종 출제됩니다. 특히 부처(Butcher)의 집단직업상담을 위한 3단계 모델에 대해 설명하도록 한 문제를 변형하여 각 단계별 세부 내용을 묻는 문제들이 간혹 출제되므로, 1~3단계의 단계별 세부 내용까지 전체적인 관점에서 학습하시기 바랍니다.

(6) 인터넷을 이용한 사이버 상담의 필요성(장점) [2022년 3회, 2017년 2회, 2010년 4회]

① 인터넷 보급이 확대되어 간편하고 저렴하며, 활용이 용이하다.

② 내담자의 익명성이 보장되어 보다 솔직한 대화와 감정 표현이 가능하며, 내담자의 불안, 죄의식, 망설임을 감소시킨다.

③ 청소년 내담자의 경우 전화나 면접보다 인터넷 상담에 더욱 편안함과 친밀감을 느낀다.

④ 가명을 사용하여 상담사례를 소개할 수 있으며, 그에 대한 대처방안을 제시할 수 있다.

⑤ 내담자가 자신의 문제를 해결하는 데 도움이 될 수 있는 자료들을 쉽게 찾아볼 수 있다.

⑥ 내담자로 하여금 시간적인 여유를 두고 생각을 정리한 후 반응하는 것을 허용하므로 자기성찰 능력을 향상시킨다.

더 알아보기

사이버 직업상담의 단점

• 문자 등 시각적 자료에 의존해야 하므로 깊이 있는 의사소통이 힘들다.
• 일회성 상담이므로 상담의 지속성에 한계가 있다.
• 내담자와의 관계(라포) 형성에 한계가 있다.
• 비언어적 단어들이 부재한다.
• 내담자가 자신의 정보를 선택적으로 공개할 수 있어, 상담자 입장에서 내담자의 신상 및 상담내용에 대한 신뢰가 어렵다.

01 집단상담의 장점과 단점을 각각 3가지씩 쓰시오. [2020년 4회, 2010년 4회, 2009년 1회, 2005년 1회, 2001년 3회]

쌤의 만점답안

(1) 집단상담의 장점
  ① 시간적 · 경제적 측면에서 효율적이다.
  ② 내담자들이 개인상담보다 더 쉽게 받아들이는 경향이 있다.
  ③ 타인과 상호교류를 할 수 있는 능력이 개발된다.
(2) 집단상담의 단점
  ① 내담자의 개인적인 문제를 등한시할 수 있다.
  ② 비밀유지가 어렵다.
  ③ 집단의 압력으로 구성원 개인의 개성이 상실될 우려가 있다.

유사 문제

- 집단상담의 장점을 6가지 쓰시오 [2023년 1회]
- 집단상담의 장점을 5가지 쓰시오. [2019년 1회, 2017년 3회]
- 집단상담의 장점 3가지를 쓰시오. [2015년 1회]
- 집단상담의 장점 4가지를 쓰시오. [2013년 3회]

02 개인상담과 비교하여 집단상담의 장점 3가지를 설명하시오 [2011년 1회, 2010년 1회]

쌤의 만점답안

① 개인상담에 비해 시간 및 비용이 절감된다.
② 개인상담보다 더 편안하고 친밀한 느낌을 가진다.
③ 집단 과정을 통해 구체적인 실천의 경험 및 현실검증의 기회를 가진다.
④ 집단 속에서 동료들 간 소속감 및 동료의식을 발전시킬 수 있다.
⑤ 개인상담이 줄 수 없는 풍부한 학습 경험을 제공한다.

유사 문제

- 개인상담과 비교하여 집단상담이 가지는 장점을 5가지 쓰시오. [2024년 2회]
- 개인상담과 비교할 때 집단상담의 장점 3가지를 쓰시오. [2011년 3회]

03 집단상담은 그 형태와 접근방식에 따라 여러 가지로 구분된다. 집단상담의 형태를 3가지 쓰고, 각각에 대해 설명하시오. [2019년 2회, 2013년 1회]

> **쌤의 만점답안**

① 지도집단(가이던스집단) : 구조적인 형태의 집단상담으로서, 정보제공을 목표로 집단지도자에 의한 강의, 교수 등의 방법이 활용된다.
② 상담집단 : 특정 주제나 문제보다는 사람에 초점을 두는 집단상담으로서, 안정감과 신뢰감이 있는 집단분위기에서 정의적이고 개인적인 내용들을 다룬다.
③ 치료집단 : 주로 정상적인 기능을 할 수 없는 사람들을 대상으로 하는 집단상담으로서, 전문적인 기술을 가진 집단지도자에 의해 치료활동이 이루어진다.

04 톨버트(Tolbert)가 제시한 것으로 집단직업상담의 과정에서 나타나는 5가지 활동 유형을 제시하시오. [2015년 2회, 2014년 3회, 2010년 1회]

> **쌤의 만점답안**

① 자기탐색
② 상호작용
③ 개인적 정보의 검토 및 목표와의 연결
④ 직업적 · 교육적 정보의 획득 및 검토
⑤ 합리적인 의사결정

> **유사 문제**

톨버트(Tolbert)가 제시한 것으로 집단직업상담의 과정에서 나타나는 활동 유형을 3가지 쓰시오.
[2019년 1회, 2005년 3회]

05 부처(Butcher)의 집단직업상담을 위한 3단계 모델 중 탐색단계와 행동단계에서 이루어져야 하는 것을 각각 3가지씩 쓰시오. [2015년 3회]

쌤의 만점답안

(1) 탐색단계
  ① 자기개방
  ② 흥미와 적성에 대한 측정
  ③ 측정 결과에 대한 피드백
  ④ 불일치의 해결
(2) 행동단계
  ① 목표설정
  ② 행동계획의 개발
  ③ 목표달성을 촉진시키기 위한 자원의 탐색
  ④ 정보의 수집과 공유
  ⑤ 즉각적 및 장기적 의사결정

유사 문제

부처(Butcher)는 집단직업상담을 위한 3단계 모델을 제시하였다. 첫 단계인 탐색 단계에서 이루어져야 하는 것 4가지를 쓰시오. [2012년 2회]

06 인터넷을 이용한 사이버 상담의 필요성을 6가지 쓰시오. [2022년 3회, 2017년 2회, 2010년 4회]

쌤의 만점답안

① 경제성 및 효율성
② 익명성의 보장
③ 심리적 편안함과 친밀감
④ 가명을 이용한 상담사례 소개 및 대처방안 제시
⑤ 문제해결을 위한 자료탐색의 용이함
⑥ 내담자 주도에 의한 자기성찰 능력 향상

2 경력개발 프로그램

대표 문제

홀(Hall)이 제시한 경력발달 4단계를 순서대로 설명하시오. [2013년 1회]

쌤의 해결 포인트

홀(Hall)이 제시한 경력발달의 4단계 과정은 수퍼(Super)의 '성장기 → 탐색기 → 확립기 → 유지기 → 쇠퇴기'의 진로발달 5단계와 유사하나 동일한 것이 아니니 주의하시기 바랍니다.

쌤의 만점답안

① 탐색기(25세 이하) : 자아개념을 정립하고 경력지향(방향)을 결정한다.
② 확립기(25~45세) : 전진단계로서 특정 직무영역에 정착하기 위해 노력한다.
③ 유지기(45~65세) : 자신의 전문성과 업무상 확고한 지위를 유지하려고 노력한다.
④ 쇠퇴기(65세 이후) : 은퇴를 준비하며, 자신의 조직생활을 통합하려고 노력한다.

합격 암기법 (홀) 탐확유쇠

(1) 경력개발의 의의

① 경력(Career)은 개인이 일하면서 접하게 되는 일생 동안의 활동 및 관계되는 행동을 의미한다.
② 경력개발(Career Development)은 조직의 인력개발 계획 속에서 조직성원으로 하여금 자신의 진로를 결정하고 실행에 옮기는 것을 돕기 위해 평가, 상담, 계획수립 및 훈련 등을 실시하는 것이다.

(2) 경력개발 관련 이론

① 홀(Hall)의 경력발달 4단계 [2013년 1회]

　㉠ 제1단계 – 탐색기(Exploration Stage, 25세 이하)

　　• 자아개념을 정립하고 경력지향(Career Orientation)을 결정하는 단계이다.

　　• 특히 이 단계의 마지막 후반 부분은 조직에 새롭게 포함되어 활동을 시작하는 시도기(Trial Period)로서, 자신에게 적합한 분야를 탐색하고 그에 따른 시초직무(Beginning Job)를 찾아내어 이를 평생의 업으로 삼을 것인지 고심하는 시기이다.

　　• 조직은 각 개인으로 하여금 다양한 직무를 경험하도록 함으로써 직무에의 적합도를 스스로 판단할 수 있도록 조력해야 한다.

　㉡ 제2단계 – 확립기(Establishment Stage, 25~45세)

　　• 특정 직무영역에 정착하는 시기로서, 새로운 시도를 계획하기보다는 탐색기에 선택한 직업에 정착하려고 노력하는 단계이다.

　　• 직장동료와 경쟁자 간에 경쟁심이 작용하며, 경쟁상황에서의 갈등과 실패 경험에 대한 적절한 대응이 중요하다.

- 이른바 전진단계(Advancement Stage)로서, 업무에의 집중도와 조직에의 기여도가 점차적으로 상승하게 된다.

ⓒ 제3단계 – 유지기(Maintenance Stage, 45~65세)
- 생산의 시기로서, 자신의 전문성과 업무상 확고한 지위를 유지하려고 하는 단계이다.
- 중년경력 위기(Mid-Career Crisis)를 경험하며, 이를 어떻게 극복하느냐에 따라 성장, 유지, 침체의 국면으로 나아가게 된다.
- 자기 자신을 조직과 동일시하려는 경향이 강해지며, 자신의 직무를 조직의 목표와 연관시켜 생각하게 된다.

ⓔ 제4단계 – 쇠퇴기(Decline Stage, 65세 이후)
- 은퇴를 준비하는 시기로서, 자신의 조직생활을 통합하려고 노력하는 단계이다.
- 육체적·정신적 능력이 쇠퇴하며, 퇴직 후의 삶을 계획한다.
- 경력개발에 대한 동기가 줄어들며, 조직 내에서의 역할도 축소된다.

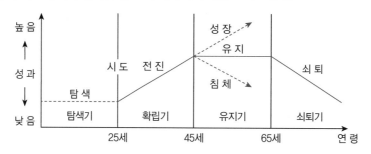

Hall의 경력발달 4단계

② 수퍼(Super)의 경력개발 5단계 [2023년 2회, 2020년 4회, 2017년 1회, 2003년 3회]
ⓐ 성장기(Growth Stage, 출생~14세)
- 욕구와 환상이 지배적이나 사회참여와 현실검증력의 발달로 점차 흥미와 능력을 중시하게 된다.
- 환상기(Fantasy Substage), 흥미기(Interest Substage), 능력기(Capacity Substage)의 하위단계로 구분된다.

ⓑ 탐색기(Exploration Stage, 15~24세)
- 미래에 대한 계획을 세우는 시기이다. 학교생활, 여가활동, 시간제 일을 통해 자아를 검증하고 역할을 수행하며 직업탐색을 시도한다.
- 잠정기(Tentative Substage), 전환기(Transition Substage), 시행기(Trial Substage)의 하위단계로 구분된다.

ⓒ 확립기(Establishment Stage, 25~44세)
- 자신에게 적합한 분야를 발견해서 종사하고 생활의 터전을 잡으려고 노력한다.
- 시행기(Trial Substage), 안정기(Stabilization Substage)의 하위단계로 구분된다.

ⓔ 유지기(Maintenance Stage, 45~64세)
직업세계에서 자신의 위치가 확고해지고 자신의 자리를 유지하기 위해 노력하며 안정된 삶을 살아간다.

ⓜ 쇠퇴기(Decline Stage, 65세 이후)

정신적 · 육체적 기능이 쇠퇴함에 따라 직업전선에서 은퇴하게 되며, 다른 새로운 역할과 활동을 찾게 된다.

(3) 경력개발 프로그램

① 경력개발의 과정

경력계획	• 구성원의 인적자료 수집 • 직무분석과 인력개발 및 인력계획 • 경력기회에 대한 커뮤니케이션
경력개발	• 경력상담과 경력목표 설정 • 경력경로의 설정과 경력개발 추구
평가 · 피드백	결과분석 및 경력개발계획의 조정

② 경력개발 단계 [2024년 1회, 2010년 3회]

㉠ 초기 경력(경력 초기 단계)
- 개인 입장에서는 새로운 조직에서의 적응과 원만한 인간관계의 구축, 조직 입장에서는 종업원의 적성 평가 및 경력계획 수립에 도움을 주어야 하는 시기이다.
- 조직에 적응하도록 방향을 설정하며, 지위와 책임을 깨닫고 만족스러운 수행을 증명해 보여야 한다. 또한 개인적인 목적과 승진기회의 관점에서 경력계획을 탐색하며, 승진 또는 지위변경의 계획을 실행에 옮겨야 한다.
- 경력워크숍, 인턴십, 사전직무안내, 후견인 프로그램, 종업원 오리엔테이션 등의 경력개발 프로그램이 필요하다.

㉡ 중기 경력(경력 중기 단계)
- 개인이 경력에 대한 장기적인 차원을 점차적으로 깨달아 가는 시기로서, 일의 세계에서 개인 역할로 초점을 옮겨가는 시기이기도 하다.
- 역할들의 균형이 중요하며, 직업몰입 및 상황을 증진시키기 위해 계속 노력하여야 한다.
- 경력목표의 재평가와 자신을 파악하는 능력을 향상시키는 데 중점을 둔 경력상담, 직무순환제도 또는 최신 첨단기술이나 특정 전문 분야의 교육훈련 프로그램이 필요하다.

㉢ 말기 경력(경력 후기 단계)
- 조직 활동이 '권력 역할(Power Role)'에서 '사소한 역할(Minor Role)'로 전환되는 시기이다.
- 개인은 일 역할의 감소를 수용하면서 작업정체성으로부터 서서히 벗어나게 된다.
- 은퇴예정자를 대상으로 한 은퇴 전 프로그램, 유연성 있는 작업계획(파트타임, 변형근무제, 직무순환) 등이 필요하다.

01 수퍼(Super)의 경력개발이론에서 경력개발 5단계를 쓰고, 각 단계에 대해 설명하시오.
[2023년 2회, 2020년 4회, 2017년 1회, 2003년 3회]

쌤의 만점답안

① 성장기(출생~14세) : 욕구와 환상이 지배적이나 사회참여와 현실검증력의 발달로 점차 흥미와 능력을 중시하게 된다.
② 탐색기(15~24세) : 학교생활, 여가활동, 시간제 일을 통해 자아검증, 역할수행, 직업탐색을 시도한다.
③ 확립기(25~44세) : 자신에게 적합한 분야를 발견해서 생활의 터전을 마련하고자 한다.
④ 유지기(45~64세) : 개인은 비교적 안정된 만족스러운 삶을 살아간다.
⑤ 쇠퇴기(65세 이후) : 직업전선에서 은퇴하여 새로운 역할과 활동을 찾게 된다.

합격 암기법 ＼ (수퍼) 성탐확유쇠

02 경력개발 프로그램을 초기 · 중기 · 말기 경력단계별로 설명하시오. [2024년 1회, 2010년 3회]

쌤의 만점답안

① 초기 : 경력워크숍, 인턴십, 사전직무안내, 후견인 프로그램, 종업원 오리엔테이션 등의 경력개발 프로그램이 필요하다.
② 중기 : 경력상담, 직무순환제도 또는 최신 첨단기술이나 특정 전문 분야의 교육훈련 프로그램이 필요하다.
③ 말기 : 은퇴예정자를 대상으로 한 은퇴 전 프로그램, 유연성 있는 작업계획(파트타임, 변형근무제, 직무순환) 등이 필요하다.

3 직업전환 프로그램

대표 문제

구조조정으로 인한 실업자가 갖는 특성과 직업지도방법을 각각 2가지씩 쓰시오. [2020년 2회]

쌤의 해결 포인트

이 문제는 직업상담사 2차 실무시험에 처음 등장한 문제로, 출제자의 출제의도를 명확히 파악하지 못한다면 맞히기 어려운 문제로 보입니다. 예를 들어, 구조조정으로 인한 실업자가 갖는 특성은 여러 가지로 열거할 수 있겠으나, 그에 대한 답안으로 "우울감과 불안감"과 같이 단순히 심리적 특성만을 열거할 경우 부분점수만 얻을 수 있습니다. 여기서는 구조조정 실업자에게서 나타날 수 있는 특성을 크게 두 가지 측면, 즉 '심리상태의 변화'와 '생활상태의 변화'로 구분하고, 그 각각에 대응하는 직업지도 프로그램으로서 '실업충격 완화 프로그램'과 '직업복귀 (훈련) 프로그램'을 답안으로 제시하는 것이 적합해 보입니다.

쌤의 만점답안

(1) 구조조정으로 인한 실업자가 갖는 특성
  ① 우울감, 무력감 등 심리상태의 변화
  ② 일상의 규칙성 상실, 경제적 수입의 감소 등 생활상태의 변화
(2) 직업지도방법
  ① 실업충격 완화 프로그램으로 실업에서 오는 정신적인 충격을 완화하기 위한 기술을 제공한다.
  ② 직업복귀 (훈련) 프로그램으로 직업복귀를 위한 준비사항을 제공하고 직업훈련 프로그램을 안내한다.

(1) 직업전환

① 의의

실업이나 기타 사유로 인해 다른 직업으로 전환하는 것으로, 내담자의 적성과 흥미 또는 성격이 직업적 요구와 달라 생긴 직업적응 문제를 해결하는 데 가장 적합한 방법이다.

② 직업전환을 촉진하는 요인

㉠ 전체 노동인구 중 젊은 층의 비율이 높을 경우

㉡ 경제구조가 완전고용의 상태일 경우

㉢ 단순직 근로자의 비율이 높을 경우

㉣ 여성근로자의 비율이 높을 경우

(2) 구조조정으로 인한 실업자가 갖는 특성

① 심리상태의 변화

우울감, 불안감, 초조감, 무력감, 불신감 등

② 생활상태의 변화

일상의 규칙성 상실, 경제적 수입의 감소, 자유시간의 급격한 증가 등

(3) 실업자의 직업전환과 직업상담

① 직업상담에서 실업자에게 생애훈련적 사고를 갖도록 조언하고 촉구하며 참여하도록 권고하여야 한다.

② 조직에서는 청년기, 중년기, 정년 전 등 직업경력의 전환점에서 적절한 훈련 내지 조언을 실시하는 경력개발계획을 추진할 필요가 있다.

③ 청년층은 장년층에 비해 덜 안정적이므로 직업전환이 많은 편이다. 특히 청년기 실업자는 경력, 학력, 관심사항, 작업능력 등에서 일반적인 평가방법에 의존해도 큰 무리가 없다.

④ 실업자는 나이가 많을수록 취업 제의를 받는 비율이 감소한다. 즉, 장년층의 구직기간이 청년층에 비해 길기 때문에 성인기로 갈수록 직업전환을 고려하지 않는 경향이 많다.

(4) 직업전환 상담 시 고려사항

① 직업상담사가 아무리 직업전환을 유도하려 하여도 내담자가 변화에 대한 인지능력이 없다면 전환이 불가능하기 때문에 전환될 직업에 대한 성공기대 수준이나 기존 직업에 대한 애착 수준보다 우선적으로 내담자의 변화에 대한 인지능력을 탐색하여야 한다.

② 내담자의 전환될 직업에 대한 기술과 능력, 나이와 건강, 직업전환에 대한 동기화 여부 등을 일차적으로 고려하여야 한다.

③ 직업전환 상담 시 내담자의 실직에 대한 충격완화, 직업선택 및 직업문제에 대한 직업상담과 직업적응을 위한 직업상담 프로그램, 의사결정을 위한 직업정보 제공, 은퇴 후의 진로경로 계획을 돕는 것이 병행되어야 한다.

(5) 직업지도 프로그램의 유형

① 실업 관련 프로그램

ㄱ 실업충격 완화 프로그램

ㄴ 실업스트레스 대처 프로그램

ㄷ 직업전환 (훈련) 프로그램

ㄹ 직업복귀 (훈련) 프로그램

② 직업지도 프로그램의 주요 종류

ㄱ 자신에 대한 탐구 프로그램

직업지도 및 직업상담 프로그램에서 가장 중요하고 기본적인 프로그램으로서, 특히 진로미결정자나 우유부단한 내담자에게 가장 우선되어야 할 프로그램이다. 스스로 자신에 대한 탐구, 타인이 판단하는 자신의 모습, 자신의 능력 평가, 과거 위인의 생애와 자신의 생애 비교 등으로 구성되어 있다.

ㄴ 직업세계 이해 프로그램

일의 활동, 개인의 일 경험, 선호하는 일들, 직업 및 직업세계의 탐색, 자격 및 면허 조건, 노동시장의 관행, 작업환경 및 근로조건, 최신 고용동향 및 유망직종 등 직업세계에 관한 다양한 정보들을 내담자에게 제공한다.

© 직장스트레스 대처 프로그램

전직을 예방하기 위해 퇴직의사 보유자에게 실시하는 직업상담 프로그램으로 가장 적합하다. 직무에서 오는 긴장 및 불안에 대한 문제인식과 함께 이를 해결하기 위한 적절한 기술을 발견하고 여가활용을 계획하며, 건강한 삶을 유지하기 위한 태도를 기르도록 한다.

② 실업충격 완화 프로그램

실업에서 오는 정신적인 충격을 확인하고 이를 완화하기 위한 기술을 제공하는 것이다. 스트레스 해소를 위해 여가활용의 방법을 제시하며, 나아가 실업에의 대처 능력을 함양시키고, 실업에 대해 긍정적인 태도를 갖도록 한다.

⑩ 직업전환 (훈련) 프로그램

직업전환이 가능한 유사직무를 탐색하고, 직무에서 요구되는 자질을 갖추기 위한 계획 및 보다 전문적인 지식을 갖추는 일 등에 관한 정보를 제공한다. 또한 필요시 전환할 직무와 관련하여 직업훈련을 이수하도록 안내한다.

⑭ 직업복귀 (훈련) 프로그램

장기간의 실업기간을 갖고 있는 실업자에 대해 직업복귀를 위한 준비사항을 제공하며, 필요시 직업훈련 프로그램을 안내함으로써 직업관 및 윤리관을 정립시키는 것이다.

⊙ 직업적응 프로그램

변화가 가속화되는 직무에 적응하기 위한 태도 변화를 이해하고, 동료와 상사 간 인간관계에서의 문제점을 인식하여 그에 대한 긍정적인 태도를 기르며, 직무몰입을 통한 경쟁력을 높이도록 한다.

◎ 조기퇴직 (계획) 프로그램

정년에 이르기 전에 퇴직하는 사람들을 대상으로 퇴직에 대한 막연한 불안감을 해소하며, 퇴직 이후의 삶을 합리적·적극적·체계적으로 계획해 나갈 수 있도록 필요한 지식과 정보를 제공하는 것이다.

Ⓩ 은퇴 후 경력계획 프로그램

정년 이후 새로운 진로 경로 개척을 위한 계획을 세우고, 그 계획의 구체화를 위해 수정·보완하도록 하며, 계획을 실천에 옮길 수 있는 신념 등을 확인한다.

Ⓒ 생애계획 프로그램

생애주기의 변화를 파악하고 그에 따른 중장기 생애계획을 구축하여 이를 추가·수정·보완함으로써 보다 발전적이고 합리적인 생애계획이 이루어지도록 하는 것이다.

Ⓚ 취업알선 프로그램

취업처에 대한 정보를 제공 및 알선하고 취업준비에 필요한 기술을 겸비하도록 하며, 취업처의 조직문화와 노동시장의 정보 등을 제공한다.

적중예상문제로 핵심 복습

01 실업 관련 프로그램에는 실업충격 완화 프로그램, 실업스트레스 대처 프로그램, 직업전환 (훈련) 프로그램, 직업복귀 (훈련) 프로그램의 4가지 종류가 있다. 이 중 직업전환 (훈련) 프로그램에 대해 설명하시오.

쌤의 만점답안

직업전환 (훈련) 프로그램은 직업전환이 가능한 유사직무를 탐색하고, 직무에서 요구되는 자질을 갖추기 위한 계획과 보다 전문적인 지식을 갖추는 일 등에 관한 정보를 제공하며, 필요시 전환할 직무와 관련하여 직업훈련을 이수하도록 안내하는 것이다.

4 직업상담 협업 및 행정

적중예상문제

Katz가 제시한 직업상담사가 갖추어야 할 3가지 행정기술을 쓰시오.

쌤의 해결 포인트

직업상담에서의 행정은 상담 진행을 위한 지원적인 면을 의미하는 것으로 Katz는 직업상담에서의 3가지 행정기술을 제시하였습니다.

쌤의 만점답안

① 사무처리기술 : 직업상담 관련 문서의 작성 및 보관, 재정 및 회계 등의 업무와 관련된 기술이다.
② 인화적 기술 : 상담기관이라는 조직 내에서 개인과 개인 간은 물론 집단성원들과 다른 사람들 간 원활하게 일을 할 수 있도록 하는 기술이다.
③ 구상적 기술 : 상담기관 전체 내지 상담프로그램 전반을 포괄적으로 파악하는 상황파악적 기술이다.

(1) 직업상담 협업

① 직업상담에서의 협업의 의의
  ㉠ 고용안정기관 간 다양한 사업활동의 과정에서 계획적으로 기관 간 존재하는 장벽을 넘거나 인적·물적 자산을 통합적으로 관리하여 성과 달성에 상호 도움이 되는 것을 의미한다.
  ㉡ 협업은 관계의 집중도(혹은 조직의 통합 수준)에 따라 다음의 수준으로 나타난다.

의사소통 (Communication)	협 력 (Cooperation)	조 정 (Coordination)	협 업 (Collaboration)	융 합 (Convergence)	통 합 (Consolidation)

약 함   관계의 집중도   강 함

② 직업상담에서 협업의 이유
  ㉠ 서비스의 경쟁력을 제고한다.
  ㉡ 서비스 프로그램의 개발역량을 제고한다.
  ㉢ 서비스 기관 간 경쟁우위를 확보한다.
  ㉣ 서비스 기관 간 핵심역량을 최대한 활용한다.
  ㉤ 협업기관의 인력 및 기술을 활용함으로써 비용을 절감한다.
③ 협업의 주요 장애요인
  ㉠ 소통을 어렵게 하는 보수적 조직문화
  ㉡ 기관 간 이기주의
  ㉢ 시스템의 부재
  ㉣ 공통목표의 부재

　　　　ⓜ 업무성과에 따른 논공행상의 어려움

　　　　ⓗ 담당직원의 소극적 자세

　　④ **협업 촉진을 위한 방안**

　　　　㉠ 공동의 목표와 성과를 공유한다.

　　　　㉡ 의사소통을 원활히 한다.

　　　　㉢ 강력한 리더십을 발휘한다.

　　　　㉣ 협업부처 간 융합업무를 담당하는 별도의 조직을 구축한다.

　　　　㉤ 업무 범위 및 책임 분담을 명확히 한다.

　　　　㉥ 정보공유를 통해 상호 신뢰를 구축한다.

　　⑤ **네트워크 구축 방법**

　　　　㉠ 취업박람회 : 구인기업과 구직자가 현장에서 회사 홍보 및 면접을 통해 채용 결정이 이루어지거나 취업과 관련된 정보를 제공한다.

　　　　㉡ 세미나 : 진로, 취업, 직업상담 등의 주제에 관심을 가진 사람들이 모여 연구발표나 토론을 통해 함께 연구한다.

　　　　㉢ 컨퍼런스 : 진로, 취업, 직업상담 등의 주제와 관련하여 사람들을 모아 협의하는 회의로, 이벤트, 전시 등을 동반한다.

　　　　㉣ 포럼 : 진로, 취업, 직업상담 등의 주제와 관련하여 사람들이 모여서 자유롭게 의견을 개진하고 공유하는 집단공개토의이다.

　　　　㉤ 워크숍 : 참가자가 자율적·주도적으로 특정 주제를 가지고 운영 및 활동하는 연구모임이다.

　　　　㉥ 전문가 커뮤니티 : 일정한 지역이나 공간에서 직업상담 서비스에 대한 공통의 가치와 유사한 정체성을 가진 전문가들의 네트워크에 의해 이루어진다.

(2) 직업상담 행정

　　① **직업상담에서의 행정의 의의**

　　　　상담 진행을 위한 지원적인 면을 포괄하는 것으로, 사무적 일들과 인간 간의 관계 혹은 사무와 인간 간의 관리적 의미를 포함한다.

　　② **직업상담 행정의 기술(Katz)**

　　　　㉠ 사무처리기술(Technical Skill) : 직업상담 관련 문서의 작성 및 보관, 재정 및 회계 등의 업무와 관련된 기술이다.

　　　　㉡ 인화적 기술(Human Skill) : 상담기관이라는 조직 내에서 개인과 개인 간은 물론 집단성원들과 다른 사람들 간 원활하게 일을 할 수 있도록 하는 기술이다.

　　　　㉢ 구상적 기술(Conceptual Skill) : 상담기관 전체 내지 상담프로그램 전반을 포괄적으로 파악하는 상황파악적 기술이다.

③ 직업상담의 행정관리

    ⊙ 인력 관리 : 조직 구성원 간 협동적인 업무수행, 조직 구성원의 감독자 및 유관기관 구성원과의 유기적인 관계 구축이 이루어지도록 지원하는 것으로, 직업상담 인력 관리 계획서 작성, 인력 평가를 통한 성과급 · 승진 · 보직 조치 등을 포함한다.

    ⊙ 실적 관리 : 직업상담의 실적 결과물, 상담 과정에 대한 만족도 등을 체계적으로 보관 · 관리 · 평가하는 것으로, 상담 기록지, 상담 프로그램 결과서, 연구 · 조사 보고서, 강의계획서 · 강의만족도 조사 결과 등을 포함한다.

    ⊙ 사무 관리 : 직업상담 과정에서 생산되는 각종 행정서류, 상담일지, 초기면담지, 상담기록지, 진단결과지, 종합상담 의견서, 활동기록지 등의 정보를 효율적으로 관리하는 것으로, 각종 문서의 처리는 즉일 처리 원칙, 책임 처리 원칙, 적법성의 원칙에 의해 이루어져야 한다.

더 알아보기

'즉일 처리 원칙'은 그날로 처리해야 하는 것은 그날로 처리한다는 것, '책임 처리 원칙'은 정해진 업무분장에 따라 책임을 지고 신속 · 정확하게 처리한다는 것, '적법성의 원칙'은 일정한 형식과 요건을 갖추고 권한 있는 자에 의해 처리되어야 한다는 것입니다.

    ⊙ 시설 관리 : 내담자가 편안함을 느낄 수 있는 상담 여건을 조성하기 위한 것으로, 상담실의 실내 환경과 설비 및 비품, 교육훈련장의 강의 · 실습 시설과 각종 교보재, 그 밖에 전기시설, 보안 및 소방시설 등을 포함한다.

    ⊙ 전산망 관리 : 내담자에 대한 정보보호를 위한 시스템을 구축하는 것으로, 전산 업무에 대한 보안은 기밀성(Confidentiality), 무결성(Integrity), 가용성(Availability)을 포함한다.

더 알아보기

'기밀성'은 오직 인가된 사람이 알 필요성에 근거하여 시스템에 접근해야 한다는 것, '무결성'은 정보가 비인가된 혹은 우연한 변경으로부터 보호되어야 한다는 것, '가용성'은 이용자가 필요로 하는 시점에 접근 가능해야 한다는 것입니다.

01 직업상담에서 협업 시 필요한 네트워크 구축 방법 중 3가지를 쓰시오.

쌤의 만점답안

① 취업박람회 : 구인기업과 구직자가 현장에서 회사 홍보 및 면접을 통해 채용 결정이 이루어지거나 취업과 관련된 정보를 제공한다.

② 세미나 : 진로, 취업, 직업상담 등의 주제에 관심을 가진 사람들이 모여 연구발표나 토론을 통해 함께 연구한다.

③ 컨퍼런스 : 진로, 취업, 직업상담 등의 주제와 관련하여 사람들을 모아 협의하는 회의로, 이벤트, 전시 등을 동반한다.

④ 포럼 : 진로, 취업, 직업상담 등의 주제와 관련하여 사람들이 모여서 자유롭게 의견을 개진하고 공유하는 집단공개토의이다.

⑤ 워크숍 : 참가자가 자율적 · 주도적으로 특정 주제를 가지고 운영 및 활동하는 연구모임이다.

⑥ 전문가 커뮤니티 : 일정한 지역이나 공간에서 직업상담 서비스에 대한 공통의 가치와 유사한 정체성을 가진 전문가들의 네트워크에 의해 이루어진다.

5

보충학습(1) - 직무분석

대표 문제

직무분석의 결과로부터 얻은 직무 기술과 작업자 명세에 관한 정보는 여러 가지 용도로 사용된다. 이와 같은 직무분석으로 얻어진 정보의 용도를 6가지만 쓰시오. [2024년 1회]

쌤의 해결 포인트

직무분석으로 얻어진 정보의 활용 용도에 관한 문제는 2014년 3회 실무시험에서는 3가지, 2024년 3회 및 2020년 3회 실무시험에서는 4가지, 2013년 2회 실무시험에서는 5가지를 쓰도록 요구한 바 있습니다. 그리고 2024년 1회 문제에서는 6가지를 쓰도록 제시하였으므로 되도록 많은 6가지로 제시된 답안을 암기하시기 바랍니다. 요컨대, 이 문제는 다양한 답안이 도출될 수 있습니다. 그 이유는 직무분석 정보의 활용 용도가 매우 다양하고 광범위하기 때문입니다.

쌤의 만점답안

① 모집 및 선발
② 배치 및 경력개발
③ 교육 및 훈련
④ 직무평가 및 직무수행평가(인사고과)
⑤ 정원관리 및 인력수급계획의 수립
⑥ 안전관리 및 기타 작업조건의 개선

유사 문제

• 직무분석은 직무기술서나 작업자 명세서를 만들고 이로부터 얻어진 정보를 여러모로 활용하는 것을 목적으로 한다. 이와 같은 직무분석으로 얻어진 정보의 용도를 3가지만 쓰시오. [2014년 3회]
• 직무분석은 직무기술서나 작업자 명세서를 만들고 이로부터 얻어진 정보를 여러모로 활용하는 것을 목적으로 한다. 이와 같은 직무분석으로 얻어진 정보의 용도를 4가지만 쓰시오. [2024년 3회, 2020년 3회, 2018년 1회]
• 직무분석 자료를 활용하는 용도 5가지를 쓰시오. [2013년 2회]

Comment

2025년도 직업상담사 2급 출제기준 변경에 따라 '직무분석 이론' 영역이 출제범위에서 제외되었습니다. 그러나 시행처인 한국산업인력공단에서는 출제기준 변경에도 불구하고 기존 기출문제를 재출제하는 과정에서 더 이상 유효하지 않은 출제영역의 문항을 일부 포함하여 문제를 출제한 바 있습니다. 따라서 해당 영역이 2차 실무에 종종 출제된 점을 감안하여 빈출 내용을 중심으로 간단히 정리하고 넘어가시기 바랍니다.

(1) 직무분석의 의의

① 직무분석(Job Analysis)은 직무 관련 정보를 수집하는 절차로서, 직무내용과 직무수행을 위해 요구되는 직무 조건을 조직적으로 밝히는 절차이다.

② 어떠한 직무의 현재 내용을 조직적·과학적으로 체계화하여 인적자원관리에 필요한 직무정보를 제공하는 작업이다.

③ 해야 할 과제, 임무 및 활동 등이 분석에 포함되어야 하며, 직무수행을 하는 사람의 지식, 기술 및 능력이 명시되어야 한다.

④ 테일러(Taylor)의 시간연구와 길브레스(Gilbreth)의 동작연구에서 비롯된 것으로, 제1차 세계대전 중 미군의 인사분류위원회에서 가장 먼저 사용한 것으로 전해진다.

(2) 직무분석의 일반적인 목적

① 직무분석의 정보자료들에 해당하는 지식, 기술, 능력, 책임, 직무조건, 직무환경, 조직 관계 등을 체계화하여 관련 정보들을 활용할 수 있도록 한다.

② 해당 직무에서 어떤 활동이 이루어지고 작업조건이 어떠한지를 기술하고, 직무를 수행하는 사람에게 요구되는 지식, 기술, 능력 등의 정보를 활용하는 데 있다.

③ 인사관리나 노무관리를 수행하기 위해 필요한 정보를 얻을 수 있도록 한다.

(3) 직무분석 결과로부터 얻은 정보의 활용용도

[2024년 1회, 2024년 3회, 2020년 3회, 2018년 1회, 2014년 3회, 2013년 2회]

① 모집 및 선발

② 배치 및 경력개발

③ 교육 및 훈련

④ 직무평가 및 직무수행평가(인사고과)

⑤ 정원관리 및 인력수급계획의 수립

⑥ 안전관리 및 기타 작업조건의 개선 등

(4) 직무분석의 6단계 [2016년 1회]

행정적 단계/준비단계	• 어떤 직무를 분석할 것인지를 결정한다(분석 대상 직무 선정). • 직무분석을 왜 하는지를 결정한다(직무분석 목적 확인). • 조직구성원들에게 직무분석의 필요성을 인식시킨다. • 직무분석에서 수집할 정보의 종류와 범위를 명시한다. • 직무분석을 실제로 담당할 사람들의 역할과 책임을 할당한다.
직무분석설계단계	• 직무에 관한 자료를 얻을 출처와 인원수를 결정한다. • 자료수집 방법을 결정한다. • 설문지법 사용 시 설문지를 직접 만들 것인지 혹은 구입해서 쓸 것인지를 결정한다. • 자료 분석 방법을 결정한다.
자료수집과 분석단계	• 직무분석의 목적에 따라 어떤 정보를 수집할 것인지를 분명히 한다. • 직무분석의 목적과 관련된 직무요인의 특성을 찾는다. • 직무정보 출처로부터 실제 자료들을 수집한다. • 수집된 정보의 타당성 여부를 현직자나 상사들이 재검토한다. • 직무와 관련하여 수집된 정보를 분석하고 종합한다.
결과정리단계	• 직무기술서를 작성한다. • 작업자 명세서(직무명세서)를 작성한다. • 작업자의 직무수행평가에 사용할 평가 요인 및 수행 기준을 결정한다. • 직무평가에 사용할 보상 요인을 결정한다. • 유사한 직무들을 묶어서 직무군으로 분류한다.
직무분석 결과의 배포단계	• 직무분석 결과를 조직 내 실제로 사용할 관련 부서들에 배포한다. • 관련 부서들은 그 결과를 모집, 채용, 배치, 교육, 고과, 인력수급계획 등에 활용한다.
통제단계/최신 정보로 수정하는 단계	• 시간의 흐름에 따른 직무상의 변화를 반영하여 직무정보를 최신화한다. • 조직 내 직무기술서 및 작업자 명세서(직무명세서)의 사용자로부터 피드백을 받는다. • 이러한 통제단계는 다른 모든 단계에 영향을 미칠 수 있다

(5) 직무기술서(Job Description)

① 의의

㉠ 직무분석의 결과에 따라 직무수행과 관련된 과업 및 직무 행동을 일정한 양식에 기술한 문서이다.

㉡ 분석 대상이 되는 직무에서 어떤 활동이나 과제가 이루어지고 작업조건이 어떠한지를 알아내어서 그러한 것들을 기술해 놓은 것이다.

② 직무기술서에 포함되는 주요 정보 [2009년 2회]

㉠ 직무의 명칭, 급수, 조직 내 위치, 보고 체계, 임금과 같은 직무 정의에 관한 정보

㉡ 직무에서 사용하는 기계, 도구, 장비, 기타 보조장비

㉢ 감독의 형태, 작업의 양과 질에 관한 규정 등의 지침이나 통제

㉣ 직무의 목적을 달성하기 위해 작업자가 하는 과제나 활동

㉤ 직무가 이루어지는 물리적 · 심리적 · 정서적 환경 등

01 직무분석은 일반적으로 6단계를 거치게 된다. 그중 두 번째 단계인 '직무분석 설계단계'에서 해야 할 일을 3가지 쓰시오. [2016년 1회]

> **쌤의 만점답안**

① 자료출처 및 인원수 결정
② 자료수집 방법 결정
③ 설문지 마련 방도 결정

02 직무기술서에 포함되는 정보를 5가지 쓰시오. [2009년 2회]

> **쌤의 만점답안**

① 직무의 명칭, 급수, 조직 내 위치, 보고 체계, 임금과 같은 직무 정의에 관한 정보
② 직무에서 사용하는 기계, 도구, 장비, 기타 보조장비
③ 감독의 형태, 작업의 양과 질에 관한 규정 등의 지침이나 통제
④ 직무의 목적을 달성하기 위해 작업자가 하는 과제나 활동
⑤ 직무가 이루어지는 물리적 · 심리적 · 정서적 환경

6 보충학습(2) – 직무분석 방법 및 직무평가

대표 문제

직무분석 방법 중 최초분석법에 해당하는 방법을 4가지만 쓰시오.
[2024년 2회, 2022년 3회, 2021년 1회, 2020년 4회, 2019년 1회, 2001년 3회]

쌤의 해결 포인트

이 문제 역시 최초분석법에 해당하는 방법을 출제 회차에 따라 3~5가지로 다양하게 쓰도록 요구하고 있습니다. 따라서 되도록 많은 5가지로 제시된 답안을 암기하시기 바랍니다. 또한, 이 문제는 때에 따라 '~ 쓰시오' 혹은 '~ 쓰고 설명하시오'의 형태로 제시되기도 합니다. 만약 '~ 쓰시오'의 형태로 제시되고 답안 작성 칸이 협소한 경우 단순히 각 방법의 명칭만 작성해도 정답으로 인정받을 수 있겠으나, 그렇지 않은 경우를 대비하여 가급적 간략한 설명까지 기억해 두시기 바랍니다.

쌤의 만점답안

① 면접법(면담법) : 특정 직무에 대해 오랜 경험과 전문지식, 숙련된 기술과 기능을 가지고 있고 정확한 표현이 가능한 작업자를 방문하여 면담한다.
② 관찰법 : 직무분석가가 직접 사업장을 방문하여 작업자가 수행하는 직무 활동을 관찰하고 그 결과를 기술한다.
③ 설문지법(질문지법) : 현장의 작업자 또는 감독자에게 설문지를 배부하여 이들로 하여금 직무내용을 기술하게 한다.
④ 체험법 : 직무분석가 자신이 직접 직무 활동에 참여하여 체험함으로써 생생한 직무자료를 얻는다.
⑤ 결정적 사건법(중요사건기록법) : 직무수행에 결정적인 역할을 한 사건이나 사례를 중심으로 구체적 행동을 범주별로 분류 · 분석하여 직무요건들을 추론해 낸다.

유사 문제

직무분석 방법 중 최초분석법에 해당하는 방법을 3가지만 쓰고, 각각에 관해 설명하시오. [2017년 3회, 2012년 3회]

(1) 최초분석법(New Analysis Method) [2020년 4회, 2017년 3회, 2001년 3회]

① 의의 및 특징
  ㉠ 직접 작업 현장을 방문하여 분석하는 방법이다.
  ㉡ 분석할 대상 직업에 관한 자료가 드물고, 그 분야에 많은 경험과 지식을 갖춘 사람이 거의 없을 때 사용한다.
  ㉢ 비교적 직무내용이 단순하고 반복되는 작업을 계속하는 경우에 적합하다.

② 종 류 [2024년 2회, 2022년 3회, 2021년 1회, 2019년 1회, 2012년 3회]
  ㉠ 면접법(면담법)
    • 특정 직무에 대해 오랜 경험과 전문지식, 숙련된 기술과 기능을 가지고 있고 정확한 표현이 가능한 작업자(직무수행자)를 방문하여 면담을 통해 분석하는 방법이다.
    • 직무수행 활동이나 직무수행에 필요한 기술을 파악하기 위해 작업자에게 직접 질문한다.

- 면접법을 사용하려면 면접의 목적을 미리 알려주고 편안한 분위기를 조성해야 한다.
- 다양한 직무들에 관한 자료를 수집하는 데 광범위하게 적용될 수 있으며, 면접 과정에서 부수적으로 직무수행자들의 애로사항을 알 수 있다. 또한, 직무수행자의 정신적 활동까지 파악할 수 있다.
- 자료의 수집에 많은 시간과 노력이 소요되며, 다수의 종업원을 참여시켜야 하는 경우 적용하기 어렵다. 또한, 수량화된 정보를 얻는 데 적합하지 않다.
- 장단점 [2023년 1회]

장점	• 다양한 조사 내용을 비교적 긴 시간에 걸쳐서 상세하게 조사할 수 있다. • 면접자가 자료를 직접 기재하므로 응답률이 매우 높다. • 질문의 내용을 응답자가 잘 이해하지 못하는 경우에 면접자가 설명해 줄 수 있고, 응답자의 내용이 분명하지 않은 경우에도 면접자가 응답의 내용을 점검할 수 있어서 응답의 오류를 줄일 수 있다. • 질문서에 포함된 내용 외에도 연구에 필요한 기타 관련 정보들을 수집할 수 있다. • 잘못 기재하는 경우(오기)나 아예 가입하지 않는 경우(불기)를 예방할 수 있다. • 적절한 질문을 현장에서 결정할 수 있는 융통성이 있다. • 비(非)언어적 행위를 직접 관찰할 수 있다. • 개별적으로 진행하는 면접환경을 표준화할 수 있다. • 면접 시에 복잡한 질문지를 사용할 수 있다.
단점	• 비용과 시간이 많이 소요된다. • 응답자의 익명성이 결여되어 정확한 내용을 도출하기 어렵다. • 방문 시각을 항상 고려해야 하며, 방문계획 시간을 엄수해야 한다. • 면접자와 응답자 사이에 친숙한 분위기가 형성되지 않거나 상호 이해가 부족한 경우 조사 외적인 요인들로부터 오류가 개입될 가능성이 있다. • 응답자에 대한 편의가 제한적이다. • 특수층의 사람에 대해 면접이 곤란한 경우가 있다.

- 구조적 면접법과 비구조적 면접법의 의의 및 장단점 [2015년 1회, 2011년 3회]

구 분	구조적 면접법	비구조적 면접법
의 의	질문할 많은 내용을 미리 마련해 놓고 그 순서에 따라 면접을 진행하는 방법이다.	미리 설정된 소수의 질문으로부터 시작하지만 응답자의 반응에 따라 융통적으로 면접을 진행하는 방법이다.
장단점	짧은 시간에 많은 정보를 얻을 수 있지만, 심층적인 정보를 얻기 어렵다.	더욱 심층적인 정보를 얻을 수 있지만, 직무의 다양한 요소들에 대한 다량의 정보를 얻지 못한다.

ⓒ 관찰법
- 직무분석가가 직접 사업장을 방문하여 작업자가 수행하는 직무 활동을 관찰하고 그 결과를 기술하는 방법이다.
- 분석자가 대상 직업에 대해 풍부한 경험이 있으면 예리한 통찰력으로 많은 자료를 수집할 수 있다.
- 생산직이나 기능직과 같이 비교적 단순하고 반복적인 직무를 분석하는 데 적합하며, 작업자의 설명을 들으면서 분석할 수 있으므로 보다 실질적이고 정확한 결과를 얻을 수 있다.
- 정신적인 활동이 주를 이루는 직무에는 적합하지 못하며, 직무분석가의 주관이 개입될 위험이 있다.

© 설문지법(질문지법)

- 현장의 작업자 또는 감독자에게 설문지(질문지)를 배부하여 이들로 하여금 직무의 내용 및 특징 등을 기술하도록 하는 방법이다.
- 장단점 [2023년 3회]

장점	· 시간과 비용이 절약된다. · 쉽게 응답자에게 접근할 수 있으며 수량화 및 통계적 분석이 쉽다. · 현장연구원이 필요 없으며 검사가 간편하다. · 조사자의 편견이 배제되어 객관성이 증대된다. · 익명성이 보장되어 응답자가 안심하고 응답할 수 있으며 부적합한 응답을 최소화할 수 있다. · 동일한 직무의 재직자 간의 차이를 보여준다. · 공통적인 직무 차원상에서 상이한 직무들을 비교하기가 쉽다. · 신뢰도 및 타당도를 확보하기 용이하다.
단점	· 직무가 수행되는 상황을 무시한다. · 응답자들로 하여금 질문지(설문지) 문항에 국한하여 답변하게 한다. · 질문지 설계를 위해서는 직무에 대한 지식이 필요하다. · 질문에 대한 무응답률이 높으며, 질문지의 회수율이 매우 낮다. · 직무 재직자들이 자신들의 직무가 실제보다 더 중요하게 보이도록 왜곡하기 쉽다. · 질문의 요지를 설명할 수 있는 융통성이 낮다. · 비(非)언어적 행위나 특성을 기록할 수 없다. · 관심도가 낮은 질문의 내용에는 기록하지 않을 가능성이 있다. · 복합적인 질문지 형식을 사용할 수 없다. · 질문지에 대한 통제를 제대로 할 수 없다. · 우편조사 등에서 응답해야 할 사람이 응답했는지가 의문시될 수 있다.

② 체험법

- 직무분석가 자신이 직접 직무 활동에 참여하여 체험함으로써 생생한 직무자료를 얻는 방법이다.
- 직무 활동에서의 의식의 흐름, 감각적인 내용, 피로의 상태 등 직무의 내부구조에 이르기까지 분석할 수 있다.
- 직무분석가의 일시적 체험을 실제 직무종사자의 직무 활동 전반으로 확대해석하는 것에 한계가 있다.
- 직무분석가의 주관적인 체험에 근거하므로 직무분석에서 정확성과 객관성을 보장하기 어렵다.

⑩ 중요 사건 기법(중요 사건 기록법)/결정적 사건법

- 직무성과와 관련하여 효과적인 행동과 비(非)효과적인 행동을 구분하여 그 사례를 수집하고, 이러한 사례로부터 직무성과에 효과적인 지식, 기술, 능력 등 직무수행 요건을 추출하여 분류하는 방법이다.
- 직무수행에 결정적인 역할을 한 사건이나 사례를 중심으로 구체적 행동을 범주별로 분류·분석하여 직무요건들을 추론해 내는 방법으로 볼 수 있다.
- 직무를 성공적으로 수행하는 데 중요한 역할을 하는 행동들을 밝히는 데 초점을 둔다.
- 실제로 직무에서 일어난 중요한 사건을 토대로 직무수행과 관련된 중요한 지식, 기술, 능력 등을 사례별로 체계적으로 분석할 수 있다.

- 단 점 [2022년 2회, 2003년 1회]
    - 일상적인 수행과 관련된 지식 · 기술 · 능력이 배제될 수 있다.
    - 과거의 결정적 사건들에 대해 왜곡하여 기술할 가능성이 있다.
    - 추론 과정에서 직무분석가의 주관이 개입될 수 있다.
    - 직무 행동의 분류 및 평가에 많은 시간과 노력이 소요된다는 단점이 있다.

(2) 비교 확인법(Verification Method) [2020년 4회, 2016년 3회, 2001년 3회]

① 의의 및 특징

ㄱ 지금까지 분석된 자료를 참고로 하여 현재의 직무 상태를 비교 · 확인하는 방법이다.

ㄴ 수행하는 작업이 다양하고 직무의 폭이 넓어 단시간의 관찰을 통한 분석이 어려운 경우에 적합한 방법이다.

ㄷ 대상 직무에 대한 참고문헌과 자료가 충분하며, 일반적으로 널리 알려진 경우 사용한다.

② 주요 자료

ㄱ 직무 정의와 작업 명칭이 수록된 직업 사전 등을 참고하여 현재의 직무 상태를 비교 · 확인하는 방법이다.

ㄴ 자료가 분석된 시기와 현재 시점의 차이점을 발견하여 최근 변화된 내용을 수정 · 추가 · 검증해야 한다.

ㄷ 수행하는 작업이 다양하고 직무의 폭이 상당히 넓어 단시간의 관찰을 통해서 분석하기 어려운 경우에 적합한 방법이다.

(3) 그룹토의법 [2020년 4회, 2016년 3회, 2001년 3회]

① 데이컴법(DACUM)

　㉠ '교육과정 개발(Developing A CUrriculuM)'의 준말로서, 교과과정을 개발하기 위해 주로 사용되는 기법이다.

　㉡ 교육훈련을 목적으로 교육목표와 교육내용을 비교적 단시간 내에 추출하는 데 효과적이다.

　㉢ 8~12명의 분석협조자(Panel Member)로 구성된 데이컴 위원회가 사전에 준비한 쾌적한 장소에 모여 2박 3일 정도의 집중적인 워크숍으로 데이컴 차트를 완성함으로써 작업을 마친다.

　㉣ 데이컴의 진행은 데이컴 분석가(DACUM Facilitator)가 맡게 되며, 진행 과정에서 서기나 옵저버(Observer)의 의견은 반영되지 않는다.

② 브레인스토밍법(Brainstorming Method)

　㉠ 직무분석 대상에 대한 소규모 전문가 집단의 자유로운 토의를 통해 직무분석을 하는 방법이다.

　㉡ 회의 진행이 빠르고 창의적이며 비용이 적게 소요되는 장점이 있지만, 참석자의 지식수준에 따라 직무내용이 좌우된다는 단점도 있다.

(4) 직무평가의 의의 및 특징

① 직무의 복잡성, 곤란도, 책임의 정도 등 조직 내에서 직무들의 상대적인 가치를 결정하는 과정을 일컫는다.

② 조직 내에서 직무들의 내용과 성질을 고려하여 직무 간의 상대적인 가치를 결정하여 여러 직무에 대해 서로 다른 임금수준을 결정하는 데 목적을 둔다.

③ 직무 간 내용과 성질에 따라 임금 형평성을 결정할 수 있다.

④ 직무분석과 달리 직무에 대한 가치 판단이 개재될 수 있다.

⑤ 직무평가 방법 간의 차이는 조직 성공 기여도, 노력 정도, 작업조건 등 주로 비교 과정에 어떠한 준거를 사용하는지에 달려 있다.

(5) 직무평가의 방법 [2023년 2회]

① 질적 평가 방법/비(非)양적 방법

서열법	• 직무의 상대적 가치에 기초를 두고 각 직무의 중요도에 따라 순위를 정하는 방법이다. • 직무등급을 신속 · 간편하게 매길 수 있다. • 직무의 어떤 요소가 특별히 가치 있게 받아들여지는가에 대한 보편적 지침이 없으며, 직무의 수가 많고 내용이 복잡할 경우 실효성이 없다.
분류법	• 직무를 여러 가지 수준이나 등급으로 분류하여 표현하는 것으로, 사전에 만들어 놓은 등급에 각 직무를 맞추어 넣는 방법이다. • 간단하고 이해하기 쉬우며, 결과가 비교적 만족할 만하다. 특히 직무내용이 충분히 표준화되어 있지 않은 직무의 경우에도 비교적 용이하게 평가할 수 있다. • 상세한 분석이 불가능하고 분류 기준이 명확하지 않은 경우가 많다.

② 양적 평가 방법/양적 방법

점수법	• 직무 상호 간의 여러 가지 요소들을 뽑아내어 각 요소의 중요도에 따라 점수를 산정하고 총점수를 구하여 직무를 평가하는 방법이다. 이때 고려되는 요인은 기술이 요구되는 정도(숙련도), 정신적 및 육체적 노력의 정도, 책임, 작업조건 등이다. • 직무의 상대적 가치를 객관적으로 비교할 수 있으며, 종업원으로부터 평가 결과에 대하여 이해 및 신뢰를 얻을 수 있다. • 적합한 평가 요소의 선정이 어려우며, 평가 요소에 대한 가중치 부여에서 독단이 우려된다. 또한, 시간과 비용이 많이 소요된다.
요소 비교법	• 조직에서 핵심이 되는 대표직무(기준직무)를 선정하여 요소별로 직무평가를 한 후 다른 직무들을 대표직무의 평가 요소와 비교하여 상대적 가치를 결정하는 방법이다. • 유사 직무 간 비교가 가능하며, 다른 직무와의 요소 비교를 통한 평가가 용이하다. 또한, 기업의 특수직무에 적합하도록 설계할 수 있다. • 대표직무의 평가에 정확성을 기하기 어려우며, 대표직무의 평가에 정확성이 결여될 경우 전체 직무평가에 부정적인 영향을 미친다. 또한, 측정척도의 구성이 복잡하여 이해하기 어려우며, 비용이 많이 소요된다.

기출복원문제로 핵심 복습

01 직무분석 방법 중 구조적 면접법과 비구조적 면접법의 의미를 쓰고, 각각의 장단점을 설명하시오.
[2015년 1회, 2011년 3회]

쌤의 만점답안

(1) 구조적 면접법과 비구조적 면접법의 의미
　① 구조적 면접법 : 질문할 많은 내용을 미리 마련해 놓고 그 순서에 따라 면접을 진행하는 방법이다.
　② 비구조적 면접법 : 미리 설정된 소수의 질문으로부터 시작하지만 응답자의 반응에 따라 융통적으로 면접을 진행하
　　는 방법이다.
(2) 구조적 면접법과 비구조적 면접법의 장단점
　① 구조적 면접법 : 짧은 시간에 많은 정보를 얻을 수 있지만, 심층적인 정보를 얻기 어렵다.
　② 비구조적 면접법 : 보다 심층적인 정보를 얻을 수 있지만, 직무의 다양한 요소들에 대한 다량의 정보를 얻지 못한다.

유사 문제

직무분석의 방법 중 면접법의 장점과 단점을 각각 2가지씩 쓰시오. [2023년 1회]

02 직무분석을 위한 정보 수집 방법 중 질문지법의 장단점을 각각 2가지씩 쓰시오. [2023년 3회]

쌤의 만점답안

(1) 장 점
　① 효율적이고 비용이 적게 든다.
　② 동일한 직무의 재직자 간 차이를 보여준다.
(2) 단 점
　① 직무가 수행되는 상황을 무시한다.
　② 응답자들로 하여금 질문지 문항에 국한하여 답변하게 한다.

유사 문제

• 심리검사에는 선다형이나 '예, 아니요' 등 객관적 형태의 자기 보고형 검사(설문지 형태의 검사)가 가장 많
이 사용된다. 이와 같은 형태의 검사가 가지는 장점을 5가지 쓰시오.
[2022년 3회, 2019년 2회, 2014년 3회, 2009년 3회, 2006년 3회, 2002년 1회, 2001년 3회]
• 심리검사에는 선다형이나 '예, 아니요' 등 객관적 형태의 자기 보고형 검사(설문지 형태의 검사)가 가장 많
이 사용된다. 이런 형태의 검사가 가지는 단점을 3가지 쓰시오. [2011년 2회, 2000년 3회]

03 직무분석 설문지 선택 시 평가 준거 3가지를 쓰고 간략히 설명하시오. [2014년 2회]

쌤의 만점답안

① 신뢰성 : 일관성을 지녀야 한다.
② 타당성 : 정확해야 한다.
③ 만능성 : 다양한 목적을 충족시켜야 한다.

합격 암기법 (직평) 신타만

04 직무분석 방법 중 결정적 사건법의 단점을 4가지 쓰시오. [2022년 2회, 2003년 1회]

쌤의 만점답안

① 일상적인 수행과 관련된 지식, 기술, 능력이 배제될 수 있다.
② 과거의 결정적 사건들에 대해 왜곡하여 기술할 가능성이 있다.
③ 추론 과정에서 직무분석가의 주관이 개입될 수 있다.
④ 직무 행동의 분류 및 평가에 많은 시간과 노력이 소요된다.

유사 문제

직무분석 방법 중 결정적 사건법의 단점을 3가지 쓰시오. [2019년 3회, 2015년 1회, 2013년 1회]

05 직무분석 방법을 3가지 쓰고, 각각에 관해 설명하시오. [2020년 4회, 2016년 3회, 2001년 3회]

쌤의 만점답안

(1) 최초분석법
   ① 직접 작업 현장을 방문하여 분석하는 방법으로 분석할 대상 직업에 대한 자료가 드물고, 그 분야에 많은 경험과 지식을 갖춘 사람이 거의 없을 때 사용한다.
   ② 많은 시간과 노력이 소요되며, 비교적 직무내용이 단순하고 반복되는 작업을 계속하는 경우에 적합하다.
(2) 비교 확인법
   ① 직무 정의와 작업 명칭이 수록된 직업 사전 등을 참고하여 현재의 직무 상태를 비교·확인하는 방법이다.
   ② 자료가 분석된 시기와 현재 시점의 차이점을 발견하여 최근 변화된 내용을 수정·추가·검증해야 한다.
(3) 그룹토의법
   ① 직무분석 대상 직종에 관련된 소규모 전문가 집단이 모여 일정 기간 토의를 통해 직무를 분석한다.
   ② 신속한 결론을 도출하는 데 주력하는 브레인스토밍법과 주로 교육훈련을 목적으로 교육과정 자체와 관련이 깊고 주어진 직무 내의 모든 능력을 도출하는 데 주력하는 데이컴법이 있다.

06 직무평가 방법을 3가지 쓰고, 각각에 관해 설명하시오. [2023년 2회]

쌤의 만점답안

① 서열법 : 직무의 상대적 가치에 따라 순위를 정한다.
② 분류법 : 사전에 만들어 놓은 등급에 각 직무를 맞추어 넣는다.
③ 점수법 : 각 요소의 중요도에 따라 점수를 산정하여 총점수를 구한다.

유사 문제

다양한 직무들의 상대적인 가치를 결정하는 직무평가의 방법을 4가지 쓰시오. [2021년 3회]

모든 전사 중 가장 강한 전사는 이 두 가지, 시간과 인내다.

– 레프 톨스토이 –

3과목 > 직업정보

CHAPTER 01 직업 및 산업분류의 활용
CHAPTER 02 직업정보 수집
CHAPTER 03 직업정보 제공

CHAPTER 01 직업 및 산업분류의 활용

1. **한국표준직업분류(KSCO)의 이해** : 직업의 정의, 직업(활동)으로 규명되기 위한 요건 4가지(계속성, 경제성, 윤리성, 사회성), 직업으로 보지 않는 경우(활동), 일의 계속성

2. **한국표준직업분류(KSCO)의 원칙** : 직능ㆍ직능수준ㆍ직능유형, 직무 유사성의 기준(지식, 경험, 기능, 직무수행자가 입직을 하기 위해서 필요한 요건), 대분류 항목과 직능수준의 관계, 직업분류의 일반원칙(포괄성의 원칙, 배타성의 원칙), 다수 직업 종사자의 분류원칙 3가지(취업시간 우선의 원칙, 수입 우선의 원칙, 조사 시 최근의 직업 원칙), 순서배열 원칙 3가지

3. **한국표준산업분류(KSIC)의 이해** : 산업ㆍ산업활동ㆍ산업분류의 정의, 산업활동의 범위

4. **한국표준산업분류(KSIC)의 분류기준 및 적용원칙** : 산업분류기준 3가지(산출물의 특성, 투입물의 특성, 생산활동의 일반적인 결합형태), 산업분류 결정방법 중 생산단위의 활동 형태 3가지(주된 산업활동, 부차적 산업활동, 보조적 활동), 통계단위의 산업 결정방법, 산업분류 적용원칙, 별개의 독립된 활동으로 보아야 하는 4가지 유형

CHAPTER 02 직업정보 수집

1. **직업정보의 기능** : 직업정보의 사용목적, 직업정보의 일반적인 기능, 특성–요인 직업상담이론에서 브레이필드(Brayfield)가 제시한 직업정보의 기능 3가지, 직업정보의 생산체계

2. **직업정보의 수집** : 경제활동인구, 비경제활동인구, 경제활동참가율, 취업자, 실업자, 실업률, 고용률, 임금근로자(상용근로자, 임시근로자, 일용근로자), 무급가족종사자, 비정규직 근로자(한시적 근로자, 시간제 근로자, 비전형 근로자), 구인배수, 입직률

3. **한국직업사전** : 한국직업사전의 구성(직업코드, 본직업명, 직무개요, 수행직무, 부가 직업정보), 정규교육ㆍ숙련기간ㆍ직무기능의 의미, 자료(Data)ㆍ사람(People)ㆍ사물(Thing) 항목, 작업강도(아주 가벼운 직업, 가벼운 직업, 보통 직업, 힘든 직업, 아주 힘든 직업), 작업강도의 결정기준(들어올림, 운반, 밈, 당김), 육체 활동의 구분(균형감각, 웅크림, 손 사용, 언어력, 청각, 시각)

CHAPTER 03 직업정보 제공

1. **직업정보의 축적** : 거시정보와 미시정보의 특징, 공공직업정보와 민간직업정보의 특징, 공공직업정보와 민간직업정보의 대략적인 차이점, 직업정보의 일반적인 처리과정(수집 → 분석 → 가공 → 체계화 → 제공 → 축적 → 평가), 직업정보 수집 시 유의사항, 직업정보 분석 시 유의사항, 직업정보 가공 시 유의사항, 직업정보 제공 시 유의사항

2. **직업정보의 평가 및 환류** : 직업정보의 일반적인 평가 기준(Hoppock), 효용의 관점에 의한 직업정보의 평가(Andrus), 직업정보인지의 오류(증거편향, 인과관계 인식의 편향, 확률 추정의 편향, 사후편향), 직업정보 평가 결과 환류

01 직업 및 산업분류의 활용

1 한국표준직업분류(KSCO)의 이해

대표 문제

한국표준직업분류(KSCO)에서 직업(활동)으로 규명되기 위한 요건 4가지를 쓰고, 각각에 대해 간략히 설명하시오. [2024년 1회, 2017년 3회, 2006년 3회]

쌤의 해결 포인트

이 문제와 관련하여 2013년 3회 실무시험에서는 '요건 3가지'를 쓰라고 제시한 바 있습니다. 이와 같이 요건 3가지를 쓰는 경우 가급적 '① 계속성, ② 경제성, ③ 윤리성과 사회성'으로 제시하는 것이 바람직합니다. 그 이유는 한국표준직업분류(KSCO)에서도 '윤리성과 사회성'을 동일 단락에 함께 기술하고 있기 때문입니다. 물론 '윤리성과 사회성'을 함께 제시하지 않았다고 해서 틀린 것은 아닙니다.

쌤의 만점답안

① 계속성 : 계속해서 하는 일이어야 한다.
② 경제성 : 노동의 대가로 그에 따른 수입이 있어야 한다.
③ 윤리성 : 비윤리적인 직업이 아니어야 한다.
④ 사회성 : 사회적으로 가치 있고 쓸모 있는 일이어야 한다.

합격 암기법 ＼ 계경윤사

유사 문제

- 한국표준직업분류(2007)에서 직업(활동)으로 규명되기 위한 요건 4가지를 쓰고 간략히 설명하시오.
 [2014년 2회, 2011년 1회]
- 한국표준직업분류에서 일반적으로 "직업"으로 규명하기 위한 요건 3가지를 쓰고 설명하시오. [2013년 3회]

(1) 한국표준직업분류(KSCO)의 개요

① 한국표준직업분류(KSCO ; Korean Standard Classification of Occupations)는 직업 분야 통계를 동일한 기준으로 작성하기 위한 분류체계로, 국제노동기구(ILO)의 국제표준직업분류(ISCO ; International Standard Classification of Occupations)가 1958년 제정되어 각국에 사용하도록 권고됨에 따라 이를 근거로 1963년에 제정되었다.

② 한국표준직업분류(KSCO)는 2017년 제7차 개정 이후 국내 노동시장의 고용구조 변화와 다방면의 개정 수요를 반영하기 위하여 2022년 6월 기본계획을 수립하고 약 2년에 걸친 제8차 개정 작업을 추진하였다.

(2) 직업의 정의

직업(Occupation)은 '유사한 직무의 집합'으로 정의된다. 여기에서 직무(Job)란 국제표준직업분류(ISCO-08)에서 '자영업을 포함하여 특정한 고용주를 위하여 개별 종사자들이 수행하거나 또는 수행해야 할 일련의 업무와 과업(Tasks and Duties)'으로 정의되며, 유사한 직무는 '주어진 업무와 과업이 매우 높은 유사성을 갖는 것'으로 볼 수 있다.

(3) 한국표준직업분류(KSCO)에서 직업(활동)으로 규명되기 위한 요건 4가지
[2024년 1회, 2017년 3회, 2014년 2회, 2013년 3회, 2011년 1회, 2006년 3회]

① 계속성

계속해서 하는 일이어야 한다. 즉, 직업은 유사성을 갖는 직무를 계속하여 수행하는 계속성을 가져야 하는데, 일의 계속성이란 일시적인 것을 제외한 다음에 해당하는 것을 말한다.

㉠ 매일, 매주, 매월 등 주기적으로 행하는 것

㉡ 계절적으로 행해지는 것

㉢ 명확한 주기는 없으나 계속적으로 행해지는 것

㉣ 현재 하고 있는 일을 계속적으로 행할 의지와 가능성이 있는 것

② 경제성

㉠ 노동의 대가로 그에 따른 수입이 있어야 한다.

㉡ 직업은 경제적인 거래 관계가 성립하는 활동을 수행해야 한다. 따라서 무급 자원봉사나 전업학생의 학습행위는 직업으로 보지 않는다.

㉢ 직업의 성립에는 비교적 엄격한 경제성의 기준이 적용되는데, 노력이 전제되지 않는 자연발생적인 이득의 수취나 우연하게 발생하는 경제적인 과실에 전적으로 의존하는 활동은 직업으로 보지 않는다.

③ 윤리성

㉠ 비윤리적인 직업이 아니어야 한다.

㉡ 윤리성은 비윤리적인 영리행위나 반사회적인 활동을 통한 경제적인 이윤추구는 직업 활동으로 인정되지 못한다는 것이다.

④ 사회성

    ㉠ 사회적으로 가치 있고 쓸모 있는 일이어야 한다.

    ㉡ 사회성은 보다 적극적인 것으로서 모든 직업 활동은 사회 공동체적인 맥락에서 의미 있는 활동, 즉 사회적인 기여를 전제조건으로 하고 있다는 점을 강조한다.

(4) 한국표준직업분류(KSCO)에서 직업으로 보지 않는 활동

[2024년 2회, 2022년 2회, 2020년 1회, 2019년 3회, 2015년 1회, 2014년 2회, 2014년 3회, 2010년 1회, 2010년 2회, 2010년 4회, 2009년 2회, 2008년 1회, 2008년 3회, 2007년 3회]

① 이자, 주식배당, 임대료(전세금, 월세) 등과 같은 자산 수입이 있는 경우

② 연금법, 국민기초생활보장법, 국민연금법 및 고용보험법 등의 사회보장이나 민간보험에 의한 수입이 있는 경우

③ 경마, 경륜, 경정, 복권 등에 의한 배당금이나 주식투자에 의한 시세차익이 있는 경우

④ 예 · 적금 인출, 보험금 수취, 차용 또는 토지나 금융자산을 매각하여 수입이 있는 경우

⑤ 자기 집의 가사 활동에 전념하는 경우

⑥ 교육기관에 재학하며 학습에만 전념하는 경우

⑦ 시민봉사활동 등에 의한 무급 봉사적인 일에 종사하는 경우

⑧ 도박, 강도, 절도, 사기, 매춘, 밀수와 같은 불법적인 활동

⑨ 다음과 같이 속박된 상태에서의 제반활동은 경제성이나 계속성의 여부와 상관없이 직업으로 보지 않는다.

    ㉠ 군 인

    ㉡ 사회복지시설 수용자의 시설 내 경제활동

    ㉢ 수형자의 활동과 같이 법률에 의한 강제노동을 하는 경우

기출복원문제로 핵심 복습

01 한국표준직업분류(KSCO)에서 '일의 계속성'에 해당하는 경우를 4가지 쓰시오. [2017년 2회, 2013년 1회]

쌤의 만점답안

① 주기적으로 행하는 것
② 계절적으로 행해지는 것
③ 계속적으로 행해지는 것
④ 계속적으로 행할 의지와 가능성이 있는 것

02 한국표준직업분류(KSCO)에서 직업으로 보지 않는 활동을 6가지 쓰시오.
[2024년 2회, 2022년 2회, 2020년 1회, 2014년 2회, 2010년 4회, 2009년 2회, 2008년 1회, 2007년 3회]

쌤의 만점답안

① 이자, 주식배당, 임대료 등과 같은 자산 수입이 있는 경우
② 사회보장이나 민간보험에 의한 수입이 있는 경우
③ 배당금이나 주식투자에 의한 시세차익이 있는 경우
④ 예·적금 인출, 보험금 수취, 차용 또는 토지나 금융자산을 매각하여 수입이 있는 경우
⑤ 자기 집의 가사 활동에 전념하는 경우
⑥ 교육기관에 재학하며 학습에만 전념하는 경우

유사 문제

• 한국표준직업분류(2007)에서 직업으로 인정되지 않는 활동 5가지를 쓰시오. [2015년 1회, 2010년 2회]
• 한국표준직업분류(2007)에서 직업으로 인정되지 않는 경우 5가지를 쓰시오. [2010년 1회]
• 한국표준직업분류(KSCO)에서 직업으로 보지 않는 활동을 4가지 쓰시오. [2019년 3회]

03 한국표준직업분류(2007)에서 속박된 상태에서의 제반활동은 경제성이나 계속성의 여부와 상관없이 직업으로 보지 않는다. 이에 해당하는 활동을 3가지만 쓰시오. [2014년 3회, 2008년 3회]

쌤의 만점답안

① 군 인
② 시설 수용자의 시설 내 경제활동
③ 법률에 의한 강제노동

2 한국표준직업분류(KSCO)의 원칙

대표 문제

한국표준직업분류(KSCO)에서 다수 직업 종사자의 분류원칙 3가지를 순서대로 쓰고, 각각에 대해 설명하시오. [2024년 3회, 2022년 1회, 2021년 3회, 2019년 2회, 2010년 3회, 2008년 3회, 2005년 3회, 2000년 1회]

쌤의 해결 포인트

한국표준직업분류(KSCO)상 '다수 직업 종사자'란 "한 사람이 전혀 상관성이 없는 두 가지 이상의 직업에 종사하는 경우"를 말합니다. 이와 관련된 문제는 직업상담사 시험에서 '다수 직업 종사자'의 의미를 설명하고 분류원칙 3가지를 순서대로 쓰는 방식으로 출제되기도 하는데, 여기서는 '다수 직업 종사자'의 의미 설명을 생략한 채 각 분류원칙에 대해 설명하도록 요구하고 있습니다. 따라서 단순히 분류원칙의 명칭만 암기하기보다는 간략한 내용까지 학습하시기 바랍니다. 또한 문제상에서 각 분류원칙을 '순서대로' 쓸 것을 요구하고 있으므로, 반드시 '취수조' 순으로 답안을 작성하도록 합니다.

쌤의 만점답안

① 취업시간 우선의 원칙 : 보다 긴 시간을 투자하는 직업으로 결정한다.
② 수입 우선의 원칙 : 수입이 많은 직업으로 결정한다.
③ 조사 시 최근의 직업 원칙 : 조사시점을 기준으로 최근에 종사한 직업으로 결정한다.

합격 암기법 ✎ (다직종) 취수조

유사 문제

• 한국표준직업분류(2007)에서 '다수 직업 종사자'의 직업을 분류하는 일반적인 원칙을 순서대로 쓰시오. [2011년 3회]
• 한국표준직업분류(2007)의 다수 직업 종사자의 분류원칙을 순서대로 쓰시오. [2011년 1회]

(1) 직업분류의 목적

① 직업분류는 경제활동인구조사, 인구주택총조사, 지역별 고용조사 등 고용 관련 통계조사나 각종 행정자료를 통하여 얻어진 직업정보를 분류하고 집계하기 위한 것이다.
② 직업 관련 통계를 작성하는 모든 기관이 통일적으로 사용하도록 함으로써 통계자료의 일관성과 비교성을 확보할 수 있다. 또한 각종 직업정보에 관한 국내통계를 국제적으로 비교·활용할 수 있도록 하기 위하여 국제노동기구(ILO)의 국제표준직업분류(ISCO)를 근거로 설정되고 있다.
③ 직업분류는 고용 관련 통계 및 장·단기 인력수급 정책수립과 직업연구를 위한 기초자료 작성에 활용되고 있다.
④ 직업분류는 다음 기준자료로 활용되고 있다.
　　㉠ 각종 사회·경제통계조사의 직업단위 기준
　　㉡ 취업알선을 위한 구인·구직 안내 기준

ⓒ 직종별 급여 및 수당지급 결정 기준

ⓔ 직종별 특정질병의 이환율, 사망률과 생명표 작성 기준

ⓜ 산재보험요율, 생명보험요율 또는 산재보상액, 교통사고 보상액 등의 결정 기준

쌤의 비법노트

'이환율(Morbidity Rate)'은 어떤 일정한 기간 내에 발생한 환자의 수를 인구당 비율로 나타낸 것입니다. 사망률과 함께 집단의 건강지표로서 중요하게 사용됩니다.

(2) 직업분류의 개념과 기준 [2018년 2회, 2012년 1회]

① 수입(경제활동)을 위해 개인이 하고 있는 일을 그 수행되는 일의 형태에 따라 체계적으로 유형화한 것이 직업분류이며, 우리나라 직업구조 및 실태에 맞도록 표준화한 것이 한국표준직업분류(KSCO)이다.

② 한국표준직업분류는 주어진 직무의 업무와 과업을 수행하는 능력인 직능(Skill)을 근거로 편제되며, 직능수준과 직능유형을 고려하고 있다.

직능(Skill)	주어진 직무의 업무와 과업을 수행하는 능력을 말한다.
직능수준(Skill Level)	직무수행능력의 높낮이를 말하는 것으로 정규교육, 직업훈련, 직업경험, 선천적 능력과 사회문화적 환경 등에 의해 결정된다.
직능유형(Skill Specialization)	직무수행에 요구되는 지식의 분야, 사용하는 도구 및 장비, 투입되는 원재료, 생산된 재화나 서비스의 종류와 관련된다.

③ 하나의 직업(Occupation)은 직무상 유사성을 갖고 있는 여러 직무(Job)의 묶음이다.

④ 직무 유사성의 기준 [2021년 2회, 2015년 2회]

해당 직무를 수행하는 사람에게 필요한 지식(Knowledge), 경험(Experience), 기능(Skill)과 함께 직무수행자가 입직을 하기 위해서 필요한 요건(Skill Requirements) 등이 있다.

⑤ 직무 범주화 기준에는 직무별 고용의 크기 또한 현실적인 기준이 된다. 한국표준직업분류에서는 세분류 단위에서 최소 1,000명의 고용을 기준으로 설정하였으며, 고용자 수가 많은 세분류에는 5,000~10,000명이 분포되어 있을 것으로 판단된다.

(3) 직업분류와 직능수준

① 직능수준의 정의

제1직능수준	• 일반적으로 단순하고 반복적이며 때로는 육체적인 힘을 요하는 과업을 수행한다. 간단한 수작업 공구나 진공청소기, 전기장비들을 이용한다. • 제1직능수준의 일부 직업에서는 초등교육이나 기초적인 교육(ISCED 수준1)을 필요로 한다.
제2직능수준	• 일반적으로 완벽하게 읽고 쓸 수 있는 능력과 정확한 계산 능력, 그리고 상당한 정도의 의사소통 능력을 필요로 한다. • 보통 중등 이상 교육과정의 정규교육이수(ISCED 수준2, 수준3) 또는 이에 상응하는 직업훈련이나 직업경험을 필요로 하며, 일부의 직업은 중등학교 졸업 후 교육(ISCED 수준4)이나 직업교육기관에서의 추가적인 교육이나 훈련을 요구할 수도 있다.
제3직능수준	• 복잡한 과업과 실제적인 업무를 수행할 정도의 전문적인 지식을 보유하고 수리계산 능력이나 의사소통 능력이 상당히 높아야 한다. • 일반적으로 중등교육을 마치고 1~3년 정도의 추가적인 교육과정(ISCED 수준5) 정도의 정규교육 또는 직업훈련을 필요로 한다.
제4직능수준	• 매우 높은 수준의 이해력과 창의력 및 의사소통 능력이 필요하다. • 일반적으로 4년 또는 그 이상 계속하여 학사, 석사나 그와 동등한 학위가 수여되는 교육수준(ISCED 수준6 혹은 그 이상)의 정규교육 또는 훈련을 필요로 한다.

② 대분류별 직능수준 [2023년 2회, 2021년 1회, 2014년 1회]

대분류	대분류 항목	직능수준
1	관리자	제4직능수준 혹은 제3직능수준 필요
2	전문가 및 관련 종사자	제4직능수준 혹은 제3직능수준 필요
3	사무 종사자	제2직능수준 필요
4	서비스 종사자	제2직능수준 필요
5	판매 종사자	제2직능수준 필요
6	농림 · 어업 숙련 종사자	제2직능수준 필요
7	기능원 및 관련 기능 종사자	제2직능수준 필요
8	장치 · 기계 조작 및 조립 종사자	제2직능수준 필요
9	단순노무 종사자	제1직능수준 필요
A	군 인	제2직능수준 이상 필요

(4) 직업분류의 일반원칙 [2023년 3회, 2017년 1회, 2015년 1회]

포괄성의 원칙	• 우리나라에 존재하는 모든 직무는 어떤 수준에서든지 분류에 포괄되어야 한다. • 특정한 직무가 누락되어 분류가 불가능할 경우에는 포괄성의 원칙을 위배한 것으로 볼 수 있다.
배타성의 원칙	• 동일하거나 유사한 직무는 어느 경우에든 같은 단위직업으로 분류되어야 한다. • 하나의 직무가 동일한 직업단위 수준에서 2개 혹은 그 이상의 직업으로 분류될 수 있다면 배타성의 원칙을 위반한 것이라 할 수 있다.

(5) 포괄적인 업무에 대한 직업분류 원칙

[2023년 1회, 2022년 3회, 2020년 2회, 2020년 3회, 2020년 4회, 2016년 2회, 2012년 3회, 2009년 2회, 2009년 3회, 2007년 1회, 2005년 1회]

주된 직무 우선 원칙	2개 이상의 직무를 수행하는 경우에는 수행되는 직무내용과 관련 분류 항목에 명시된 직무 내용을 비교·평가하여 관련 직무 내용상의 상관성이 가장 많은 항목에 분류한다. 예 교육과 진료를 겸하는 의과대학 교수는 강의, 평가, 연구 등과 진료, 처치, 환자 상담 등의 직무내용을 파악하여 관련 항목이 많은 분야로 분류한다.
최상급 직능수준 우선 원칙	수행된 직무가 상이한 수준의 훈련과 경험을 통해서 얻어지는 직무능력을 필요로 한다면, 가장 높은 수준의 직무능력을 필요로 하는 일에 분류하여야 한다. 예 조리와 배달의 직무비중이 같을 경우에는, 조리의 직능수준이 높으므로 조리사로 분류한다.
생산업무 우선 원칙	재화의 생산과 공급이 같이 이루어지는 경우에는 생산단계에 관련된 업무를 우선적으로 분류한다. 예 한 사람이 빵을 생산하여 판매도 하는 경우에는, 판매원으로 분류하지 않고 제빵사 및 제과원으로 분류한다.

(6) 다수 직업 종사자의 의미 및 분류원칙

① 의 미 [2012년 2회]

다수 직업 종사자란 한 사람이 전혀 상관성이 없는 두 가지 이상의 직업에 종사하는 경우를 말한다.

② 분류원칙

[2024년 3회, 2022년 1회, 2022년 3회, 2021년 3회, 2019년 2회, 2011년 1회, 2011년 3회, 2010년 3회, 2008년 3회, 2005년 3회, 2000년 1회]

취업시간 우선의 원칙	가장 먼저 분야별로 취업시간을 고려하여 보다 긴 시간을 투자하는 직업으로 결정한다.
수입 우선의 원칙	위의 경우로 분별하기 어려운 경우는 수입(소득이나 임금)이 많은 직업으로 결정한다.
조사 시 최근의 직업 원칙	위의 두 가지 경우로 판단할 수 없는 경우에는 조사시점을 기준으로 최근에 종사한 직업으로 결정한다.

쌤의 비법노트

'다수 직업 종사자의 분류원칙'은 낮에는 제조업체에서 금형공으로 일하고, 밤에는 대리운전을 하는 경우와 같이, 한 사람이 전혀 상관성이 없는 두 가지 이상의 직업에 종사하는 경우를 말합니다.

(7) 순서배열 원칙 [2011년 2회]

한국표준산업분류(KSIC)	동일한 직업단위에서 산업의 여러 분야에 걸쳐 직업이 있는 경우에 한국표준산업분류(KSIC)의 순서대로 배열한다.
특수-일반분류	직업의 구분이 특수 분류와 그 특수 분야를 포함하는 일반 분류가 있을 경우, 특수 분류를 먼저 배열하고 일반 분류를 나중에 배열한다.
고용자 수와 직능수준, 직능유형 고려	직능수준이 비교적 높거나 고용자 수가 많은 직무를 우선하여 배치하며, 직능유형이 유사한 것끼리 묶어 분류한다.

(8) 분류체계 및 분류번호

① 분류체계

㉠ 직업분류는 세분류를 기준으로 상위에는 소분류–중분류–대분류로 구성되어 있으며, 하위분류는 세세분류로 구성되어 있다.

㉡ 계층적 구조 : 대분류 10개, 중분류 52개, 소분류 156개, 세분류 450개, 세세분류 1,231개

대분류	대분류 항목	중분류	소분류	세분류	세세분류
1	관리자	5	16	24	82
2	전문가 및 관련 종사자	8	44	165	463
3	사무 종사자	4	9	29	63
4	서비스 종사자	4	10	36	80
5	판매 종사자	3	5	15	43
6	농림 · 어업 숙련 종사자	3	5	12	29
7	기능원 및 관련 기능 종사자	9	21	76	198
8	장치 · 기계 조작 및 조립 종사자	9	31	65	220
9	단순노무 종사자	6	12	24	49
A	군 인	1	3	4	4
전 체		52	156	450	1,231

② 분류번호

ㄱ 분류번호는 아라비아 숫자와 알파벳 A로 표시하며 대분류 1자리, 중분류 2자리, 소분류 3자리, 세분류 4자리, 세세분류는 5자리로 표시된다.

ㄴ 숫자 9는 '기타~(그 외~)'를 나타내며, 끝자리 0은 해당 분류수준에서 더는 세분되지 않는 직업을 의미한다.

분류범주	분류번호	직종 및 직업
대분류	4	서비스 종사자
중분류	41	경찰 · 소방 및 보안 관련 서비스직
소분류	411	경찰 · 소방 및 교도 관련 종사자
세분류	4111	경찰관 및 수사관
세세분류	41111	해양 경찰관 및 수사관
	41112	일반 경찰관 및 수사관

쌤의 비법노트

알파벳 A는 군인을 분류할 때 사용합니다. 예를 들어, 'A0 군인', 'A01 장교', 'A011 영관급 이상 장교', 'A012 위관급 장교' 등으로 표시합니다.

기출복원문제로 핵심 복습

01 한국표준직업분류(KSCO)에서 직무 유사성의 판단기준 4가지를 쓰시오. [2021년 2회, 2015년 2회]

① 지식(Knowledge)　　　　　　　　② 경험(Experience)
③ 기능(Skill)　　　　　　　　　　　④ 직무수행자가 입직을 하기 위해서 필요한 요건(Skill Requirements)

합격 암기법 ↘ (유사성) 지경기직

02 한국표준직업분류(KSCO)에서 직업분류의 일반원칙을 2가지 쓰고, 각각에 대해 설명하시오.
[2023년 3회, 2017년 1회]

① 포괄성의 원칙 : 모든 직무는 어떤 수준에서든지 분류에 포괄되어야 한다.
② 배타성의 원칙 : 동일하거나 유사한 직무는 같은 단위직업으로 분류되어야 한다.

유사 문제

한국표준직업분류(2007)에서 직업분류의 일반원칙 2가지를 쓰시오. [2015년 1회]

03 한국표준직업분류(KSCO)의 대분류 항목과 직능수준의 관계를 묻는 표 안의 빈 답란을 채우시오.
[2023년 2회, 2021년 1회]

대분류 항목	직능수준
관리자	제(ㄱ)직능수준 혹은 제(ㄴ)직능수준 필요
서비스 종사자	제(ㄷ)직능수준 필요
장치 · 기계 조작 및 조립 종사자	제(ㄹ)직능수준 필요
군 인	제(ㅁ)직능수준 이상 필요

ㄱ : 4, ㄴ : 3, ㄷ : 2, ㄹ : 2, ㅁ : 2

유사 문제

한국표준직업분류(KSCO)의 대분류 항목과 직능수준의 관계를 묻는 표 안의 빈 답란을 채우시오. [2014년 1회]

04 한국표준직업분류(KSCO)에서 제시한 직업분류의 개념인 직능, 직능수준, 직능유형에 대해 설명하시오.
[2018년 2회]

쌤의 만점답안

① 직능 : 주어진 직무의 업무와 과업을 수행하는 능력을 말한다.
② 직능수준 : 직무수행능력의 높낮이를 말한다.
③ 직능유형 : 직무수행에 요구되는 지식분야, 도구 및 장비, 원재료, 생산된 재화나 서비스의 종류와 관련된다.

유사 문제

한국표준직업분류에서 제시한 직업분류 개념인 직능, 직능수준, 직능유형에 대해 설명하시오. [2012년 1회]

05 한국표준직업분류(KSCO)에서 '포괄적인 업무에 대한 직업분류 원칙'과 '다수 직업 종사자의 분류원칙'을 각각
3가지씩 쓰시오(단, 각각의 원칙을 적용 순서대로 작성할 것). [2022년 3회]

쌤의 만점답안

(1) 포괄적인 업무에 대한 직업분류 원칙
　　① 주된 직무 우선 원칙
　　② 최상급 직능수준 우선 원칙
　　③ 생산업무 우선 원칙
(2) 다수 직업 종사자의 분류원칙
　　① 취업시간 우선의 원칙
　　② 수입 우선의 원칙
　　③ 조사 시 최근의 직업 원칙

합격 암기법 (포괄직) 주최생 (다직종) 취수조

06 한국표준직업분류(2007)상 '다수 직업 종사자'란 무엇인지 그 의미를 설명하고, 이의 직업을 분류하는 일반적
인 원칙을 순서대로 쓰시오. [2012년 2회]

쌤의 만점답안

(1) '다수 직업 종사자'의 의미
　　한 사람이 전혀 상관성이 없는 두 가지 이상의 직업에 종사하는 경우
(2) '다수 직업'을 분류하는 일반적인 원칙
　　① 취업시간 우선의 원칙
　　② 수입 우선의 원칙
　　③ 조사 시 최근의 직업 원칙

07 한국표준직업분류(KSCO)의 직업분류 원칙 중 포괄적인 업무에 대한 직업분류 원칙 3가지를 쓰고, 각각에 대해 설명하시오. 이때 각 원칙의 예시도 함께 기술하시오. [2020년 3회]

쌤의 만점답안

① 주된 직무 우선 원칙 : 수행되는 직무내용과 분류 항목의 직무내용을 비교·평가하여 직무 내용상 상관성이 많은 항목에 분류한다.
> 예 의과대학 교수는 강의·평가·연구(→ 교육), 진료·처치·환자상담(→ 진료) 등 직무 내용상 상관성이 많은 분야로 분류한다.

② 최상급 직능수준 우선 원칙 : 가장 높은 수준의 직무능력을 필요로 하는 일에 분류한다.
> 예 조리와 배달의 직무비중이 같을 경우 조리사로 분류한다.

③ 생산업무 우선 원칙 : 생산단계에 관련된 업무를 우선적으로 분류한다.
> 예 한 사람이 빵을 생산하여 판매도 하는 경우 제빵사 및 제과원으로 분류한다.

합격 암기법 (포괄직) 주최생

유사 문제

- 한국표준직업분류(KSCO)의 직업분류 원칙 중 포괄적인 업무에 대한 직업분류 원칙 3가지를 쓰고, 각각에 대해 간략히 설명하시오. [2020년 4회]
- 다음은 한국표준직업분류(KSCO)의 직업분류 원칙 중 포괄적인 업무에 대한 직업분류 원칙이다. 각각의 원칙에 대해 설명하시오. [2020년 2회]
- 다음은 한국표준직업분류(KSCO)의 직업분류 원칙 중 포괄적인 업무에 대한 직업분류 원칙이다. 각각의 원칙에 대해 설명하시오(단, 예시는 작성할 필요 없음).
  [2023년 1회, 2009년 2회, 2009년 3회, 2007년 1회, 2005년 1회]
- 한국표준직업분류(2007)에서 포괄적인 업무에 대한 직업분류 원칙 중 주된 직무 우선 원칙의 의미와 그 예를 쓰시오. [2016년 2회]
- 한국표준직업분류(2007) 중 포괄적인 업무에서 주된 직무 우선 원칙의 의미와 그 예를 쓰시오. [2012년 3회]

08 한국표준직업분류(2007)의 동일한 분류수준에서 직무단위를 분류하는 순서배열 원칙을 3가지 설명하시오. [2011년 2회]

쌤의 만점답안

① 한국표준산업분류(KSIC) : 동일한 직업단위에서 산업의 여러 분야에 걸쳐 직업이 있는 경우 한국표준산업분류의 순서대로 배열한다.

② 특수–일반분류 : 직업의 구분이 특수와 그 특수 분야를 포함하는 일반이 있을 경우 특수를 먼저 배열하고 일반을 나중에 배열한다.

③ 고용자 수와 직능수준, 직능유형 고려 : 직능수준이 비교적 높거나 고용자 수가 많은 직무를 우선하여 배치한다.

3 한국표준산업분류(KSIC)의 이해

(1) 한국표준산업분류(KSIC)의 개요

① 한국표준산업분류(KSIC ; Korean Standard Industrial Classification)는 산업 관련 통계자료의 정확성, 비교성을 확보하기 위하여 작성된 것으로, 1963년 3월 경제활동 부문 중에서 우선 광업과 제조업 부문에 대한 산업분류를 제정하였고(→ 제1권 광업 · 제조업편), 1964년 4월 제조업 이외 부문에 대한 산업분류를 추가로 제정함으로써 우리나라의 표준산업분류 체계를 완성하였다(→ 제2권 비제조업편).

② 한국표준산업분류(KSIC)는 2017년 제10차 개정 이후 국내 산업구조 및 환경 변화, 개정 수요 · 국제분류 기준 등을 반영하기 위하여 2021년 9월 기본계획을 수립하고 약 3년에 걸친 제11차 개정 작업을 추진하였다.

쌤의 비법노트

'한국표준산업분류(2017)'는 제10차 개정을, '한국표준산업분류(2024)'는 제11차 개정을 의미합니다.

(2) 한국표준산업분류(KSIC) 제11차 개정의 주요 특징

① 미래 · 성장산업 분류항목의 신설 · 세분

　수소, 체외진단시약, 이차전지, 전기차, 풍력발전, 영상물 · 오디오물 제공, 가상자산 매매 및 중개, 온라인 플랫폼 활용 서비스 산업 등

② 상대적 비중 감소 산업 분류항목의 통합

　콩나물 재배, 타이어 재생, 동(銅)주물, 사진 및 영사기, 일반저울, 펄프 및 종이 가공용 기계, 전자악기 제조, 내륙 수상 여객 및 화물 운송, 복사업 등

③ 대국민 · 관계기관 수렴 의견 등 개정 수요 반영에 따른 신설 · 세분

　생물의약품, 인조대리석, 치과기공물, 임플란트, 부동산 분양 대행, 카지노 등

④ 국제기준의 반영에 따른 분류 이동

　사회보장보험업, 연금업을 대분류 K(금융 및 보험업)에서 대분류 O(공공 행정, 국방 및 사회보장 행정)로 이동 등

(3) 한국표준산업분류(KSIC) 제11차 개정의 대분류

대분류	명 칭	대분류	명 칭
A	농업, 임업 및 어업	L	부동산업
B	광 업	M	전문, 과학 및 기술 서비스업
C	제조업	N	사업시설 관리, 사업 지원 및 임대 서비스업
D	전기, 가스, 증기 및 공기 조절 공급업	O	공공 행정, 국방 및 사회보장 행정
E	수도, 하수 및 폐기물 처리, 원료 재생업	P	교육 서비스업
F	건설업	Q	보건업 및 사회복지 서비스업
G	도매 및 소매업	R	예술, 스포츠 및 여가 관련 서비스업
H	운수 및 창고업	S	협회 및 단체, 수리 및 기타 개인 서비스업
I	숙박 및 음식점업	T	가구 내 고용활동 및 달리 분류되지 않은 자가 소비 생산활동
J	정보통신업	U	국제 및 외국기관
K	금융 및 보험업	–	–

쌤의 비법노트

한국표준산업분류(2024)의 대분류 및 중분류는 한국표준산업분류(2017)와 차이가 없습니다. 다만, 소분류, 세분류, 세세분류에서 각각 2개, 6개, 9개 순증을 보이고 있습니다.

(4) 산업의 정의

[2024년 2회, 2024년 1회, 2022년 2회, 2021년 1회, 2020년 2회, 2020년 1회, 2018년 3회, 2013년 2회, 2010년 2회, 2007년 3회]

① '산업'이란 "유사한 성질을 갖는 산업활동에 주로 종사하는 생산단위의 집합"이다.

② '산업활동'이란 "각 생산단위가 노동, 자본, 원료 등 자원을 투입하여, 재화 또는 서비스를 생산 또는 제공하는 일련의 활동과정"이다.

③ '산업분류'란 "생산단위가 주로 수행하는 산업활동을 그 유사성에 따라 체계적으로 유형화한 것"이다.

④ 산업활동의 범위에는 영리적·비영리적 활동이 모두 포함되나, 가정 내의 가사 활동은 제외된다.

기출복원문제로 핵심 복습

01 한국표준산업분류(KSIC)에서 '산업의 정의', '산업활동의 정의', '산업활동의 범위', '산업분류의 정의'를 각각 쓰시오. [2024년 1회, 2022년 2회]

쌤의 만점답안

① 산업의 정의 : 유사한 성질을 갖는 산업활동에 주로 종사하는 생산단위의 집합
② 산업활동의 정의 : 각 생산단위가 자원을 투입하여 재화나 서비스를 생산 또는 제공하는 일련의 활동과정
③ 산업활동의 범위 : 영리적 · 비영리적 활동이 모두 포함되나, 가정 내의 가사 활동은 제외
④ 산업분류의 정의 : 생산단위가 주로 수행하는 산업활동을 그 유사성에 따라 체계적으로 유형화한 것

유사 문제

- 한국표준산업분류(KSIC)에서 '산업활동의 범위'와 '통계단위'에 대하여 각각 쓰시오. [2024년 2회]
- 한국표준산업분류(KSIC)에서 산업 및 산업활동의 정의를 쓰시오. [2020년 1회, 2007년 3회]
- 한국표준산업분류(KSIC)에서 '산업', '산업활동', '산업분류'의 정의를 각각 쓰시오. [2021년 1회]
- 한국표준산업분류(KSIC)에서 산업, 산업활동, 산업활동의 범위를 각각 설명하시오. [2018년 3회]
- 한국표준산업분류(2008)에서 산업, 산업활동, 산업활동의 범위를 각각 설명하시오. [2013년 2회, 2010년 2회]

4 한국표준산업분류(KSIC)의 분류기준 및 적용원칙

대표 문제

한국표준산업분류(2008)의 산업분류기준 3가지를 쓰시오.
[2017년 1회, 2012년 3회, 2009년 2회, 2008년 1회, 2007년 1회]

쌤의 해결 포인트

이 문제는 산업분류기준 3가지를 "쓰시오"의 형태로 제시되었으므로 다른 부연설명 없이 '산출물의 특성', '투입물의 특성', '생산활동의 일반적인 결합형태'를 답안으로 작성하면 됩니다. 다만, 경우에 따라 산출물의 특성 혹은 투입물의 특성에 대해 세부적으로 질문할 경우를 대비하여 간략히 정리해 두시기 바랍니다.

쌤의 만점답안

① 산출물의 특성(산출물의 물리적 구성 및 가공 단계, 수요처, 기능 및 용도 등)
② 투입물의 특성(원재료, 생산공정, 생산기술 및 시설 등)
③ 생산활동의 일반적인 결합형태

합격 암기법 ▶ 산투생

유사 문제

• 한국표준산업분류(KSIC)의 산업분류는 생산단위가 주로 수행하고 있는 산업활동을 그 유사성에 따라 유형화한 것이다. 한국표준산업분류(KSIC)의 분류기준 3가지를 쓰시오. [2019년 1회]
• 한국표준산업분류(2008)의 산업분류는 주로 수행하고 있는 산업활동을 그 유사성에 따라 유형화한 것으로 3가지 분류기준에 의해 분류된다. 이 3가지 분류기준을 쓰시오. [2011년 2회]

(1) 분류 목적

① 한국표준산업분류(KSIC)는 생산단위(사업체 단위, 기업체 단위 등)가 주로 수행하는 산업활동을 그 유사성에 따라 체계적으로 유형화한 것이다.
② 한국표준산업분류(KSIC)는 산업활동에 의한 통계 자료의 수집, 제표, 분석 등을 위해서 활동 분류 및 범위를 제공하기 위한 것이다.
③ 통계법에서는 산업통계 자료의 정확성, 비교성을 위하여 모든 통계작성기관이 이를 의무적으로 사용하도록 규정하고 있다.
④ 한국표준산업분류(KSIC)는 통계작성 목적 이외에도 일반 행정 및 산업정책 관련 법령에서 적용대상 산업영역을 한정하는 기준 등으로 활용되고 있다.

(2) 분류 범위

① 한국표준산업분류(KSIC)는 산업활동의 유형에 따른 분류이므로, 이 분류의 범위는 국민계정(SNA)에서 정의한 것처럼 경제활동에 종사하고 있는 단위에 대한 분류로 국한하고 있다.

② 다만, 국제표준산업분류(ISIC)에서도 규정하고 있는 '자가 소비를 위한 가사 서비스 활동(982)'은 국민계정(SNA) 생산영역 밖에 있지만 가구의 생계활동을 측정하기 위한 중요한 틀이 되기 때문에 '자가 소비를 위한 가사 생산 활동(981)'과 병행하여 분류하고 있다.

(3) 산업분류기준 3가지 [2019년 1회, 2017년 1회, 2012년 3회, 2011년 2회, 2009년 2회, 2008년 1회, 2007년 1회]

산업분류는 생산단위가 주로 수행하고 있는 산업활동을 그 유사성에 따라 유형화한 것으로, 이는 다음과 같은 분류 기준에 의하여 적용된다.

① 산출물(생산된 재화 또는 제공된 서비스)의 특성 : 산출물의 물리적 구성 및 가공 단계, 산출물의 수요처, 산출물의 기능 및 용도

② 투입물의 특성 : 원재료, 생산공정, 생산기술 및 시설 등

③ 생산활동의 일반적인 결합형태

(4) 통계단위

① 통계단위의 개념 [2024년 2회]

㉠ '통계단위'란 생산단위의 활동(생산, 재무활동 등)에 관한 통계작성을 위하여 필요한 정보를 수집 또는 분석할 대상이 되는 관찰 또는 분석단위를 말한다.

㉡ 생산활동과 장소의 동질성의 차이에 따라 통계단위는 다음과 같이 구분된다.

구 분	하나 이상 장소	단일 장소
하나 이상 산업활동	기업집단 단위	지역 단위
	기업체 단위	
단일 산업활동	활동유형 단위	사업체 단위

※ 하나의 기업체 또는 기업집단을 전제함

② 사업체 단위의 정의

㉠ 사업체 단위는 공장, 광산, 상점, 사무소 등과 같이 산업활동과 지리적 장소의 양면에서 가장 동질성이 있는 통계단위이다.

㉡ 일정한 물리적 장소에서 단일 산업활동을 독립적으로 수행하며, 영업잉여에 관한 통계를 작성할 수 있고 생산에 관한 의사결정에 있어서 자율성을 갖고 있는 단위이므로, 장소의 동질성과 산업활동의 동질성이 요구되는 생산통계 작성에 가장 적합한 통계단위라고 할 수 있다.

③ 기업체 단위의 정의

㉠ 기업체 단위란 재화 및 서비스를 생산하는 법적 또는 제도적 단위의 최소 결합체로서, 자원 배분에 관한 의사결정에서 자율성을 갖고 있다.

ⓛ 기업체는 하나 이상의 사업체로 구성될 수 있다는 점에서 사업체와 구분되며, 재무 관련 통계작성에 가장 유용한 단위이다.

(5) 통계단위의 산업 결정

① 생산단위의 활동 형태 [2023년 2회, 2022년 3회, 2021년 2회]

생산단위의 산업활동은 일반적으로 주된 산업활동, 부차적 산업활동 및 보조적 활동이 결합되어 복합적으로 이루어진다.

주된 산업활동	생산된 재화 또는 제공된 서비스 중에서 부가가치(액)가 가장 큰 활동을 말한다.	※ 주된 활동과 부차적 활동은 보조 활동의 지원 없이는 수행될 수 없다.
부차적 산업활동	주된 산업활동 이외의 재화 생산 및 서비스 제공 활동을 말한다.	
보조적 활동	모 생산단위에서 사용되는 비내구재 또는 서비스를 제공하는 활동으로서, 생산활동을 지원해 주기 위하여 존재한다. 이러한 보조 활동에는 회계, 창고, 운송, 구매, 판매 촉진, 수리 서비스 등이 포함된다.	

② 다음과 같은 활동단위는 보조단위로 보아서는 안 되며, 별개의 활동으로 간주하여 그 자체활동에 따라 분류하여야 한다. [2011년 3회]

ⓛ 고정자산 형성의 일부에 해당하는 재화를 생산하는 경우

예 자기계정을 위한 건설활동을 하는 경우, 이에 관한 별도의 자료를 이용할 수 있으면 건설활동으로 분류

ⓛ 모 생산단위에서 사용되는 재화나 서비스를 보조적으로 생산하더라도 그 생산되는 재화나 서비스의 대부분을 다른 시장(사업체 등)에 판매하는 경우

ⓒ 모 생산단위가 생산하는 생산품의 구성부품이 되는 재화를 생산하는 경우

예 모 생산단위의 생산품을 포장하기 위한 캔, 상자 및 유사 제품의 생산활동

ⓔ 연구 및 개발 활동과 같이 통상적인 생산과정에서 소비되는 서비스를 제공하는 것이 아닌 경우 → 그 자체의 본질적인 성질에 따라 전문, 과학 및 기술 서비스업으로 분류되며, 국민 계정(SNA) 측면에서는 고정자본의 일부로 고려

③ 산업 결정방법

[2024년 3회, 2023년 1회, 2023년 3회, 2021년 3회, 2020년 3회, 2020년 4회, 2016년 2회, 2012년 1회, 2008년 3회]

ⓛ 생산단위의 산업활동은 그 생산단위가 수행하는 주된 산업활동(판매 또는 제공하는 재화 및 서비스의 종류에 따라 결정된다. 이러한 주된 산업활동은 산출물(재화 또는 서비스)에 대한 부가가치(액)의 크기에 따라 결정되어야 하나, 부가가치(액) 측정이 어려운 경우에는 산출액에 의하여 결정한다.

ⓛ 상기의 원칙에 따라 결정하는 것이 적합하지 않을 경우에는 그 해당 활동의 종업원 수 및 노동시간, 임금 및 급여액 또는 설비의 정도에 의하여 결정한다.

ⓒ 계절에 따라 정기적으로 산업을 달리하는 사업체의 경우에는 조사시점에서 경영하는 사업과는 관계없이 조사대상 기간 중 산출액이 많았던 활동에 의하여 분류한다.

② 휴업 중 또는 청산 중인 사업체의 경우 영업 중 또는 청산을 시작하기 이전의 산업활동에 의하여 결정하며, 설립 중인 사업체는 개시하는 산업활동에 따라 결정한다.

⑩ 단일사업체의 보조단위는 그 사업체의 일개 부서로 포함하며, 여러 사업체를 관리하는 중앙 보조단위(본부, 본사 등)는 별도의 사업체로 처리한다.

(6) 산업분류 적용원칙 [2022년 1회, 2016년 1회, 2008년 3회]

① 생산단위는 산출물뿐만 아니라 투입물과 생산공정 등을 함께 고려하여 그들의 활동을 가장 정확하게 설명된 항목에 분류해야 한다.

② 복합적인 활동단위는 우선적으로 최상급 분류단계(대분류)를 정확히 결정하고, 순차적으로 중·소·세·세세분류 단계 항목을 결정하여야 한다.

③ 산업활동이 결합되어 있는 경우에는 그 활동단위의 주된 활동에 따라서 분류하여야 한다.

④ 수수료 또는 계약에 의하여 활동을 수행하는 단위는 동일한 산업활동을 자기계정과 자기책임하에서 생산하는 단위와 같은 항목에 분류하여야 한다.

⑤ 자기가 직접 실질적인 생산활동은 하지 않고, 다른 계약업자에 의뢰하여 재화 또는 서비스를 자기계정으로 생산하게 하고, 이를 자기명의로, 자기 책임 아래 판매하는 단위는 이들 재화나 서비스 자체를 직접 생산하는 단위와 동일한 산업으로 분류하여야 한다.

⑥ 각종 기계장비 및 용품의 개량, 개조 및 재제조 등 재생활동은 일반적으로 그 기계장비 및 용품 제조업과 동일 산업으로 분류하지만, 산업 규모 및 중요성 등을 고려하여 별도의 독립된 분류에서 구성하고 있는 경우에는 그에 따른다.

⑦ 자본재로 주로 사용되는 산업용 기계 및 장비의 전문적인 수리활동은 경상적인 유지·수리를 포함하여 "34 : 산업용 기계 및 장비 수리업"으로 분류한다. 자본재와 소비재로 함께 사용되는 컴퓨터, 자동차, 가구류 등과 생활용품으로 사용되는 소비재 물품을 전문적으로 수리하는 산업활동은 "95 : 개인 및 소비용품 수리업"으로 분류한다.

⑧ 동일 단위에서 제조한 재화의 소매활동은 별개 활동으로 분류하지 않고 제조활동으로 분류되어야 한다. 그러나 자기가 생산한 재화와 구입한 재화를 함께 판매한다면 그 주된 활동에 따라 분류한다.

⑨ "공공행정 및 국방, 사회보장 사무" 이외의 교육, 보건, 제조, 유통 및 금융 등 다른 산업활동을 수행하는 정부기관은 그 활동의 성질에 따라 분류하여야 한다. 반대로, 법령 등에 근거하여 전형적인 공공행정 부문에 속하는 산업활동을 정부기관이 아닌 민간에서 수행하는 경우에는 공공행정 부문으로 포함한다.

⑩ 생산단위의 소유 형태, 법적 조직 유형 또는 운영 방식은 산업분류에 영향을 미치지 않는다.

⑪ 공식적 생산물과 비공식적 생산물, 합법적 생산물과 불법적인 생산물을 달리 분류하지 않는다.

쌤의 비법노트

산업분류의 적용원칙에서는 특히 ①~④번 내용이 반복적으로 문제의 지문으로 제시되고 있습니다.

(7) 분류구조 및 부호체계

① 분류구조는 대분류(알파벳 문자 사용/Section), 중분류(2자리 숫자 사용/Division), 소분류(3자리 숫자 사용/Group), 세분류(4자리 숫자 사용/Class), 세세분류(5자리 숫자 사용/Sub-Class) 5단계로 구성된다.

② 부호 처리를 할 경우에는 아라비아 숫자만을 사용하도록 했다.

③ 권고된 국제분류 ISIC Rev.4를 기본체계로 하였으나, 국내 실정을 고려하여 국제분류의 각 단계 항목을 분할, 통합 또는 재그룹화하여 독자적으로 분류 항목과 분류 부호를 설정하였다.

④ 분류 항목 간에 산업 내용의 이동을 가능한 한 억제하였으나 일부 이동 내용에 대한 연계분석 및 시계열 연계를 위하여 부록에 수록된 신구 연계표를 활용하도록 하였다.

⑤ 중분류의 번호는 01부터 99까지 부여하였으며, 대분류별 중분류 추가 여지를 남겨 놓기 위하여 대분류 사이에 번호 여백을 두었다.

⑥ 소분류 이하 모든 분류의 끝자리 숫자는 "0"에서 시작하여 "9"에서 끝나도록 하였으며, "9"는 기타 항목을 의미하며 앞에서 명확하게 분류되어 남아 있는 활동이 없는 경우에는 "9" 기타 항목이 필요 없는 경우도 있다. 또한 각 분류 단계에서 더 이상 하위분류가 세분되지 않을 때는 "0"을 사용한다(예 중분류 02 임업 / 소분류 020 임업).

기출복원문제로 핵심 복습

01 한국표준산업분류(KSIC)에서 통계단위의 산업 결정방법을 4가지 쓰시오. [2023년 3회, 2008년 3회]

쌤의 만점답안

① 생산단위의 산업활동은 그 생산단위가 수행하는 주된 산업활동의 종류에 따라 결정한다.
② 해당 활동의 종업원 수 및 노동시간, 임금 및 급여액 또는 설비의 정도에 따라 결정한다.
③ 계절에 따라 정기적으로 산업을 달리하는 사업체의 경우 조사대상 기간 중 산출액이 많았던 활동에 따라 분류한다.
④ 휴업 중 또는 청산 중인 사업체의 경우 영업 중 또는 청산 이전의 산업활동에 따라 결정한다.

유사 문제

• 한국표준산업분류(KSIC)의 산업분류 결정방법을 2가지 쓰시오. [2021년 3회]
• 한국표준산업분류(KSIC)에서 통계단위의 산업 결정방법을 3가지 쓰시오.
  [2024년 3회, 2020년 3회, 2020년 4회]
• 한국표준산업분류(KSIC)에서 통계단위의 산업 결정방법을 2가지 쓰시오. [2023년 1회]
• 한국표준산업분류(2008)에서 통계단위의 산업을 결정하는 방법을 3가지 쓰시오. [2016년 2회, 2012년 1회]

02 한국표준산업분류(KSIC)의 산업분류 결정방법 중 생산단위의 활동 형태 3가지를 쓰고, 각각에 대해 설명하시오. [2021년 2회]

쌤의 만점답안

① 주된 산업활동 : 생산된 재화 또는 제공된 서비스 중 부가가치가 가장 큰 활동을 말한다.
② 부차적 산업활동 : 주된 산업활동 이외의 재화 생산 및 서비스 제공 활동을 말한다.
③ 보조 활동(보조적 활동) : 모 생산단위에서 사용되는 비내구재 또는 서비스를 제공하는 활동을 말한다.

합격 암기법 　 주부보

유사 문제

• 한국표준산업분류(KSIC)의 생산단위 활동 형태 중 '주된 산업활동'과 '보조 활동'을 각각 설명하시오.
  [2023년 2회]
• 한국표준산업분류(KSIC)의 산업분류 결정방법 중 생산단위의 활동 형태는 '주된 산업활동', '부차적 산업활동', '보조 활동'으로 구분된다. 이 3가지 활동 형태를 각각 설명하시오. [2022년 3회]

03 한국표준산업분류(KSIC)의 산업분류 적용원칙을 4가지 쓰시오. [2022년 1회, 2008년 3회]

> **쌤의 만점답안**
>
> ① 생산단위는 산출물, 투입물, 생산공정 등을 함께 고려하여 분류한다.
> ② 복합적인 활동단위는 대 · 중 · 소 · 세 · 세세분류 단계 항목으로 순차적으로 결정한다.
> ③ 산업활동이 결합되어 있는 경우 그 활동단위의 주된 활동에 따라서 분류한다.
> ④ 수수료 또는 계약에 의한 활동단위는 자기계정과 자기책임하의 생산단위와 같은 항목에 분류한다.

04 다음은 한국표준산업분류(KSIC)의 산업분류 적용원칙의 일부 내용이다. 보기의 빈칸에 들어갈 내용을 순서대로 쓰시오. [2016년 1회]

┤ 보기 ├

생산단위는 산출물뿐만 아니라 (①)와/과 (②) 등을 함께 고려하여 그들의 활동을 가장 정확하게 설명된 항목에 분류해야 한다.

> **쌤의 만점답안**
>
> ① 투입물, ② 생산공정

05 한국표준산업분류(2008)의 활동단위와 관련하여 해당 활동단위를 보조단위가 아닌, 별개의 독립된 활동으로 보아야 하는 4가지 유형을 쓰시오. [2011년 3회]

> **쌤의 만점답안**
>
> ① 고정자산 형성의 일부에 해당하는 재화를 생산하는 경우
> ② 모 생산단위에서 사용되는 재화나 서비스를 보조적으로 생산하더라도 그 생산되는 재화나 서비스 대부분을 다른 시장(사업체 등)에 판매하는 경우
> ③ 모 생산단위가 생산하는 생산품의 구성부품이 되는 재화를 생산하는 경우
> ④ 연구 및 개발 활동과 같이 통상적인 생산과정에서 소비되는 서비스를 제공하는 것이 아닌 경우

02 직업정보 수집

1 직업정보의 기능

대표 문제

특성-요인의 직업상담이론에서 브레이필드(Brayfield)가 제시한 직업정보의 기능을 3가지 쓰고, 각각에 대해 설명하시오. [2022년 1회, 2019년 2회, 2017년 3회, 2015년 1회, 2011년 2회, 2008년 3회, 2006년 1회]

쌤의 해결 포인트

2~3년에 한 번씩은 꼭 출제되는 문제입니다. 브레이필드(Brayfield)가 제시한 직업정보의 3가지 기능을 잘 정리해 두도록 하며, 3가지 기능 외에 크리스텐슨, 배어, 로버(Christensen, Baer & Roeber)가 제시한 직업정보의 4가지 기능도 함께 기억해 두시기 바랍니다.

쌤의 만점답안

① 정보적 기능 : 직업정보 제공을 통해 내담자의 의사결정을 돕고, 직업선택에 관한 지식을 증가시킨다.
② 재조정 기능 : 자신의 선택이 현실에 비추어 부적절한 선택이었는지를 점검 및 재조정해 보도록 한다.
③ 동기화 기능 : 내담자를 의사결정 과정에 적극적으로 참여시킴으로써 자신의 선택에 대해 책임감을 가지도록 한다.

합격 암기법 정재동

(1) 직업정보의 개념

① 직업정보는 일에 대한 사실들로 구성되는 것으로, 일과 관련된 교육학적·직업적·심리학적 정보를 포함한다.
② 직업정보는 직업을 현명하게 선택하는 데 필수적이며, 직업에 대한 지식이 부족할 경우 직업선택의 가능성은 제한된다.
③ 직업세계는 급속한 변화에 따라 새로운 직업이 등장하고 기존 직업이 사라지는 등 매우 역동적이므로, 직업세계에 관한 지식으로서 직업정보의 필요성은 더욱 가치를 가진다.

(2) 직업정보의 주요 사용목적

① 직업정보를 통해 일을 하려는 동기를 부여받을 수 있다.
② 직업정보를 통해 근로생애를 설계할 수 있다.
③ 직업정보를 통해 전에 알지 못했던 직업세계와 직업비전에 대해 인식할 수 있다.
④ 직업정보를 통해 역할모형(Role Model)을 제공받을 수 있다.

(3) 직업정보의 일반적인 기능과 역할

① 내담자의 직업선택에 대한 의사결정을 돕고, 직업선택에 관한 지식을 증가시킨다.

② 내담자로 하여금 자신의 선택을 점검하고 재조정해 볼 수 있도록 한다.

③ 경험이 부족한 내담자에게 다양한 직업들을 간접적으로 접할 기회를 제공한다.

④ 여러 가지 직업적 대안들의 정보를 제공한다.

(4) 브레이필드(Brayfield)의 직업정보의 기능

[2022년 1회, 2019년 2회, 2017년 3회, 2015년 1회, 2011년 2회, 2008년 3회, 2006년 1회]

정보적 기능 (정보제공 기능)	직업정보 제공을 통해 내담자의 의사결정을 돕고, 직업선택에 관한 지식을 증가시킨다.
재조정 기능	자신의 선택이 현실에 비추어 부적절한 선택이었는지를 점검 및 재조정해 보도록 한다.
동기화 기능	내담자를 의사결정 과정에 적극적으로 참여시킴으로써 자신의 선택에 대해 책임감을 가지도록 한다.

더 알아보기

직업정보의 추가적인 기능

크리스텐슨, 배어, 로버(Christensen, Baer & Roeber)는 브레이필드(Brayfield)가 제시한 직업정보의 3가지 기능 외에 다음의 4가지 기능을 추가로 제시하였다.

탐색기능	내담자가 선택한 직업분야에서의 일들에 대한 광범위한 탐색을 가능하게 한다.
확신기능	내담자의 직업선택이 얼마나 합당한가를 확신시켜 준다.
평가기능	직업에 대한 내담자의 지식과 이해가 믿을 만하고 적절한지를 점검하도록 해준다.
놀람기능	정보를 접한 내담자가 특정 직업을 선택하는 것에 대해 어떻게 생각하는지를 알 수 있도록 한다.

(5) 직업정보의 생산체계

① 제1단계 – 표준직업정보의 생산

국가는 연 단위, 분기 단위, 월 단위로 표준직업정보를 생산한다. 이때 직무분석가, 직업전문가, 직업연구가들이 직업 관련 원자료를 분석 · 가공하여 표준직업정보를 생산한다.

② 제2단계 – 직업정보의 생산 및 가공

표준직업정보는 이용자의 목적에 따라 재가공된다. 이때 직무분석가, 직업전문가, 직업연구가는 물론 직업상담사들이 직업안정기관, 직업 관련 연구기관, 교육훈련기관, 직업 관련 상담소, 직업정보 생산업체 등을 위해 직업정보를 생산 및 가공한다.

③ 제3단계 – 직업정보의 이용

생산 및 가공된 직업정보는 구인 · 구직자, 정책입안자, 교육훈련생, 내담자, 고객들에게 이용된다.

01 직업정보의 일반적인 기능 4가지를 간략히 설명하시오.

> **쌤의 만점답안**

① 직업선택에 대한 의사결정을 돕고, 직업선택에 관한 지식을 증가시킨다.

② 내담자로 하여금 자신의 선택을 점검하고 재조정해 볼 수 있도록 한다.

③ 경험이 부족한 내담자에게 다양한 직업들을 간접적으로 접할 기회를 제공한다.

④ 여러 가지 직업적 대안들의 정보를 제공한다.

02 크리스텐슨, 배어, 로버(Christensen, Baer & Roeber)는 브레이필드(Brayfield)가 제시한 직업정보의 3가지 기능 외에 4가지 기능을 추가로 제시하였다. 이 추가적으로 제시한 직업정보의 기능 4가지를 쓰시오.

> **쌤의 만점답안**

① 탐색기능

② 확신기능

③ 평가기능

④ 놀람기능

2 직업정보의 수집

다음 아래의 주어진 내용을 보고 경제활동참가율, 실업률, 고용률을 구하시오(단, 소수점 둘째 자리에서 반올림하고, 계산과정을 제시하시오). [2021년 2회, 2017년 2회, 2013년 2회]

[단위 : 천 명]

- 전체 인구 수 : 500
- 15세 이상 인구 수 : 400
- 취업자 수 : 200
- 실업자 수 : 20
- 정규직 직업을 구하려고 하는 단시간 근로자 수 : 10

쌤의 해결 포인트

이 문제에는 함정이 있습니다. '정규직 직업을 구하려고 하는 단시간 근로자'도 취업자에 해당하므로 이미 취업자 수에 포함되어 있다는 것입니다. 이 경우 단시간 근로자를 취업자 수에 추가로 더하여 계산을 하는 경우 오답이 나옵니다. 그러나 만약 문제상에서 '정규직 직업을 구하려고 하는 단시간 근로자'를 취업자와 별개로 제시한다면, 이를 추가적으로 취업자 수에 포함시켜야 합니다. 참고로 위의 계산과정에서 '천 명' 단위는 생략할 수 있어도, 정답에서 '%' 단위를 생략해서는 안 됩니다.

쌤의 만점답안

① 경제활동참가율(%) = $\dfrac{\text{경제활동인구 수}}{\text{만 15세 이상 인구 수}} \times 100 = \dfrac{220\text{천 명}}{400\text{천 명}} \times 100 = 55(\%)$

   * 경제활동인구 수 = 취업자 수(200천 명) + 실업자 수(20천 명)

   ∴ 경제활동참가율(%) = 55%

② 실업률(%) = $\dfrac{\text{실업자 수}}{\text{경제활동인구 수}} \times 100 = \dfrac{20\text{천 명}}{220\text{천 명}} \times 100 ≒ 9.1(\%)$

   ∴ 실업률 = 9.1%

③ 고용률(%) = $\dfrac{\text{취업자 수}}{\text{만 15세 이상 인구 수}} \times 100 = \dfrac{200\text{천 명}}{400\text{천 명}} \times 100 = 50(\%)$

   ∴ 고용률 = 50%

(1) 고용통계 – 경제활동인구조사(통계청)

[2024년 1회, 2021년 2회, 2020년 1회, 2020년 4회, 2017년 2회, 2017년 3회, 2015년 2회, 2013년 2회, 2010년 1회, 2009년 2회, 2008년 1회, 2005년 3회, 2001년 1회, 2000년 1회]

① 15세 이상 인구 수(생산가능인구)

   매월 15일 현재 만 15세 이상인 자를 말한다.

   15세 이상 인구 수 = 경제활동인구 수 + 비경제활동인구 수

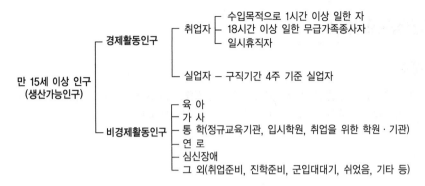

② 경제활동인구 수 [2016년 1회]

만 15세 이상 인구 중 조사대상기간 동안 상품이나 서비스를 생산하기 위하여 실제로 수입이 있는 일을 한 취업자와 일을 하지는 않았으나 구직활동을 한 실업자를 말한다.

> 경제활동인구 수 = 15세 이상 인구 수 − 비경제활동인구 수
> = 취업자 수 + 실업자 수

쌤의 비법노트

'조사대상기간'과 '조사대상주간'은 동일한 의미이나, 이는 '조사기간' 혹은 '조사주간'과는 다른 개념입니다. 즉, 조사기간(조사주간)은 조사대상기간(조사대상주간)의 다음 주 1주간을 말합니다.

③ 비경제활동인구 [2016년 1회]

만 15세 이상 인구 중 조사대상기간에 취업도 실업도 아닌 상태에 있는 사람으로서, 주로 가사 또는 육아를 전담하는 주부, 학교에 다니는 학생(전업학생), 일을 할 수 없는 연로자 및 심신장애인, 자발적으로 자선사업이나 종교단체에 관여하는 자 등이 해당한다.

> 비경제활동인구 수 = 15세 이상 인구 수 − 경제활동인구 수

④ 잠재경제활동인구

비경제활동인구 중에서 취업에 관심을 표현한 사람으로 잠재취업가능자와 잠재구직자로 구성된다.

> 잠재경제활동인구 수 = 잠재취업가능자 + 잠재구직자

⑤ 경제활동참가율 [2018년 1회, 2015년 1회, 2010년 3회]

만 15세 이상 인구 중 경제활동인구(취업자 + 실업자)가 차지하는 비율을 말한다.

$$\text{경제활동참가율}(\%) = \frac{\text{경제활동인구 수}}{\text{만 15세 이상 인구 수}} \times 100$$

⑥ 취업자

    ㉠ 조사 대상기간에 수입을 목적으로 1시간 이상 일한 자

    ㉡ 동일가구 내 가구원이 운영하는 농장이나 사업체의 수입을 위하여 주당 18시간 이상 일한 무급가족
       종사자

    ㉢ 직업 또는 사업체를 가지고 있으나 일시적인 병 또는 사고, 연가, 교육, 노사분규 등의 사유로 일하
       지 못한 일시휴직자

> 취업자 수 = 경제활동인구 수 − 실업자 수
> = 임금근로자 수 + 비임금근로자 수

> ※ 임금근로자 수 = 취업자 수 − 비임금근로자 수
> = 상용근로자 수 + 임시근로자 수 + 일용근로자 수

⑦ 실업자 [2019년 1회, 2016년 3회, 2011년 1회]

    조사 대상 기간에 수입 있는 일을 하지 않았고, 지난 4주간 일자리를 찾아 적극적으로 구직활동을 하
    였던 사람으로서 일자리가 주어지면 즉시 취업이 가능한 사람을 말한다.

> 실업자 수 = 경제활동인구 수 − 취업자 수(임금근로자 + 비임금근로자)

⑧ 실업률 [2024년 1회, 2016년 2회]

    실업자가 경제활동인구(취업자 + 실업자)에서 차지하는 비율을 말한다.

$$실업률(\%) = \frac{실업자 \ 수}{경제활동인구 \ 수} \times 100$$

⑨ 고용률 [2022년 2회, 2019년 2회, 2017년 1회, 2011년 2회]

    ㉠ 만 15세 이상 인구 중 취업자가 차지하는 비율을 말한다.

    ㉡ 한 국가의 노동력 활용 정도를 나타내는 대표적인 고용지표로서, 실업률이나 경제활동참가율에 비
       해 경기변동의 영향을 적게 받으므로 사회지표로 널리 활용된다.

$$고용률(\%) = \frac{취업자 \ 수}{만 \ 15세 \ 이상 \ 인구 \ 수} \times 100$$

⑩ 종사상 지위

    상용근로자, 임시근로자, 일용근로자, 고용원이 있는 자영업자, 고용원이 없는 자영업자, 무급가족종
    사자 등과 같이 일한 사람이 직무를 수행한 직장(일)과의 관계를 말한다.

    ㉠ 임금근로자

       자신의 근로에 대해 임금, 봉급, 일당 등 어떠한 형태로든 일한 대가를 지급받는 근로자로서 상용근
       로자, 임시근로자, 일용근로자로 구분된다.

상용근로자	• 고용계약 설정자는 고용계약기간이 1년 이상인 경우 • 고용계약 미설정자는 소정의 채용절차에 의해 입사하여 인사관리 규정을 적용받거나 상여금 및 퇴직금 등 각종 수혜를 받는 경우
임시근로자	• 고용계약 설정자는 고용계약기간이 1개월 이상 1년 미만인 경우 • 고용계약 미설정자는 일정한 사업(완료 1년 미만)의 필요에 의해 고용된 경우
일용근로자	• 고용계약기간이 1개월 미만인 경우 • 매일매일 고용되어 근로의 대가로 일급 또는 일당제 급여를 받고 일하는 경우

ⓛ 자영업자

고용원이 있는 자영업자와 고용원이 없는 자영업자를 합친 개념이다.

고용원이 있는 자영업자	한 사람 이상의 유급 고용원을 두고 사업을 경영하는 사람
고용원이 없는 자영업자	자기 혼자 또는 무급가족종사자와 함께 자기 책임하에 독립적인 형태로 전문적인 일을 수행하거나 사업체를 운영하는 사람

ⓒ 무급가족종사자

동일가구 내 가족이 경영하는 사업체, 농장에서 무보수로 일하는 사람을 말한다.

경제활동상태 판단	18시간 이상 일함 → 취업자로 분류
	18시간 미만 일함 → 실업자 또는 비경제활동인구로 분류

⑪ 비정규직 근로자 [2023년 3회]

1차적으로 고용형태에 의해 정의되는 것으로 한시적 근로자, 시간제 근로자, 비전형 근로자 등으로 분류된다.

한시적 근로자	• '고용의 지속성'에 따른 분류 방식이다. • 근로계약기간을 정한 근로자(기간제 근로자) 또는 정하지 않았으나 계약의 반복 갱신으로 계속 일할 수 있는 근로자와 비자발적 사유로 계속 근무를 기대할 수 없는 근로자(비기간제 근로자)를 포함한다.
시간제 근로자	• '근로시간'에 따른 분류 방식이다. • 직장(일)에서 근무하도록 정해진 소정의 근로시간이 동일 사업장에서 동일한 종류의 업무를 수행하는 근로자의 소정 근로시간보다 1시간이라도 짧은 근로자로, 평소 1주에 36시간 미만 일하기로 정해져 있는 경우
비전형 근로자	• '근로제공 방식'에 따른 분류 방식이다. • 파견근로자, 용역근로자, 특수형태근로종사자, 가정 내(재택, 가내) 근로자, 일일(단기) 근로자

⑫ 비임금근로자

자신 또는 가족이 운영하는 사업체 또는 농장의 이윤을 위해 일한 사람으로 자영업자(고용원이 있는 자영업자와 고용원이 없는 자영업자), 무급가족종사자 형태로 구분된다.

$$비임금근로자\ 수 = 자영업자\ 수 + 무급가족종사자\ 수$$

(2) 고용통계 - 구인 · 구직

① 충족률

각 업체가 구인하려는 사람의 충족 여부의 비율

$$충족률(\%) = \frac{취업건수}{신규구인인원} \times 100$$

② 유효구인인원

일정 기간 동안 구인신청이 들어온 모집인원 중 해당 월말 알선 가능한 인원수의 합

$$유효구인인원 = 모집인원\ 수 - 채용인원\ 수$$

③ 유효구직자 수

구직신청자 중 해당 월말 알선 가능한 인원수의 합

$$유효구직자\ 수 = (해당\ 월말)\ 등록마감된\ 구직자\ 수 - 취업된\ 구직자\ 수$$

④ 알선율

구직신청자 중 알선이 이루어진 건수의 비율

$$알선율(\%) = \frac{알선건수}{신규구직자\ 수} \times 100$$

⑤ 취업률 [2014년 1회, 2000년 1회]

$$취업률(\%) = \frac{취업건수}{신규구직자\ 수} \times 100$$

⑥ 희망임금충족률

희망임금이란 구직자가 구인업체에 희망하는 임금을 말한다.

$$희망임금충족률(\%) = \frac{제시임금}{희망임금} \times 100$$

⑦ 구인배수(구인배율) [2014년 1회, 2000년 1회]

구직자 1명에 대한 구인 수를 나타낸 것으로 취업의 용이성이나 구인난 등을 판단할 수 있음

$$구인배수 = \frac{신규구인인원}{신규구직건수}$$

쌤의 비법노트

과거에는 '신규구직자 수'를 이용하여 '구인배율'을 산출했으나(신규구인인원÷신규구직자 수), 최근에는 '신규구직건수'를 이용하여 '구인배수'를 산출하고 있습니다(신규구인인원÷신규구직건수).

⑧ 입직률 [2014년 1회]

$$입직률(\%) = \frac{당월입직자 수(신규채용인원 수 + 전입인원 수)}{전월말근로자 수} \times 100$$

※ 입직률은 조사 기간 중 해당 사업체에 전입이나 신규채용으로 입직한 자를 전체 근로자 수로 나눈 비율을 말한다.

기출복원문제로 핵심 복습

01 다음 보기는 비정규직 근로자에 대한 설명이다. 빈칸에 들어갈 용어를 각각 쓰시오. [2023년 3회]

(ㄱ)	근로계약기간을 정한 근로자 또는 정하지 않았으나 비자발적 사유로 계속 근무를 기대할 수 없는 근로자
(ㄴ)	직장(일)에서 근무하도록 정해진 소정의 근로시간이 동일 사업장에서 동일한 종류의 업무를 수행하는 근로자의 소정 근로시간보다 1시간이라도 짧은 근로자
(ㄷ)	파견근로자, 용역근로자, 특수형태근로종사자, 가정 내 근로자, 일일(단기) 근로자

쌤의 만점답안

ㄱ : 한시적 근로자, ㄴ : 시간제 근로자, ㄷ : 비전형 근로자

합격 암기법 한시비

02 아래의 주어진 예시를 보고 다음을 계산하시오.
[2024년 1회, 2020년 4회, 2017년 3회, 2015년 2회, 2010년 1회, 2009년 2회, 2008년 1회, 2000년 1회]

- 만 15세 이상 인구 수 : 35,986천 명
- 비경제활동인구 수 : 14,716천 명
- 취업자 수 : 20,149천 명(자영업자 : 5,646천 명, 무급가족종사자 : 1,684천 명, 상용근로자 : 6,113천 명, 임시근로자 : 4,481천 명, 일용근로자 : 2,225천 명)

(1) 실업률은? (단, 소수점 둘째 자리에서 반올림하고, 계산과정을 제시하시오)
(2) 임금근로자 수는?

쌤의 만점답안

(1) 실업률

실업률을 구하기 위해서는 경제활동인구 수와 실업자 수가 필요하다.
- 만 15세 이상 인구 수(35,986천 명) = 경제활동인구 수 + 비경제활동인구 수(14,716천 명)
- 경제활동인구 수(21,270천 명) = 취업자 수(20,149천 명) + 실업자 수(1,121천 명)

실업률 공식에 경제활동인구 수와 실업자 수를 대입하면 실업률은 5.3%가 산출된다.

$$실업률(\%) = \frac{실업자\ 수}{경제활동인구\ 수} \times 100$$

$$= \frac{21,270천\ 명 - 20,149천\ 명}{35,986천\ 명 - 14,716천\ 명} \times 100 = \frac{1,121천\ 명}{21,270천\ 명} \times 100 ≒ 5.27033(\%)$$

∴ 실업률 = 5.3%

(2) 임금근로자 수를 구하는 방법은 여러 가지가 있다.

   ① 임금근로자 수(공식 1)

   임금근로자 수 = 취업자 수 − 비임금근로자 수*

   * 비임금근로자 수 = 자영업자 + 무급가족종사자

   임금근로자 수 = 20,149천 명 − (5,646천 명 + 1,684천 명) = 12,819천 명

   ∴ 임금근로자 수 = 12,819천 명

   ② 임금근로자 수(공식 2)

   임금근로자 수 = 상용근로자 수 + 임시근로자 수 + 일용근로자 수

   임금근로자 수 = 6,113천 명 + 4,481천 명 + 2,225천 명 = 12,819천 명

   ∴ 임금근로자 수 = 12,819천 명

유사 문제

- 다음 보기의 조건을 보고 실업률을 구하시오. [2014년 2회, 2011년 3회]
- 다음 보기의 예시를 보고 실업률을 구하시오. [2022년 1회]
- 특정 시기의 고용동향이 다음과 같을 때 임금근로자는 몇 명인지 계산하시오.

  [2019년 3회, 2015년 3회, 2010년 2회]

---

03 고용률이 50%이고 비경제활동인구 수가 400명인 가상경제에서 실업자 수가 50명이라고 가정할 때 실업률을 구하시오(단, 계산과정을 함께 제시하시오). [2024년 1회, 2016년 2회]

쌤의 만점답안

실업률을 구하기 위해 먼저 고용률 공식을 활용하여 경제활동인구 수를 구한다.

고용률 공식에서 주어진 자료와 취업자 수 'x'를 대입하면 취업자 수(x)는 450명으로 산출된다.

경제활동인구 수는 취업자 수(450명)와 실업자 수(50명)의 합으로 500명이 된다.

$$고용률(\%) = \frac{취업자\ 수}{만\ 15세\ 이상\ 인구\ 수} \times 100 이므로,$$

$$50\% = \frac{x}{(x + 50명) + 400명} \times 100,\ \therefore x(취업자\ 수) = 450(명)$$

* 경제활동인구 수 = 취업자 수 + 실업자 수

** 만 15세 이상 인구 수 = 경제활동인구 수 + 비경제활동인구 수

실업률 공식에 경제활동인구 수와 실업자 수를 대입하면, 실업률은 10%가 산출된다.

$$실업률(\%) = \frac{실업자\ 수}{경제활동인구\ 수} \times 100$$

$$= \frac{50명}{500명} \times 100 = 10\%$$

∴ 실업률 = 10%

04 가상적인 국가의 고용동향이 다음의 표와 같다. 각 질문에 답하시오. [2020년 1회, 2005년 3회, 2001년 1회]

[단위 : 천 명]

경제활동인구	비경제활동인구	임금근로자	비임금근로자
350	150	190	140

(1) 이 국가의 실업률을 구하시오(단, 소수점 둘째 자리에서 반올림하시오).

(2) 이 국가의 경제활동참가율을 구하시오.

(3) 자영업자가 90천 명일 때 무급가족종사자는 최소한 얼마인지 구하시오.

(4) 경제활동가능인구 중 취업자가 차지하는 비율을 구하시오.

■ 쌤의 만점답안

(1) 실업률(%) = $\dfrac{\text{실업자 수}}{\text{경제활동인구 수}} \times 100 = \dfrac{350\text{천 명} - (190\text{천 명} + 140\text{천 명})}{350\text{천 명}} \times 100 ≒ 5.714(\%)$

 * 취업자 수 = 임금근로자 수(190천 명) + 비임금근로자 수(140천 명)

 ** 경제활동인구 수(350천 명) = 취업자 수(330천 명) + 실업자 수

 ∴ 실업률 = 5.7%

(2) 경제활동참가율(%) = $\dfrac{\text{경제활동인구 수}}{\text{만 15세 이상 인구 수}} \times 100 = \dfrac{350\text{천 명}}{500\text{천 명}} \times 100 = 70(\%)$

 * 만 15세 이상 인구 수 = 경제활동인구 수(350천 명) + 비경제활동인구 수(150천 명)

 ∴ 경제활동참가율 = 70%

(3) 무급가족종사자 수

 비임금근로자 수(140천 명) = 자영업자 수(90천 명) + 무급가족종사자 수

 ∴ 무급가족종사자 수 = 50천 명

(4) 고용률(%) = $\dfrac{\text{취업자 수}}{\text{만 15세 이상 인구 수}} \times 100 = \dfrac{330\text{천 명}}{500\text{천 명}} \times 100 = 66(\%)$

 ∴ 고용률 = 66%

05 A 국의 만 15세 이상 인구(생산가능인구)가 100만 명이고 경제활동참가율이 70%, 실업률이 10%라고 할 때, A 국의 실업자 수를 계산하시오(단, 계산과정을 함께 제시하시오). [2019년 1회, 2016년 3회, 2011년 1회]

■ 쌤의 만점답안

실업자 수를 구하기 위해 먼저 경제활동참가율 공식을 활용하여 경제활동인구 수를 구한다.

경제활동참가율(%) = $\dfrac{\text{경제활동인구 수}}{\text{만 15세 이상 인구 수}} \times 100$이므로, 70% = $\dfrac{\text{경제활동인구 수}}{1,000,000\text{명}} \times 100$이다.

∴ 경제활동인구 수 = 700,000명

경제활동인구 수를 실업률 공식에 대입하면 실업자 수는 70,000명이 산출된다.

실업률(%) = $\dfrac{\text{실업자 수}}{\text{경제활동인구 수}} \times 100$이므로, 10% = $\dfrac{\text{실업자 수}}{700,000\text{명}} \times 100$

∴ 실업자 수 = 70,000명

06 특정 시기의 고용동향이 다음과 같을 때 경제활동참가율을 구하시오(단, 소수점 셋째 자리에서 반올림하고, 계산과정을 제시하시오). [2018년 1회, 2015년 1회, 2010년 3회]

> • 만 15세 이상 인구 수 : 35,986천 명
> • 비경제활동인구 수 : 14,716천 명
> • 취업자 수 : 20,149천 명(자영업자 : 5,646천 명, 무급가족종사자 : 1,684천 명, 상용근로자 : 6,113천 명, 임시근로자 : 4,481천 명, 일용근로자 : 2,225천 명)

쌤의 만점답안

경제활동참가율을 구하기 위해서는 만 15세 이상 인구 수와 경제활동인구 수가 필요하다.

주어진 자료를 통해, 만 15세 이상 인구 수(35,986천 명)는 경제활동인구 수와 비경제활동인구 수(14,716천 명)의 합으로 경제활동인구 수는 21,270천 명이다.

* 만 15세 이상 인구 수(35,986천 명) = 경제활동인구 수 + 비경제활동인구 수(14,716천 명)

이를 경제활동참가율 공식에 대입하면, 경제활동참가율은 59.106%가 산출된다.

$$경제활동참가율(\%) = \frac{경제활동인구\ 수}{만\ 15세\ 이상\ 인구\ 수} \times 100 = \frac{21,270천\ 명}{35,986천\ 명} \times 100 ≒ 59.106(\%)$$

∴ 경제활동참가율 = 59.11%

07 A 국의 고용률은 50%이고, 실업률은 10%이다. 실업자 수가 50만 명이라고 가정할 때, A 국의 경제활동인구 수와 비경제활동인구 수를 계산하시오. [2016년 1회]

쌤의 만점답안

① 경제활동인구 수

주어진 실업률을 활용하여 경제활동인구 수를 구할 수 있다.

$$실업률(\%) = \frac{실업자\ 수}{경제활동인구\ 수} \times 100이므로,$$

$$10\% = \frac{50만\ 명}{경제활동인구\ 수} \times 100, \quad ∴ 경제활동인구 = 500만 명$$

② 비경제활동인구 수

주어진 고용률을 활용하여 만 15세 이상 인구 수를 구할 수 있다.

$$고용률(\%) = \frac{취업자\ 수}{만\ 15세\ 이상\ 인구\ 수} \times 100이므로,$$

$$50\% = \frac{500만\ 명 - 50만\ 명}{만\ 15세\ 이상\ 인구\ 수} \times 100, \quad ∴ 만\ 15세\ 이상\ 인구\ 수 = 900만 명$$

만 15세 이상 인구 수에서 경제활동인구 수를 제외하면 비경제활동인구 수가 산출된다.

만 15세 이상 인구 수(900만 명) = 경제활동인구 수(500만 명) + 비경제활동인구 수

∴ 비경제활동인구 = 400만 명

08 아래의 주어진 표를 보고 물음에 답하시오. [2022년 2회, 2019년 2회, 2017년 1회, 2011년 2회]

[단위 : 천 명]

구 분	15~19세	20~24세	25~29세	30~50세
생산가능인구	3,285	2,651	3,846	22,983
경제활동인구	203	1,305	2,797	17,356
취업자	178	1,181	2,598	16,859
실업자	25	124	199	497
비경제활동인구	3,082	1,346	1,049	5,627

(1) 30~50세 고용률(%)을 계산하시오(단, 소수점 둘째 자리에서 반올림하시오).

(2) 30~50세 고용률을 29세 이하의 고용률과 비교하여 분석하시오.

쌤의 만점답안

(1) 30~50세 고용률(%) = $\dfrac{\text{취업자 수}}{\text{생산가능인구 수}}$ × 100 = $\dfrac{16,859\text{천 명}}{22,983\text{천 명}}$ × 100 ≒ 73.4(%)

(2) ① 29세 이하의 고용률

· 25~29세 고용률(%) = $\dfrac{2,598\text{천 명}}{3,846\text{천 명}}$ × 100 ≒ 67.6%

· 20~24세 고용률(%) = $\dfrac{1,181\text{천 명}}{2,651\text{천 명}}$ × 100 ≒ 44.5%

· 15~19세 고용률(%) = $\dfrac{178\text{천 명}}{3,285\text{천 명}}$ × 100 ≒ 5.4%

② 30~50세 고용률과 29세 이하의 고용률 비교 · 분석 : 30~50세의 고용률은 약 73.4%로서 29세 이하의 고용률과 비교하여 가장 높게 나타나고 있다. 이는 상대적으로 29세 이하의 고용률에 비해 고용창출 능력이 높으며, 가장 활발한 경제활동을 수행하고 있는 것으로 볼 수 있다.

09 다음의 표를 보고 물음에 답하시오(단, 소수점 발생 시 반올림하여 소수 둘째 자리로 표현하며, 계산식도 함께 작성하시오). [2014년 1회, 2000년 1회]

[단위 : 명, 건]

구 분	신규구인	신규구직	알선건수	취업건수
A	103,062	426,746	513,973	36,710
B	299,990	938,855	1,148,534	119,020

(1) A 기간과 B 기간의 구인배율은?

(2) A 기간과 B 기간의 취업률은?

쌤의 만점답안

(1) ① A 기간 구인배율 $= \dfrac{\text{신규구인인원}}{\text{신규구직건수}} = \dfrac{103,062\text{명}}{426,746\text{건}} ≒ 0.24$

    ② B 기간 구인배율 $= \dfrac{\text{신규구인인원}}{\text{신규구직건수}} = \dfrac{299,990\text{명}}{938,855\text{건}} ≒ 0.32$

(2) ① A 기간 취업률 $= \dfrac{\text{취업자 수}}{\text{신규구직자 수}} \times 100 = \dfrac{36,710\text{건}}{426,746\text{명}} \times 100 ≒ 8.60(\%)$

    ② B 기간 취업률 $= \dfrac{\text{취업자 수}}{\text{신규구직자 수}} \times 100 = \dfrac{119,020\text{건}}{938,855\text{명}} \times 100 ≒ 12.68(\%)$

10 A 회사의 9월 말 사원 수는 1,000명이었다. 신규채용인원 수는 20명, 전입 인원수는 80명일 때, 10월의 입직률을 계산하고, 입직률의 의미를 쓰시오. [2014년 1회]

쌤의 만점답안

① A 회사의 10월 입직률 $= \dfrac{\text{당월 총 입직자 수}}{\text{전월 말 근로자 수}} \times 100 = \dfrac{20\text{명} + 80\text{명}}{1,000\text{명}} \times 100 = 10(\%)$

② 입직률의 의미 : 조사 기간 중 해당 사업체에 전입이나 신규채용으로 입직한 자를 전체 근로자 수로 나눈 비율을 말한다.

유사 문제

A 회사의 9월 말 사원 수는 1,000명이었다. 신규채용인원 수는 20명, 전입 인원수는 80명일 때, 10월의 입직률을 계산하시오. [2015년 1회]

대표 문제

한국직업사전에 수록된 부가 직업정보를 5가지만 쓰시오. [2024년 1회, 2021년 1회, 2018년 1회]

쌤의 해결 포인트

한국직업사전의 부가 직업정보에 관한 문제는 보통 6가지를 쓰도록 요구하는 경우가 많으므로, 가급적 6가지로 제시된 간략한 답안을 암기하시기 바랍니다.

쌤의 만점답안

① 정규교육
② 숙련기간
③ 직무기능
④ 작업강도
⑤ 육체활동
⑥ 작업장소

합격 암기법 정숙직 작육작

유사 문제

한국직업사전에 수록된 부가 직업정보를 6가지만 쓰시오. [2013년 2회, 2010년 1회, 2009년 1회, 2007년 3회]

(1) 한국직업사전의 의의 및 목적

① 한국직업사전은 급속한 과학기술 발전과 산업구조 변화 등에 따라 변동하는 직업 세계를 체계적으로 조사·분석하여 표준화된 직업명과 기초직업정보를 제공할 목적으로 발간된다.

② 한국직업사전은 청소년과 구직자, 이·전직 희망자에게는 직업선택을 위해, 직업 및 진로상담원에게는 진로선택 및 취업상담 자료로, 직업훈련담당자에게는 직업훈련과정 개발을 위해, 연구자에게는 직업분류체계 개발과 기타 직업연구를 위해, 그리고 노동정책 수립자에게는 노동정책 수립을 위해 기초 자료로 사용될 수 있다.

쌤의 비법노트

한국고용정보원(KEIS)은 1986년부터 우리나라 전체 직업에 대한 표준화된 직업명과 수행직무 등 기초 직업정보를 수록한 『한국직업사전』을 발간하고 있습니다. 가장 최신의 통합본은 제5판에 해당하는 『2020 한국직업사전』이며, 직업상담사 시험 또한 2020년 1·2회 통합 필기시험부터 제5판이 출제되고 있습니다.

(2) 한국직업사전의 구성 [2018년 2회]

한국직업사전에 수록된 직업정보들은 아래 '직업상담사'의 예시와 같이 크게 다섯 가지의 항목, 즉 직업코드, 본직업명, 직무개요, 수행직무, 부가 직업정보로 구성된다.

2314 직업상담사

| 직무개요 |

구직자나 미취업자에게 직업 및 취업정보를 제공하고, 직업선택, 경력설계, 구직활동 등에 대해 조언한다.

| 수행직무 |

직업의 종류, 전망, 취업기회 등에 관한 자료를 수집하고 관리한다. 구직자와 면담하거나 검사를 통하여 취미, 적성, 흥미, 능력, 성격 등의 요인을 조사한다. 적성검사, 흥미검사 등 직업심리검사를 실시하여 구직자의 적성과 흥미에 알맞은 직업정보를 제공한다. 구직자에게 적합한 취업정보를 제공하고 직업선택에 관해 조언한다. 비디오, 슬라이드 등의 시청각장비를 사용하여 직업정보 및 직업윤리 등을 교육하기도 한다. 청소년, 여성, 중고령자, 실업자 등을 위한 직업지도 프로그램 개발 및 운영을 담당하기도 한다.

| 부가직업정보 |

* 정 규 교 육 14년 초과~16년 이하(대졸 정도)
* 숙 련 기 간 2년 초과~4년 이하
* 직 무 기 능 자료(조정) / 사람(자문) / 사물(관련없음)
* 작 업 강 도 아주 가벼운 작업
* 육 체 활 동
* 작 업 장 소 실내
* 작 업 환 경

* 유 사 명 칭 직업상담원
* 관 련 직 업
* 자 격 면 허 직업상담사(1급, 2급)
* 표준산업분류 N751 고용알선 및 인력공급업
* 표준직업분류 2473 직업상담사
* 조 사 연 도 2017년

---

① 직업코드

  ㉠ 특정 직업을 구분해 주는 단위로서 한국고용직업분류(KECO)의 세분류 4자리 숫자로 표기하였다. 다만, 동일한 직업에 대해 여러 개의 직업코드가 포함되는 경우에는 직무의 유사성 등을 고려하여 가장 타당하다고 판단되는 직업코드 하나를 부여하였다.

  ㉡ 직업코드 4자리에서 첫 번째는 대분류, 두 번째는 중분류, 세 번째 숫자는 소분류, 네 번째 숫자는 세분류를 나타낸다. 세분류 내 직업들은 가나다 순으로 배열된다.

쌤의 비법노트

한국직업사전의 직업코드는 한국고용직업분류(KECO)의 세분류 4자리 숫자로 표기한다는 점을 기억해 두세요. '한국표준직업분류(KSCO)'도, '세분류 5자리'도 아닙니다.

---

② 본직업명

  ㉠ 산업현장에서 일반적으로 해당 직업으로 알려진 명칭 혹은 그 직무가 통상적으로 호칭되는 것으로 한국직업사전에 그 직무내용이 기술된 명칭이다.

  ㉡ 특별히 부르는 명칭이 없는 경우에는 직무내용과 산업의 특수성 등을 고려하여 누구나 쉽게 이해할 수 있는 명칭을 부여하였다.

  ㉢ 직업명칭은 해당 작업자의 의견뿐만 아니라 상위책임자 및 인사담당자의 의견을 수렴하여 결정하였다.

  ㉣ 가급적 외래어를 피하고 우리말로 표기하되, 우리말 표기에 현장감이 없을 경우에는 외래어를 정부에서 정한 외래어표기법에 따라 표기하였다.

③ 직무개요

직무담당자의 활동, 활동의 대상 및 목적, 직무담당자가 사용하는 기계, 설비 및 작업보조물, 사용된 자재, 만들어진 생산품 또는 제공된 용역, 수반되는 일반적·전문적 지식 등을 간략히 기술하였다.

④ 수행직무

㉠ 직무담당자가 직무의 목적을 완수하기 위하여 수행하는 구체적인 작업(Task) 내용을 작업순서에 따라 서술한 것이다.

㉡ 직무의 특징적인 작업을 명확히 하기 위하여 작업자가 사용하는 도구·기계와 관련시켜 작업자가 무엇을, 어떻게, 왜 하는가를 정확하게 표현하되 평이한 문제로 이해하기 쉽게 기술하였다.

⑤ 부가 직업정보

[2024년 1회, 2021년 1회, 2020년 3회, 2018년 1회, 2013년 2회, 2010년 1회, 2009년 1회, 2008년 1회, 2007년 3회]

㉠ 정규교육

• 해당 직업의 직무를 수행하는 데 필요한 일반적인 정규교육수준을 의미하는 것으로, 해당 직업 종사자의 평균 학력을 나타내는 것은 아니다.

• 현행 우리나라 정규교육과정의 연한을 고려하여 다음과 같이 그 수준을 6단계로 분류하였으며, 독학, 검정고시 등을 통해 정규교육과정을 이수하였다고 판단되는 기간도 포함된다.

수 준	교육정도
1	6년 이하(초졸 정도)
2	6년 초과 ~ 9년 이하(중졸 정도)
3	9년 초과 ~ 12년 이하(고졸 정도)
4	12년 초과 ~ 14년 이하(전문대졸 정도)
5	14년 초과 ~ 16년 이하(대졸 정도)
6	16년 초과(대학원 이상)

㉡ 숙련 기간

• 정규교육과정을 이수한 후 해당 직업의 직무를 평균적인 수준으로 스스로 수행하기 위하여 필요한 각종 교육, 훈련, 숙련 기간을 의미한다.

• 해당 직업에 필요한 자격·면허를 취득하는 취업 전 교육 및 훈련 기간뿐만 아니라 취업 후에 이루어지는 관련 자격·면허 취득 교육 및 훈련 기간도 포함된다.

• 자격·면허가 요구되는 직업은 아니지만 해당 직무를 평균적으로 수행하기 위한 각종 교육·훈련 기간, 수습교육, 기타 사내교육, 현장훈련 등이 포함된다.

• 다만, 해당 직무를 평균적인 수준 이상으로 수행하기 위한 향상훈련(Further Training)은 '숙련 기간'에 포함되지 않는다.

수 준	숙련기간
1	약간의 시범 정도
2	시범 후 30일 이하
3	1개월 초과 ~ 3개월 이하
4	3개월 초과 ~ 6개월 이하
5	6개월 초과 ~ 1년 이하
6	1년 초과 ~ 2년 이하
7	2년 초과 ~ 4년 이하
8	4년 초과 ~ 10년 이하
9	10년 초과

ⓒ 직무기능(DPT)
- 해당 직업 종사자가 직무를 수행하는 과정에서 '자료(Data)', '사람(People)', '사물(Thing)'과 맺는 관련된 특성을 나타낸다.
- 각각의 작업자 직무기능은 광범위한 행위를 표시하고 있으며 작업자가 자료, 사람, 사물과 어떤 관련이 있는지를 보여준다.

자료(Data)와 관련된 기능	• 정보, 지식, 개념 등 세 가지 종류의 활동으로 배열되어 있는데, 어떤 것은 광범위하며 어떤 것은 범위가 협소하다. • 각 활동은 상당히 중첩되어 배열 간의 복잡성이 존재한다.
사람(People)과 관련된 기능	• 위계적 관계가 없거나 희박하다. • 서비스 제공이 일반적으로 덜 복잡한 사람 관련 기능이며, 나머지 기능들은 기능의 수준을 의미하는 것은 아니다.
사물(Thing)과 관련된 기능	• 작업자가 기계와 장비를 가지고 작업하는지 혹은 기계가 아닌 도구나 보조구(補助具)를 가지고 작업하는지에 기초하여 분류된다. • 작업자의 업무에 따라 사물과 관련되어 요구되는 활동수준이 달라진다.

- 세 가지 관계 내에서의 배열은 아래에서 위로 올라가면서 단순한 것에서 차츰 복잡한 것으로 향하는 특성을 보여주지만, 그 계층적 관계가 제한적인 경우도 있다. **[2024년 2회]**

수 준	자료(Data)	사람(People)	사물(Thing)
0	종 합	자 문	설 치
1	조 정	협 의	정밀작업
2	분 석	교 육	제어조작
3	수 집	감 독	조작운전
4	계 산	오락 제공	수동조작
5	기 록	설 득	유 지

6	비 교	말하기–신호	투입–인출
7	–	서비스 제공	단순직업
8	관련 없음	관련 없음	관련 없음

- 한국직업사전(2020)의 부가 직업정보로서 직무기능의 세부영역
  - 자료(Data) [2023년 1회, 2021년 3회]

0	종합(Synthesizing)	사실을 발견하고 지식개념 또는 해석을 개발하기 위해 자료를 종합적으로 분석한다.
1	조정(Coordinating)	데이터의 분석에 기초하여 시간, 장소, 작업순서, 활동 등을 결정한다. 결정을 실행하거나 상황을 보고한다.
2	분석(Analyzing)	조사하고 평가한다. 평가와 관련된 대안적 행위의 제시가 빈번하게 포함된다.
3	수집(Compiling)	자료, 사람, 사물에 관한 정보를 수집·대조·분류한다. 정보와 관련한 규정된 활동의 수행 및 보고가 자주 포함된다.
4	계산(Computing)	사칙연산을 실시하고 사칙연산과 관련하여 규정된 활동을 수행하거나 보고한다. 수를 세는 것은 포함되지 않는다.
5	기록(Copying)	데이터를 옮겨 적거나 입력하거나 표시한다.
6	비교(Comparing)	자료, 사람, 사물의 쉽게 관찰되는 기능적·구조적·조합적 특성을 (유사성 또는 표준과의 차이) 판단한다.

  - 사람(People) [2022년 2회]

0	자문(Mentoring)	법률적으로나 과학적, 임상적, 종교적, 기타 전문적인 방식에 따라 사람들의 전인격적인 문제를 상담하고 조언하며 해결책을 제시한다.
1	협의(Negotiating)	정책을 수립하거나 의사결정을 하기 위해 생각이나 정보, 의견 등을 교환한다.
2	교육(Instructing)	설명이나 실습 등을 통해 어떤 주제에 대해 교육하거나 훈련(동물 포함)시킨다. 또한 기술적인 문제를 조언한다.
3	감독(Supervising)	작업절차를 결정하거나 작업자들에게 개별 업무를 적절하게 부여하여 작업의 효율성을 높인다.
4	오락 제공(Diverting)	무대공연이나 영화, TV, 라디오 등을 통해 사람들을 즐겁게 한다.
5	설득(Persuading)	상품이나 서비스 등을 구매하도록 권유하고 설득한다.
6	말하기–신호 (Speaking–Signaling)	언어나 신호를 사용해서 정보를 전달하고 교환한다. 보조원에게 지시하거나 과제를 할당하는 일을 포함한다.
7	서비스 제공(Serving)	사람들의 요구 또는 필요를 파악하여 서비스를 제공한다. 즉각적인 반응이 수반된다.

- 사물(Thing) [2023년 3회, 2022년 3회]

0	설치(Setting Up)	기계의 성능, 재료의 특성, 작업장의 관례 등에 대한 지식을 적용하여 연속적인 기계 가공작업을 수행하기 위한 기계 및 설비의 준비, 공구 및 기타 기계장비의 설치 및 조정, 가공물 또는 재료의 위치조정, 제어장치 설정, 기계의 기능 및 완제품의 정밀성 측정 등을 수행한다.
1	정밀작업 (Precision Working)	설정된 표준치를 달성하기 위하여 궁극적인 책임이 존재하는 상황하에서 신체부위, 공구, 작업도구를 사용하여 가공물 또는 재료를 가공, 조종, 이동, 안내하거나 또는 정위치시킨다. 그리고 도구, 가공물 또는 원료를 선정하고 작업에 알맞게 공구를 조정한다.
2	제어조작 (Operating – controlling)	기계 또는 설비를 시동, 정지, 제어하고 작업이 진행되고 있는 기계나 설비를 조정한다.
3	조작운전 (Driving–operating)	다양한 목적을 수행하고자 사물 또는 사람의 움직임을 통제하는 데 있어 일정한 경로를 따라 조작되고 안내되어야 하는 기계 또는 설비를 시동, 정지하고 그 움직임을 제어한다.
4	수동조작 (Manipulating)	기계, 설비 또는 재료를 가공, 조정, 이동 또는 위치할 수 있도록 신체부위, 공구 또는 특수장치를 사용한다. 정확도 달성 및 적합한 공구, 기계, 설비 또는 원료를 산정하는 데 있어서 어느 정도의 판단력이 요구된다.
5	유지(Tending)	기계 및 장비를 시동, 정지하고 그 기능을 관찰한다. 체인징가이드, 조정타이머, 온도게이지 등의 계기의 제어장치를 조정하거나 원료가 원활히 흐르도록 밸브를 돌려주고 빛의 반응에 따라 스위치를 돌린다. 이러한 조정업무에 판단력은 요구되지 않는다.
6	투입–인출 (Feeding–off Bearing)	자동적으로 또는 타 작업원에 의하여 가동, 유지되는 기계나 장비 안에 자재를 삽입, 투척, 하역하거나 그 안에 있는 자재를 다른 장소로 옮긴다.
7	단순작업 (Handling)	신체부위, 수공구 또는 특수장치를 사용하여 기계, 장비, 물건 또는 원료 등을 정리, 운반 처리한다. 정확도 달성 및 적합한 공구, 장비, 원료를 선정하는 데 판단력은 요구되지 않는다.

ⓛ 작업강도

• 정 의 [2024년 3회, 2021년 2회, 2020년 1회, 2007년 1회]

해당 직업의 직무를 수행하는 데 필요한 육체적 힘의 강도를 나타낸 것으로, 다음의 5단계로 분류하였다. 그러나 작업강도는 심리적 · 정신적 노동강도는 고려하지 않았다.

구 분	정 의
아주 가벼운 직업	• 최고 4kg의 물건을 들어 올리고, 때때로 장부, 소도구 등을 들어 올리거나 운반한다. • 앉아서 하는 작업이 대부분을 차지하지만 직무수행상 서거나 걷는 것이 필요할 수도 있다.
가벼운 직업	• 최고 8kg의 물건을 들어 올리고, 4kg 정도의 물건을 빈번히 들어 올리거나 운반한다. • 걷거나 서서 하는 작업이 대부분일 때 또는 앉아서 하는 작업일지라도 팔과 다리로 밀고 당기는 작업을 수반할 때에는 무게가 매우 적을지라도 이 작업에 포함된다.
보통 직업	최고 20kg의 물건을 들어 올리고, 10kg 정도의 물건을 빈번히 들어 올리거나 운반한다.
힘든 직업	최고 40kg의 물건을 들어 올리고, 20kg 정도의 물건을 빈번히 들어 올리거나 운반한다.
아주 힘든 직업	40kg 이상의 물건을 들어 올리고, 20kg 이상의 물건을 빈번히 들어 올리거나 운반한다.

• 결정기준 [2012년 3회]

각각의 작업강도는 '들어올림', '운반', '밈', '당김' 등을 기준으로 결정하였는데, 이것은 일차적으로 힘의 강도에 대한 육체적 요건이며, 일반적으로 이러한 활동 중 한 가지에 참여한다면 그 범주를 기준으로 사용한다.

구 분	정 의
들어올림	물체를 주어진 높이에서 다른 높이로 올리거나 내리는 작업
운 반	손에 들거나 팔에 걸거나 어깨에 메고 물체를 한 장소에서 다른 장소로 옮기는 작업
밈	물체에 힘을 가하여 힘을 가한 쪽으로 움직이게 하는 작업 (때리고, 치고, 발로 차고, 페달을 밟는 일도 포함)
당 김	물체에 힘을 가하여 힘을 가한 반대쪽으로 움직이게 하는 작업 (물체에 힘을 가하여 자기 쪽으로 일정한 방향으로 가까이 오게 하는 작업)

ⓜ 육체활동 [2023년 2회, 2020년 4회]

• 해당 직업의 직무를 수행하기 위해 필요한 신체적 능력을 나타내는 것으로 균형감각, 웅크림, 손 사용, 언어력, 청각, 시각 등이 요구되는 직업인지를 보여준다.

• 다만, 조사대상 사업체 및 종사자에 따라 다소 상이할 수 있으므로 전체 직업 종사자의 '육체활동'으로 일반화하는 데는 무리가 있다.

균형감각	손, 발, 다리 등을 사용하여 사다리, 계단, 발판, 경사로, 기둥, 밧줄 등을 올라가거나 몸 전체의 균형을 유지하고 좁거나 경사지거나 또는 움직이는 물체 위를 걷거나 뛸 때 신체의 균형을 유지하는 것이 필요한 직업이다. 예 도장공, 용접원, 기초구조물설치원, 철골조립공 등
웅크림	허리를 굽히거나 몸을 앞으로 굽히고 뒤로 젖히는 동작, 다리를 구부려 무릎을 꿇는 동작, 다리와 허리를 구부려 몸을 아래나 위로 굽히는 동작, 손과 무릎 또는 손과 발로 이동하는 동작 등이 필요한 직업이다. 예 단조원, 연마원, 오토바이수리원, 항공기엔진정비원, 전기도금원 등
손 사용	일정 기간의 손 사용 숙련 기간을 거쳐 직무의 전체 또는 일부분에 지속적으로 손을 사용하는 직업으로 통상적인 손 사용이 아닌 정밀함과 숙련을 필요로 하는 직업에 한정한다. 예 해부학자 등 의학 관련 직업, 의료기술종사자, 기악연주자, 조각가, 디자이너, 미용사, 조리사, 운전 관련 직업, 설계 관련 직업 등
언어력	말로 생각이나 의사를 교환하거나 표현하는 직업으로 개인이 다수에게 정보 및 오락 제공을 목적으로 말을 하는 직업이다. 예 교육 관련 직업, 변호사, 판사, 통역가, 성우, 아나운서 등
청 각	단순히 일상적인 대화 내용 청취 여부가 아니라 작동하는 기계의 소리를 듣고 이상 유무를 판단하거나 논리적인 결정을 내리는 청취 활동이 필요한 직업이다. 예 피아노조율사, 음향 관련 직업, 녹음 관련 직업, 전자오르간검사원, 자동차엔진정비원, 광산기계수리원 등
시 각	일상적인 눈 사용이 아닌 시각적 인식을 통해 반복적인 판단을 하거나 물체의 길이, 넓이, 두께를 알아내고 물체의 재질과 형태를 알아내기 위한 거리와 공간 관계를 판단하는 직업이다. 또한 색의 차이를 판단할 수 있어야 하는 직업이다. 예 측량기술자, 제도사, 항공기 조종사, 사진작가, 의사, 심판, 보석감정인 · 위폐감정사 등 감정 관련 직업, 현미경 · 망원경 등 정밀 광학기계를 이용하는 직업, 촬영 및 편집 관련 직업 등

ⓑ 작업장소

해당 직업의 직무가 주로 수행되는 장소를 나타내는 것으로 실내, 실외 종사비율에 따라 구분한다.

구 분	정 의
실 내	눈, 비, 바람과 온도변화로부터 보호를 받으며, 작업의 75% 이상이 실내에서 이루어지는 경우
실 외	눈, 비, 바람과 온도변화로부터 보호를 받지 못하며, 작업의 75% 이상이 실외에서 이루어지는 경우
실내 · 외	작업이 실내 및 실외에서 비슷한 비율로 이루어지는 경우

ⓐ 작업환경

- 해당 직업의 직무를 수행하는 작업자에게 직접적으로 물리적 · 신체적 영향을 미치는 작업장의 환경요인을 나타낸 것이다.
- 작업자의 작업환경을 조사하는 담당자는 일시적으로 방문하고, 정확한 측정기구를 가지고 있지 못한 경우가 일반적이기 때문에 조사 당시에 조사자가 느끼는 신체적 반응 및 작업자의 반응을 듣고 판단한다.
- 온도, 소음 · 진동, 위험내재 및 대기환경이 미흡한 직업은 근로기준법, 산업안전보건법 등의 법률에서 제시한 금지직업이나 유해요소가 있는 직업 등을 근거로 판단할 수 있다.
- 작업환경 기준도 산업체 및 작업장에 따라 달라질 수 있으므로 절대적인 기준이 될 수 없다.

구 분	정 의
저 온	신체적으로 불쾌감을 느낄 정도로 저온이거나 두드러지게 신체적 반응을 야기시킬 정도로 저온으로 급변하는 경우
고 온	신체적으로 불쾌감을 느낄 정도로 고온이거나 두드러지게 신체적 반응을 야기시킬 정도로 고온으로 급변하는 경우
다 습	신체의 일부분이 수분이나 액체에 직접 접촉되거나 신체에 불쾌감을 느낄 정도로 대기 중에 습기가 충만하는 경우
소음 · 진동	심신에 피로를 주는 청각장애 및 생리적 영향을 끼칠 정도의 소음, 전신을 떨게 하고 팔과 다리의 근육을 긴장시키는 연속적인 진동이 있는 경우
위험내재	신체적인 손상의 위험에 노출되어 있는 상황으로 기계적 위험, 전기적 위험, 화상, 폭발, 방사선 등의 위험이 있는 경우
대기환경미흡	직무를 수행하는 데 방해가 되거나 건강을 해칠 수 있는 냄새, 분진, 연무, 가스 등의 물질이 작업장의 대기 중에 다량 포함된 경우

쌤의 비법노트

위험내재와 대기환경미흡의 각 요소를 구분할 수 있어야 합니다. 예를 들어, '가스'는 위험내재의 요소가 아닌 대기환경미흡의 요소에 해당합니다.

◎ 유사명칭
- 현장에서 본직업명을 명칭만 다르게 부르는 것으로 본직업명과 사실상 동일하다. 따라서 직업 수 집계에서 제외된다.
- 예를 들어, '보험모집원'은 '생활설계사', '보험영업사원'이라는 유사명칭을 가지는데, 이는 동일한 직무를 다르게 부르는 명칭들이다.

㉢ 관련 직업
- 본직업명과 기본적인 직무에 있어서 공통점이 있으나 직무의 범위, 대상 등에 따라 나누어지는 직업이다.
- 하나의 본직업명에는 두 개 이상의 관련 직업이 있을 수 있으며, 직업 수 집계에 포함된다.

㉣ 자격 · 면허
- 해당 직업에 취업 시 소지할 경우 유리한 자격증 또는 면허를 나타내는 것으로 현행 국가기술자격법 및 개별법령에 의해 정부주관으로 운영하고 있는 국가자격 및 면허를 수록한다.
- 한국산업인력공단, 대한상공회의소 등에서 주관 · 수행하는 시험에 해당하는 자격과 각 부처에서 개별적으로 시험을 실시하는 자격증을 중심으로 수록하였다. 그러나 민간에서 부여하는 자격증은 제외한다.

㉠ 한국표준산업분류 코드
- 해당 직업을 조사한 산업을 나타내는 것으로 『한국표준산업분류(제10차 개정)』의 소분류(3-digits) 산업을 기준으로 하였다.
- 두 개 이상의 산업에 걸쳐 조사된 직업에 대해서도 원칙적으로 해당 산업을 모두 표기하였다.

㉡ 한국표준직업분류 코드
해당 직업의 『한국고용직업분류(KECO)』 세분류 코드(4-digits)에 해당하는 『한국표준직업분류』(통계청)의 세분류 코드를 표기한다.

㉤ 조사연도
해당 직업의 직무조사가 실시된 연도를 나타낸다.

쌤의 비법노트

앞선 '직업코드', '본직업명', '직무개요', '수행직무'는 한국직업사전의 '부가 직업정보'에 포함되지 않습니다.

기출복원문제로 핵심 복습

01 한국직업사전(2020)의 부가 직업정보 중 정규교육, 숙련기간, 직무기능의 의미를 쓰시오.
[2020년 3회, 2008년 1회]

쌤의 만점답안

① 정규교육 : 해당 직업의 직무를 수행하는 데 필요한 일반적인 정규교육수준을 의미한다.
② 숙련기간 : 정규교육과정을 이수한 후 해당 직업의 직무를 평균적인 수준으로 스스로 수행하기 위하여 필요한 각종 교육, 훈련, 숙련기간을 의미한다.
③ 직무기능 : 해당 직업 종사자가 직무를 수행하는 과정에서 자료(Data), 사람(People), 사물(Thing)과 맺는 관련된 특성을 나타낸다.

02 한국직업사전의 부가 직업정보 중 직무기능은 해당 직업 종사자가 직무를 수행하는 과정에서 '자료(Data)', '사람(People)', '사물(Thing)'과 맺는 관련된 특성을 나타낸다. 다음은 한국직업사전의 직무기능 중 자료(Data)의 항목이다. 보기의 오른쪽에 제시된 설명을 보고 왼쪽 빈칸에 들어갈 내용을 각각 쓰시오(단, 각 수준을 나타내는 숫자는 제외). [2023년 1회]

종 합	사실을 발견하고 지식개념 또는 해석을 개발하기 위해 자료를 종합적으로 분석한다.
(ㄱ)	데이터의 분석에 기초하여 시간, 장소, 작업순서, 활동 등을 결정한다. 결정을 실행하거나 상황을 보고한다.
(ㄴ)	조사하고 평가한다. 평가와 관련된 대안적 행위의 제시가 빈번하게 포함된다.
(ㄷ)	자료, 사람, 사물에 관한 정보를 수집 · 대조 · 분류한다. 정보와 관련한 규정된 활동의 수행 및 보고가 자주 포함된다.
(ㄹ)	사칙연산을 실시하고 사칙연산과 관련하여 규정된 활동을 수행하거나 보고한다. 수를 세는 것은 포함되지 않는다.
(ㅁ)	데이터를 옮겨 적거나 입력하거나 표시한다.
(ㅂ)	자료, 사람, 사물의 쉽게 관찰되는 기능적 · 구조적 · 조합적 특성을 (유사성 또는 표준과의 차이) 판단한다.

쌤의 만점답안

ㄱ : 조정, ㄴ : 분석, ㄷ : 수집, ㄹ : 계산, ㅁ : 기록, ㅂ : 비교

합격 암기법 (자료) 종조분수계기비

유사 문제

한국직업사전의 부가 직업정보 중 직무기능은 해당 직업 종사자가 직무를 수행하는 과정에서 '자료(Data)', '사람(People)', '사물(Thing)'과 맺는 관련된 특성을 나타낸다. 다음은 한국직업사전의 직무기능 중 자료(Data)의 항목이다. 빈칸에 들어갈 내용을 각각 쓰시오(단, 각 수준을 나타내는 숫자는 제외). [2021년 3회]

03 한국직업사전의 부가 직업정보 중 직무기능은 해당 직업 종사자가 직무를 수행하는 과정에서 '자료(Data)', '사람(People)', '사물(Thing)'과 맺는 관련된 특성을 나타낸다. 그중 '사람(People)'과 관련된 기능의 세부항목을 5가지만 쓰시오(단, 각 수준에 해당하는 숫자는 기재할 필요가 없으며, '관련없음'은 정답으로 고려하지 않음). [2022년 2회]

한국직업사전의 부가 직업정보 중 직무기능으로서 사람(People)의 항목 : 자문 – 협의 – 교육 – 감독 – 오락 제공 – 설득 – 말하기 · 신호 – 서비스 제공

04 다음 보기는 한국직업사전의 부가 직업정보 중 직무기능으로서 사물(Thing)과 관련된 기능의 세부항목과 그에 대한 설명을 나열한 것이다. 아래 설명의 빈칸에 들어갈 세부항목의 기호를 각각 쓰시오. [2023년 3회]

ㄱ – 설 치	ㄴ – 정밀작업
ㄷ – 제어조작	ㄹ – 조작운전
ㅁ – 수동조작	ㅂ – 유 지
ㅅ – 투입–인출	ㅇ – 단순작업

① ( )	기계의 성능, 재료의 특성, 작업장의 관례 등에 대한 지식을 적용하여 연속적인 기계가공작업을 수행하기 위한 기계 및 설비의 준비, 공구 및 기타 기계장비의 설치 및 조정, 가공물 또는 재료의 위치조정, 제어장치 설정, 기계의 기능 및 완제품의 정밀성 측정 등을 수행한다.
② ( )	설정된 표준치를 달성하기 위하여 궁극적인 책임이 존재하는 상황하에서 신체부위, 공구, 작업도구를 사용하여 가공물 또는 재료를 가공, 조종, 이동, 안내하거나 또는 정위치시킨다. 그리고 도구, 가공물 또는 원료를 선정하고 작업에 알맞게 공구를 조정한다.
③ ( )	다양한 목적을 수행하고자 사물 또는 사람의 움직임을 통제하는 데 있어 일정한 경로를 따라 조작되고 안내되어야 하는 기계 또는 설비를 시동, 정지하고 그 움직임을 제어한다.
④ ( )	기계, 설비 또는 재료를 가공, 조정, 이동 또는 위치할 수 있도록 신체부위, 공구 또는 특수장치를 사용한다. 정확도 달성 및 적합한 공구, 기계, 설비 또는 원료를 산정하는 데 있어서 어느 정도의 판단력이 요구된다.
⑤ ( )	기계 및 장비를 시동, 정지하고 그 기능을 관찰한다. 체인징가이드, 조정타이머, 온도게이지 등의 계기의 제어장치를 조정하거나 원료가 원활히 흐르도록 밸브를 돌려주고 빛의 반응에 따라 스위치를 돌린다. 이러한 조정업무에 판단력은 요구되지 않는다.

① : ㄱ, ② : ㄴ, ③ : ㄹ, ④ : ㅁ, ⑤ : ㅂ

유사 문제

한국직업사전의 부가 직업정보 중 직무기능은 해당 직업 종사자가 직무를 수행하는 과정에서 '자료(Data)', '사람(People)', '사물(Thing)'과 맺는 관련된 특성을 나타낸다. 그중 '사물(Thing)'과 관련된 기능의 세부항목을 5가지만 쓰시오(단, 각 수준에 해당하는 숫자는 기재할 필요가 없으며, '관련없음'은 정답으로 고려하지 않음). [2022년 3회]

05 한국직업사전의 부가 직업정보 중 직무기능은 해당 직업 종사자가 직무를 수행하는 과정에서 '자료(Data)', '사람(People)', '사물(Thing)'과 맺는 관련된 특성을 나타낸다. 아래의 수준별 작업자 직무기능을 나타내는 표에서 빈칸에 들어갈 내용을 각각 쓰시오. [2024년 2회]

수 준	자료(Data)	사람(People)	사물(Thing)
0	종 합	(ㄷ)	설 치
1	(ㄱ)	협 의	정밀작업
2	분 석	교 육	(ㅁ)
3	수 집	(ㄹ)	조작운전
4	계 산	오락 제공	(ㅂ)
5	(ㄴ)	설 득	유 지
6	비 교	말하기-신호	투입-인출
7	–	서비스 제공	단순작업
8	관련 없음	관련 없음	관련 없음

쌤의 해결 포인트

이 문제는 '자료(Data)'와 관련된 기능의 세부항목을 묻는 문제(2023년 1회), '사람(People)'과 관련된 기능의 세부항목을 묻는 문제(2022년 2회), '사물(Thing)'과 관련된 기능의 세부항목을 묻는 문제(2023년 3회)와 달리 '자료(D)-사람(P)-사물(T)'과 관련된 기능의 세부항목을 복합적으로 묻고 있는 점에서 비교적 난이도 높은 문제로 볼 수 있습니다. 특히 이와 관련된 문제들은 변형된 형태로 출제되고 있으므로 빈칸에 들어갈 용어들만 암기해서는 안 되며, '자료(D)-사람(P)-사물(T)'과 관련된 기능의 세부항목 전체를 순서대로 암기하도록 하세요.

쌤의 만점답안

ㄱ : 조정, ㄴ : 기록, ㄷ : 자문, ㄹ : 감독, ㅁ : 제어조작, ㅂ : 수동조작

06 한국직업사전의 부가 직업정보 중 작업강도는 해당 직업의 직무를 수행하는 데 필요한 육체적 힘의 강도를 나타낸 것으로 5단계로 분류하였다. 이 5단계를 쓰시오(단, 순서는 상관없음). [2020년 1회, 2007년 1회]

쌤의 만점답안

① 아주 가벼운 작업, ② 가벼운 작업, ③ 보통 작업, ④ 힘든 작업, ⑤ 아주 힘든 작업

합격 암기법 ＼ (강도) 아가보힘아

07 다음은 한국직업사전의 부가 직업정보 중 작업강도에 관한 내용의 일부이다. 빈칸에 들어갈 숫자를 각각 쓰시오. [2021년 2회]

> • 아주 가벼운 작업 : 최고 (ㄱ)kg의 물건을 들어 올리고, 때때로 장부, 소도구 등을 들어 올리거나 운반한다.
> • 보통 작업 : 최고 (ㄴ)kg의 물건을 들어 올리고, (ㄷ)kg 정도의 물건을 빈번히 들어 올리거나 운반한다.
> • 힘든 작업 : 최고 (ㄹ)kg의 물건을 들어 올리고, (ㅁ)kg 정도의 물건을 빈번히 들어 올리거나 운반한다.

ㄱ – (   )
ㄴ – (   )
ㄷ – (   )
ㄹ – (   )
ㅁ – (   )

쌤의 만점답안

ㄱ : 4, ㄴ : 20, ㄷ : 10, ㄹ : 40, ㅁ : 20

유사 문제

다음은 한국직업사전의 부가 직업정보 중 작업강도에 관한 내용의 일부이다. 빈칸에 들어갈 숫자를 보기에서 찾아 각각 쓰시오. [2024년 3회]

> • 보통 작업 : 최고 (ㄱ)kg의 물건을 들어 올리고, (ㄴ)kg 정도의 물건을 빈번히 들어 올리거나 운반한다.
> • 힘든 작업 : 최고 (ㄷ)kg의 물건을 들어 올리고, (ㄹ)kg 정도의 물건을 빈번히 들어 올리거나 운반한다.
> • 아주 힘든 작업 : (ㅁ)kg 이상의 물건을 들어 올리고, (ㅂ)kg 이상의 물건을 빈번히 들어 올리거나 운반한다.

| ┤ 보기 ├ |
| 10   20   30   40   50   60 |

ㄱ – (   )
ㄴ – (   )
ㄷ – (   )
ㄹ – (   )
ㅁ – (   )

08 한국직업사전의 부가 직업정보 중 작업강도를 결정하는 기준을 4가지 쓰고 각각에 대해 간략히 설명하시오. [2012년 3회]

쌤의 만점답안

① 들어올림 : 물체를 주어진 높이에서 다른 높이로 올리거나 내리는 작업
② 운반 : 손에 들거나 팔에 걸거나 어깨에 메고 물체를 한 장소에서 다른 장소로 옮기는 작업
③ 밈 : 물체에 힘을 가하여 힘을 가한 쪽으로 움직이게 하는 작업
④ 당김 : 물체에 힘을 가하여 힘을 가한 반대쪽으로 움직이게 하는 작업

09 다음의 표는 한국직업사전에서 '특수학교교사' 직업의 부가 직업정보에 관한 내용이다. 표의 내용 중 숙련기간과 작업강도의 의미를 설명하시오. [2018년 2회]

• 정규교육 : 14년 초과 ~ 16년 이하(대졸 정도)	• 관련직업 : 장애아 보조교사, 정신지체아 교사, 정서장애아 교사, 청각장애아 교사, 시각장애아 교사, 지체부자유아 교사
• 숙련기간 : 2년 초과 ~ 4년 이하	
• 직무기능 : 자료(분석) / 사람(교육) / 사물(수동조작)	
• 작업강도 : 보통 작업	• 자격면허 : 특수학교 정교사
• 육체활동 : 웅크림 / 언어력	• 표준산업분류 : P854 특수학교, 외국인학교 및 대안학교
• 작업장소 : 실내 · 외	
• 작업환경 : −	• 표준직업분류 : 2523 특수교육 교사
• 유사명칭 : 특수교육교사	• 조사연도 : 2012년

쌤의 만점답안

① 숙련기간 : 해당 직업의 직무를 평균적인 수준으로 스스로 수행하기 위하여 필요한 각종 교육, 훈련, 숙련 기간을 의미하는 것으로, '2년 초과 ~ 4년 이하'는 수준 1 ~ 9 중 '수준 7'에 해당한다.
② 작업강도 : 해당 직업의 직무를 수행하는 데 필요한 육체적 힘의 강도를 5단계로 분류한 것으로, '보통 작업'은 최고 20kg의 물건을 들어 올리고, 10kg 정도의 물건을 빈번히 들어 올리거나 운반한다.

10 다음 보기는 한국직업사전의 부가 직업정보 중 육체활동을 나타낸 것이다. 빈칸에 들어갈 육체활동의 구분 5가지를 쓰시오. [2023년 2회]

균형감각 – (ㄱ)–(ㄴ)–(ㄷ)–(ㄹ)–(ㅁ)

쌤의 만점답안

ㄱ : 웅크림, ㄴ : 손 사용, ㄷ : 언어력, ㄹ : 청각, ㅁ : 시각

유사 문제

한국직업사전의 부가 직업정보 중 육체활동의 구분 4가지를 쓰시오. [2020년 4회]

03 ▶ 직업정보 제공

1 직업정보의 축적

대표 문제
고용정보를 미시정보와 거시정보로 나누고, 그 예를 각각 2가지씩 쓰시오.
[2020년 2회, 2017년 2회, 2009년 2회]

쌤의 해결 포인트
미시고용정보와 거시고용정보의 종류는 그 수가 매우 많고 명확한 정답이 있는 것이 아니므로 다양한 답안이 가능합니다. 다만, 주의할 것은 미시고용정보와 거시고용정보의 구분이 곧 민간정보와 공공정보의 구분과 같다고 생각하는 분들이 있으나, 이 두 가지 방식의 분류는 서로 다릅니다. 즉, 미시고용정보와 거시고용정보는 정보의 성격에 따른 분류에 해당하는 반면, 민간정보와 공공정보는 정보의 생산 주체에 따른 분류에 해당합니다.

쌤의 만점답안
① 미시정보 : 구인 및 구직정보, 자격정보, 훈련정보 등
② 거시정보 : 노동시장 동향, 직종별·업종별 인력수급 현황, 미래의 직업별 고용전망자료 등

(1) 고용정보의 개념
① 직업정보가 일의 수행단위로서 주로 직무에 관련된 정보를 말한다면, 고용정보는 일자리와 관련된 보다 광범위한 정보를 일컫는다.
② 고용정보는 구직자 및 구인업체에 관한 정보는 물론 일자리 관련 정부의 정책 및 연구자료 등을 포함한다.

(2) 고용정보 및 직업정보의 분류 [2020년 2회, 2017년 2회, 2009년 2회]

① 정보의 성격에 따른 분류

미시정보	• 정보가 개별적이고 구체적이므로 보통 개별사업에 국한된다. • 구인 업체, 구직자 등에 관한 사항이 포함된다. • 특정 목적에 맞게 해당 분야의 직종에 대한 정보를 제한적이고 선택적으로 제공한다. • 직업안정을 목적으로 주관적인 기준에 따라 분류한다. • 정보로서의 기한이 짧으며, 그 범위가 포괄적이지 못하다. 예 구인 및 구직정보, 자격정보, 훈련정보, 임금정보, 취업박람회 등
거시정보	• 정책 및 법률의 입안으로 연결되는 정보로서, 보통 포괄적인 산업으로 확장된다. • 현재의 노동시장 흐름을 보여주는 자료인 동향정보와 함께 과거자료를 토대로 예측자료를 제시하는 시계열 자료 및 전망자료 등이 포함된다. • 고용과 직업에 대한 통계적·정책적인 자료를 제공한다. • 고용안정을 목적으로 객관적인 기준에 따라 분류한다. • 정보로서의 기한이 길며, 그 범위가 포괄적이다. 예 노동시장 동향, 직종별·업종별 인력 수급 현황, 직종별·지역별 실업률, 미래의 직업별 고용전망자료 등

② 정보의 생산주체에 따른 직업정보의 구분 [2022년 1회, 2010년 3회, 2008년 3회]

공공직업정보	• 정부 및 공공단체와 같은 비영리기관에서 공익적 목적으로 생산·제공된다. • 특정한 시기에 국한되지 않고 지속적으로 조사·분석하여 제공되며, 장기적인 계획 및 목표에 따라 정보체계의 개선작업 수행이 가능하다. • 특정 분야 및 대상에 국한되지 않고 전체 산업 및 업종에 걸친 직종(업)을 대상으로 한다. • 국내 또는 국제적으로 인정되는 객관적인 기준(예 국제표준직업분류 및 한국표준직업분류 등)에 근거한 직업분류이다. • 직업별로 특정한 정보만을 강조하지 않고 보편적인 항목으로 이루어진 기초적인 직업정보체계로 구성된다. • 관련 직업정보 간의 비교·활용이 용이하고, 공식적인 노동시장통계 등 관련 정보와 결합하여 제반 정책 및 취업알선과 같은 공공목적에 사용 가능하다. • 광범위한 이용 가능성에 따라 공공직업정보체계에 대한 직접적이며 객관적인 평가가 가능하다. • 정부 및 공공기관 주도로 생산·운영되므로 무료로 제공된다.
민간직업정보	• 필요한 시기에 최대한 활용되도록 한시적으로 신속하게 생산되어 운영된다. • 노동시장환경, 취업상황, 기업의 채용환경 등을 반영한 직업정보가 상대적으로 단기간에 조사되어 집중적으로 제공된다. • 특정한 목적에 맞게 해당 분야 및 직종이 제한적으로 선택된다. • 정보생산자의 임의적 기준 또는 시사적인 관심이나 흥미를 유도할 수 있도록 해당 직업을 분류한다. • 정보 자체의 효과가 큰 반면, 부가적인 파급효과는 적다. • 객관적이고 공통적인 기준에 따라 분류되지 않았기 때문에 다른 직업정보와의 비교가 적고 활용성이 낮다.

공공직업정보와 민간직업정보의 대략적인 차이점

구 분	공공직업정보	민간직업정보
정보제공 속성	지속적	한시적
직업 분류·구분	기준에 의한 객관성	생산자의 자의성
조사 직업 범위	포괄적	제한적
정보의 구성	기초적 정보체계	완결적 정보체계
타 정보와의 관계	관련성 높음	관련성 낮음
비 용	보통 무료	보통 유료

쌤의 비법노트

'민간직업정보'는 민간업체가 생산 및 관리하는 직업정보를, '공공직업정보'는 중앙정부, 지방정부, 정부산하단체 및 기관 등에서 생산 및 관리하는 직업정보를 말합니다.

(3) 고용정보의 관리

① 직업정보(고용정보)의 일반적인 처리과정

수집(제1단계)	정보사용자가 무엇을 요구하는지에 대한 명확한 목표를 세우고, 항상 최신의 자료를 수집하여야 한다. 자료를 수집하면 자료의 출처와 저자, 발행연도, 수집일자를 기입한다.
분석(제2단계)	사용자가 요구하는 목적에 부합하도록 분석기간의 길이, 양과 질 등을 고려하여 자료의 내용을 파악하며, 이를 체계적으로 분류하여 제공하기에 편리하도록 배열한다.
가공(제3단계)	수집·분석된 정보를 기초로 이를 재편집함으로써 내담자가 사용하기에 편리하도록 요약·정리한다.
체계화(제4단계)	필요도에 따라 수집되어 분석된 정보라도 오래되거나 불필요하게 된 정보는 폐기하고, 항상 최신의 자료인지 확인하여 체계화하도록 한다.
제공(제5단계)	직업정보는 사용자의 요구에 부합하도록 생산되어야 하며, 그 과정은 공개하도록 한다.
축적(제6단계)	정보관리시스템을 적용하여 정보를 제공·교환하며, 보급된 정보를 축적하는 과정이다.
평가(제7단계)	직업정보가 사용자의 요구사항에 근접하게 맞추어졌는지(→ 형태효용), 필요한 때에 필요한 정보를 사용할 수 있는지(→ 시간효용), 정보에 대한 접근 및 전달이 용이한지(→ 장소효용), 정보소유자가 타인에 대한 정보 전달을 통제할 수 있는지(→ 소유효용) 등을 평가한다.

직업정보(고용정보)의 일반적인 처리과정(관리과정)과 관련하여 직업상담사 시험에서는 이를 5단계, 6단계 혹은 7단계로 제시하고 있습니다. 실제 시험문제에서 다음과 같이 출제될 수 있으므로, 다음의 내용을 기억해 두시기 바랍니다.

- 5단계 : 수집 → 분석 → 가공 → 제공 → 평가
- 6단계 : 수집 → 분석 → 가공 → 체계화 → 제공 → 평가
- 6단계 : 분석 → 가공 → 체계화 → 제공 → 축적 → 평가
- 7단계 : 수집 → 분석 → 가공 → 체계화 → 제공 → 축적 → 평가

② 직업정보 수집 시 유의사항

ㄱ 목표를 명확히 설정한다.

ㄴ 직업정보는 조직적이고 계획적으로 수집한다.

ㄷ 필요한 정보를 적시에 제공받도록 한다.

ㄹ 과거에 유용했던 정보도 시간이 지나면 가치가 변하므로 필요 없는 자료는 폐기한다.

ㅁ 항상 최신의 자료가 되도록 새로운 정보를 지속적으로 보완한다.

ㅂ 정리와 활용을 편리하게 할 수 있도록 녹음, 녹화, 사진 오려붙이기 등 수집에 필요한 도구를 활용한다.

ㅅ 자료의 출처와 저자, 발행연도, 수집자 및 수집일자 등을 기입한다.

③ 직업정보 분석 시 유의사항

ㄱ 정보의 분석 목적을 명확히 하며, 변화의 동향에 유의한다.

ㄴ 동일한 정보라 할지라도 다각적이고 종합적인 분석을 시도하여 해석을 풍부히 한다.

ㄷ 직업정보의 신뢰성, 객관성, 정확성, 효용성 등을 확보하기 위해 전문가나 전문적인 시각에서 분석한다.

ㄹ 분석과 해석은 원자료의 생산일, 자료표집방법, 대상, 자료의 양 등을 검토하여야 하는 한편, 분석 비교도 이에 준한다.

ㅁ 수집된 정보는 목적에 맞도록 분석하며, 수차례의 재검토 과정을 거쳐 객관성과 정확성을 갖춘 최신자료를 선정한다.

ㅂ 수집된 정보는 필요도에 따라 선택하고 항목별로 분류하며, 오래되거나 불필요한 것은 버린다.

ㅅ 다양한 정보를 충분히 검토하여 가장 효율적으로 검색·활용할 수 있는 방법으로 분류한다.

ㅇ 각 정보는 입수 연월일, 제공처, 주제별, 활용대상별, 활용방법, 활용장소 등에 따라 분류하며, 그 내용을 명확히 한다.

ㅈ 다른 통계와의 관련성 및 여러 측면을 고려하며, 숫자로 표현할 수 없는 정보라도 이를 삭제 혹은 배제하지 않는다.

ㅊ 직업정보원과 제공원에 대하여 제시한다.

④ 직업정보 가공 시 유의사항

    ㉠ 직업정보의 공유방법을 강구하는 과정이므로 이용자의 수준에 부합하는 언어로 가공한다. 즉, 이용자가 전문적인 지식이 없어도 이해할 수 있도록 가공한다.

    ㉡ 정보의 생명력을 측정하여 활용방법을 선정하고 이용자에게 동기를 부여할 수 있도록 구상한다.

    ㉢ 가장 최신의 자료를 활용하되 표준화된 정보(예 한국직업사전, 한국표준직업분류, 한국표준산업분류 등)를 활용한다.

    ㉣ 직업에 대한 장단점을 편견 없이 제공한다.

    ㉤ 객관성을 잃은 정보나 문자, 어투는 삼간다.

    ㉥ 효율적인 정보제공을 위해 시각적(시청각) 효과를 부가한다.

    ㉦ 정보제공 방법에 적절한 형태로 제공한다.

⑤ 직업정보 제공 시 유의사항

    ㉠ 직업정보는 이용자의 구미에 맞도록 생산되어야 하며, 이용자의 진로발달단계나 수준, 이용 목적 등을 고려하여 제공한다.

    ㉡ 직업정보는 생산과정을 공개한다.

    ㉢ 직업정보의 본래적 기능과 정보 활용의 효율성을 위해 내담자의 필요와 자발적 의사를 고려하여 직업정보를 제공한다.

    ㉣ 상담자는 모든 형태의 자료에 구분을 두지 않은 채 다양한 정보를 수집 및 제공하기 위하여 지속적으로 노력해야 한다.

    ㉤ 직업정보 제공 후 작업과 일에 대한 내담자의 태도 및 감정을 자유롭게 표현할 수 있도록 하며, 그에 대한 피드백을 상담에 효과적으로 활용한다.

    ㉥ 내담자 개인은 물론 내담자의 직업선택에 영향을 미칠 수 있는 환경에 대해서도 충분히 고려하여 내담자의 흥미와 적성에 부합하는 직업정보를 제공한다.

    ㉦ 전문용어 및 기술용어는 가급적 삼가며, 필요할 경우 해당 용어에 대해 자세히 설명해야 한다. 특히 은어나 비속어를 사용해서는 안 된다.

    ㉧ 직업정보는 개발 연도를 명시하여 부적절한 과거의 직업세계나 노동시장 정보가 구직자나 청소년에게 제공되지 않도록 하는 것이 바람직하다.

쌤의 비법노트

직업정보의 공개 내용에는 직업정보 생산에 사용된 직업정보원, 직업정보제공원, 가공방법 등이 포함되는데, 이러한 공개는 정보의 신뢰성을 부각시키는 동시에 이용자의 의사결정에 도움을 줍니다.

기출복원문제 & 적중예상문제로 핵심 복습

01 공공직업정보의 특성을 4가지만 쓰시오. [2022년 1회, 2010년 3회, 2008년 3회]

쌤의 만점답안

① 특정 시기에 국한되지 않고 지속적으로 조사 · 분석하여 제공된다.

② 전체 산업 및 업종에 걸친 직종을 대상으로 한다.

③ 관련 직업정보 간의 비교 · 활용이 용이하다.

④ 무료로 제공된다.

02 민간직업정보와 공공직업정보의 차이점을 3가지 설명하시오.

쌤의 만점답안

① 민간직업정보는 정보제공이 한시적이나, 공공직업정보는 지속적이다.

② 민간직업정보는 직업 분류 및 구분이 생산자의 자의적 특성이 있으나, 공공직업정보는 기준에 의한 객관적 특성을 가진다.

③ 민간직업정보는 조사 직업 범위가 제한적이나, 공공직업정보는 포괄적이다.

2 직업정보의 평가 및 환류

효용의 관점으로 직업정보를 평가할 때, 앤드루스(Andrus)가 제시한 직업정보의 효용 4가지를 쓰고, 각각에 대해 설명하시오.

쌤의 해결 포인트

앤드루스(Andrus)는 직업정보가 효용성 4가지를 가질 때 직업정보로서 더 가치가 있다고 주장하였습니다. 직업정보의 효용 4가지와 그 의미를 잘 기억해 두도록 하고, '소유효용'을 '통제효용'으로 혼동하지 않도록 주의하세요.

쌤의 만점답안

① 형태효용 : 직업정보의 형태가 의사결정자의 요구사항에 근접하게 맞추어졌는가?
② 시간효용 : 필요할 때 필요한 정보를 사용할 수 있는가?
③ 장소효용 : 직업정보에 대한 접근 및 전달이 용이한가?
④ 소유효용 : 정보소유자가 타인에게로의 정보 전달을 통제할 수 있는가?

합격 암기법 형시장소

(1) 직업정보의 일반적인 평가 기준(Hoppock)

① 언제 만들어진 것인가?
② 어느 곳을 대상으로 한 것인가?
③ 누가 만든 것인가?
④ 어떤 목적으로 만든 것인가?
⑤ 자료를 어떤 방식으로 수집하고 제시했는가?

(2) 직업정보의 주요 평가 항목

① 직업 관련 인쇄물은 이용자들의 읽기 수준에 부합하는가?
② 직업정보의 내용은 직업정보 매체의 형식에 적합하도록 제시되는가?
③ 삽화와 그림은 이용자들의 성별, 연령별, 특성별로 접근하며, 질적 조건을 갖추고 있는가?
④ 인쇄매체의 발행일자가 명시되어 있으며, 자료들이 시간상 유효하고 정확한가?
⑤ 정보는 성별, 종교, 민족적 배경 또는 사회적 집단 등의 편견으로부터 자유로운가?
⑥ 정보는 다양한 조사방법들을 사용한 증거를 제시함으로써 신뢰성을 부여받고 있는가?
⑦ 정보는 인정받은 권위자나 조사연구들에 의해 타당성과 정당성을 부여받고 있는가?

(3) 효용의 관점에 의한 직업정보의 평가(Andrus)

형태효용 (Form Utility)	정보의 형태가 의사결정자의 요구사항에 보다 더 근접하게 맞추어짐에 따라 정보의 가치는 증가한다.
시간효용 (Time Utility)	필요할 때 필요한 정보를 사용할 수 있다면 정보는 의사결정자에게 보다 더 큰 가치를 준다.
장소효용 (Place Utility)	정보에 쉽게 접근할 수 있거나 전달할 수 있다면 정보는 보다 큰 가치를 가지며, 온라인시스템은 시간과 장소 효용 모두를 극대화한다.
소유효용 (Possession Utility)	정보소유자는 타인에게로의 정보전달을 통제함으로써 그것의 가치에 크게 영향을 준다.

(4) 직업정보의 환류

① 직업정보인지의 오류(인지편향)

ㄱ. 증거편향(증거 평가의 편향) – 보고 들은 것의 위력

생생하고 구체적이며 개인적인 정보는 추상적인 정보보다 더 많은 영향을 미친다.

ㄴ. 인과관계 인식의 편향 – 연결고리 만들어내기

사람들은 내적 요인의 역할을 과대평가하는 반면, 외적 요인의 역할을 과소평가한다.

ㄷ. 확률 추정의 편향 – 숫자의 함정

사람들은 가용성의 법칙에 따라 보다 빈번히 일어나는 사건, 보다 상상하기 쉬운 것을 높이 평가한다.

ㄹ. 사후편향 – "사실 알고 있었는데 까먹었다"

사람들은 통상적으로 자신의 과거 판단을 과대평가하는데, 이는 후견지명으로 사건의 예측 가능성을 높이 평가하는 것이다.

쌤의 비법노트

사람들은 판단을 내릴 때 직관적이고 무의식적으로 이른바 '닻(Anchoring)의 효과' 전략을 사용하는 경향이 있습니다. 이는 닻을 내린 배가 크게 움직이지 않듯, 처음 접한 정보가 기준점이 되어 판단에 영향을 미치는 편향 현상을 말합니다.

② 직업정보 평가 결과 환류

　㉠ 교　육

　　상담자는 내담자의 직업정보 취향에 대한 분석 결과를 직업정보 시스템에 환류함으로써 다른 상담
　　자와 그 내용을 공유한다.

　㉡ 면접 결과 확인

　　상담자는 면접 결과지를 분석하여 그 결과를 환류함으로써 면담지를 수정·보완한다.

　㉢ 가설 수립

　　상담자는 가설 설정에서 나타난 오류를 직업정보 시스템에 환류함으로써 그와 유사한 사례에 대해
　　의사결정 개입을 한다.

　㉣ 내담자와 직업정보의 적합성

　　상담자는 내담자의 특성별 직업정보의 형태와 내용의 적합성에 대하여 직업정보 시스템에 환류한다.

01 호포크(Hoppock)가 제시한 직업정보의 일반적인 평가 기준 3가지를 쓰시오.

쌤의 만점답안

① 언제 만들어진 것인가?
② 누가 만든 것인가?
③ 어떤 목적으로 만든 것인가?

02 다음 중 보기의 (ㄱ)과 (ㄴ)에 들어갈 직업정보인지의 오류 형태를 각각 쓰시오.

오류 형태	설 명
(ㄱ)	생생하고 구체적이며 개인적인 정보는 추상적인 정보보다 더 많은 영향을 미친다.
(ㄴ)	사람들은 가용성의 법칙에 따라 보다 빈번히 일어나는 사건, 보다 상상하기 쉬운 것을 높이 평가한다.

쌤의 만점답안

ㄱ : 증거편향, ㄴ : 확률 추정의 편향

4과목 노동시장

CHAPTER 01 노동시장의 이해

1. **노동의 수요** : 노동수요의 결정요인, 노동수요의 (임금)탄력성의 의미, 노동수요의 (임금)탄력성을 산출하는 공식, 노동수요의 (임금)탄력성에 영향을 미치는 요인(결정요인)

2. **노동의 공급** : 노동공급의 결정요인, 기혼여성의 경제활동참가율에 영향을 주는 요인, 소득효과와 대체효과의 의미, 여가가 정상재 또는 열등재일 때 노동공급의 변화, 노동공급의 (임금)탄력성 공식, 노동공급의 (임금)탄력성 결정요인

3. **노동시장의 균형** : 한계생산량, 노동의 평균생산물, 노동의 한계생산물, 노동의 한계노동비용, 노동의 한계생산물의 가치, 이윤극대화 조건

4. **노동시장의 분석** : 내부노동시장이론, 내부노동시장의 형성요인, 이중노동시장이론, 인적자본이론, 인적자본에 대한 투자의 대상, 교육의 사적 수익률이 사회적 수익률보다 낮은 경우, 근로자의 사직률

CHAPTER 02 임금의 제개념

1. **부가급여와 생산성 임금제** : 부가급여의 의미, 사용자 · 근로자 측면의 부가급여 선호 이유, 생산성 임금제의 임금 결정, 생산성 임금제에 근거한 적정임금상승률 계산

2. **임금격차 및 임금의 하방경직성** : 임금격차의 유형, 산업별 임금격차, 노동수요 특성별 임금격차 요인, 임금격차의 경쟁적 요인, 고임금경제, 선진국과 후진국의 임금수준 차이를 가져오는 원인, 임금의 하방경직성 의미와 원인

3. **보상적 임금격차** : 보상적 임금격차 의미와 발생 원인

4. **최저임금제도** : 최저임금제의 긍정적 효과(기대효과), 최저임금제의 부정적 효과

1. **실업의 종류 및 필립스 곡선** : 비수요부족 실업 유형, 마찰적 실업의 원인과 대책, 구조적 실업의 원인과 대책, 계절적 실업의 원인과 대책, 필립스 곡선이 오른쪽으로 이동하는 요인

2. **실업률의 이해** : 실업의 계측과 통계상의 문제, 통계상 실업률이 체감 실업률보다 낮게 나타나는 이유, 실망노동자효과와 부가노동자효과가 실업률에 미치는 영향

3. **노사관계이론** : 노사관계의 3주체, 노사관계 규제 여건, 경제적 조합주의, 노동조합의 숍(Shop) 제도, 노동조합의 임금효과(이전효과, 위협효과)

01 노동시장의 이해

1 노동의 수요

대표 문제

노동수요의 탄력성을 산출하는 공식과 노동수요의 탄력성에 영향을 미치는 요인을 4가지 쓰시오.
[2023년 1회, 2019년 3회]

쌤의 해결 포인트

'노동수요의 (임금)탄력성에 영향을 미치는 요인'은 교재마다 약간씩 다르게 제시되어 있으나, 이는 사용하는 용어의 개념상 차이일 뿐 내용상 별다른 차이는 없습니다. 가급적 제시된 4가지의 답안을 암기하시기 바랍니다.

쌤의 만점답안

① 노동수요의 탄력성 공식

$$\text{노동수요의 탄력성} = \frac{\text{노동수요량의 변화율(\%)}}{\text{임금의 변화율(\%)}}$$

② 노동수요의 탄력성에 영향을 미치는 요인
- 총생산비에 대한 노동비용의 비중
- 노동의 대체가능성
- 노동 이외 생산요소의 공급탄력성
- 생산물 수요의 탄력성

합격 암기법 비대공수

유사 문제

- 노동수요의 탄력성에 영향을 미치는 요인을 쓰시오. [2013년 2회]
- 노동수요의 탄력성에 영향을 미치는 요인을 3가지 쓰시오. [2016년 1회]
- 노동수요의 탄력성 결정요인을 4가지 쓰시오.
  [2021년 3회, 2019년 2회, 2009년 3회, 2007년 3회, 2006년 1회, 2005년 1회]

(1) 노동수요의 의미

일정 기간 동안 기업에서 고용하고자 하는 노동의 양을 의미한다.

(2) 노동수요의 결정요인 [2009년 1회]

① 노동의 가격(임금)

임금이 상승하면 노동수요는 감소하며, 임금이 하락하면 노동수요는 증가한다.

② 상품(서비스)에 대한 소비자의 수요

해당 노동을 이용하여 생산하는 상품(서비스)에 대한 수요가 클수록 유발 수요인 노동수요도 증가한다.

③ 다른 생산요소의 가격

다른 생산요소가 노동과 대체 관계라면, 다른 생산요소의 가격이 상승할 때 노동수요는 증가한다.

④ 노동생산성의 변화

노동생산성이 향상될수록 생산물 한 단위를 만드는 데 소요되는 노동량은 감소한다.

⑤ 생산기술의 진보

노동생산성의 향상과 마찬가지로 생산물 한 단위를 만드는 데 소요되는 노동량을 감소시킨다. 생산기술의 진보는 생산비의 절감에 따른 상품가격의 하락으로 인해 장기적으로 추가적인 노동수요를 발생시킬 수도 있다.

(3) 노동수요의 (임금)탄력성 의미

탄력성은 독립변수 변화율에 대한 종속변수 변화율의 정도를 말한다. 따라서 노동수요의 (임금)탄력성은 독립변수인 임금률이 1% 변화할 때 그에 의해 유발되는 종속변수인 노동수요량의 변화율을 말한다.

(4) 노동수요의 (임금)탄력성 공식 [2023년 1회, 2019년 3회]

$$\text{노동수요의 (임금)탄력성} = \frac{\text{노동수요량의 변화율(\%)}}{\text{임금의 변화율(\%)}}$$

(5) 노동수요의 (임금)탄력성 산출 [2022년 2회, 2020년 1회·2회, 2017년 1회·2회, 2014년 2회, 2012년 2회, 2007년 3회]

예 임금이 10,000원에서 12,000원으로 증가할 때 고용량이 120명에서 108명으로 감소한 경우, 노동수요의 (임금)탄력성을 구하는 방법은 다음과 같다.

$$\frac{\dfrac{\text{노동수요량의 변화분}}{\text{원래의 노동수요량}} \times 100}{\dfrac{\text{임금의 변화분}}{\text{원래의 임금}} \times 100} = \left| \frac{\dfrac{(108 - 120)}{120} \times 100}{\dfrac{(12,000 - 10,000)}{10,000} \times 100} \right| = \left| \frac{-120,000}{240,000} \right| = 0.5$$

∴ 노동수요의 (임금)탄력성 = 0.5

(6) 노동수요의 (임금)탄력성 결정요인

[2023년 1회, 2021년 3회, 2019년 2회·3회, 2016년 2회, 2013년 2회, 2009년 3회, 2007년 3회, 2006년 1회, 2005년 1회]

① 총생산비에 대한 노동비용의 비중

　　총생산비에서 차지하는 노동비용의 비중이 클수록 노동수요의 탄력성이 커진다.

② 노동의 대체가능성

　　노동과 다른 생산요소 간의 대체가 용이할수록 노동수요의 탄력성이 커진다.

③ 노동 이외 생산요소의 공급탄력성

　　노동 이외 생산요소(대체 생산요소)의 공급탄력성이 클수록 노동수요의 탄력성이 커진다.

④ 생산물 수요의 탄력성

　　생산물 수요의 탄력성이 클수록 노동수요의 탄력성이 커진다.

기출복원문제로 핵심 복습

01 노동수요에 영향을 미치는 요인을 5가지 쓰시오. [2009년 1회]

> **쌤의 만점답안**

① 노동의 가격(임금)　　　　　　　　② 상품(서비스)에 대한 소비자의 수요
③ 다른 생산요소의 가격　　　　　　　④ 노동생산성의 변화
⑤ 생산기술의 진보

> **합격 암기법**　가수다생기

02 시간당 임금이 500원일 때 1,000명을 고용하던 기업에서 시간당 임금이 400원으로 감소하였을 때 1,100명을 고용할 경우, 이 기업의 노동수요 탄력성을 계산하시오(단, 소수점 발생 시 반올림하여 소수 첫째 자리로 표현한다). [2017년 1회, 2012년 2회, 2007년 3회]

> **쌤의 만점답안**

노동수요 탄력성 $= \dfrac{\text{노동수요량의 변화율(\%)}}{\text{임금의 변화율(\%)}}$

$$= \left| \dfrac{\dfrac{(1,100 - 1,000)}{1,000} \times 100}{\dfrac{(400 - 500)}{500} \times 100} \right| = \left| \dfrac{50,000}{-100,000} \right| = 0.5$$

∴ 노동수요 탄력성 = 0.5

03 노동수요가 $L_D = 5,000 - 2W$(단, L은 근로자 수, W는 시간당 임금)이다. 시간당 임금(W)이 2,000원일 때 노동수요의 임금탄력성의 절댓값과 근로자의 수입에 대해 쓰시오(단, 계산과정을 함께 제시하시오).
[2022년 2회, 2020년 1회, 2014년 2회]

쌤의 해결 포인트

문제 자체가 모호하여 출제자가 어떤 의도를 가지고 있는지 명확히 판단하기 어렵습니다. '② 근로자의 수입'의 경우, 사실 $L_D = 5,000 - 2W$와 같은 공식을 이용한 문제의 경우에는 단위탄력적인 지점을 제시하여 임금의 상승이나 하락 또는 최저임금제의 적용에 따라 노동수요의 임금탄력성이 탄력적인지 혹은 비탄력적인지를 묻는 방식으로 문제가 출제되는 경향이 있습니다. 그러나 여기서는 단위탄력적인 지점이 구체적으로 제시된 것으로 보이지 않으며, 그로 인해 문제 자체가 임금수준의 변화에 따른 노동수요의 임금탄력성을 염두에 둔 것인지, 아니면 기업의 이윤극대화 노동수요를 염두에 둔 것인지 명확히 알 수 없습니다. 문제에서 구체적으로 제시된 시간당 임금(W)에 근로자의 노동공급(L_S)을 고려하여 근로자의 총수입을 계산하는 방식으로 풀이를 제시하였습니다.

쌤의 만점답안

① 노동수요의 임금탄력성 = 4

노동수요 조건에 시간당 임금(W) 2,000원을 대입하면, 노동수요(L_D)는 1,000이다.

> 노동수요(L_D) = 5,000 − (2 × 2,000) = 1,000

노동수요의 임금탄력성 공식에서 $\dfrac{\Delta L_D}{\Delta W}$(임금 1단위 변화에 따른 노동수요의 변화분)은 노동수요곡선의 기울기 '−2'이며, L_D는 1,000, W는 2,000원을 대입하면 노동수요의 임금탄력성은 4이다.

> $$\text{노동수요의 임금탄력성} = \frac{\dfrac{\text{노동수요의 변화량}(\Delta L_D)}{\text{노동수요}(L_D)}}{\dfrac{\text{시간당 임금의 변화량}(\Delta W)}{\text{시간당 임금}(W)}} = \frac{\Delta L_D}{\Delta W} \times \frac{W}{L_D}$$
> $$= \left| -2 \times \frac{2,000}{1,000} \right| = 4$$

② 근로자의 수입 = 2,000,000원

노동수요 $L_D = 5,000 - 2W$의 노동수요곡선은 우하향하는 직선으로 곡선상의 어떤 점에서도 임금의 1단위 변화는 고용단위로 계산할 때 동일한 반응을 유발한다. 이는 기업의 노동수요량(L_D)을 근로자의 노동공급량(L_S)으로 볼 수 있다. 즉, 노동수요 조건에 시간당 임금(W) 2,000원을 대입하면, 노동수요(L_D)는 1,000이므로 노동공급(L_S)은 1,000이 된다. 근로자의 수입은 노동공급에 시간당 임금을 곱한 것이므로 2,000,000원이다.

> 노동수요(L_D) = 5,000 − (2 × 2,000) = 1,000
> 근로자의 수입 = 노동공급량(L_S) × 시간당 임금(W) = 1,000 × 2,000 = 2,000,000(원)

04 다음 아래의 주어진 표를 보고 물음에 답하시오. [2020년 2회, 2017년 2회]

구 분	시간당 임금				
	5,000원	6,000원	7,000원	8,000원	9,000원
A 기업 노동수요량	22	21	20	19	18
B 기업 노동수요량	24	22	20	18	17

(1) 시간당 임금이 7,000원에서 8,000원으로 인상될 때 각 기업의 임금탄력성을 구하시오(단, 계산과정을 함께 제시하시오).

(2) A, B 각 기업의 노동조합이 임금인상 협상을 시도할 때 임금인상을 타결할 가능성이 높은 기업을 쓰고, 그 이유는 무엇인지 설명하시오.

쌤의 만점답안

(1) 임금이 인상될 때 각 기업의 임금탄력성 = A 기업 0.35, B 기업 0.70이다.

- A 기업의 임금탄력성 $= \left| \dfrac{\dfrac{(19-20)}{20} \times 100}{\dfrac{(8,000-7,000)}{7,000} \times 100} \right| = \left| \dfrac{-7,000}{20,000} \right| = 0.35$

- B 기업의 임금탄력성 $= \left| \dfrac{\dfrac{(18-20)}{20} \times 100}{\dfrac{(8,000-7,000)}{7,000} \times 100} \right| = \left| \dfrac{-14,000}{20,000} \right| = 0.70$

(2) 임금인상을 타결할 가능성이 높은 기업과 그 이유

① A 기업이 임금인상에 타결할 가능성이 더 높다.

② 이유 : 노동조합의 임금인상 협상력은 노동수요의 임금탄력성이 비탄력적일수록 커진다. B 기업보다 A 기업 노동수요의 임금탄력성이 더 비탄력적이므로 임금인상 협상을 타결할 가능성이 상대적으로 높다.

05 다음 보기의 사례를 읽고 물음에 답하시오. [2021년 3회, 2018년 3회]

> A 기업은 시간당 임금이 4,000원일 때 20,000시간의 노동을 사용했고, 시간당 임금이 5,000원일 때 10,000시간의 노동을 사용했다. 반면, B 기업은 시간당 임금이 6,000원일 때 30,000시간의 노동을 사용했고, 시간당 임금이 5,000원일 때 33,000시간의 노동을 사용했다.

(1) A 기업과 B 기업의 노동수요의 임금탄력성을 각각 구하시오(단, 소수점 발생 시 반올림하여 소수 둘째 자리로 표현하며, 계산과정을 반드시 기재하시오).

(2) A 기업의 노동조합과 B 기업의 노동조합 중 임금교섭력이 높은 노동조합을 쓰시오.

(3) (2)의 노동조합에서 보다 성공적인 임금협상이 이루어질 수 있는 이유를 설명하시오.

쌤의 만점답안

(1) 노동수요의 임금탄력성 = A 기업 2.0, B 기업 0.60이다.

- A 기업의 노동수요의 임금탄력성 = $\left| \dfrac{\dfrac{(10,000-20,000)}{20,000} \times 100}{\dfrac{(5,000-4,000)}{4,000} \times 100} \right| = \left| \dfrac{-40}{20} \right| = 2.0$

- B 기업의 노동수요의 임금탄력성 = $\left| \dfrac{\dfrac{(33,000-30,000)}{30,000} \times 100}{\dfrac{(5,000-6,000)}{6,000} \times 100} \right| = \left| \dfrac{18}{-30} \right| = 0.60$

(2) 임금교섭력이 높은 노동조합 = B 기업의 노동조합

(3) 성공적인 임금협상이 이루어질 수 있는 이유

노동수요의 임금탄력성이 커지면 노동조합의 임금교섭력은 약화되며, 임금탄력성이 작아지면 임금교섭력은 커진다. A 기업에 비해 상대적으로 노동수요의 임금탄력성이 비탄력적인 B 기업에서 노동조합이 임금교섭력이 높아 임금협상을 성공적으로 이끌 수 있다.

---

06 노동조합의 존재와 교섭력 증대전략과 관련하여 노동수요의 탄력성을 설명하시오. [2010년 2회]

쌤의 해결 포인트

노동수요의 탄력성 크기로 임금의 변화가 고용량에 미치는 영향을 알 수 있습니다. 가령 탄력성이 크다면 임금이 조금만 변화해도 고용량의 변화폭이 크지만, 탄력성이 작다면 임금의 변화에 고용량이 큰 변동을 보이지 않습니다. 기업은 임금에 대한 노동수요가 비탄력적일수록 고용량의 변화폭이 작아 노동조합의 임금인상 요구에 끌려다닐 수밖에 없습니다.

쌤의 만점답안

노동조합의 교섭력 강도는 노동조합이 임금인상을 시도할 때 기업의 노동수요의 탄력성을 과연 얼마만큼 비탄력적이 되도록 유지하느냐에 달려있다. 노동조합으로서는 노동수요를 비탄력적이 되도록 만드는 모든 전략이 노동조합의 존재와 교섭력 증대를 위한 대단히 중요한 과제이다.

2 노동의 공급

기혼여성의 경제활동참가율을 낮추는 요인을 6가지 쓰시오.
[2023년 2회, 2021년 1회, 2018년 3회, 2014년 2회, 2012년 1회, 2011년 3회, 2010년 3회, 2007년 1회, 2005년 3회, 2003년 1회]

쌤의 해결 포인트

'기혼여성의 경제활동참가율을 낮게 하는 요인', '기혼여성의 노동참가에 영향을 주는 요인', 'OECD 국가 중 우리나라 기혼여성의 노동참가율에 영향을 주는 요인' 등 기존에 출제된 문제들은 표현의 차이가 있지 사실 같은 내용을 묻고 있으므로 혼란스러워할 필요가 전혀 없습니다. 기혼여성의 경제활동참가율에 영향을 미치는 요인들 때문에 기혼여성의 경제활동참가율이 낮아지기도 하고, 높아지기도 하기 때문입니다.

쌤의 만점답안

① 육아 및 가사를 위한 법적 · 제도적 장치의 부족
② 고용시장의 경직(시간제근무 또는 단시간 근무 기회의 축소)
③ 가계 생산기술의 낙후(노동절약적 가계생산기술의 낙후)
④ 남편(배우자) 소득의 증가
⑤ 자녀 수의 증가
⑥ 시장임금의 하락

합격 암기법 ❯ 법시생남자임

(1) 노동공급의 의미

일정 기간 동안 노동자가 팔기를 원하는 노동의 양을 의미한다.

(2) 노동공급의 결정요인 [2018년 3회, 2011년 1회, 2011년 2회, 2010년 1회, 2008년 1회]

① 인구 또는 생산가능인구의 크기(인구 수)

어떤 국민경제의 총인구 또는 생산가능인구가 증가할수록 노동공급도 증가하게 된다.

② 노동공급시간(노동 시간)

노동공급시간이 증가할수록 노동공급도 증가한다.

③ 일에 대한 노력의 강도

노동자가 일에 대한 노력을 많이 기울일수록 노동공급도 증가한다.

④ 동기부여와 사기

종업원의 사기 앙양과 회사에 대한 충성심을 고양시킴으로써 노동공급에 영향을 미친다.

⑤ 경제활동참가율

경제활동참가율이 높을수록 노동공급이 증가하게 된다.

(3) 기혼여성의 경제활동참가율에 영향을 주는 요인

[2023년 2회, 2021년 1회, 2018년 3회, 2014년 2회, 2012년 1회, 2011년 3회, 2010년 3회, 2007년 1회, 2005년 3회, 2003년 1회]

① 법적 · 제도적 장치(육아 및 유아교육시설)의 유무

육아 및 가사를 위한 법적 · 제도적 장치가 부족한 경우 기혼여성의 경제활동참가율은 감소한다.

② 고용시장의 발달 여부

고용시장이 경직된 경우 기혼여성의 경제활동참가율은 감소한다.

③ 가계 생산기술의 발달 여부

노동절약적 가계 생산기술이 낙후된 경우 기혼여성의 경제활동참가율은 감소한다.

④ 남편(배우자) 소득

남편의 소득이 증가하는 경우 기혼여성의 경제활동참가율은 감소한다.

⑤ 자녀 수(출산율)

자녀 수가 증가하는 경우 기혼여성의 경제활동참가율은 감소한다.

⑥ 시장임금

시장임금이 감소하는 경우 기혼여성의 경제활동참가율은 감소한다.

(4) 임금 상승에 따른 노동공급

① 소득효과와 대체효과 [2020년 1회, 2020년 2회, 2019년 1회, 2012년 1회, 2010년 4회, 2009년 2회]

㉠ 소득효과 : 임금 상승으로 실질소득이 증가하여 근로자가 노동시간을 줄이고 여가 시간과 소비재 구입을 늘리는 효과를 말한다.

㉡ 대체효과 : 임금 상승으로 여가에 활용하는 시간이 상대적으로 비싸지게 됨으로써 근로자가 여가시간을 줄이고 노동시간을 늘리는 효과를 말한다.

② 후방굴절 노동공급곡선

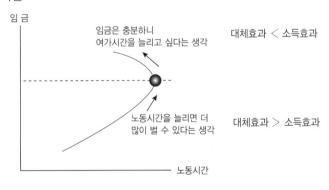

후방굴절 노동공급곡선

㉠ 노동공급곡선은 실질임금이 낮은 수준에서는 우상향하다가 임금이 일정한 수준을 넘어서면 후방으로 굴절하는 형태이다.

㉡ 일반적으로 근로자는 임금이 인상되는 경우 대체효과에 의해 노동시간을 늘림으로써 노동공급을 증가시킨다.

ⓒ 임금 상승이 매우 높은 수준에 도달하는 경우 소득효과에 의해 노동시간을 줄임으로써 노동공급을 감소시키기도 한다.

쌤의 비법노트

후방굴절 노동공급곡선은 연장근로 등 일정량 이상의 노동을 기피하는 풍조가 확산되는 현상, 시간 외 근무수당의 증가에도 불구하고 근로자들이 휴일근무나 잔업처리 등을 기피하는 현상 등을 설명할 때 유용합니다.

---

③ 여가가 정상재 혹은 열등재일 때 노동공급의 변화

[2020년 2회, 2019년 1회, 2017년 1회, 2016년 3회, 2012년 1회, 2010년 4회, 2009년 2회]

　　ㄱ 여가가 정상재일 때 노동공급곡선 : 실질임금이 낮은 수준에서는 우상향하다가 임금이 일정한 수준을 넘어서면 후방으로 굴절하는 후방굴절 노동공급곡선이다.

　　ㄴ 여가가 열등재일 때 노동공급곡선 : 임금수준에 상관없이 임금이 증가할 때 노동공급은 증가하여 우상향하는 노동공급곡선이다.

쌤의 비법노트

소득의 증가에 따라 재화의 수요가 증가하는 경우 해당 재화를 '정상재'라고 하며, 소득의 증가에 따라 오히려 재화의 수요가 감소하는 경우 해당 재화를 '열등재'라고 합니다.

---

(5) 노동공급의 (임금)탄력성 의미

독립변수인 임금률이 1% 변화할 때 그에 의해 유발되는 종속변수인 노동공급량의 변화율을 말한다.

(6) 노동공급의 (임금)탄력성 공식 [2014년 1회, 2007년 1회]

$$\text{노동공급의 (임금)탄력성} = \frac{\text{노동공급량의 변화율(\%)}}{\text{임금의 변화율(\%)}}$$

(7) 노동공급의 (임금)탄력성 산출

예 임금이 3,000원에서 5,000원으로 증가할 때 노동공급량이 270명에서 540명으로 증가한 경우, 노동공급의 (임금)탄력성을 구하는 방법은 다음과 같다.

$$\frac{\dfrac{\text{노동공급량의 변화분}}{\text{원래의 노동공급량}} \times 100}{\dfrac{\text{임금의 변화분}}{\text{원래의 임금}} \times 100} = \frac{\dfrac{(540 - 270)}{270} \times 100}{\dfrac{(5,000 - 3,000)}{3,000} \times 100} = \frac{810,000}{540,000} = 1.5$$

∴ 노동공급의 (임금)탄력성 = 1.5

쌤의 비법노트

노동공급의 (임금)탄력성은 임금 상승 시 노동공급이 증가하므로 정(+)의 값을 가지게 되며, 그로 인해 반드시 절댓값 개념을 사용해야 한다는 원칙은 없습니다.

(8) 노동공급의 (임금)탄력성 결정요인

① 인구 수

② 노동조합의 결성과 교섭력의 정도(노조의 단체교섭력)

③ 노동이동의 용이성 정도(노동의 이동 결정요인)

④ 고용제도의 개선 정도

⑤ 산업구조의 변화 등

기출복원문제로 핵심 복습

01 노동공급의 결정요인을 5가지만 쓰시오. [2018년 3회, 2011년 1회, 2010년 1회, 2008년 1회]

> **쌤의 만점답안**

① 인구 수
② 노동공급 시간
③ 일에 대한 노력의 강도
④ 동기부여와 사기
⑤ 경제활동참가율

합격 암기법 ＞ 수시노동율

> **유사 문제**

노동공급을 결정하는 요인 4가지를 쓰고 설명하시오. [2011년 2회]

02 기혼여성의 경제활동참가율을 결정하는 요인 6가지와 그 상관관계를 설명하시오.
[2014년 2회, 2010년 3회, 2007년 1회, 2005년 3회, 2003년 1회]

> **쌤의 만점답안**

① 법적·제도적 장치의 유무 : 육아 및 가사를 위한 법적·제도적 장치가 부족한 경우 기혼여성의 경제활동참가율은 감소한다.
② 고용시장의 발달 여부 : 고용시장이 경직된 경우 기혼여성의 경제활동참가율은 감소한다.
③ 가계 생산기술의 발달 여부 : 노동절약적 가계 생산기술이 낙후된 경우 기혼여성의 경제활동참가율은 감소한다.
④ 남편(배우자) 소득의 증감 : 남편의 소득이 증가하는 경우 기혼여성의 경제활동참가율은 감소한다.
⑤ 자녀 수의 증감 : 자녀 수가 증가하는 경우 기혼여성의 경제활동참가율은 감소한다.
⑥ 시장임금의 증감 : 시장임금이 감소하는 경우 기혼여성의 경제활동참가율은 감소한다.

합격 암기법 ＞ 법시생남자임

> **유사 문제**

- 기혼여성의 경제활동참가율을 낮추는 요인을 6가지 쓰시오. [2023년 2회]
- 기혼여성의 경제활동참가율을 낮게 하는 요인 6가지를 쓰시오. [2011년 3회]
- 기혼여성의 경제활동참가율을 결정하는 요인을 5가지 쓰시오. [2018년 3회, 2012년 1회]
- 기혼여성의 노동참가에 영향을 주는 요인을 3가지 쓰고, 각각에 대해 간략히 설명하시오. [2021년 1회]

03 정부가 출산장려를 위하여 근로시간에 관계없이 일정 금액의 육아비용 보조금을 지원하기로 했다. 이 육아비용 보조금이 부모의 근로시간에 미치는 효과를 다음의 두 가지로 구분하여 설명하시오. [2013년 3회]

(1) 부모가 육아비용 보조금이 지급되기 이전에 근로를 하고 있지 않은 경우

(2) 부모가 육아비용 보조금이 지급되기 이전부터 근로를 하고 있었던 경우

쌤의 해결 포인트

이 문제는 문제 자체가 명확하지 못한 데다가 출제자의 의도에 따라 다양한 답안이 도출될 수도 있습니다. 따라서 이 문제는 답안 내용상 논리적 오류 유무에 따라 채점이 이루어질 가능성이 있습니다.

쌤의 만점답안

(1) 부모가 육아비용 보조금이 지급되기 이전에 근로를 하고 있지 않은 경우

부모의 경제활동참가는 각자의 보상요구임금 수준에 따라 달라지므로 근로시간은 증가할 수도, 아무런 변화가 없을 수도 있다.

(2) 부모가 육아비용 보조금이 지급되기 이전부터 근로를 하고 있었던 경우

이론상 임금 이외의 소득 증가에 따라 소득효과가 발생하여 근로시간이 감소할 수 있다. 다만, 소득과 여가에 대한 주관적인 선호체계에 따라 달라질 수 있다.

04 정부가 출산장려를 위하여 근로시간당 1,000원의 육아비용 보조금을 지원하기로 했다. 이 육아비용 보조금이 부모의 노동공급에 미치는 효과를 다음의 두 가지로 구분하여 설명하시오. [2016년 1회]

(1) 부모가 육아비용 보조금의 지원 시점 이전에 경제활동에 참가하고 있지 않은 경우

(2) 부모가 육아비용 보조금의 지원 시점 이전부터 경제활동에 참가하고 있는 경우

쌤의 해결 포인트

이 문제는 정확한 정답을 내포하고 있지 않습니다. 설령 육아비용 보조금으로 인해 근로자의 근로시간이 증가 혹은 감소하더라도, 이는 근로시간의 증감에 영향을 미치는 부차적인 요인일 뿐 근본적인 원인은 아니기 때문입니다.

쌤의 만점답안

(1) 부모가 육아비용 보조금의 지원 시점 이전에 경제활동에 참가하고 있지 않은 경우

실질적인 임금률 상승의 효과는 근로시간 증대에 일부 영향을 미칠 수 있다. 그러나 부모의 경제활동참가는 각자의 보상요구임금 수준에 따라 달라지므로 근로시간은 증가할 수도 아무런 변화가 없을 수도 있다.

(2) 부모가 육아비용 보조금의 지원 시점 이전부터 경제활동에 참가하고 있는 경우

실질적인 임금률 상승의 효과는 대체효과를 유발할 수도, 소득효과를 유발할 수도 있다. 따라서 근로시간의 증감 여부는 소득과 여가에 대한 개인의 주관적인 선호체계에 달려있다.

05 회사원인 A 씨는 복권에 당첨되어 100억 원의 당첨금을 받게 되었다. A 씨의 복권당첨에 따른 노동공급과 여가선호의 변화를 대체효과와 소득효과를 사용하여 여가가 정상재인 경우와 여가가 열등재인 경우로 비교하여 설명하시오. [2017년 1회]

쌤의 만점답안

① 여가가 정상재인 경우

대체효과에 의해 여가소비를 줄이고 노동공급을 늘릴 수도, 소득효과에 의해 노동공급을 줄이고 여가소비를 늘릴 수도 있다. 다만, A 씨의 경우 복권당첨으로 인한 비노동소득의 증가로 소득효과만 있으므로, 노동공급을 줄이고 여가소비를 늘릴 것이다.

② 여가가 열등재인 경우

대체효과가 소득효과를 압도하므로 비노동소득에 의한 실질소득의 증가에도 불구하고 여가소비를 줄이고 노동공급을 늘릴 것이다.

06 중소기업에 다니고 있는 갑 씨는 자식이 없는 고모로부터 세금을 제외하고 약 40억 원의 유산을 증여받았다. 갑 씨가 계속해서 경제활동을 할 것인가를 결정하기 위해서 노동자의 여가와 소득의 선택모형을 활용하였을 때 어떤 결정이 나올지, 또 그 이유는 무엇인지에 대해서 설명하시오. [2010년 2회]

쌤의 만점답안

일반적으로 임금 상승 시 대체효과가 우세하지만, 임금 수준이 일정한 수준을 넘어서면 소득효과가 우세해진다. 대체효과는 임금 상승에 따라 근로자가 여가시간을 줄이고 노동시간을 늘리는 것이며, 소득효과는 임금 상승에 따라 근로자가 노동시간을 줄이고 여가시간을 늘리는 것이다. 갑 씨의 비노동소득의 증가(유산 증여)는 소득효과만 발생시키므로 경제활동참가에 소극적인 태도를 유발할 수 있다.

유사 문제

탤런트 A 양은 대기업 회장의 외아들 B 씨와 결혼을 하였다. 결혼이 A 양의 경제활동참가에 어떠한 영향을 미치는지 여가와 소득의 선택모형을 이용하여 설명하시오. [2010년 1회]

07 여가와 소득의 선택모형에서 여가의 대체효과와 소득효과의 의미를 쓰고, 여가가 열등재일 때 소득 증가에 따른 노동공급의 변화를 설명하시오. [2019년 1회, 2012년 1회, 2010년 4회, 2009년 2회]

쌤의 만점답안

① 대체효과와 소득효과의 의미
  • 대체효과 : 임금 상승으로 여가에 활용하는 시간이 상대적으로 비싸게 됨으로써 근로자가 여가시간을 줄이고 노동시간을 늘리는 효과를 말한다.
  • 소득효과 : 임금 상승으로 실질소득이 증가하여 근로자가 노동시간을 줄이고 여가시간과 소비재 구입을 늘리는 효과를 말한다.
② 여가가 열등재일 때 소득 증가에 따른 노동공급의 변화 : 여가가 열등재인 경우에는 소득의 증가에도 여가에 대한 수요가 증가하지 않은 채 오히려 감소하여, 노동공급은 늘어날 수 있다.

08 임금상승률에 따라 노동공급곡선은 "우상향한다"는 말이 참인지, 거짓인지, 불확실한지를 판정하고, 여가와 소득의 선택모형에 의거하여 그 이유를 설명하시오. [2020년 2회, 2016년 3회, 2010년 4회, 2009년 2회]

쌤의 만점답안

① 판정 : 불확실하다.
② 이유 : 임금이 상승함에 따라 대체효과와 소득효과의 관계, 그리고 여가를 정상재로 볼 것인가 열등재로 볼 것인가에 따라 노동공급에 미치는 영향이 다르므로, 노동공급곡선이 우상향한다고 단정 지을 수 없다. 노동공급곡선은 임금이 상승할 때 대체효과가 크다면 우상향, 소득효과가 크다면 후방굴절하고, 여가가 정상재일 때는 후방굴절하며, 열등재일 때는 우상향한다.

09 노동수요의 탄력성 및 노동공급의 탄력성을 산출하는 공식을 각각 쓰시오. [2014년 1회, 2007년 1회]

쌤의 해결 포인트

'노동수요의 탄력성'과 '노동공급의 탄력성'은 각각 '노동수요의 임금탄력성'과 '노동공급의 임금탄력성'이 보다 정확한 표현입니다. 그 이유는 임금의 변화에 따른 노동수요 또는 노동공급의 변화를 나타내는 것이기 때문입니다. 다만, 직업상담사 시험에서는 용어들이 혼용되어 제시되고 있으므로 착오 없으시기 바랍니다. 또한 노동수요의 임금탄력성이나 노동공급의 임금탄력성 수치에는 기호 '%'를 붙이지 않습니다.

쌤의 만점답안

• 노동수요의 탄력성 $= \dfrac{\text{노동수요량의 변화율(\%)}}{\text{임금의 변화율(\%)}}$

• 노동공급의 탄력성 $= \dfrac{\text{노동공급량의 변화율(\%)}}{\text{임금의 변화율(\%)}}$

3 노동시장의 균형

대표 문제

완전경쟁시장에서 A 제품을 생산하는 어떤 기업의 단기 생산함수가 다음과 같을 때 이 기업의 이윤극대화를 위한 최적고용량을 도출하고 그 근거를 설명하시오(단, 생산물 단가는 100원, 단위당 임금은 150원).
[2024년 3회, 2022년 1회, 2018년 2회, 2015년 3회, 2013년 1회, 2010년 4회]

노동투입량	0단위	1단위	2단위	3단위	4단위	5단위	6단위
총생산량	0개	2개	4개	7개	8.5개	9개	9개

쌤의 해결 포인트

기업은 노동을 1단위 추가로 고용했을 때 얻게 되는 노동의 한계생산물가치와 기업이 노동자에게 지급하는 임금률이 같아질 때까지 고용량을 증가시킬 때 이윤이 극대화됩니다. 즉, 이윤극대화의 조건은 노동의 한계 생산물가치(VMP_L)와 임금률(W)이 같아야 합니다.

쌤의 만점답안

① 기업의 이윤극대화를 위한 최적 고용량 = 4단위
② 기업은 노동을 1단위 추가로 고용했을 때 얻게 되는 노동의 한계생산물가치와 기업이 노동자에게 지급하는 임금률이 같아질 때 이윤이 극대화된다.

노동투입량	0단위	1단위	2단위	3단위	4단위	5단위	6단위
총생산량	0개	2개	4개	7개	8.5개	9개	9개
한계생산물	–	2개	2개	3개	1.5개	0.5개	0개
한계생산물가치	–	200원	200원	300원	150원	50원	0원
단위당 임금	–	150원	150원	150원	150원	150원	150원

노동을 "3단위" 투입하면 단위당 임금(150원)보다 한계생산물가치(300원)가 높아 고용량을 증가시킬 것이고, "5단위" 투입하면 단위당 임금(150원)보다 한계생산물가치(50원)가 낮아 고용량을 감소할 것이다. 즉, 기업은 노동의 한계생산물가치와 단위당 임금이 일치하는 고용량 "4단위"에서 이윤극대화가 이루어진다.

(1) 한계생산물가치와 이윤극대화

[2023년 3회, 2021년 1회, 2020년 3회, 2019년 3회, 2016년 1회, 2016년 2회, 2016년 3회, 2013년 3회]

① 기업은 최소 비용으로 최대 효과를 얻기 위한 방향으로 생산활동을 한다.
② 완전경쟁시장에서의 기업은 한계비용(MC)과 한계수입(MR) 혹은 상품의 가격(P)과 일치하는 점까지 생산하여 이윤을 극대화하고자 한다.
　㉠ 한계비용(MC) : 생산자가 한 개의 상품을 더 생산하는 경우 추가로 소요되는 비용
　㉡ 한계수입(MR) : 생산자가 한 개의 상품을 더 팔 경우 얻게 되는 추가되는 수입

ⓒ 총생산량(TP) : 생산되는 생산물의 총수량

ⓔ 노동의 평균생산량(AP_L) : 총생산량을 가변요소인 노동투입량(L)으로 나눈 것

ⓜ 노동의 한계생산량(MP_L) : 노동 한 단위가 추가로 투입되었을 때 추가적으로 발생하는 산출량 증가분

ⓗ 노동의 한계생산물가치(VMP_L) : 노동의 한계생산물(MP_L)에 상품의 가격(P)을 곱한 금액

- 노동의 평균생산량(AP_L) = $\dfrac{총생산량(TP)}{노동투입량(L)}$

- 노동의 한계생산량(MP_L) = $\dfrac{총생산량의\ 증가분(\triangle TP)}{노동투입량의\ 증가분(\triangle L)}$

- 노동의 한계노동비용(MC_L) = $\dfrac{총\ 노동비용의\ 증가분(\triangle C)}{노동투입량의\ 증가분(\triangle L)}$

- 노동의 한계생산물가치(VMP_L) = 노동의 한계생산물(MP_L) × 가격(P) = 임금률(W)

(2) 이윤극대화 조건 [2024년 3회, 2022년 1회, 2018년 2회, 2015년 3회, 2013년 1회, 2010년 4회]

한계생산물가치(VMP_L)와 기업이 노동자에게 지급하는 한계비용인 임금률(W)이 같아질 때까지 고용량을 증가한다.

- 노동의 한계생산물가치(VMP_L) > 임금(W) : 고용량을 증가
- 노동의 한계생산물가치(VMP_L) = 임금(W) : 최적 고용량(이윤극대화)
- 노동의 한계생산물가치(VMP_L) < 임금(W) : 고용량을 감소

쌤의 비법노트

완전경쟁시장에서 기업의 균형 고용조건, 즉 이윤극대화 노동수요 조건은 노동의 한계생산물가치(VMP_L)와 임금률(W)이 일치하는 수준에 해당하며, 이때 노동의 한계생산물가치(VMP_L)는 넓은 의미에서 노동의 한계수입생산물(MRP_L)로도 볼 수 있습니다. 다만, 완전경쟁시장과 독점 상품시장에서 기업의 균형 고용조건이 다르므로, 독점이라면 임금은 노동의 한계생산물가치(VMP_L)보다 낮은 수준으로 결정됩니다.

기출복원문제로 핵심 복습

01 다음의 물음에 답하시오(계산식도 함께 작성하시오). [2019년 3회, 2016년 2회, 2013년 3회]

K 제과점의 종업원 수와 하루 케이크 생산량은 다음과 같다.

종업원 수	0	1	2	3	4
케이크 생산량	0	10	18	23	27

(단, 케이크 가격은 10,000원)

(1) 종업원 수가 2명인 경우 노동의 한계생산은?

(2) 종업원 수가 3명인 경우 노동의 한계수입생산은?

(3) 종업원 1인당 임금이 80,000원일 때 이윤극대화가 이루어지는 제과점의 종업원 수와 케이크 생산량은?

쌤의 만점답안

(1) 종업원 수가 2명인 경우 노동의 한계생산 = 8(개)

$$\text{노동의 한계생산량} = \frac{\Delta TP}{\Delta L} = \frac{18 - 10}{2 - 1} = 8(\text{개})$$

(2) 종업원 수가 3명인 경우 노동의 한계수입생산 = 50,000(원)

$$\text{노동의 한계수입생산물} = MP_L \times MR = \left(\frac{23 - 18}{3 - 2}\right) \times 10,000$$
$$= 5 \times 10,000 = 50,000(\text{원})$$

(3) 이윤극대화가 이루어지는 제과점의 종업원 수와 케이크 생산량 = 종업원은 2(명), 케이크 생산량은 18(개)

노동을 1단위 추가로 고용했을 때 얻게 되는 노동의 한계생산물가치와 기업이 노동자에게 지급하는 임금률이 같아질 때 이윤이 극대화된다.

종업원 수	0	1	2	3	4
케이크 생산량	0	10	18	23	27
한계생산량	–	10	8	5	4
한계생산물가치	–	100,000	80,000	50,000	40,000
임금	–	80,000	80,000	80,000	80,000

K 제과점의 이윤극대화는 노동의 한계생산물가치와 종업원 1인당 임금이 80,000원으로 일치할 때이며, 이때 종업원 수는 2명, 케이크 생산량은 18개이다.

02 다음은 완전경쟁시장에서 휴대용 의자를 생산하는 K사의 생산표이다(여기서 노동이 유일한 생산요소라고 가정함). 이 회사가 생산하는 휴대용 의자의 개당 가격이 2,000원이고, 근로자의 시간당 임금은 10,000원일 때, 다음 물음에 답하시오. [2021년 1회, 2016년 1회]

근로자 수(명)	0	1	2	3	4	5
시간당 생산량(개)	0	10	18	23	27	30

(1) 근로자 수가 5명일 때 노동의 평균생산량을 구하시오(단, 계산과정을 제시하시오).

(2) K사가 이윤을 극대화하기 위해 고용해야 할 근로자 수와 노동의 한계생산량을 구하시오(단, 계산과정을 제시하시오).

쌤의 만점답안

(1) 근로자 수가 5명일 때 노동의 평균생산량 = 6(개)

$$\text{노동의 평균생산량} = \frac{TP}{L} = \frac{30}{5} = 6(\text{개})$$

(2) 이윤을 극대화하기 위해 고용해야 할 근로자 수와 노동의 한계생산량 = 근로자 수는 3(명), 노동의 한계생산량은 5(개)
노동을 1단위 추가로 고용했을 때 얻게 되는 노동의 한계생산물가치와 기업이 노동자에게 지급하는 임금률이 같아질 때 이윤이 극대화된다.

근로자 수(명)	0	1	2	3	4	5
시간당 생산량(개)	0	10	18	23	27	30
한계생산량(개)	–	10	8	5	4	3
한계생산물가치(원)	–	20,000	16,000	10,000	8,000	6,000
임금(원)	–	10,000	10,000	10,000	10,000	10,000

K사의 이윤극대화는 노동의 한계생산물가치와 임금이 10,000원으로 일치할 때이며, 이때 고용해야 할 근로자 수는 3명, 노동의 한계생산량은 5개이다.

03 다음 아래의 주어진 내용을 보고 물음에 답하시오.

[2023년 3회, 2020년 3회, 2019년 3회, 2016년 2회, 2016년 3회, 2013년 3회]

노동공급	임금	한계수입생산
5	6	62
6	8	50
7	10	38
8	12	26
9	14	14
10	16	2

(1) 노동공급이 7단위일 때 한계노동비용을 구하시오(단, 계산과정을 제시하시오).

(2) 이윤극대화가 이루어지는 노동공급과 임금을 구하시오(단, 계산과정을 제시하시오).

쌤의 해결 포인트

해당 문제 자체가 매우 모호하여 2가지 답안이 가능합니다. 그 이유는 문제의 제시된 표에서 '임금'의 경우 단위임금(시간당 임금)을 말하는 것인지, 총임금을 말하는 것인지 알 수 없기 때문입니다. 이 문제는 단위임금(시간당 임금)을 염두에 두고 문제를 출제하였으나, 문제의 이의제기를 통해 총임금 또한 정답으로 인정하였습니다. 사실 이와 유사한 문제들은 보통 단위임금(시간당 임금)으로 문제가 출제됩니다. 그렇다 보니 출제자 또한 수험생들이 당연히 단위임금(시간당 임금)으로 인식할 것이라 판단한 것 같습니다. 그러나 이와 같은 문제의 경우 명확히 단서들을 제시해야 함에도 불구하고 이를 누락시킨 것은 출제오류로 보기에 충분합니다.

쌤의 만점답안

[답안 1] 문제에 제시된 임금을 단위임금(시간당 임금)으로 보는 경우

(1) 노동공급이 7단위일 때 한계노동비용 = 22

$$\text{한계노동비용} = \frac{\Delta C}{\Delta L} = \frac{(7 \times 10) - (6 \times 8)}{7 - 6} = \frac{70 - 48}{1} = 22$$

(2) 이윤극대화가 이루어지는 노동공급과 임금 = 노동공급은 8, 임금은 12

노동의 한계수입생산과 노동의 한계노동비용이 일치하는 지점에서 이윤극대화가 이루어진다. 동의 한계수입생산과 노동의 한계노동비용이 일치할 때 이윤극대화가 이루어지는 지점은 노동공급은 8, 시간당 임금은 12이다.

노동공급	시간당 임금	한계수입생산	한계노동비용
5	6	62	−
6	8	50	$\frac{(6 \times 8) - (5 \times 6)}{6 - 5} = 18$
7	10	38	$\frac{(7 \times 10) - (6 \times 8)}{7 - 6} = 22$
8	12	26	$\frac{(8 \times 12) - (7 \times 10)}{8 - 7} = 26$

| 9 | 14 | 14 | $\dfrac{(9 \times 14) - (8 \times 12)}{9 - 8} = 30$ |
| 10 | 16 | 2 | $\dfrac{(10 \times 16) - (9 \times 14)}{10 - 9} = 34$ |

[답안 2] 문제에 제시된 임금을 총임금으로 보는 경우

(1) 노동공급이 7단위일 때 한계노동비용 = 2

$$\text{한계노동비용} = \frac{\Delta C}{\Delta L} = \frac{10 - 8}{7 - 6} = \frac{2}{1} = 2$$

(2) 이윤극대화가 이루어지는 노동공급과 임금 = 노동공급은 10, 총임금은 16

노동의 한계수입생산과 노동의 한계노동비용이 일치하는 지점에서 이윤극대화가 이루어진다. 노동의 한계수입생산과 노동의 한계노동비용이 일치할 때 이윤극대화가 이루어지는 지점에서 노동공급은 10, 총임금은 16이다.

노동공급	총임금	한계수입생산	한계노동비용
5	6	62	–
6	8	50	$\dfrac{8 - 6}{6 - 5} = 2$
7	10	38	$\dfrac{10 - 8}{7 - 6} = 2$
8	12	26	$\dfrac{12 - 10}{8 - 7} = 2$
9	14	14	$\dfrac{14 - 12}{9 - 85} = 2$
10	16	2	$\dfrac{16 - 14}{10 - 9} = 2$

4 노동시장의 분석

내부노동시장의 형성요인과 장점을 각각 3가지씩 쓰시오.
[2022년 3회, 2016년 2회, 2010년 3회, 2009년 3회, 2008년 3회]

쌤의 해결 포인트

'외부노동시장'은 임금의 설정, 노동력의 배분 등에 관한 의사결정이 직접적으로 경제변수에 의해 통제된다고 보는 전통적 노동시장 모형입니다. 반면, '내부노동시장'은 그와 같은 요소들이 기업 내부의 제도적인 규칙(공식적 및 비공식적 규칙 불문)에 의해 통제된다고 보는 수정모형에 해당합니다. 실질적으로 내부노동시장은 주로 대기업 등 하나의 사업장 내의 노동시장이라고 할 수 있습니다.

쌤의 만점답안

① 내부노동시장의 형성요인
- 현장훈련
- 기업 내의 관습
- 숙련의 특수성

합격 암기법 ↘ (내부) 현장 관습 숙련

② 내부노동시장의 장점
- 우수한 인적자본의 확보 및 유지
- 승진 또는 배치전환을 통한 동기유발 효과
- 고임금 및 장기고용 유지를 위한 지불능력 보유

(1) 내부노동시장

[2023년 2회, 2022년 3회, 2020년 2회, 2018년 1회, 2016년 2회, 2011년 1회, 2010년 3회, 2009년 1회, 2009년 3회, 2008년 3회]

① 내부노동시장 의미

기업 내의 규칙이나 관리가 노동시장의 기능을 대신함으로써 노동시장 기능이 기업 내로 옮겨진 현상을 말한다.

② 내부노동시장의 형성요인

㉠ 현장훈련 : 실제 현장의 담당자만이 아는 노하우를 전임자가 후임자에게 생산과정을 통해 직접 전수하게 된다.

㉡ 기업 내의 관습(위계적 직무서열) : 근로자의 진입·보수·전환배치·승진·퇴직 등 노동관계의 각종 사항을 규율한다. 기업 내의 관습은 고용의 안정성에서 형성된다.

㉢ 숙련의 특수성(기능의 특수성) : 기업의 고유한 숙련은 기록이나 문서로 전수가 불가능하며, 기업 내의 시간이 흐를수록 축적된다.

③ 내부노동시장의 장단점

장 점	• 승진 또는 배치전환을 통한 동기유발의 효과 • 고임금 및 장기고용 유지를 위한 지불능력 보유 • 우수한 인적자원(기업특수적 인적자원)의 확보 · 유지 • 인적자본 확보 및 동기유발 효과를 통한 생산성 향상
단 점	• 인력의 경직성 • 높은 노동비용 • 핵심역량에의 집중 곤란 • 급격한 기술변화로 인한 재훈련비용의 증대

(2) 이중노동시장 [2020년 2회, 2011년 1회, 2009년 1회]

① 이중노동시장의 의미

노동시장이 1차 노동시장과 2차 노동시장으로 구분되며, 양 시장이 서로 독립적이고 임금 및 고용의 구조에도 차이를 보인다는 것이다.

② 이중노동시장의 구분 [2019년 1회, 2003년 3회]

1차 노동시장	• 고임금 • 고용의 안정성 • 승진 및 승급 기회의 평등(공평성) • 양호한 근로조건 • 합리적인 노무관리 등
2차 노동시장	• 저임금 • 고용의 불안정성(높은 노동이동) • 승진 및 승급 기회의 결여 • 열악한 근로조건 • 자의적인 관리감독 등

(3) 인적자본 [2020년 2회, 2011년 1회, 2009년 1회]

① 인적자본의 의의

㉠ 노동의 질적 요인에 초점 둔 것으로서, 노동자들 간에 서로 다른 생산성을 나타내는 이유를 밝히며, 인적자본의 효율적인 투자에 의한 생산성 향상을 강조한다.

㉡ 교육 · 훈련은 생산성을 증가시키는 역할을 하며, 교육투자는 높은 임금을 보장한다.

② 인적자본의 주요 투자대상 [2019년 2회, 2012년 2회]

㉠ 정규교육 : 정규학교에서 이루어지는 기본적이고 체계적인 교육이다.

㉡ 현장훈련(OJT) : 취업 후 사업장에서 작업 등을 통해 획득하는 기술훈련이다.

㉢ 이주 또는 노동의 이동 : 일정 수준 인적자본을 축적한 근로자가 자신의 가치를 더욱 증가시키기 위해 이동하는 것이다.

㉣ 건강 : 노동공급시간을 일정한 상태로 유지시키고 노동력의 질을 향상시키기 위한 노력이다.

㉤ 정보 : 구직자에게 자신의 직업적성과 기능수준에 부합하는 일자리를 찾도록 하며, 취업자에게 새로운 지식과 기술을 접하도록 해 주는 것이다.

(4) 교육투자의 수익률

① 교육의 사적 수익률이 사회적 수익률보다 높은 경우

개인이 교육을 통해 얻는 이익은 상대적으로 크다. 이 경우 교육에 대한 초과수요가 발생한다.

② 교육의 사적 수익률이 사회적 수익률보다 낮은 경우 [2010년 3회, 2004년 3회]

㉠ 정부는 개인이 교육을 통해 얻는 이익은 상대적으로 적으므로, 개인이 교육을 통해 얻는 이익이 증가하도록 인적자본에 대한 투자정책을 확대할 필요가 있다.

㉡ 정부의 인적자본투자의 방향

- 연구개발 투자를 장려
- 교육투자 비용에 대한 세제 혜택
- 학습휴가제의 지원 및 권장
- 효율적인 직업알선체제 구축
- 평생교육 및 평생직업능력 개발체제 구축 등

(5) 근로자의 사직률 [2018년 2회, 2009년 1회]

① 사용자가 사직률이 낮은 근로자를 선호하는 이유

㉠ 기업특수적 인적자본의 확보

㉡ 인적자본투자의 안정성으로 인한 기업의 생산성 증대

㉢ 신규충원에 소요되는 비용의 절감 및 노사관계의 안정

② 사직률이 낮은 근로자의 사회적 영향

㉠ 고용시장의 경직에 따른 신규인력의 진입 곤란

㉡ 산업구조 변화에 따른 노동인력수급 변화에의 대처 곤란

㉢ 기술 변화에 따른 신규기술인력의 재빠른 도입 곤란

01 노동시장의 분석이론 중 내부노동시장이론, 이중노동시장이론, 인적자본이론의 의미를 간략히 설명하시오. [2020년 2회, 2011년 1회, 2009년 1회]

쌤의 만점답안

- 내부노동시장이론 : 기업 내의 규칙이나 관리가 노동시장의 기능을 대신함으로써 노동시장 기능이 기업 내로 옮겨진 현상을 말한다.
- 이중노동시장이론 : 노동시장이 1차 노동시장과 2차 노동시장으로 구분되며, 양 시장이 서로 독립적이고 임금 및 고용의 구조에도 차이를 보인다는 것이다.
- 인적자본이론 : 노동자들 간에 서로 다른 생산성을 나타내는 이유를 밝히며, 인적자본의 효율적인 투자에 의한 생산성 향상을 강조한다.

02 내부노동시장의 형성요인을 3가지 쓰고 각각에 대해 간략히 설명하시오.
[2023년 2회, 2018년 1회, 2016년 2회, 2015년 2회, 2010년 3회, 2009년 3회, 2008년 3회]

쌤의 만점답안

① 현장훈련 : 실제 직무수행에 이용되는 기술 및 숙련이 전임자에게서 후임자에게로 전수된다.
② 기업 내의 관습 : 관습은 고용의 안정성에서 형성된 것으로, 고용의 안정성은 사용자나 근로자 양측에 모두 중요하다.
③ 숙련의 특수성 : 기업 특수적 숙련을 유지하기 위해 내부 노동력을 특별히 유지할 필요가 있다.

합격 암기법 \ (내부) 현장 관습 숙련

03 이중노동시장에서 1차 노동시장의 직무 혹은 소속 근로자들이 가지는 특징을 5가지 쓰시오.
[2019년 1회, 2003년 3회]

쌤의 만점답안

① 고임금
② 고용의 안정성
③ 승진 및 승급 기회의 평등(공평성)
④ 양호한 근로조건
⑤ 합리적인 노무관리

04 인적자본에 대한 투자의 대상을 3가지만 쓰고, 각각 설명하시오. [2019년 2회, 2012년 2회]

쌤의 만점답안

① 정규교육 또는 기타 학교교육 : 정규학교에서 이루어지는 기본적이고 체계적인 교육
② 현장훈련 : 취업 후 사업장에서 작업 등을 통해 획득하는 기술훈련
③ 이주 : 일정 수준 인적자본을 축적한 근로자의 자기가치 증가를 위한 이동

합격 암기법 \ 학교 교훈이

05 교육의 사적 수익률이 사회적 수익률보다 낮을 경우 정부의 개입방법을 쓰시오. [2010년 3회, 2004년 3회]

쌤의 만점답안

교육의 사적 수익률이 사회적 수익률보다 낮을 경우 개인이 교육을 통해 얻는 이익은 상대적으로 적다. 따라서 정부는 연구개발에 대한 투자 장려, 교육투자 비용에 대한 세제혜택, 평생교육 및 평생직업능력 개발체제 구축 등 인적자본에 대한 투자정책을 확대함으로써 교육을 통한 사적 수익의 기대감을 높일 필요가 있다.

06 사용자는 다른 조건이 일정할 때 사직률이 낮은 근로자를 선호하지만, 이는 사회적인 관점에서 바람직하지 않다. 사용자가 사직률이 낮은 근로자를 선호하는 이유와 함께 근로자의 낮은 사직률이 사회적으로 좋지 않은 영향을 주는 이유를 설명하시오. [2018년 2회, 2009년 1회]

쌤의 만점답안

① 사용자가 사직률이 낮은 근로자를 선호하는 이유
  • 기업특수적 인적자본의 확보
  • 인적자본투자의 안정성으로 인한 기업의 생산성 증대
  • 신규충원에 소요되는 비용의 절감 및 노사관계의 안정
② 근로자의 낮은 사직률이 사회적으로 좋지 않은 영향을 주는 이유
  • 고용시장의 경직에 따른 신규인력의 진입 곤란
  • 산업구조 변화에 따른 노동인력수급 변화에의 대처 곤란
  • 기술 변화에 따른 신규기술인력의 재빠른 도입 곤란

02 임금의 제개념

1 부가급여와 생산성 임금제

대표 문제

부가급여의 의미를 예를 들어 설명하고, 사용자와 근로자가 선호하는 이유를 각각 2가지 쓰시오.
[2018년 1회, 2004년 3회]

쌤의 해결 포인트

이 문제는 단순히 부가급여의 의미만이 아닌 그 예를 들어 쓰도록 하고 있다는 점에 주의해야 합니다. 부가급여에 관한 문제를 하단의 [유사 문제]와 같이 다양한 방식으로 출제하고 있습니다. 사용자가 부가급여를 선호하는 이유는 제시된 답안 이외에 '정부의 임금규제 강화에 대한 회피수단', '양질의 근로자 혹은 사용자가 선호하는 근로자 채용' 등이 있습니다.

쌤의 만점답안

① 부가급여의 의미 : 사용자가 근로자에게 지급하는 경상화폐임금 이외의 현물보상, 연기된 보상 등으로서 사업주 부담의 퇴직연금 적립금, 사회보험료 부담금, 교육훈련비 등이 있다.
② 부가급여를 선호하는 이유
   • 사용자 : 근로자의 장기근속 유도 및 생산성 향상, 조세나 보험료의 부담 감소
   • 근로자 : 근로소득세 부담 감소, 연기된 보상이 저축의 성격 및 조세상 혜택

유사 문제

• 부가급여의 의미를 설명하고, 사용자와 근로자가 선호하는 이유를 각각 2가지 쓰시오. [2014년 1회, 2011년 1회]
• 부가급여의 의미를 예를 들어 설명하고, 사용자가 부가급여를 선호하는 이유를 4가지 쓰시오. [2015년 3회, 2010년 1회]

(1) 부가급여의 의미 [2018년 1회, 2015년 3회, 2014년 1회, 2011년 1회, 2010년 1회, 2004년 3회]

사용자가 근로자에게 개별적 또는 단체적으로 지급하는 경상화폐 임금 이외의 현물보상, 연기된 보상 등을 의미한다.

쌤의 비법노트

'연기된 보상 혹은 이연보수(Deferred Compensation)'는 노동소득이 현재 발생하지만 화폐형태로의 지불은 연기내지 유예되는 것을 말합니다. 즉, 연금이나 퇴직금과 같이 근로자의 재직기간 중 발생하였으나 지급이 연기된 보상을 의미합니다.

(2) 부가급여의 종류

① 퇴직금 및 퇴직연금의 사업주 적립금

② 각종 사회보험료의 사업주 부담금

③ 유급휴가(예 연차휴가, 출산전후 휴가 등) 및 유급휴일(예 정규 국경일 등)

④ 회사부담의 교육훈련비

⑤ 그 밖의 복리후생시설, 사택 제공, 차량 제공, 학자금 보조, 주택자금 저리융자 등

(3) 부가급여 선호 이유 [2018년 1회, 2015년 3회, 2014년 1회, 2011년 1회, 2010년 1회, 2004년 3회]

사용자 측면	• 정부의 임금규제 강화에 대한 회피 수단이 된다. • 전반적인 임금통제 시기에 양질의 근로자 혹은 사용자가 선호하는 근로자를 채용할 수 있게 한다. • 근로자의 장기근속을 유도하며, 생산성을 향상시킬 수 있다. • 임금액의 증가를 부가급여로 대체하여 조세나 보험료의 부담이 감소한다.
근로자 측면	• 근로소득세의 부담이 감소한다. • 현물형태의 급여는 대량 할인되어 구입하므로 실제로 근로자에게 이익이 돌아간다. • 연기된 보상이 저축의 성격을 지니므로 퇴직 이후 노후대책에 유리하며, 조세상의 혜택 또한 받을 수 있다.

(4) 노동생산성과 생산성 임금제 [2020년 4회, 2014년 3회, 2012년 1회, 2009년 1회]

① 생산성 임금제는 각 근로자가 상품생산에 기여한 공헌도를 토대로 임금을 결정하는 방식으로, 매년 임금결정 교섭에 있어서 임금의 인상률을 생산성 증가율에 연계시킨다.

② 노동생산성은 노동 1단위당 성과를 나타내는 것으로, 노동자 1인당 일정 기간 산출하는 생산량 또는 부가가치를 나타낸다.

$$\text{부가가치 노동생산성} = \frac{\text{부가가치}}{\text{노동투입량}}$$

쌤의 비법노트

부가가치(Value Added)는 본래 기업이 경영활동을 통해 새롭게 창출한 가치를 말합니다.

(5) 생산성 임금제의 임금 결정

① 생산성 임금제에서는 명목임금 증가율을 명목생산성 증가율과 연계하여 임금인상을 결정한다.

② 명목생산성 증가율을 산정할 때 실질생산성 증가율에 물가상승률을 반영해야 한다.

명목생산성 증가율 = 실질생산성 증가율 + 물가상승률

예 실질생산성 증가율이 5%이고 물가상승률이 2%라고 가정할 때, 명목생산성 증가율은 7% 증가한 것으로 볼 수 있다. 생산성 임금제에 따라 명목생산성이 7% 증가하였으므로, 명목임금도 7% 인상되어야 한다.

명목생산성 증가율 = 5% + 2% = 7%

기출복원문제로 핵심 복습

01 생산성 임금제에 의하면 명목임금의 상승률을 결정할 때 부가가치 노동생산성 상승률과 일치시키는 것이 적정하다고 하였다. 어떤 기업의 2010년 근로자 수가 40명, 생산량이 100개, 생산물단가는 10원, 자본비용이 150원이었으나, 2011년에는 근로자 수는 50명, 생산량은 120개, 생산물단가는 12원, 자본비용은 200원으로 올랐다고 가정하자. 생산성 임금제에 근거할 때 이 기업의 2011년 적정임금상승률을 계산하시오(단, 소수점 발생 시 반올림하여 소수 첫째 자리로 표현하시오). [2020년 4회, 2014년 3회, 2012년 1회, 2009년 1회]

쌤의 해결 포인트

생산성 임금제는 각 근로자가 상품생산에 기여한 공헌도를 토대로 임금을 결정하는 방식입니다. 생산성 임금제에서는 임금상승률을 생산성 상승률과 결부시킴으로써, 명목임금의 상승률을 부가가치 노동생산성 상승률과 일치시키는 방향으로 적정임금을 산출할 수 있습니다. 이 문제에서는 자본이 아닌 노동이 기여한 부분에 대해 임금으로써 근로자에게 배분하는 부가가치 노동생산성에 관한 것이므로, 자본비용은 고려하지 않습니다.

쌤의 만점답안

생산성 임금제에 의하면 명목임금의 상승률을 결정할 때 부가가치 노동생산성 상승률과 일치시키는 것이 적정하다고 하였으므로, 적정임금상승률은 부가가치 노동생산성 변화율인 15.2%이다.

- 2010년 근로자 1인당 부가가치 노동생산성 $= \dfrac{100 \times 10}{40} = 25$(원)

- 2011년 근로자 1인당 부가가치 노동생산성 $= \dfrac{200 \times 12}{50} = 28.8$(원)

- 2010~2011년 부가가치 노동생산성 변화율(%) $= \left(\dfrac{28.8 - 25}{25} \right) \times 100 = 15.2$(%)

∴ 2011년 적정 임금상승률 $= 15.2$(%)

2 임금격차 및 임금의 하방경직성

대표 문제

노동수요 특성별 임금격차를 발생하게 하는 경쟁적 요인을 3가지 쓰시오. [2017년 3회, 2009년 2회]

쌤의 해결 포인트

경쟁적 요인과 비경쟁적 요인을 구분하는 기준은 임금격차가 궁극적으로 노동시장의 완전성을 전제로 하는가 아니면 불완전성을 전제로 하는가에서 비롯됩니다. 사실 이와 같은 구분은 명료하지 못한 측면이 있으므로, 교재에 따라 달리 제시되기도 합니다.

쌤의 만점답안

① 인적자본량
② 근로자의 생산성 격차
③ 보상적 임금격차

합격 암기법 ➤ 인생보

(1) 임금격차의 의미

동일한 시점에 있어서의 각 기업의 임금수준의 차이 또는 각 근로자들이 받는 임금액의 차이를 의미한다.

쌤의 비법노트

노동시장에서의 임금격차는 생산성의 차이에서 기인한 '차이(Difference)'와 생산성과 관계없는 '차별(Discrimination)'로 구분할 수 있습니다. 특히 임금격차의 원인으로서 고용주나 소비자의 차별적 선호는 비주류 집단(예 유색인종 등)에 대한 편견에서 비롯되기도 합니다.

(2) 임금격차의 유형 [2018년 2회]

① 산업별 임금격차 [2022년 3회, 2019년 3회, 2013년 1회]
  ㉠ 의미 : 동일한 직종·지리적 영역에 있는 노동자가 상이한 종류의 산업에 종사하고 있을 때, 그 상이한 산업 간에 존재하는 임금격차를 말한다.
  ㉡ 발생원인 : 산업 간 노동생산성의 차이, 노동조합의 존재, 산업별 집중도의 차이, 단기적 노동공급의 비탄력성 등
② 직종별 임금격차
  ㉠ 의미 : 수많은 직종(생산직, 사무직, 기술직 등) 간에 요구하는 교육수준, 노동조건, 안정성, 중요성 등이 다름으로써 발생하는 임금의 격차를 말한다.

ⓛ 발생원인 : 근로환경의 차이(→ 보상적 임금격차), 노동조합 조직률의 차이(→ 비경쟁집단의 존재), 직종 간 정보흐름의 미흡(→ 과도적 임금격차), 노동자의 특정 직종 회피·선호 경향의 차이 등

③ 학력별 임금격차

ⓐ 의미 : 학력이 채용결정의 기준이자 임금결정의 기준으로서 역할을 하는 소위 학력사회에서, 고학력자와 저학력자 간에 존재하는 임금의 격차를 말한다.

ⓛ 발생원인 : 노동시장의 학력별 분단 구조, 학력 간 노동공급사정의 차이, 학력의 선별장치로서의 기능, 학력 간 임금격차의 전통적 관념, 승급·승진과 관련된 노무관리상의 차별 등

④ 성별 임금격차

ⓐ 의미 : 동일한 직종에 종사하는 남성과 여성에 대해 생산성과 관계없이 상이한 임금이 지불됨으로써 발생하는 임금의 격차를 말한다.

ⓛ 발생원인 : 학력·연령·경력 등의 차이에 따른 노동생산성의 차이, 남녀 간 차별 대우의 전통적 의식 또는 사회적 편견에 따른 직종차별, 승진차별, 순수한 임금상의 차별 등

⑤ 기업규모별 임금격차

ⓐ 의미 : 동일 지역 내에서 서로 다른 규모의 기업 간, 즉 대기업과 소기업 또는 대기업과 중소기업 간에 존재하는 임금의 격차를 말한다.

ⓛ 발생원인 : 1인당 부가가치생산성의 차이, 생산물시장에서 독과점력의 차이, 노동조합 조직률의 차이, 우수노동력의 확보 가능성, 자본·기술의 우위 등

⑥ 지역별 임금격차

ⓐ 의미 : 현실적으로 완전경쟁적 노동시장의 여건이 갖추어지기 어려운 상황에서 지역 간 다양한 차이에 의해 발생하는 임금의 격차를 말한다.

ⓛ 발생원인 : 지역 간 산업배치의 차이(각 산업 및 직종에 종사하는 노동력 구성의 차이), 지역 간 노동력 이동의 곤란성, 도시의 발달 정도, 순수지역효과(예 수요독점적 착취의 존재, 생산물에 대한 수요의 부족, 과잉노동공급, 그 지역의 특수한 생산함수) 등

(3) 노동수요 특성별 임금격차 요인

① 경쟁적 요인 [2017년 3회, 2009년 2회]

ⓐ 인적자본량 : 기업특수적 인적자본량은 기업 간 차별화된 제품생산, 생산장비 및 생산공정의 특유성 등에 의해 형성되는데, 특히 대기업은 기업특수적 인적자본량이 많으므로 임금격차가 상대적으로 크다.

ⓛ 근로자의 생산성 격차 : 근로자에 대한 인적자본의 투자 차이가 근로자 간 생산적 기여에 차이를 가져오며, 그것이 곧 임금격차로 이어진다.

ⓒ 보상적 임금격차 : 직업의 임금 외적인 불리한 측면을 상쇄하여 근로자에게 돌아가는 순이익을 다른 직업과 동등하게 해 주어야 한다는 원리이다(예 3D 직종 등).

ⓔ 시장의 단기적 불균형 : 일시적·단기적인 노동수요의 증가는 노동공급의 비탄력성으로 인해 곧바로 노동공급의 증가로 이어지지 않는데, 특정 직종에 대한 초과수요의 발생으로 과도적인 임금격차가 나타난다.

   ⑩ 기업의 합리적 선택으로서 효율성 임금정책 : 대기업은 시장임금 이상의 높은 임금을 근로자에게 지급하여 노동생산성 향상을 도모하는 경향이 있다.

  ② 비경쟁적 요인(경쟁 외적 요인)

   ㉠ 시장지배력 및 독점지대의 배당 : 독과점 기업은 높은 수익을 올림으로써 기업의 독점적 지대의 일부를 근로자에게 지급한다.

   ㉡ 노동조합의 효과 : 일반적으로 노동조합이 조직되어 있는 기업의 경우 임금이 상대적으로 높으며, 그로 인해 노동조합이 조직되어 있지 않은 기업의 근로자와 임금격차가 발생한다.

   ㉢ 비효율적 연공급제도 : 연공급제도는 주로 지불능력이 큰 대기업에서 발생하여 산업 간·기업 간 임금격차를 유발한다.

(4) 고임금경제 [2015년 2회, 2011년 2회]

  ① 고임금 경제의 의미

   개선된 임금으로 인해 근로자들의 근로의욕이 높아짐으로써 노동의 한계생산력이 향상되는 것을 말한다.

  ② 고임금이 고생산을 가져오는 원인

   ㉠ 노동자의 기업에 대한 충성심과 귀속감을 증대시킨다.

   ㉡ 노동자의 직장상실비용을 증대시켜서 작업 중에 태만하지 않게 한다.

   ㉢ 노동자의 사직을 감소시켜 신규노동자의 채용 및 훈련비용을 감소시킨다.

   ㉣ 신규채용 시 지원노동자의 평균자질이 높아져 보다 양질의 노동자를 고용할 수 있다.

  ③ 고임금경제가 고용에 미치는 영향

   ㉠ 고임금경제가 존재할 경우 : 노동수요는 보다 비탄력적이 되어 임금 상승으로 인해 노동수요 감소 효과가 상대적으로 작아진다.

   ㉡ 고임금경제가 존재하지 않을 경우 : 노동수요는 보다 탄력적이 되어 임금 상승으로 인해 노동수요 감소 효과가 상대적으로 크다.

(5) 선진국과 후진국의 임금수준 차이를 가져오는 원인 [2012년 2회]

  ① 노동생산성의 차이

   선진국에서는 기업경영의 효율성과 효과적인 분업체계, 보다 많은 자본재의 활용과 생산공정의 과학적인 관리 등이 이루어지며, 근로자가 직무에 따른 체계적인 생산계획에 부합하도록 업무를 수행함으로써 높은 생산성을 발휘할 수 있다.

  ② 기술 및 지식의 격차

   선진국에서는 인적자본에 대한 투자가 적극적으로 이루어지며 풍부한 숙련노동력을 갖추고 있는 경우가 많다.

  ③ 소비물자 가격의 차이

   선진국은 후진국에 비해 상대적으로 물가 수준이 높아 이를 반영하여 기업은 임금수준을 결정하게 된다.

(6) 임금의 하방경직성

[2024년 3회, 2023년 1회, 2020년 3회, 2018년 2회, 2017년 3회, 2012년 3회, 2011년 3회, 2010년 2회, 2009년 1회, 2004년 1회]

① 임금의 하방경직성의 의의

한 번 오른 임금이 경제여건의 변화에도 불구하고 떨어지지 않은 채 그 수준을 유지하려는 경향을 말하는 것으로서, 기본적으로 취업자들이 임금 인하를 거부하는 것에서 비롯된다.

② 임금이 하방경직인 이유

㉠ 강력한 노동조합의 존재

노동조합은 노동자들의 해고를 어렵게 하고 임금 계약을 장기로 체결하도록 하며, 임금을 노동생산성보다는 연공서열과 연계시키고자 하는 경향이 있다.

㉡ 화폐환상(Money Illusion)

노동자가 명목임금을 실질임금보다 중시하는 현상에서 비롯된다. 노동자는 명목임금의 하락에 저항하게 되며, 이러한 명목임금의 하방경직으로 인해 불완전고용이 일반화된다.

㉢ 장기 근로(노동)계약

사용자와 노동자 간 장기 근로계약은 노동자에 대한 임금의 조정을 어렵게 함으로써 명목임금의 하방경직성을 야기한다.

㉣ 최저임금제의 실시

최저임금제는 일정한 임금수준 이하로는 노동자를 고용할 수 없도록 하는 제도로서, 정부가 법을 통해 명목임금의 하방경직성을 도입하는 경우이다.

㉤ 노동자의 역선택 발생 가능성

기업이 임금을 삭감하는 경우 생산성이 가장 높은 노동자들이 우선적으로 기업을 떠나게 될 것이므로, 기업은 우수한 노동자들을 잃지 않기 위해 임금을 삭감하지 않게 된다.

㉥ 대기업의 효율성 임금정책에 따른 고임금 지급

대기업은 상대적으로 높은 지불능력을 토대로 우수한 노동자를 채용하여 근로의 질을 향상시키는 것은 물론 노동자의 사직 감소에 따라 노동자 신규채용 및 훈련에 드는 비용을 감소시키기 위해 의도적으로 고임금을 지급하는 경향이 있다.

쌤의 비법노트

사실 노동자들은 기업과 달리 물가상승을 예측하거나 이를 인식하는 데 있어서 둔감합니다. 따라서 일단 명목임금이 유지되는 경우 화폐가치의 하락으로 인해 실질임금이 감소되더라도 노동공급을 유지하게 되는데, 케인즈(Keynes)는 이와 같은 현상을 노동자들의 '화폐환상(Money Illusion)'으로 제시하였습니다.

기출복원문제로 핵심 복습

01 노동시장에 존재하는 임금격차의 유형을 5가지 쓰시오. [2018년 2회]

> **쌤의 만점답안**

① 산업별 임금격차   ② 성별 임금격차
③ 직종별 임금격차   ④ 학력별 임금격차
⑤ 기업규모별 임금격차

> **합격 암기법** ↘ 산성직학기

02 산업별 임금격차가 발생하는 원인을 4가지 쓰시오. [2022년 3회]

> **쌤의 만점답안**

① 노동조합의 존재   ② 산업별 집중도의 차이
③ 단기적 노동공급의 비탄력성   ④ 산업 간 노동생산성의 차이

> **합격 암기법** ↘ 노산단산

> **유사 문제**

산업별로 임금격차가 발생하는 원인을 3가지 쓰시오. [2019년 3회, 2013년 1회]

03 고임금경제가 존재할 경우와 존재하지 않을 경우, 임금 상승이 고용에 미치는 효과가 어떻게 다른지, 또 그 이유는 무엇인지 설명하시오. [2015년 2회, 2011년 2회]

> **쌤의 해결 포인트**

일반적으로 임금이 상승하면 고용은 감소하지만, 스마트폰이나 자동차를 만드는 대기업의 경우 직원 월급이 오르더라도 직원 수를 줄이지 않은 채 오히려 신규인력을 충원하는 경우를 볼 수 있습니다. 이는 고임금정책이 근로자의 생산성 향상으로 이어지면서 오히려 기업에 더 이익이 될 수 있기 때문입니다. 이 문제는 고임금경제가 존재하느냐 혹은 존재하지 않느냐에 따라 임금 상승이 노동수요 감소의 폭을 얼마만큼 작게 혹은 크게 하느냐에 관한 것입니다.

> **쌤의 만점답안**

① 고임금경제가 존재할 경우 : 노동수요가 보다 비탄력적이 되므로 임금 상승으로 인한 노동수요 감소 효과가 상대적으로 작아진다.
② 고임금경제가 존재하지 않을 경우 : 노동수요가 보다 탄력적이 되므로 임금 상승으로 인한 노동수요 감소 효과가 상대적으로 커진다.

04 일반적으로 선진국의 임금수준은 후진국보다 높다. 이러한 현상을 초래하는 이유 3가지를 쓰시오. [2012년 2회]

이 문제는 출제자 또는 채점자의 의도에 따라 서로 다른 답안이 도출될 가능성이 있습니다. 그 이유는 선진국과 후진국 간의 임금격차 원인에 대해 학자마다 혹은 교재마다 매우 다양하게 제시되고 있으며, 각각의 주장들에 대해 여전히 논쟁이 벌어지고 있기 때문입니다.

쌤의 만점답안

① 노동생산성의 차이
② 기술 및 지식의 격차
③ 소비물자 가격의 차이

합격 암기법 생기가

05 임금의 하방경직성의 의미를 설명하고, 임금의 하방경직성이 되는 이유 5가지를 쓰시오.
[2024년 3회, 2023년 1회, 2020년 3회, 2018년 2회, 2012년 3회, 2010년 2회, 2009년 1회, 2004년 1회]

쌤의 만점답안

① 임금의 하방경직성의 의미 : 한 번 오른 임금이 경제여건의 변화에도 불구하고 떨어지지 않은 채 그 수준을 유지하려는 현상을 말한다.
② 임금의 하방경직 이유
  • 강력한 노동조합의 존재
  • 화폐환상
  • 장기 근로(노동)계약
  • 최저임금제의 실시
  • 노동자의 역선택 발생 가능성

합격 암기법 노조 환상 장기계약 최저 역선택

유사 문제

임금의 하방경직성에 대해 설명하고, 임금의 하방경직성이 되는 이유 4가지를 쓰시오. [2017년 3회, 2011년 3회]

3 보상적 임금격차

(1) 보상적 임금격차의 의미 [2014년 3회]

직업의 임금 외적인 불리한 측면을 상쇄하여 근로자에게 돌아가는 순이익을 다른 직업과 동등하게 해 주어야 한다는 원리로서 '균등화 임금격차(Equalizing Wage Differentials)'라고도 한다.

(2) 보상적 임금격차가 발생하는 원인

[2016년 1회, 2014년 3회, 2013년 3회, 2011년 1회, 2010년 4회, 2005년 1회, 2002년 1회]

① 고용의 안정성 여부(금전적 위험)

어떤 직업의 고용이 불안정하여 실업할 가능성이 크다면, 실업으로 인한 소득상실을 보상해 줄 정도로 높은 임금을 지불해 주어야 한다.

② 작업의 쾌적함 정도(비금전적 차이)

어떤 직업의 작업내용이 다른 직업에 비해 위험이 따르고 작업환경 또한 열악하다면, 이 직업에 대해서는 더 많은 임금을 지불하여 비금전적 불이익을 보상해 주어야 한다.

③ 교육훈련 비용의 여부(교육훈련의 차이 혹은 교육훈련 기회의 차이)

어떤 직업에 취업하기 위해 교육 및 훈련비용이 들어간다면, 이 비용은 이자를 붙여 임금으로 회수되어야 할 것이다.

④ 책임의 정도

의사, 변호사, 보석 세공인 등은 막중한 책임이 따르는 일에 종사한다. 따라서 이러한 직업 종사자들은 그들에게 맡겨진 큰 책임으로 인해 높은 임금을 지불해 주어야 한다.

⑤ 성공 또는 실패의 가능성

임금소득이 보장되지 않아 장래가 불확실한 일에 종사하는 사람들에게는 보다 높은 임금을 지불해 주어야 한다.

쌤의 비법노트

탄광근로자는 봉제공에 비해 더 높은 급여를 지급받아야 합니다. 탄광근로자의 경우 봉제공에 비해 힘들고 위험한 작업을 수행하며, 작업환경이 매우 열악합니다. 또한 사양산업으로서 고용의 안정성도 보장되지 않습니다.

01 동일한 근로시간에 대하여 탄광근로자는 월 200만 원을 지급받고, 봉제공은 월 100만 원을 지급받는다고 할 때, 이들 두 직종의 근로자 간에 임금격차가 발생하는 원인을 설명하는 것으로 보상적 임금격차가 있다. 보상적 임금격차의 개념과 보상적 임금격차가 발생하는 요인을 적용하여 이를 설명하시오. [2014년 3회]

쌤의 만점답안

① 보상적 임금격차의 개념

　직업의 임금 외적인 불리한 측면을 상쇄하여 근로자에게 돌아가는 순이익을 다른 직업과 동등하게 주어야 한다는 원리이다.

② 보상적 임금격차가 발생하는 요인

- 봉제공에 비해 힘들고 위험한 작업을 수행한다.
- 작업환경이 열악하다.
- 사양산업으로서 고용의 안정성이 보장되지 않는다.

4 최저임금제도

(1) 최저임금제의 의의

임금의 최저수준을 정하고, 사용자에게 이 수준 이상의 임금을 지급하도록 법으로 강제함으로써 저임금 노동자를 보호하기 위한 제도이다.

(2) 최저임금제의 긍정적 효과(기대효과)

[2022년 1회, 2021년 2회, 2018년 2회, 2018년 3회, 2016년 3회, 2015년 2회, 2011년 3회, 2007년 1회, 2004년 3회]

① 산업평화의 유지

노사분규를 방지하고 노사관계를 안정시킨다.

② 소득분배의 개선

지나친 저임금, 산업·직종 간의 임금격차를 개선한다.

③ 공정경쟁의 확보

저임금에 의존한 값싼 제품의 제조 · 판매로 공정거래 질서를 해하는 기업을 정리한다.

④ 기업의 근대화 촉진

저임금에 의존하는 기업에 충격을 주어 경영합리화 및 효율화를 촉진한다.

⑤ 경기 활성화

소득증대로 한계생산성이 높은 유효수요의 확보가 가능해진다.

⑥ 노동력의 질적 향상

생활의 전반적인 개선과 근로의욕 향상으로 인해 노동생산성이 증대된다.

⑦ 복지국가의 실현

근대 복지국가 사회복지제도의 기초가 된다.

(3) 최저임금제의 부정적 효과 [2012년 2회]

① 고용 감소 및 실업 증가
② 노동시장 내에서의 차별
③ 지역 및 업종 간 경제활동 배분의 왜곡 및 전체적인 생산량 감소
④ 소득분배의 역진적 효과
⑤ 노동력의 질적 저하 및 생산성 저하

(4) 최저임금제가 노동시장에 미치는 효과

① 노동공급량 증가
② 노동수요량 감소
③ 잉여인력, 즉 실업 발생
④ 숙련직의 임금 상승 유발
⑤ 부가급여의 축소 유발

01 최저임금제 도입으로 인해 발생할 수 있는 부정적 효과 3가지를 쓰시오. [2012년 2회]

쌤의 만점답안

① 고용 감소 및 실업 증가
② 노동시장 내에서의 차별
③ 지역 및 업종 간 경제활동 배분의 불균형 및 전체적인 생산량 감소

합격 암기법 ⟍ 실차감

03 실업의 제개념

1 실업의 종류 및 필립스 곡선

대표 문제

실업자에 대한 정의를 쓰고, 마찰적 실업과 구조적 실업의 공통점 및 차이점을 설명하시오.
[2017년 1회, 2013년 1회]

쌤의 해결 포인트

실업자의 정의를 매우 간략히 정리할 수도 있겠으나 가급적 문장 그대로를 암기하는 것이 좋습니다. 그 이유는 내용상 여러 요소들을 모두 포함해야만 실업자로 인정되기 때문입니다. 또한 마찰적 실업과 구조적 실업의 공통점 및 차이점에서도 단 한 가지만을 제시할 것이 아니라 가급적 답안의 내용들을 모두 포함하는 것이 바람직합니다.

쌤의 만점답안

① 실업자의 정의 : 조사대상기간에 수입 있는 일을 하지 않았고, 지난 4주간 일자리를 찾아 적극적으로 구직활동을 하였던 사람으로서 일자리가 주어지면 즉시 취업이 가능한 사람을 말한다.
② 마찰적 실업과 구조적 실업의 공통점
  • 비수요부족 실업이다.
  • 해고에 대한 사전 예고와 통보를 통해 실업을 감소시킬 수 있다.
③ 마찰적 실업과 구조적 실업의 차이점
  • 마찰적 실업은 직업정보의 부족에 의해 발생하는 반면, 구조적 실업은 경제구조 자체의 변화에 의해 발생한다.
  • 마찰적 실업은 자발적 실업인 반면, 구조적 실업은 비자발적 실업에 해당한다.
  • 마찰적 실업은 단기적 실업인 반면, 구조적 실업은 장기적 실업에 해당한다.

(1) 실업의 분류

① 자발적 실업과 비자발적 실업

자발적 실업	• 임금, 근로조건 등의 이유로 스스로 일을 하지 않음으로써 발생하는 실업 • 유형 : 마찰적 실업
비자발적 실업	• 일할 의사가 있지만 일자리를 구하지 못하여 발생하는 실업 • 유형 : 경기적 실업, 구조적 실업, 계절적 실업

② 수요부족 실업과 비수요부족 실업 [2021년 2회, 2017년 2회, 2012년 2회]

수요부족 실업	• 총수요의 부족에 따른 노동력 수요의 감소로 발생하는 실업 • 유형 : 경기적 실업
비수요부족 실업	• 노동시장의 불균형이나 마찰 등에 의해 발생하는 실업 • 유형 : 마찰적 실업, 구조적 실업, 계절적 실업

(2) 마찰적 실업 [2021년 2회, 2018년 1회, 2017년 2회, 2015년 2회, 2013년 3회, 2012년 2회, 2007년 3회, 2001년 3회]

① 마찰적 실업의 원인

신규 또는 전직자가 노동시장에 진입하는 과정에서 직업정보의 부족으로 인해 일시적으로 발생하는 실업을 말한다.

② 마찰적 실업의 대책

㉠ 구인 · 구직에 대한 전국적인 전산망 연결

㉡ 구인 · 구직 정보제공시스템의 효율성 제고

㉢ 직업안내 및 직업상담 등 직업알선기관의 활성화

㉣ 고용실태 및 전망에 대한 자료제공

㉤ 기업의 퇴직예고제 등

(3) 구조적 실업 [2021년 2회, 2018년 1회, 2017년 2회, 2013년 3회, 2012년 2회, 2009년 3회, 2007년 3회, 2001년 3회]

① 구조적 실업의 원인

경제구조 자체의 변화 또는 지역(산업) 간 노동력 수급의 불균형 현상에 의해 발생하는 실업을 말한다.

② 구조적 실업의 대책

㉠ 산업구조 변화 예측에 따른 인력수급정책

㉡ 노동자의 전직과 관련된 재훈련

㉢ 지역 간 이동을 촉진시키는 지역이주금 보조

㉣ 인접지역 및 타 지역의 일자리정보 제공

㉤ 미래의 각 부문별 노동력수급의 예측 등

③ 마찰적 실업과 구조적 실업의 공통점 및 차이점 [2017년 1회, 2013년 1회]

공통점	• 비수요부족 실업이다. • 해고에 대한 사전 예고와 통보를 통해 실업을 감소시킬 수 있다.
차이점	• 마찰적 실업은 직업정보의 부족에 의해 발생하는 반면, 구조적 실업은 경제구조 자체의 변화에 의해 발생한다. • 마찰적 실업은 자발적 실업인 반면, 구조적 실업은 비자발적 실업에 해당한다. • 마찰적 실업은 단기적 실업인 반면, 구조적 실업은 장기적 실업에 해당한다.

(4) 경기적 실업 [2024년 2회, 2015년 2회]

① 경기적 실업의 원인

생산물시장에서의 총수요 감소가 노동시장에서 노동의 총수요 감소로 이어지면서 발생하는 실업을 말한다.

② 경기적 실업의 대책

㉠ 재정금융정책을 통한 총수요 증대정책(유효수요의 확대)

㉡ 세율 인하 등의 경기활성화 정책

㉢ 공공사업 등의 고용창출사업 확대

㉣ 교대근무, 연장근무, 휴일근무 등 근무제도 변경 등

(5) 계절적 실업 [2021년 2회, 2017년 2회, 2012년 2회]

① 계절적 실업의 원인

기후나 계절의 변화에 따라 노동수요의 변화가 심한 부문에서 일시적으로 발생하는 실업을 말한다.

② 계절적 실업의 대책

㉠ 휴경지 경작 등 유휴 노동력 활용

㉡ 비수기에 근로할 수 있는 대체 구인처 확보 등

(6) 필립스 곡선의 의의

① 영국의 경제학자 필립스(Phillips)가 제시한 것으로, 그는 영국의 인플레이션율(임금 또는 물가의 상승률)과 실업률에 관한 통계자료 분석을 통해 인플레이션율과 실업률 간에 역의 상관관계(상충관계)가 있음을 설명하였다.

② 필립스 곡선은 정부가 낮은 인플레이션율과 낮은 실업률을 동시에 달성할 수 없음을 보여준다.

③ 정부가 총수요를 증가시키는 경우, 경기부양을 통해 실업률을 단기적으로 줄일 수 있으나 그 결과 물가가 상승함으로써 인플레이션율은 증가하게 된다(→ 그래프상의 A).

④ 정부가 총수요를 감소시키는 경우, 물가 안정을 통해 인플레이션율을 단기적으로 줄일 수 있으나 경기 침체로 인해 실업률은 증가하게 된다(→ 그래프상의 B).

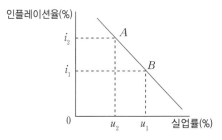

필립스 곡선

(7) 필립스 곡선이 오른쪽으로 이동하는 요인 [2012년 3회]

① 예상인플레이션율(기대물가상승률)이 상승하는 경우 : 물가 상승에 의한 실업률 증가

② 자연실업률이 증가하는 경우 : 장기침체에 의한 실업률 증가

③ 공급충격이 발생하는 경우 : 스태그플레이션(경기침체와 물가상승)에 의한 실업률 증가

쌤의 비법노트

필립스 곡선이 오른쪽으로 이동한다는 것은 전과 동일한 실업률 수준에서 인플레이션이 더 심해졌다는 것을 의미합니다.

기출복원문제로 핵심 복습

01 비수요부족 실업(Non-Demand-Deficient Unemployment)에 해당하는 대표적인 실업의 유형 3가지를 쓰고, 각각에 대해 설명하시오. [2021년 2회, 2017년 2회, 2012년 2회]

쌤의 만점답안

① 계절적 실업 : 기후나 계절의 변화에 따라 노동수요의 변화가 심한 부문에서 일시적으로 발생한다.
② 마찰적 실업 : 신규 또는 전직자가 노동시장에 진입하는 과정에서 직업정보의 부족으로 인해 일시적으로 발생한다.
③ 구조적 실업 : 경제구조 자체의 변화 또는 지역(산업) 간 노동력 수급의 불균형현상에 의해 발생한다.

합격 암기법 (비) 계마구

02 실업의 유형 중 마찰적 실업과 구조적 실업의 원인과 대책을 쓰시오.
[2018년 1회, 2013년 3회, 2007년 3회, 2001년 3회]

쌤의 만점답안

(1) 마찰적 실업
　　① 원인 : 신규 또는 전직자가 노동시장에 진입하는 과정에서 직업정보의 부족으로 인해 일시적으로 발생한다.
　　② 대책 : 구인·구직 전산망 연결, 직업알선기관 활성화, 고용실태 및 전망에 관한 자료제공 등
(2) 구조적 실업
　　① 원인 : 경제구조 자체의 변화 또는 지역(산업) 간 노동력 수급의 불균형 현상에 의해 발생한다.
　　② 대책 : 산업구조 변화예측에 따른 인력수급정책, 전직 관련 교육·훈련, 지역이주금 보조 등

유사 문제

실업의 유형 중 경기적 실업, 마찰적 실업, 구조적 실업에 대하여 각각 설명하시오. [2024년 2회, 2015년 2회]

03 필립스 곡선은 실업률과 인플레이션 간 역의 상충관계를 나타내는 곡선이다. 이 필립스 곡선이 오른쪽으로 이동하는 요인 3가지를 쓰시오. [2012년 3회]

쌤의 해결 포인트

필립스 곡선이 오른쪽으로 이동하는 요인, 즉 필립스 곡선이 원점에서 멀어지는 요인에 대해서는 학자마다 혹은 교재마다 다양하게 제시되고 있으며, 실제로 그 요인은 관점에 따라 매우 다양하게 설명할 수 있습니다. 정답을 [답안 1], [답안 2]로 제시한 것은 출제자 또는 채점자의 의도에 따라 달리 채점될 수도 있으며, 여러 가지 답안이 가능하다는 점에서 수험생 여러분의 포괄적인 이해가 요구됩니다.

쌤의 만점답안

[답안 1]
① 예상인플레이션율(기대물가상승률)이 상승하는 경우
② 공급충격이 발생하는 경우
③ 자연실업률이 증가하는 경우

합격 암기법 ＼ 예공자

[답안 2]
① 예상인플레이션율(기대물가상승률)이 상승하는 경우
② 노동력 구성에 있어서 청소년이나 여성근로자의 비중이 증가하는 경우
③ 실업률의 각 부문 간 격차가 커지는 경우

합격 암기법 ＼ 예노실

대표 문제

우리나라의 경우 통계상 실업률이 체감 실업률보다 낮게 나타나는데, 그 이유를 2가지 쓰시오.
[2011년 2회]

쌤의 해결 포인트

이 문제는 관점에 따라 다양한 답안이 가능합니다. 예를 들어, 실업에 관한 이론적 관점으로서 부가노동자 효과와 실망노동자효과, 그리고 잠재적 실업의 측면으로 설명할 수도 있습니다. 다만, 여기서는 문제상에 '우리나라의 경우'라는 조건이 주어졌으므로, 일반이론보다는 우리나라 실업률 통계상 문제점을 중심으로 답안을 작성하였습니다.

쌤의 만점답안

① 통계상 실업률에서는 구직단념자, 취업준비자 등을 비경제활동인구로 분류하여 취업자나 실업자 산정에서 제외하는 반면, 체감 실업률에서는 이들을 모두 합산하여 실업률에 반영하고 있다.
② 통계상 실업률을 산출하는 데 있어서 실업자 선정기준이 취업자 선정기준에 비해 그 조건이 더욱 까다롭다.

(1) 실업의 계측과 통계상의 문제 [2011년 2회]

① 우리나라 실업의 계측 및 통계의 작성은 통계청의 경제활동인구조사에서 이루어지고 있다.
② 통계상 실업률에서는 구직단념자(구직포기자), 취업준비자 등을 비경제활동인구로 분류하여 취업자나 실업자 산정에서 제외하는 반면, 체감 실업률에서는 이들을 모두 합산하여 실업률에 반영하고 있다.
③ 통계상 실업률을 산출하는 데 있어서 실업자 선정기준이 취업자 선정기준에 비해 그 조건이 더욱 까다롭다.

(2) 실업률과 경제활동참가율의 변화 양상

① 취업자가 비경제활동인구로 전환되면 취업자 수의 감소로 실업률은 높아지는 반면, 경제활동참가율은 낮아진다.
② 실업자가 비경제활동인구로 전환되면 실업자 수의 감소로 실업률과 경제활동참가율 모두 낮아진다.
③ 비경제활동인구가 취업자로 전환되면 취업자 수의 증가로 실업률은 낮아지는 반면, 경제활동참가율은 높아진다.
④ 비경제활동인구가 실업자로 전환되면 실업자 수의 증가로 실업률과 경제활동참가율 모두 높아진다.

일부 사람들이 실업급여를 계속 받기 위해 채용될 가능성이 매우 낮은 곳에서만 일자리를 탐색하면서 실업상태를 유지하는 경우가 있는데, 이러한 사람들이 실업자가 아니라 일할 의사가 없다는 이유로 비경제활동인구로 분류될 때 실업률과 경제활동참가율 모두 낮아지게 됩니다.

(3) 실망노동자효과와 부가노동자효과 [2014년 3회]

① 실망노동자효과가 실업률에 미치는 영향

  ㉠ 경기침체 시 구인자의 수보다 구직자의 수가 많으므로 상당수가 취업의 기회를 얻지 못하고 실망한 결과 경제활동가능 인력이 구직활동을 단념함으로써 비경제활동인구로 전락하는 것을 말한다.

  ㉡ 이 경우 실업자의 수는 비경제활동인구화된 실망실업자를 포함하지 않으므로 실제로 과소평가되어 있다.

② 부가노동자효과가 실업률에 미치는 영향

  ㉠ 가구주가 불황으로 실직하게 되면서 가족구성원 중 주부나 학생과 같이 비경제활동인구로 되어 있던 2차적 노동력이 구직활동을 함으로써 경제활동인구화되는 것을 말한다.

  ㉡ 이 경우 구직활동 중 경기가 좋지 않아 취업이 쉽지 않으므로 실직상태에 놓이게 되어 실업률이 증가한다. 따라서 그 시점의 실업자 수는 사실상의 고용기회의 수보다 과대평가되어 있을 수 있다.

기출복원문제로 핵심 복습

01 경기침체 시 나타나는 부가노동자효과와 실망노동자효과가 실업률에 미치는 영향을 설명하시오. [2014년 3회]

쌤의 만점답안

① 경기침체 시 부가노동자효과가 실업률에 미치는 영향

가구주의 실직에 따라 비경제활동인구가 구직활동을 통해 경제활동인구화됨으로써 일시적으로 실업률을 증가시킨다.

② 경기침체 시 실망노동자효과가 실업률에 미치는 영향

구직자 수의 과잉으로 경제활동가능 인력이 구직활동을 단념하여 비경제활동인구로 전락함으로써 일시적으로 실업률을 감소시킨다.

3 보충학습 - 노사관계이론

대표 문제

던롭(Dunlop)이 제시한 노사관계를 규제하는 3가지 여건을 쓰고, 각각에 대해 설명하시오.
[2024년 2회, 2019년 1회, 2016년 3회]

쌤의 해결 포인트

이 문제는 던롭(Dunlop)의 시스템이론에 관한 것으로서, 특히 노사관계체계의 3주체와 노사관계를 규제하는 3가지 여건(환경)을 함께 학습해야 합니다.

쌤의 만점답안

① 기술적 특성 : 주로 생산현장에서의 근로자의 질이나 양, 생산과정 및 생산방법 등이 노사관계에 영향을 미친다.
② 시장 또는 예산제약 : 제품시장의 형태와 기업을 경영하는 조건으로서 비용 · 이윤 등이 노사관계에 영향을 미친다.
③ 각 주체의 세력관계 : 노사관계를 포함하여 더욱 광범위한 사회 내 주체들의 세력관계가 노사관계에 영향을 미친다.

합격 암기법 ➤ 기술시세

C omment

2025년도 직업상담사 2급 출제기준 변경에 따라 '노사관계이론' 영역이 출제범위에서 제외되었습니다. 그러나 시행처인 한국산업인력공단에서는 출제기준 변경에도 불구하고 기존 기출문제를 재출제하는 과정에서 더 이상 유효하지 않은 출제영역의 문항을 일부 포함하여 문제를 출제한 바 있습니다. 따라서 해당 영역이 2차 실무에 종종 출제된 점을 감안하여 빈출 내용을 중심으로 간단히 정리하고 넘어가시기 바랍니다.

(1) 노사관계의 3주체(노 · 사 · 정) [2019년 1회, 2016년 3회]

노동자 및 단체	노동조합과 같은 공식적 조직뿐만 아니라, 장기간 근속으로 인해 자연 발생된 비공식조직도 포함된다.
사용자 및 단체	기업체의 소유주뿐만 아니라 자본의 소유와는 관계가 없는 경영자와 중간관리층, 그리고 그들의 조직체인 협회, 협동조합, 기타 경제단체들도 포함한다.
정 부	노동 관련 행정부서 및 법원, 정부의 각종 위원회 등을 포함한다.

(2) 노사관계 규제 여건 [2024년 2회, 2019년 1회, 2016년 3회]

기술적 특성	주로 생산현장에서의 근로자의 질이나 양, 생산과정 및 생산방법 등이 노사관계에 영향을 미친다.
시장 또는 예산제약	제품시장의 형태와 기업을 경영하는 조건으로서 비용 · 이윤 등이 노사관계에 영향을 미친다.
각 주체의 세력관계	노사관계를 포함하여 더욱 광범위한 사회 내 주체들의 세력관계(권력구조)가 노사관계에 영향을 미친다.

(3) 경제적 조합주의 [2017년 2회, 2013년 3회]

① 경제적 조합주의의 유형

ㄱ 실리추구형 경제적 조합주의 : 임금투쟁 활동이 노조활동의 핵심을 이루는 유형이다.

ㄴ 정책지향형 경제적 조합주의 : 임금투쟁 활동은 물론 법·제도·정책 개선의 투쟁 활동을 펼치는 유형이다.

② 경제적 조합주의의 특징

ㄱ 운동의 정치로부터의 독립을 강조한다.

ㄴ 이해조정이 가능한 비적대적 노사관계로 본다.

ㄷ 단체교섭을 통한 노동자의 생활조건 개선 및 유지를 목표로 한다.

(4) 노동조합의 숍(Shop) 제도 [2017년 3회, 2013년 2회]

오픈 숍 (Open Shop)	고용관계에 있어서 고용주가 노동조합에 가입한 조합원이나 가입하지 않은 비조합원이나 모두 고용할 수 있는 제도이다.
유니언(유니온) 숍 (Union Shop)	• 오픈 숍과 클로즈드 숍의 중간 형태이다. • 고용주가 노동조합의 조합원 가입 여부와 관계없이 신규 인력 채용이 가능하나 채용 후 일정 기간 내에 반드시 노동조합에 가입하도록 해야 하는 제도이다.
클로즈드 숍 (Closed Shop)	• 노동조합 가입이 고용조건의 전제가 되는 제도이다. • 노동조합에 가입하고 있는 노동자만을 채용하고, 일단 고용된 노동자라도 조합원 자격을 상실하는 경우 종업원이 될 수 없다.
에이전시 숍 (Agency Shop)	조합원이 아니더라도 모든 종업원에게 단체교섭의 당사자인 노동조합이 조합회비를 징수하는 제도이다.
프레퍼렌셜 숍 (Preferential Shop)	채용에 있어서 조합원에게 우선순위를 부여하고 단체교섭에 의한 결과를 조합원에게만 적용하는 등 조합원과 비조합원을 차등적으로 대우하는 제도이다.
메인티넌스 숍 (Maintenance Shop)	노동조합의 가입 및 탈퇴가 자유로우나 일단 단체협약이 체결되는 경우 그 효력이 지속되는 기간 동안은 탈퇴할 수 없도록 한다.

(5) 노동조합의 임금효과 [2018년 3회]

① 이전효과(파급효과)

ㄱ 노동조합이 조직됨으로써 노동조합 조직부문에서의 상대적 노동수요가 감소하여, 노동조합 조직부문에서 해고된 근로자들이 비조직부문에 몰려 비조직부문의 임금을 하락시키는 효과를 말한다.

ㄴ 일반적으로 노동조합 조직부문과 비조직부문 간의 임금격차를 확대하는 경향이 있다.

② 위협효과

ㄱ 노동조합의 잠재적인 조직 위협에 의해 비조직부문의 임금을 인상시키는 효과이다.

ㄴ 노동조합이 조직될 것을 우려하여 기업주들이 미리 임금을 올려주는 것을 말한다.

기출복원문제로 핵심 복습

01 노사관계의 3가지 주체와 노사관계를 규제하는 3가지 여건을 각각 쓰시오. [2019년 1회, 2016년 3회]

쌤의 만점답안

① 노사관계의 3가지 주체
- ㉠ 노동자 및 단체
- ㉡ 사용자 및 단체
- ㉢ 정부

합격 암기법 ▶ 노사정

② 노사관계를 규제하는 3가지 여건
- ㉠ 기술적 특성
- ㉡ 시장 또는 예산제약
- ㉢ 각 주체의 세력 관계

합격 암기법 ▶ 기술시세

02 경제적 조합주의의 특징 3가지를 쓰시오. [2017년 2회, 2013년 3회]

쌤의 만점답안

① 노사관계를 이해조정이 가능한 비적대적 관계로 본다.
② 단체교섭을 통한 노동자의 생활조건 개선 및 유지를 목표로 한다.
③ 노동조합운동의 정치로부터의 독립을 강조한다.

03 노동조합의 임금효과 중 이전효과와 위협효과에 대해 설명하시오. [2018년 3회]

쌤의 만점답안

① 이전효과 : 노동조합 조직부문에서 해고된 근로자들이 비조직부문에 몰려 비조직부문의 임금을 하락시키는 효과를 말한다.
② 위협효과 : 노동조합이 조직될 것을 우려하여 비조직부문 기업이 이전보다 임금을 더 많이 인상시키는 효과를 말한다.

좋은 책을 만드는 길, 독자님과 함께하겠습니다.

직업상담사 2급 2차 실기 직업상담실무 이론서

개정1판1쇄 발행	2025년 02월 10일 (인쇄 2024년 12월 26일)
초 판 발 행	2024년 06월 10일 (인쇄 2024년 05월 09일)
발 행 인	박영일
책 임 편 집	이해욱
편 저	직업상담연구소
편 집 진 행	노윤재 · 장다원
표지디자인	조혜령
편집디자인	채현주 · 김혜지
발 행 처	(주)시대고시기획
출 판 등 록	제10-1521호
주 소	서울시 마포구 큰우물로 75 [도화동 538 성지 B/D] 9F
전 화	1600-3600
팩 스	02-701-8823
홈 페 이 지	www.sdedu.co.kr

I S B N	979-11-383-8403-2 (13320)
정 가	25,000원

직업상담사 2급
단계별 합격 로드맵

P.S. 전략적으로 단계별 교재를 선택하기 위한 팁!

동영상 강의 교재

1차 필기·2차 실기
동시대비기본서

기출문제 정복으로 실력다지기

꼼꼼하게 실전마무리

한권으로 끝내기와 함께하면
효율성 up

1단계

2단계

3단계

4단계

한권으로 끝내기

시험에 출제되는 핵심이론부터
최근 기출문제, 필기부터 실기까지
한 권에 담았습니다.

1차 필기 기출문제 CBT 문제은행

전문가의 알찬 해설로 한마디로
개념정리부터 공부 방향까지
한 번에 잡을 수 있으며 '빨·간·키'를
통해 출제경향을 파악할 수 있습니다.

1차 필기 최종모의고사

최신 내용이 반영된
최종모의고사 10회분을 통해
합격에 가까이 다가갈 수 있습니다.

핵심기출 문제은행

기출문제를 심층분석해
만든 합격비밀!
출제유형에 맞춰 반복출제되는
문제만 모아
'70점으로 합격하기 프로젝트'가
시작됩니다.

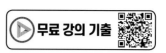
직업상담실무 기본이론 탄탄

수험생들이 가장 어려워하는 2차 실무.
기출문제로 정복

완벽하게 실전 마무리

5단계

2차 실기 직업상담실무 이론서

기출문제를 분석하여 수록한
꼭 알아야 할 핵심이론과 기출복원문제로
효율적인 학습을 할 수 있습니다.

6단계

2차 실기 직업상담실무 기출문제해설

전문가의 연구와 노하우가 담긴 모범답안과
구체적인 해설로 합격을 보장합니다.

과락잡기

과락을 피하는 법 2차 실기

25개년의 기출복원문제를
완벽해부했습니다.

※ 본 도서의 세부구성 및 이미지는 변동될 수 있습니다.

나는 이렇게 합격했다

자격명: 위험물산업기사
구분: 합격수기
작성자: 배*상

나는 할 수 있다

69년생 50중반 직장인   입니다. 요즘

자격증을 2개정도는 가지고 입사하는 젊은 친구들에게

일을 시키고 지시하는 역할이지만 정작 제자신에게 부족한점

이 많다는 것을 느꼈기   때문에 자격증을 따야겠다고

결심했습니다. 처음   시작할때는 과연되겠

냐? 하는 의문과 걱정   이 한가득이었지만

시대에듀 인강   을 우연히 접하게

되었고 잘 차려   진 밥상과 같은 커

리큘럼은 뒤늦게 시 작한 늦깍이 수험 생이었던 저를

합격의 길 로 인도해 주었습니다. 직장생활을

하면서 취득했기에 더욱 기뻤습니다.

감사합니다!

합격은 시대에듀

당신의 합격 스토리를 들려주세요.
추첨을 통해 선물을 드립니다.

QR코드 스캔하고 ▷ ▷ ▶
이벤트 참여해 푸짐한 경품받자!

베스트 리뷰	상/하반기 추천 리뷰	인터뷰 참여
갤럭시탭 / 버즈 2	상품권 / 스벅커피	백화점 상품권

합격의 공식
시대에듀